DER NATIONAL GEOGRAPHIC TRAVELER

PANAMA

DER NATIONAL GEOGRAPHIC TRAVELER

PANAMA

Christopher P. Baker

Fotografien von Gilles Mingasson

Inhalt

Seite 1: Ein Affe in der Provinz Azuero
Seite 2–3: Ein junger Kuna-Indianer, El Porvenir, San Blas
Links: Feuerwerk auf der Isla Taboga über der Kirche San Pedro honor Santa Carmen, die dem Schutzpatron der Fischer gewidmet ist.

Benutzerhinweise

Text- und Kartensymbole siehe hintere Umschlagklappe

The *National Geographic Traveler* zeigt Ihnen die schönsten Seiten Panamas in Text, Bildern und Karten. Der Reiseführer, der in drei Hauptkapitel unterteilt ist, beginnt mit einer Übersicht über die Geschichte und die Kultur des Landes. Es folgen acht regionale Kapitel, in denen der Autor interessante Orte vorstellt. Jedem Kapitel ist ein eigenes Inhaltsverzeichnis vorangestellt.

In den Unterkapiteln sind die Regionen und Orte geografisch zusammengefasst, eine Karte hilft bei der Orientierung. Routenvorschläge werden mit eigenen Karten vorgestellt und laden zum Erkunden besonders interessanter Gebiete ein. Specials und Extraspalten befassen sich mit Details zu Geschichte, Kultur und zum Alltag im jeweiligen Gebiet.

Der letzte Teil enthält Reiseinformationen und wichtige Hinweise zur Reiseplanung. Auskünfte über Verkehrsmittel, Geldwechsel oder Hilfe im Notfall sind hier ebenso zu finden wie eine Liste ausgewählter Hotels, Restaurants, Läden und Freizeitangebote.

Die angegebenen Adressen und Öffnungszeiten entsprechen dem zur Zeit der Drucklegung aktuellen Stand. Trotzdem ist es oftmals ratsam, sich noch einmal vor Ort zu vergewissern.

Farbkodierung

116

Jede Region ist durch eine eigene Farbe gekennzeichnet, so dass sie leicht aufgefunden werden kann. Die Farbcodes der einzelnen Regionen finden sich auf der vorderen Umschlagklappe. Die einzelnen Kapitel und die Abschnitte in den **Reiseinformationen** sind mit der gleichen Farbkodierung gekennzeichnet.

Museo del Canal Interoceánico

www.museodelcanal.com

✉ Plaza de la Independencia

☎ 211-1649

🕐 Montags geschlossen

💲 $

Besucherinformation

Angaben in den Marginalspalten liefern zusätzliche Informationen über die Hauptsehenswürdigkeiten (Legende siehe hintere Umschlagklappe). Der Kartenverweis nennt die Seite und das Planquadrat, in dem die jeweilige Sehenswürdigkeit verzeichnet ist. Zu den weiteren Informationen zählen Adresse, Telefonnummer, Öffnungszeiten, Eintrittsgebühr — von $ (unter 5 US-$) bis $$$$$ (über 25 US-$). Bei den übrigen Sehenswürdigkeiten stehen diese Informationen im Text.

REISEINFORMATIONEN

ZENTRALPANAMA — Region mit Farbkodierung

PLAYA BLANCA — Städtename

🏨 PLAYA BLANCA HOTEL & RESORT — Hotelname und Preiskategorie
$$$$

9,6 KM SÜDWESTLICH VON RÍO HATO — Adresse, Telefon- und Faxnummer, Website, & E-mail-Adresse
TEL 264-6444, FAX 300-7797
www.playablancaresort.com

Ein beliebtes Strandhotel mit lebhafter, zeitgenössischer Ausstattung. — Kurze Hotelbeschreibung

🛏219 🅿 🚭 🚌 🏊 🚤 📺 🍴MC, V — Ausstattung des Hotels, Öffnungszeiten und Kreditkarten

🍴 PIPA'S BEACH BAR — Restaurantname & Preiskategorie
$$

FARALLÓN
KEIN TELEFON — Adresse & Telefonnummer

Baufällige und bunte Strandbar mit Restaurant, das köstliches Seafood serviert — Kurze Restaurantbeschreibung

🍴20 🅿 🍴 Keine Kreditkarten — Ausstattung des Restaurants, Öffnungszeiten und Kreditkarten

Hotel- & Restaurantpreise

Die Preiskategorien werden im Abschnitt „Hotels & Restaurants" (ab S. 236) ausführlich erläutert.

Übersichtskarten

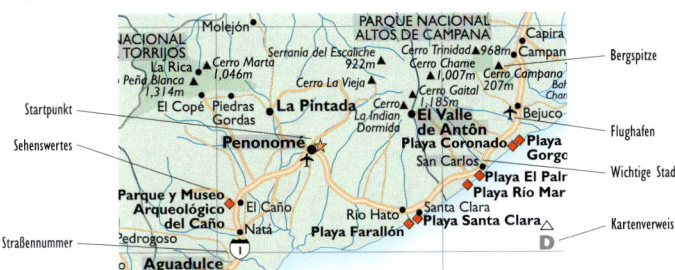

- Eine Orientierungskarte ergänzt jede Übersichtskarte und zeigt die Lage in der Region.
- Angrenzende Gebiete werden mit einem Seitenverweis versehen.

RUNDGANGSKARTEN

- Ausgangs- und Endpunkte, die Dauer und die Länge des Spaziergangs sowie die wichtigsten Sehenswürdigkeiten entlang des Weges.

AUSFLUGSKARTEN

- Eine Infobox nennt Start- und Endpunkte, Dauer der Fahrt und Länge der Strecke und sehenswerte Orte entlang der Route.

DER NATIONAL GEOGRAPHIC TRAVELER

PANAMA

Über den Autor und den Fotografen

Nach einem Geografie-Studium an der Universität London und einem Studium Lateinamerikas an der Universität Liverpool, ließ sich der Autor Christopher P. Baker in Kalifornien nieder und begann seine berufliche Laufbahn als Reiseautor, Fotograf und Lektor. Er schrieb mehrere Reiseführer über Kuba und Havanna sowie jeweils einen Reiseführer über Jamaika, die Bahamas, die Turks- und Caicos-Inseln und über Kalifornien. Für National Geographic schrieb er den *National Geographic Traveler: Costa Rica* (2000), den *National Geographic Traveler: Cuba* und *Mi Moto Fidel: Auf dem Motorrad durch Kuba* (2000).

Der Fotograf Gilles Mingasson wuchs im französischen Grenoble auf, bevor er in Paris als Fotojournalist tätig wurde. Nachdem er für einen Auftrag in die USA geschickt worden war, wählte er Los Angeles als Ausgangsbasis. 1990 fuhr Mingasson mit dem Fahrrad 12 000 km mit zwei Kameras quer durch die Sowjetunion. Am Vorabend tiefgreifender Umwälzungen, die von vielen noch gar nicht verstanden wurden, fotografierte er normale Menschen, die ihr ganzes Leben unter der Sowjetherrschaft verbracht hatten. Heute arbeitet Mingasson an Dokumentar- und Fotoberichten für Kunden, wie *Newsweek, Fortune, Readers's Digest, Scholastic, Sky, Le Nouvel Observateur, L'Equipe magazine, Reppublica Delle Donne, Espresso, Elle* und *Le Figaro*. Zu seinen Arbeiten zählen Berichte über die NASCAR Dads, die Auswirkungen der globalen Erwärmung auf ein Dorf der Inuit und eine Dokumentation über Latinos in den USA. Aufträge führten ihn nach Asien, Australien, Lateinamerika, Europa, Indien und Nordafrika.

Geschichte & Kultur

Denkmal für die Demokratie: Panama-Stadt

Panama heute

GROSSARTIG, ATEMBERAUBEND, VERBINDUNG ZWISCHEN ZWEI WELTMEEREN: Der Panamakanal ist zum Synonym für das Land, das er durchtrennt, geworden. Diese am stärksten befahrene Handelsroute der Welt brachte letztlich den Staat Panama hervor, und das kosmopolitane Panama-Stadt schwimmt in dem Reichtum, den der Kanal in das Land spült. Aber gerade diese große Bedeutung des Kanals hat bis vor Kurzem die Vielfalt und den Reichtum des Landes in den Hintergrund gedrängt. In Panama, einem schmalen Tropenstaat, gibt es große Regenwälder voller exotischer Tiere und Vögel, Nebelwälder um die Gipfel zerklüfteter Gebirge und lebendige indigene Kulturen noch aus der Zeit vor den Konquistadoren. Eine reiche Flora und Fauna entwickelt sich neben Befestigungen und verschlafenen Kolonialdörfern. Panama wird sich seines großen Potenzials gerade erst bewusst.

Der Tourismus hat Panama erst spät für sich entdeckt, ein Grund war sicherlich die Gewaltherrschaft eines uneinsichtigen Diktators. So galt das Land als klassisches Beispiel für eine Bananenrepublik, doch das ist nun vorbei. General Manuel Antonio Noriega (*1939) ist nach einer Invasion

der US-Militärs 1989 nicht mehr an der Macht, und das Land arbeitet jetzt erfolgreich am Aufbau einer stabilen Demokratie. Natürlich hat Panama immer noch politische und wirtschaftliche Probleme, insbesondere gibt es noch sehr viel Armut und Drogenhandel, und der Anteil an Straftätern und modernen Piraten ist besonders hoch. Aber deren Existenz hat für Touristen kaum eine Bedeutung, wohingegen viele Besucher fasziniert von den Piratengeschichten einer lange zurückliegenden Vergangenheit sind.

In den alten Festungen von Portobelo und San Lorenzo hört man geradezu noch die Enterhaken niederschlagen und kann man den Rauch der Kanonen noch riechen. Die Ruinen von Panama Viejo (Alt-Panama) sind stumme Zeugen für die Brutalität, mit der der Pirat Henry Morgan (1635–1688) die Stadt angriff. Und die teilweise überwucherten Pflastersteine des Camino Real sowie des Camino de Cruces erinnern an die Schatzstraßen, die einst Panama Viejo und Portobelo verbanden. Wandert man über diese bemoosten Pfade, kann man fast die mit Gold- und Silberbarren für die spanischen Galeonen beladenen Mauleselschreie hören.

Panama-Stadt – eine moderne Metropole mit glitzernden Wolkenkratzern – ist stolz auf seine Vergangenheit, insbesondere auf das Juwel aus der Kolonialzeit, das Casco Viejo. Dieses alte Viertel ist voller Museen, Kathedralen, trendiger Restaurants und Jazz-Clubs zwischen alten Stadtvillen in impressionistischen Farben: zitronengelb, rot-orange, lindgrün. Altes und Neues, Kitschiges und Schillerndes – alles das ist Panama-Stadt und noch vieles mehr.

Dieses temperamentvolle Land ist voller Kontraste. Die Kanalzone – der Grünstreifen entlang beider Seiten des Kanals – ein endloses Band aus feuchten Waldgebieten, das nach Süden ins Darién übergeht, dessen Regenwälder Jaguare, Affen, Pfeilgiftfröschen und viele andere gestreifte, gepunktete und vielfarbige Arten beherbergen. Auf der Halbinsel Azuero wird es trockener und staubiger; Cowboys reiten gemächlich durch einfache Dörfer aus der Kolonialzeit wie Reminiszenzen einer vergangenen Romantik. Die Chiriquí-Hochebene umfasst schroffe Berge, an deren Ausläufern sich glänzend grüne Kaffeeplantagen entlangziehen. Darüber wolkenverhangene Wälder, die Heimat des prächtigen Quetzals, einem Vogel von atemberaubender Schönheit. Die Karibikküste – mit Korallenriffen und von ruhigen, jadegrünen Gewässern umspülten Koralleninseln – bietet einen interessanten Mix zweier Kulturen: die eine tief verwurzelt im afrokaribischen Erbe, die andere entstanden aus der Kultur der indigenen Kuna-Völker, deren Frauen sich so extravagant kleiden wie die exotischsten, bunten Papageien.

Apropos Vögel: Alle Besucher schwärmen von der großartigen Vogelwelt. Panama – Bindeglied zwischen zwei Halbkontinenten und zwei Ozeanen – weist eine größere Artenvielfalt auf als Costa Rica, jenes Nachbarland, das mit seinem Ökotourismus Panama in den Schatten

Glänzende Lichter in der Nacht, der moderne Bella-Vista-Bezirk von Panama-Stadt ist ein Zentrum der Banken, Luxushotels und Edelrestaurants.

gestellt hat. Aber die Vogelliebhaber drängen nun doch in das Land, wie auch die Surfer, die auf Panamas Wellen aufspringen. Sportangler kommen wegen Meeren voller preisverdächtiger Fänge – Dorade, blauer Marlin, Gelbflossenthun und sogar Cichlabarsch – man muss nur die Angel auswerfen. Wanderbegeisterte können die Gipfel im Nationalpark Volcán Barú und im Parque Internacional La Amistad erklimmen. Und die Tauchgründe sind großartig. An zwei Dutzend Stränden kann man die Eiablage der Meeresschildkröten beobachten, und gekrönt wird der Ausflug in eine faszinierende Tierwelt durch einen Besuch bei den Walen vor dem Archipiélago de las Perlas. Und ein Muss für jeden Panamabesucher ist eine Bootstour durch die gewaltigen Schleusen des allgegenwärtigen Kanals.

DIE PANAMAER

Wenn man ein Land als Schmelztiegel bezeichnen kann, dann ist es Panama mit einer Bevölkerung von etwas über drei Millionen Menschen

aus aller Herren Länder. Großartig gekleidete Kuna-Indianer, kaum bekleidete Emberá-Wounaan-Indianer, Afrokariben, hinduistische Händler, chinesische Supermarktbetreiber, „reinblütige" Vertreter einer spanischen Elite, die im exklusiven Club Unión in Panama-Stadt Cocktail trinken – aber die Mehrheit des Landes sind Mestizen verschiedenster Ethnien.

Die ersten Spanier, die kamen, waren auf der Suche nach Gold und fanden blühende indigene Kulturen vor. Viele von ihnen fielen sehr schnell

Bereit zum Einsteigen, ein Boot in der Kleinstadt Sambú am Río Sambú. Motorboote sind die wichtigsten Transportmittel im Darién mit seinen vielen Flüssen.

aus Europa eingeschleppten Krankheiten sowie dem Wüten der spanischen Konquistadoren des 16. Jahrhunderts zum Opfer, überlebt haben noch acht reinblütige indigene Kulturen. Durch die Verbindung von eingeborenen Indianern und Spaniern entstand die exotische Bevölkerungs-

gruppe der Mestizen, die heute 70 Prozent der Gesamtbevölkerung ausmachen, und auch französische, niederländische und englische Händler sowie Piraten beteiligten sich an dem Bevölkerungsmix. Diese Ausländer wurden ebenso schnell in die hauptsächlich Spanisch sprechende Hauptkultur assimiliert wie auch die afrikanischen Sklaven, die während des 16. und 17. Jahrhundert nach Panama gebracht wurden. Viele dieser Sklaven flüchteten in Dschungelverstecke und gründeten Gemeinschaften, die heute stolz

auf ihre Vorfahren, die *cimarrones* (Flüchtigen), sind. Aus deren Verbindung mit den indigenen Völkern entstanden die Mulatten als weitere Ethnie im Schmelztiegel Panama.

Tausende Nordamerikaner durchquerten im Großen Goldrausch in den 1840er-Jahren Panama auf ihrem Weg von oder nach Kalifornien. Um die Durchreise zu erleichtern, heuerte man chinesische und indische Arbeiter an, die Schienen für eine Eisenbahn verlegen sollten – ein gewagtes Unternehmen, das viele mit ihrem Leben bezahl-

Der Río Caldera gräbt sich eine Schlucht in die Hänge des Boquete. In diesem Gebiet im Nordwesten Panamas wird viel Kaffee angebaut.

ten (viele chinesische Arbeiter nahmen sich sogar gemeinsam das Leben). Der zum Scheitern verurteilte Versuch der Franzosen, einen Kanal zu bauen, begann 1881 und erweiterte die bereits aus vieler Herren Länder stammende Gesellschaft von Panama um eine weitere Herkunftsnation. Der große Zustrom französischer Einwanderer brachte auch das Savoir Vivre ins Land. Aber die *grande entreprise* von Ferdinand de Lesseps beschäftigte Arbeiter und Techniker aus aller Welt, und Damen für alle Begierden waren Mangelware, sodass

die Nachricht *„langoustes arrivées"* (Langusten angekommen) die gesamte Strecke entlanggefunkt wurde, sobald ein Schiff mit Nachschub angelegt hatte. Inzwischen siedelten andere europäische Einwanderer – meist Bauern aus der Schweiz und Mitteleuropa – auf der Hochebene von Chiriquí und bauten dort Kaffee und Gemüse an.

Mit dem Beginn des 20. Jahrhunderts setzte eine hundertjährige Einmischungsgeschichte der Vereinigten Staaten in Panama ein. Während des zehn Jahre dauernden Kanalbaus von 1904 bis 1914 hatten amerikanische Ingenieure das Kommando über fast 60 000 Arbeiter aus aller Welt, aber hauptsächlich aus der Karibik. Viele blieben, so wie auch die Familien von fast 10 000 amerikanischen Arbeitern (sogenannte „Zonians", die Menschen, die in der Kanalzone lebten und den Verkehr auf dem Kanal organisierten) und amerikanische Militärangehörige, die ihren Beitrag zur Patchworkgesellschaft Panamas leisteten. In den letzten Jahren kam noch eine neue Gruppe Amerikaner und Europäer hinzu, die ihren Lebensabend in der Sonne verbringen wollen und sich vor allem um Boquete und Bocas del Toro niedergelassen haben.

NATIONALGEFÜHL

Die Menschen in Panama haben eine gespaltene Beziehung zu den Vereinigten Staaten. Panama

Diablos (Teufel) tanzen am Fronleichnamsfest vor der Kirche Santo Domingo in Los Santos.

wurde Kolumbien in einem ersten Beispiel US-amerikanischer Kanonenbootdiplomatie entrissen, und die Amerikaner schrieben 1903 die Verfassung, die den Menschen eine Unabhängigkeit an der kurzen Leine garantierte. Die 16 km breite Panama-Kanalzone, in der die Wasserstraße mit einer Gesamtlänge von 80 km liegt, wurde amerikanisches Staatsgebiet mit über 12 Militärstützpunkten (Zonians waren eine privilegierte Klasse, die dort mietfrei wohnte), was den Menschen aus Panama ein Dorn im

Auge war. 1964 schlug der Unmut in offenen, todbringenden Hass um. Der anschließende Erfolg von Präsident Omar Torrijos Herrera (1929–1981) bei den Verhandlungen um den Panamakanal-Vertrag, durch den Panama den Kanal zurückerhielt, machte die Menschen in Panama trunken vom Rausch der Souveränität, der *soberanía*, nach der ein Nationalpark und

ein Bier benannt wurden. Seit 1999 ist das Land nun unabhängig, und die Gefühle sind gemischt. Viele Menschen schauen mit Wehmut auf die Zeiten zurück, als das US-Militär viele Tausend Zivilisten zu Sonderkonditionen beschäftigte und jedes Jahr 350 Millionen Dollar in die Wirtschaft des Landes pumpte.

Etwa 57 Prozent der Bevölkerung des Landes leben in Städten; jeder vierte lebt in Panama-Stadt. Außer Colón und David sind die meisten Städte relativ kleine, von Landwirtschaft und Handel geprägte Zentren. Die Mehrheit der Landbevölkerung lebt einfach, baut im Hochland Kaffee und landwirtschaftliche Produkte an und widmet sich in der Tiefebene der Viehzucht, wo jeder Tag an die Zeit der Cowboys erinnert – vor allem auf der Halbinsel Azuero, dem Stammland der sich aus so vielen Quellen speisenden folkloristischen Traditionen.

LEBENSSTANDARD

Die Lebenserwartung der Menschen in Panama ist etwa so hoch wie in anderen entwickelten Staaten, wobei die Säuglingssterblichkeit dreimal so hoch wie in den Vereinigten Staaten ist. Der Zugang zu Bildung ist frei, und die Kosten für Gesundheitsversorgung sind gering, doch es gibt regionale Unterschiede. Die Telekommunikation und der Finanz- und Dienstleistungssektor sind ausgebaut. Panama-Stadt ist eines der

Blitze tanzen über dem kleinen Fischerdorf San Pedro auf der Isla Taboga.

Wohnanlagen von Punta Paitilla zurückgezogen hat, kein Interesse an dem Elend der verarmten Ngöbe-Buglé-Indianer oder der Bewohner der Provinz Darién zeigt, von denen viele Nachkommen afrikanischer Sklaven sind.

Viele sprechen von einer Hackordnung unter den Rassen und einer Verbindung zwischen sozioökonomischem Status und Rasse; noch immer werden Menschen mit indigenem Hintergrund und Schwarze diskriminiert. Die Herkunft ist entscheidend im geschäftlichen wie politischen Bereich. Wichtige Positionen in der Regierung sind in der Hand bestimmter Dynastien. Bereiche des Handels werden von Gruppen kontrolliert: So dominieren chinesische Händler die Supermärkte und Einkaufsläden, die im Volksmund daher auch *chinitos* heißen.

INDIGENE VÖLKER HEUTE

In Panama leben etwa 285 000 Menschen indigener Völker, etwa zehn Prozent der Bevölkerung, die meisten in einem der fünf autonomen Bezirke *(comarcas),* mit Selbstverwaltungsrecht für indigene Gruppen. Ihre Ernährung ist schlecht und ihr politischer Einfluss auf die Politik gering, und so begegnen sie Fremden mit Misstrauen. Trotz der Verabschiedung gutgemeinter Gesetze, die diese Kulturen schützen sollen, vergibt die Regierung Minen- und Holzgesellschäften Abbaugenehmigungen für die Gebiete der amerikanischen Ureinwohner.

Panamas größtes indigenes Volk sind die Ngöbe-Buglé-Indianer mit 130 000 Menschen, die im westlichen Hochland leben. Aber in den 1930er-Jahren drängten transnationale Bananen-Handelsgesellschaften und nicht-indigene Viehzüchter die Ngöbe aus ihren Lebensräumen; gefangen in Armut, bleibt ihnen nur die Brandrodung zur Erschließung neuer Anbauflächen, während ein Teil des Volkes in der Kaffeeernte oder als Wanderarbeiter auf den Plantagen arbeitet. Im Oktober 1996 marschierten mehrere hundert Ngöbe-Buglé-Indianer auf Panama-Stadt und forderten ihre *comarca,* die im folgenden Jahr eingerichtet wurde. Sie umfasst ein Zehntel der Fläche Panamas in Bocas del Toro, Chiriquí und Veraguas.

Die Kuna-Indianer mit 62 000 Menschen leben im südlichen Bereich der Karibikküste und

führenden Bankenzentren der Welt, in der eine fortschrittlich orientierte Mittelschicht lebt.

Das Pro-Kopf-Einkommen in Panama ist mit 3200 € für Mittelamerika recht hoch, doch gibt es Unterschiede. Der Wohlstand ist sichtbar, doch auch hier hat man noch keinen Weg gefunden, Verarmung zu verhindern: Fast 40 Prozent der Bevölkerung leben in Armut (17 Prozent in großer Armut), viele von ihnen in den Slums der Städte mit hoher Kriminalität. Viele Tausend verarmter *colonos* (nicht indianische Wanderarbeiter aus der Landwirtschaft) praktizieren die Brandrodung und fällen wertvolle Wälder für Weideflächen. Vielfach wird kritisiert, dass die Elite von Panama-Stadt, die sich in die edlen

bevölkern seit mehreren hundert Jahren das Archipiélago de San Blas. Im frühen 20. Jahrhundert versuchte die Regierung Panamas die Traditionen der Kuna zu unterdrücken und zwang ihnen die westliche Kultur auf. 1925 kam es zu Ausschreitungen, und die Kuna erhielten kulturelle und politische Autonomie. Sie leben traditionell vom Fischfang und der Kokosnussernte sowie deren Verkauf und treten für den Schutz ihres Gebietes ein. Aber sinkende Fischbestände zwangen sie, auch Touristen ihre Gebiete zu öffnen. Viele wandern nach Panama-Stadt und in andere Städte ab, um dort zu arbeiten.

Das Volk der Emberá-Wounaan mit etwa 9000 Menschen lebt im Regenwald des Dariéns; sanftmütige Menschen mit einer Kultur, ähnlich der der Völker im Amazonasgebiet. Sie werden zwar immer zusammen genannt, sind aber ethnisch und sprachlich unterschiedlich. Sie leben vom Fischfang, dem Anbau eigener Produkte und dem Jagen mit dem Blasrohr, die Pfeile werden mit dem Gift aus den Hautabsonderungen spezieller Frösche bestrichen. Obwohl eigentlich Nomaden ohne Stammesorganisation, haben sie, unterstützt von der Regierung Panamas, in den vergangenen Jahren feste Siedlungen gegründet. Was ihnen fehlt, ist das politische Gewicht der größeren und besser organisierten Gruppe der Kuna. Der Einfluss der westlichen Kultur verfälscht ihr traditionelles Leben weiter.

REGIERUNG UND POLITIK

Nach der Verfassung von 1972 ist Panama eine demokratische Republik mit einem gewählten Präsidenten, zwei Vizepräsidenten und einem Kabinett, bestehend aus zwölf Mitgliedern. Die Präsidenten werden für eine fünfjährige Amtszeit gewählt, eine Wiederwahl ist nicht möglich. Regiert wird das Land von einer Kammer, der Asamblea Nacional (Nationalversammlung), sie ist die Legislative und besteht aus 78 gewählten Mitgliedern, die die Provinzen sowie die Kuna-Comarca vertreten. Die Amtsperiode der Abgeordneten dauert fünf Jahre, getagt wird in dem hohen Palacio Legislativo am Parque Legislativo in Panama-Stadt. Der oberste Gerichtshof besteht aus neun berufenen Richtern, deren Amtszeit zehn Jahre beträgt. Es herrscht Wahlpflicht für Bürger ab 18 Jahre (wobei Nichtwähler nicht bestraft werden). Die Wahlen führt ein Wahlausschuss durch.

Panamas neun Provinzen – Bocas del Toro, Chiriquí, Coclé, Colón, Darién, Herrera, Los Santos, Panamá und Veraguas – werden jeweils von einem berufenen Gouverneur regiert. Die fünf autonomen Regionen indigener Völker senden Vertreter in die Zentralregierung.

PARTEIEN UND PERSÖNLICHKEITEN

Zwischen 1968 und 1989, als die USA Manuel Noriega stürzten, kontrollierten vom Militär gestützte Diktatoren die Regierung. Noch immer sind die Führungspersönlichkeiten wichtiger als klar formulierte Grundsätze der Partei.

Präsident Martín Torrijos Espino (*1963), der Sohn von Maj. Gen. Omar Torrijos, wurde im Mai 2004 in das Amt gewählt. Er vertritt die Partido Revolucionario Democrático (PRD),

1978 von Anhängern Omar Torrijos' gegründet, um dessen Militärherrschaft zu legitimieren. Unterstützt wird sie von den Gewerkschaften und der Mittelschicht in den Städten. Die stärkste Gegenkraft ist die Panamenista Party (früher Arnulfista Party), 1936 von Arnulfo Arias Madrid (1901–1988) gegründet. Diese Partei der politischen Mitte hat ihre Anhänger hauptsächlich in den Provinzen und ist nationalistisch geprägt. Arias' Witwe, Mireya Moscoso de Gruber (*1946), führte die Partei in den 1990er Jahren und wurde 1999 die erste Präsidentin Panamas. Die Partido Popular ist vergleichbar mit den Demokraten Amerikas und setzt sich für einen Sozialstaat ein. Auch wenn die Menschen engagiert für ihre jeweilige Partei eintreten, ist das eher auf persönliche Interessen als auf ideologische Überzeugung zurückzuführen. Die Regierung ist bekannt für ihre Korruption. Präsident Martín Torrijos verkündete „null Toleranz" gegenüber Korruption, erließ Gesetze, die Regierungshandeln transparenter machen sollen, und richtete einen nationalen Anti-Korruptionsrat ein.

Nach der amerikanischen Invasion wurde Noriegas berüchtigte Panama Defence Force aufgelöst, und das Land ist heute ohne Streitkräfte. Es gibt bewaffnete Polizei, und das amerikanische Militär behält sich das Recht vor, zum Schutz des Kanals einzugreifen. ∎

Eine Lokomotive, die *mula* (Muli) genannt wird, schleppt ein Schiff durch die Schleuse Miraflores am Panamakanal.

Essen & Trinken

IN PANAMA TRAFEN SICH VIELE VERSCHIEDENE KULTUREN DER GANZEN WELT, und die Verschmelzung der Geschmacksrichtungen aus allen Teilen der Erde spiegelt sich in den Restaurants wider. Jede Stadt hat ihr Chinarestaurant, ihre südamerikanische *parrillada* (Steakhaus) und ihre Pizzeria. Thai- und japanische Restaurants, sogar die Küche aus Indien und dem Nahen Osten sind in Panama-Stadt vertreten, die den Wettstreit mit anderen Städten der Welt aufnehmen kann. Und es mangelt nicht an angesagten Szene-Restaurants.

Panamas geschmackvolle inländische Küche vereinigt indigene, spanische und afrikanische Einflüsse zu köstlichen, selten stark gewürzten Gerichten. Am typischsten ist *sancocho,* Suppe mit regionalen Abwandlungen, die Mais, Maniok und andere Gemüsesorten enthält.

Sancocho santeño aus Los Santos besteht aus Süßkartoffeln mit Koriander, Knoblauch und Huhn, in Bocas del Toro mit Schweineschwänzen. Panamaer lieben Fleisch wie Schweinebraten (besonders während einer Fiesta) und *patacón con puerco,* Schweinefleisch mit Kochbananen.

Pollo asado (Brathähnchen) ist ein Element der *comida criolla. Bistec* (Steak), *arroz con pollo* (Reis und Huhn), häufig mit Zwiebeln und Knoblauch gewürzt oder mit Erbsen oder kleingeschnittenem, hartgekochtem Eigelb zum Frühstück serviert, sind weitere Favoriten.

Häufiger gehört zu einem *desayuno típica* (typischen Frühstück) in Panama eine Maistortilla mit frischem Käse, Braten und Eiern. In der Mittelschicht in den Städten haben amerikanische Essgewohnheiten Reis und Bohnen verdrängt, und die internationalen Fastfoodketten finden sich mittlerweile fast überall.

Panama ist das indianische Wort für „Fischreichtum". Kein Wunder, dass sich Meeresfrüchte auf allen Speisekarten finden. Fast überall gibt es *ceviche,* rohen Fisch, mariniert mit Zwiebeln und Peperoni. Beim Fisch sollte man *tilapia* (Weißkehlbarsch) und *corvina* (Adlerfisch) wählen, die oft mit *ajo* (Knoblauch) serviert werden, aber auch *dorado* (große Goldmakrele) und *pargo* (Seebrasse) sind sehr beliebt.

Peruanische Meeresfrüchterestaurants bieten weitere Geschmacksnuancen. Entlang der Karibikküste gibt es Hummer, Krabben und weitere Meeresfrüchte, die mit einzigartigen Gewürzen und Kokosnussmilch verfeinert werden, und die Forelle ist eine regionale Spezialität in Boquete.

Mais wird in der panamaischen Küche sehr häufig verwendet, was auf die indianische Tradition zurückzuführen ist, so gibt es die Pastete *tamal* – Teig aus Maismehl gefüllt mit geschmortem Hähnchen- oder Schweinefleisch, Peperoni, Knoblauch und Zwiebeln, in ein Bananenblatt gewickelt und gekocht. *Chiricanos* sind typisch für die Halbinsel Azuero, das Gebäck besteht aus gemahlenem Mais und geriebener Kokosnuss, gesüßt mit Zuckerrohrsaft und Honig. Panamaer lieben Süßes aus Kokosnuss und Zucker, insbesondere die *cocadas,* die an jeder Straßenecke verkauft werden. Milch wird in *arroz con leche* (Milchreis mit Zucker und Zimt) sowie im *flan*-Pudding verwendet.

Außerdem muss man probieren:

Plátano en tentación: Beilage aus gebackener Kochbanane, gesüßt mit Melasse und Zimt.

Carimañolas: gestampfter gekochter Maniok gefüllt mit Rindfleisch und dann frittiert.

Chicheme: ein Getränk aus gemahlenem Mais und Milch, gewürzt mit Zimt und Vanille.

Ensalada rosada: Kartoffelsalat mit Mayonnaise und Rüben; beliebt in der Karnevalszeit.

Tamal de olla: gebackene Mais-*tamales,* gefüllt mit Fleisch, Gemüse und Rosinen.

Mittags isst man am besten eine *comida corriente* – ein Menü aus typischen Speisen.

Auf den örtlichen Märkten findet man ein üppiges Angebot tropischer Früchte, wie Mangos, Melonen, Papayas, Ananas und frische Erdbeeren aus dem Chiriquí-Hochland. Diese und weitere regionale Früchte wie *marañón* (Cashew-Frucht, an deren Spitze die Cashewnuss hängt) und *guanábana* (auch Guyabano oder Corossol genannt) werden auch zu sogenannten *batidos* verarbeitet, köstliche kalte Shakes mit Wasser oder Milch. *Agua de pipa* – das Wasser der grünen Kokosnuss – ist ein perfekter Muntermacher an heißen Tagen. In Panama wird auch helles, leichtes Bier gebraut, beispielsweise von Soberana und Balboa, das kalt serviert, *bien fría,* die perfekte Erfrischung in dem tropischen Klima ist.

Wer in der Stadt lebt und arbeitet, trinkt *seco,* ein herber Zuckerrohrschnaps, häufig gemischt mit Milch; auf den Land dagegen trinkt man eher *vino de palma,* Palmwein aus gegorenem Palmsaft. Der viel gerühmte Rum des Landes, Carta Vieja, ist hell und weich im Geschmack. Weine sind in der Mittelschicht sehr beliebt, und die meisten besseren Restaurants bieten eine Vielzahl importierter Weine an.

Panamas leicht gerösteter *Arabica*-Kaffee ist großartig, und einzelne Marken schaffen es regelmäßig in die Top Ten der besten Kaffeesorten, aber ein Großteil dieser hervorragenden Ware wird exportiert. Der Kaffee in Panama ist meist nicht sehr stark, oder er wird im Gegenteil wie ein Espresso stark und süß getrunken. ∎

Puerco frito con patacones – gebratenes Schweinefleisch und Kochbananen – ist das typisch panamaische Essen (oben). *Sancocho panameño* mit Hähnchenfleisch, Knoblauch, Zwiebeln, Süßkartoffeln und Gewürzen ist eine köstliche Suppe (Mitte). Ein Arbeiter füllt in der El-Tute-Café-Fabrik in Santa Fé den Kaffee in Säcke, hier wird einer der besten Kaffees in Panama hergestellt (unten).

Geschichte Panamas

ALS AM 15. AUGUST 1914 DER PANAMA-KANAL MIT DER DURCHFAHRT DER SS Ancón eröffnet wurde, erfüllte sich ein vierhundert Jahre alter Traum. Panama war schon immer der Übergang zwischen zwei Meeren. Jahrhundertelang durchquerten die Indianer vorkolumbischer Zeit, die an der Verbindung lebten, auf einem Pfad das Land. Bereits 1529 arbeiteten spanische Konquistadoren auf Geheiß von König Karl V. an einem Plan für einen Kanal. Und auf dem Höhepunkt des kalifornischen Goldrausches überquerten Tausende die engste Stelle des Isthmus auf dem Pfad, den schon die Spanier mit ihren Mauleseln, die mit den Schätzen der Indios beladen waren, benutzten.

Vorkolumbische Ritzzeichnungen auf der Piedra Pintada (bemalter Stein), bei El Valle.

ERSTE BESIEDLUNG

Volksstämme, die auf dem Weg nach Süden waren, bewohnten das heutige Panama bereits vor 12 000 Jahren. Man nimmt an, dass fast eine Million Angehörige indigener Völker zum Zeitpunkt der Eroberung durch die Spanier im 16. Jahrhundert hier lebten. Es gab sehr viele Völker, die man entsprechend ihrer Keramiken und Kunstgegenstände unterscheidet und die man auf drei Kulturregionen im Westen und Osten sowie in Zentralpanama aufteilt. Die meisten erlagen der Brutalität der spanischen Eroberer und den aus Europa eingeschleppten Krankheiten, und so haben bis heute nur acht indigene Völker überlebt.

Überall findet man rätselhafte Felszeichnungen. Es gibt viele Grabungsstätten, wobei man keine großen Pyramiden oder Städte freigelegt hat und die meisten Funde nicht älter als 2000 Jahre sind. Obwohl Handelsbeziehungen zwischen den Gruppen und mit höher entwickelten Kulturen im Norden und Süden bestanden, scheinen sich bei den in Panama lebenden Völkern keine komplexen soziopolitischen Strukturen wie bei den Maya, Azteken und Inkas entwickelt zu haben. Die Völker Panamas bildeten nie ein Königreich, sondern wurden von Häuptlingen *(caciques)* angeführt, deren Gebiete sich teilweise überschnitten und deren Namen von den Spaniern für ihre Stämme und die Gebiete, in denen sie lebten, übernommen wurden.

Kulturen im Westen

Die Barriles-Kultur gilt als Panamas früheste Zivilisation. Sie hatte ihren Ursprung im heutigen Costa Rica. Ihre Angehörigen wanderten um 500 v. Chr. nach Panama und siedelten im Hochland von Chiriquí um eine Kultstätte an den Hängen des Volcán Barú. Die Kultur breitete sich zur Karibik- und zur Pazifikküste aus und entwickelte sich von bäuerlichen Gemeinschaften, die Mais und Bohnen anbauten, zu komplexeren, deren Hochzeit um 500 n. Chr. durch einen Ausbruch des Vulkans Barú endete.

Die Barriles-Kultur hinterließ monochrome Töpferwaren, *metates* (dreibeinige Steintische

Alter Mörser und Stößel im Sitio Barriles, Zeugnis der antiken Barriles-Kultur.

zum Mahlen von Mais) sowie Steinstatuen von Männern, die häufig abgetrennt Köpfe in ihren Händen halten und auf den Schultern von Sklaven getragen wurden. Nach der Barriles-Kultur kamen die Cultura Coclé und die Chiriquí- und Veraguas-Kulturen, die der Nachwelt Tonwaren darunter auch im Wachsausschmelzverfahren verzierte Keramiken hinterließen.

Kulturen in Zentralpanama

Die wichtigsten und ältesten archäologischen Stätten befinden sich im pazifischen Tiefland in den Provinzen Coclé, Herrera und Veraguas. Die Menschen, die an der Pazifikküste siedelten, führten dort um 3000 v. Chr. die Landwirtschaft ein. Um 500 n. Chr. hatten sich komplexe Gesellschaftsstrukturen entwickelt, die für ihre Landwirtschaft Brandrodung praktizierten, aber auch Fischfang und Handel mit anderen Bevölkerungsgruppen. Angeführt wurden sie von mächtigen Häuptlingen (*caciques*), und sie führten auch häufig Kriege gegen andere Volksstämme um die ergiebigsten Flächen.

Der größte Ort, Sitio Conte, bei Penonomé war mindestens 200 Jahre lang eine bedeutende vorkolumbische Begräbnisstätte. Sie wurde in den 1930er-Jahren entdeckt, als der Río Grande einen neuen Verlauf nahm und Grabbeigaben ans Tageslicht kamen, die heute in Museen auf der ganzen Welt bewundert werden können. Über 1000 Gold-*Huacas* (kleine Ornamente) wurden aus 60 Gräbern ausgegraben.

Goldene Objekte sowie das Wachsausschmelzverfahren, das von den Volksstämmen vor Ort übernommen wurde, um Tierfigurinen sowie dekorative Schmuckstücke, wie Armbänder, Anhänger und Brustplatten, zu formen, die den *caciques* vorbehalten waren, kamen vor etwa 2000 Jahren aus Peru. Wenn ein Häuptling starb, wurde er zusammen mit seinen Frauen, Dienern und Besitztümern, darunter Keramiken wie Vasen und Ständer, die mit schönen Tiermotiven verziert waren, bestattet.

Der Parque Arqueológico El Caño bei der Stadt Natá zeigt Funde aus der Zeit um 1100 v. Chr. und wie im Sitio Conte gibt es Steinsäulen mit Mustern in Tier- oder Menschenformen. Die meisten Steine wurden entfernt.

Kulturen im Osten

Die Kulturen im Osten traf die Brutalität der spanischen Konquistadoren und ihr Ziel der Ausrottung der Menschen als Erste. Es ist wenig über sie bekannt, da das Gelände sehr unzugänglich ist und sie von den Spaniern fast vollständig ausgelöscht wurden. Sie waren Jäger und Sammler, sprachen eine *chibcha*-Sprache und waren verwandt mit den Volksstämmen des Amazonas-

Der spanische Forscher Vasco Núñez de Balboa bei seiner Entdeckung des Pazifischen Ozeans 1513.

gebiets. (Die Choco, bekannt als Emberá-Wounaan-Indianer, wanderten vom Amazonasgebiet im 18. Jahrhundert ein.)

    Die Völker des Ostens lebten in Rundhütten aus einer Pfostenkonstruktion mit Wänden aus Zuckerrohrblättern und Dächern aus Palmblättern; sie ähneln jenen Hütten, in denen viele ihre Nachfahren heute leben. Spanische Konquistadoren berichteten, dass die *caciques* in den größten Hütten wohnten, in denen die über Rauch konservierten Körper der Vorfahren, die Goldmasken trugen, aufbewahrt wurden. Die Keramiken dieser Volksgruppen sind grob, obwohl sie mit Steinwerkzeugen sehr geschickt Kanus aus Baumstämmen herstellten, die sie mit Feuer ausgehöhlt hatten. Frauen trugen schürzenartige Kleider aus Rinde; Männer trugen Penisbedeckungen und Halsbänder aus Muscheln und Steinperlen, Adelige schmückten sich mit Ohrgehängen, Nasenplatten sowie Arm- und Fußbändern aus Gold.

DIE ERSTEN EUROPÄER

Erster Europäer in Panama war der spanische Eroberer Rodrigo de Bastidas (1460–1527), der 1501 an der Karibikküste des Darién entlangsegelte. Die indigenen Völker des Gebiets begrüßten ihn und legten hierfür ihre schönsten Armbänder, Ohrringe und Brustplatten aus Gold an. Im folgenden Jahr kam Christoph Kolumbus (1451–1506) auf seiner vierten und letzten Reise in die Neue Welt; er erkundete die Küstenlinie zwischen Bocas del Toro und Darién und gründete eine Siedlung in der Nähe der Mündung des Río Belén, der jedoch kein Glück beschieden war. Er benannte das Gebiet nach dem dort lebenden Volk Veraguas.

1510 setzte sich Vasco Núñez de Balboa (1475–1519) an Bord eines Handelsschiffes ab, um seinen Gläubigern zu entkommen. So kam er ins Darién als einer der Siedler von Santa María la Antigua del Darién, der ersten von der spanischen Krone auf dem Isthmus gegründeten Siedlung, die auch Bestand haben sollte. Balboa stieg zum Gouverneur der Region auf. Drei Jahre später überquerte er den Isthmus und war am 25. September 1513 der erste Europäer in Amerika, der den Pazifischen Ozean sah. Berühmt wurde sein Gang in voller Rüstung in das Meer (das er Mar del Sur, Meer des Südens nannte), um es für Spanien in Besitz zu nehmen. Diese Entdeckung machte Panama zum Ausgangspunkt für die Eroberung der Pazifikküste des amerikanischen Kontinents.

Balboas Entdeckung des Pazifischen Ozeans und des Archipiélago de las Perlas schürte den Neid des Konquistadoren Pedro Arias de Ávila (1440–1531), alias Pedrarias Dávila, der sich nach seiner Verschwörung zu Balboas Nachfolger ausrufen ließ. 1519 klagte er Balboa des Hochverrats wegen erfundener Beschuldigungen an und ließ ihn hinrichten. Danach gründete Ávila

die Stadt Nuestra Señora de la Asunción de Panamá (Panama-Stadt) als die erste spanische Siedlung an der Pazifikküste und erklärte sie zur Hauptstadt. Auf Balboas gerechte Behandlung der indigenen Völker folgten nun Tyrannei und Ausbeutung. Gemeinschaften wurden niedergemetzelt, und andere mussten als Sklaven im Dschungel des Darién nach Gold schürfen. Mitte des 16. Jahrhunderts nannten die indigenen Völker die Spanier nach einem Raubtier *guacci-guacci*. Ganze Volksstämme starben aufgrund der unerträglichen Zwangsarbeit aus. Aus Europa eingeschleppte Krankheiten wie Pocken, Masern und Tuberkulose, denen sie ausgeliefert waren, beschleunigten diesen Prozess. Manche Gruppen, wie die Buglé-Indianer, fochten bittere Kämpfe gegen die Spanier, zogen sich schließlich aber in die Bergwälder der Cordillera Central und die Ebenen von Veraguas an der Karibikküste zurück.

SCHATZSTRASSE

Nach der Eroberung von Virú, dem heutigen Peru, durch Francisco Pizarro (1478–1541) im Jahr 1532 füllte der Reichtum der Inkas die Keller von Panama-Stadt – Hauptstadt der damaligen Provinz Castillo de Oro, deren Gebiet sich ständig änderte und zu jener Zeit auch einen Großteil des heutigen Nicaragua und Costa Rica umfasste – und kündete von einer glänzenden Zukunft. Die Siedlung wuchs rasch zum wichtigsten Zwischenlager an, in dem der Reichtum der Neuen Welt gehortet wurde. Unvorstellbare Mengen von Silber, Gold, Smaragden, Perlen und anderen Schätzen wurden auf einer einwöchigen Reise mit Mauleseln über den Isthmus zu den spanischen Schiffen transportiert.

1517 hatte der Konquistador Gaspar de Espinosa (1484–1537) mit dem Bau des Camino de Cruces begonnen, der Panama mit dem 1510 gegründeten Karibikhafen Nombre de Dios verband. Die Lage war schlecht gewählt, da der Hafen keinen Schutz bei Wirbelstürmen bot. Deshalb begann man 1585 einen neuen Hafen in besserer Lage zu bauen, der zu Ehren des Königs San Felipe de Portobelo genannt wurde. Ein königliches Dekret befahl den Bau eines zweiten Eselpfads, den Camino Real (Königsweg), der vom Las Cruces-Pfad abzweigte und zur neuen Stadt führte. Über eine neu erhobene Steuer auf Edelmetalle wurden der Bau und der Unterhalt der Schatzstraße bezahlt.

Ein gefangener Spanier kniet bei der Einnahme von Panama-Stadt (um 1670) vor Sir Henry Morgan nieder.

Die Züge der mit den Schätzen beladenen Maulesel auf diesen Pfaden waren zeitlich mit der jährlich ankommenden spanischen *flota* (Schiffsflotte), die Waren aus der alten Welt brachte, abgestimmt. Die Flotte erreichte Cartagena nach einer zehnwöchigen Reise von Spanien und teilte sich dann auf, eine Flotte nach Mexiko und die andere nach Panama; Kurierschiffe kündigten den Stellvertretern des Königs und den Händlern die Ankunft der Flotte an. Hunderte Schiffe strömten nach Nombre de Dios und später nach Portobelo. Die Märkte, auf denen Silber und andere Rohmaterialien gehandelt wurden, zogen Tausende spanischer Händler, Soldaten, Kirchenvertreter, Händler und Schreiber an. Aus Nombre de Dios und Portobelo wurden Schatzhäfen, in denen das Leben pulsierte. Nach dem Gesetz musste ein Fünftel *(el quinto)* der Schätze der Neuen Welt an den König von Spanien abgegeben werden, dessen Galeonen Vorrang in den Schatzhäfen des spanischen Mutterlandes hatten. Über 181 400 Tonnen Silber verließen zwischen 1550 und 1650 Portobelo in Richtung Spanien. (Spaniens Schulden waren jedoch so hoch, dass ein großer Teil davon direkt an europäische Bankiers in Venedig ging.) In den Handelsschiffen wurde so viel Silber transportiert, dass ganze Berge von Silberbarren in den Straßen lagerten. Der Reichtum zog Piraten an, Verbrecher, die zu grausamsten Taten bereit waren. Der englische Pirat Sir Francis Drake (1540–1596), der zuvor Sklavenhändler gewesen war, griff Nombre de Dios 1572 an; daraufhin brachte er einen ganzen Schatzzug in seine Gewalt. Die Spanier entwickelten ein Flottillensystem zum Schutz der Schatzschiffe, wobei eine Galeone zehn Handelsschiffe schützen sollte. Sie bauten auch Befestigungen zum Schutz von Portobelo und der Mündung des Río Chagres. 1595 setzten Drake und John Hawkins (1532–1595) 26 Schiffe in Marsch und wollten Nombre de Dios und Panama-Stadt plündern. Hawkins starb auf der Fahrt, auch Drake erkrankte und starb am 27. Januar 1596; er wurde auf See in der Nähe der Mündung von Portobelo bestattet. Der Pirat William Parker (1587–1617) plünderte 1602 Portobelo, und 1668 plünderte auch der walisische Pirat Henry Morgan die Stadt und nahm ihre Bevölkerung in Geiselhaft. 1671 nutzte Morgan die Eselspfade, griff Panama-Stadt an und brannte sie nieder. Nach der Plünderung bauten die Bewohner ihre Stadt einige Kilometer weiter westlich wieder auf, diesmal in einer strategisch günstigeren Lage – das heutige Casco Viejo. Panama-Stadt und Portobelo wurden so häufig zerstört, dass Spanien die Passage der Schiffe um das Kap Horn erlaubte und das Goldene Zeitalter von Portobelo als die „reichste Kleinstadt in Westindien" beendet war.

KOLONIALZEIT

Die spanische Alleinherrschaft auf dem Isthmus kam in Bedrängnis, als 1698 die Company of Scotland gegründet wurde, die eine Kolonie an der Küste des Darién einrichten wollte. Die Kolonie New Edinburgh war ein Fiasko (die meisten der 1200 Siedler verhungerten oder starben an Krankheiten), und das finanzielle Desaster

zwang Schottland, alle Unabhängigkeitsbestrebungen von England aufzugeben.

Im frühen 18. Jahrhundert schafften die beiden Erzfeinde England und Spanien eine Periode der Koexistenz. 1731 nahm die spanische Küstenwache den englischen Seefahrer und Händler Robert Jenkins auf seiner Fahrt zu den Westindischen Inseln gefangen und schnitt ihm ein Ohr ab. Nach sieben Jahren zeigte Jenkins sein verstümmeltes Ohr den Mitgliedern des House of Commons. Die Parlamentarier stimmten für Krieg (auch der „Krieg um Jenkins' Ohr" genannt), und der Reserve Naval Officer Sir Edward Vernon (1684–1757) brach mit sechs Kriegsschiffen in die Karibik auf. Am 20. November 1739 kam er vor Portobelo an, das sich trotz seiner hervorragenden Befestigungen, nach kurzem Widerstand ergab. Die Befestigungen wurden sofort gesprengt. Die Spanier bauten daraufhin größere und modernere Befestigungsanlagen.

Die glorreiche Zeit der spanischen Krone ging zu Ende, und auch die Entwicklung in Mittelamerika stagnierte. Panamas Reichtum nahm ab, und die Region wurde unwichtig. Immer wieder gab es Aufstände, die von nationalistischen Gefühlen inspiriert waren und die Gedanken der Unabhängigkeitsbewegungen, die es überall in Spaniens Großreich in Lateinamerika gab, widerspiegelten. Am 10. November 1821 nahmen die Bewohner von La Villa de los Santos zu Simón Bolívar, dem Befreier Lateinamerikas, mit dem Brief *Primer grito de independencia* (Erster Ruf nach Unabhängigkeit) Kontakt auf. 18 Tage später sagte sich Panama von Spanien los und schloss sich Großkolumbien an, einer Union, der Kolumbien, Ecuador, Peru und Venezuela angehörten. 1826 berief Bolívar im Casco Viejo von Panama Stadt einen zum Scheitern verurteilten Kongress ein, auf dem eine panamerikanische Union aller Republiken gegründet werden sollte. 1830 zerbrach Großkolumbien.

Panama erklärte seine Unabhängigkeit, aber Kolumbien zwang das Land, sich wieder anzuschließen, und so wurde Panama eine von vielen Provinzen Kolumbiens. Aber die Einheit mit Kolumbien war brüchig, und es gab über 50 Rebellionen und Aufstände sowie drei große Versuche, die erzwungene Vereinigung aufzulösen.

Kanalfieber

1848 gelangte die kolumbianische Provinz wieder in den Blickpunkt der Öffentlichkeit, nachdem man in Kalifornien Gold entdeckt hatte. Es gab noch keine Eisenbahn quer durch die Vereinigten Staaten, und Abenteurer kamen in Panama an, um den Isthmus auf dem Camino de Cruces zu überqueren. Banditen lauerten den Goldsuchern auf und plünderten sie aus. Tausende erkrankten an Gelbfieber, Malaria und anderen Krankheiten und starben. Die Nachfrage nach Packeseln und die Preise dafür stiegen ins Unermessliche. Der spätere Held des Bürgerkriegs und US-Präsident Capt. Ulysses S. Grant (1822–1885) sah sich gezwungen, den Wucherpreis für die Packesel für seine schwer an Cholera erkrankte Vierte Infanterietruppe zur Überquerung der Halbinsel aus eigener Tasche zu bezahlen. Da trat William Henry Aspinwall (1807–1875) auf den Plan, ein Unternehmer, der die Pacific Mail Steamship Company und die Panama Railroad gründete; 1855 schloss er den Bau der Bahnstrecke über den Isthmus ab, bei dem etwa 6000 Menschen gestorben waren. Zwischen 1848 und 1869 überquerten etwa 375 000 Goldsucher den Isthmus vom Atlantik zum Pazifik erst mit Mauleseln und dann mit der Eisenbahn. Etwa 225 000 kehrten zurück.

Der Erfolg der Panama Railroad weckte die Hoffnung nach Größerem. Diese wurde genährt von dem französischen Ingenieur Count Ferdinand de Lesseps (1805–1894), der gerade den Bau des Suezkanals abgeschlossen hatte und den Bau eines Kanals auf Meereshöhe durch den Isthmus von Panama ins Auge fasste. 1880 gründete er seine Compagnie Universelle du Canal Interocéanique de Panamá, kaufte von Kolumbien das Exklusivrecht, einen Kanal zu bauen, und legte einen Fonds zur Finanzierung des Projektes auf. Er hörte nicht auf die Ratschläge, von dem schlechten Plan eines Kanals auf Meereshöhe abzugehen und stattdessen einen Kanal mit Dämmen und Schleusen zu bauen. Die Kosten und die Schwierigkeiten, *La Grande Tranché* (den

Der französische Ingenieur Ferdinand de Lesseps scheiterte Ende des 19. Jahrhunderts mit seinem Versuch, einen Kanal durch Panama zu bauen.

großen Graben) durch die Berge zu ziehen, den Río Chagres und die Tropenkrankheiten zu bezwingen, zwangen zur Aufgabe. Etwa 22 000 Arbeiter, die meisten von den Karibikinseln, waren bereits gestorben, die meisten an Malaria oder Gelbfieber, als 1889 die Gesellschaft in Konkurs ging und die Anleger ihr Kapital verloren. Die französische Regierung stürzte über diese Affäre, da man Betrug, Bestechung und unerlaubte Einflussnahme aufdeckte; de Lesseps und sein Sohn Charles wurden zu fünf Jahren Gefängnis verurteilt.

Ein blutiges Zwischenspiel – der Prestan-Aufstand – ereignete sich 1885, als der ehemalige Präsident des Departamento de Panamá, Rafael Aizpuru (1843–1919), die Macht ergriff. Kolumbianische Truppen wurden vom Karibikhafen Colón in Marsch gesetzt. Pedro Prestan, ein Mulatte aus Haiti, nutzte die Situation und übernahm die Kontrolle über Colón. Prestan forderte, dass der Kapitän eines mit Waffen beladenen Schiffes ihm die Ware aushändige. Als dieser sich weigerte, nahm Prestan fünf Amerikaner als Geisel und drohte, sie zu töten, wenn der Kapitän des Kanonenboots *Galena*, das vor der Küste ankerte, seine Truppen an Land bringe. Der Kapitän der *Galena* durfte nur eingreifen, wenn die Eisenbahn durch Panama bedroht war. Nachdem man Prestan Waffen versprochen hatte, ließ er die Geiseln frei, und die *Galena* zog das Waffenschiff außer Reichweite. Die kolumbianischen Truppen kehrten nach Colón zurück und schlugen Prestan und seine Leute in die Flucht, die jedoch zuvor noch die Stadt anzündeten. Sie brannte fast vollständig ab. Prestan wurde gefangen genommen und gehängt, während Aizpuru von der US-Marine den kolumbianischen Truppen übergeben wurde.

DER KANAL UND DIE UNABHÄNGIGKEIT

Inzwischen hatten die Vereinigten Staaten beschlossen, dass eine Verbindung der beiden Ozeane notwendig für die Schlagkraft des Landes zur See sei, und waren bereit, einen Kanal zu bauen, wobei die beste Route in Nicaragua vermutet wurde. Dass Panama gewählt wurde, ist den Anstrengungen von Philippe Bunau-Varillas (1859–1940), ehemaliger Chefingenieur der Compagnie Universelle du Canal Interocéanique de Panamá, zu verdanken. 1894 hatte dieser die Compagnie Nouvelle gegründet, die die französischen Rechte für den Kanalbau kaufte; 1904 verkaufte er diese Rechte für 40 Millionen Dollar an die Vereinigten Staaten. Letztlich führte er einen unerbittlichen und erfolgreichen Feldzug mit dem Ziel, den US-Kongress und Präsident Theodore Roosevelt (1858–1919) zu überzeugen. Als die Entscheidung getroffen war, waren die Vereinigten Staaten entschlossen, die kolumbianische Regierung zu einem Kanalvertrag nach ihren Bedingungen zu zwingen.

Als Kolumbien sich weigerte, den Bedingungen zuzustimmen, entwickelte man einen Plan, die Provinz Panama loszulösen. Angeregt von Bunau-Varilla verbündeten sich prominente Bürger Panamas mit den führenden Leuten der Panama Railroad. Am 3. November 1903 erklärten sie die Unabhängigkeit von Kolumbien. Nach vorherigen Absprachen hatte Roosevelt das Kanonenboot *Nashville* nach Panama geschickt, um zu verhindern, dass kolumbianische Truppen anlanden. Als die bereits angelandeten Truppen von Colón nach Panama-Stadt gebracht werden sollten, bestanden einige Beamte der Panama Railroad darauf, dass die kolumbianischen Offiziere aus Protokollgründen im vorderen Zugteil fahren sollten; dann koppelten sie die hinteren

Wagen ab, und die Truppen blieben zurück. Bei der Ankunft in Panama-Stadt wurden die Offiziere verhaftet.

Die Vereinigten Staaten erkannten sofort die abtrünnige Provinz und neue Republik an. Zwischenzeitlich hatte sich der geschickte und vorausschauende Bunau-Varilla selbst zu Panamas Botschafter in den USA erklärt. Noch bevor eine offizielle Delegation aus Panama zur Verhandlung eines neuen Kanalvertrags nach Washington kam, hatte der Franzose den Hay-Bunau-Varilla-Vertrag ausgehandelt, der die USA dazu verpflichtete, einen Kanal durch den Isthmus von Panama zu bauen, und den USA sehr günstige Bedingungen einräumt. Der Vertrag gewährte den Vereinigten Staaten die Souveränität über den Kanal und eine 16 km breite Zone, und dieses Hoheitsrecht sollte unbefristet Gültigkeit haben. Die amerikanische Regierung zahlte der neuen Regierung Panamas einmalig 10 Millionen Dollar sowie jährlich 250 000 Dollar. Die Verfassung für Panama schrieb Bunau-Varilla in einem New Yorker Hotelzimmer und räumte den Vereinigten Staaten ein, sich nach Belieben einzumischen. Der Hay-Bunau-Varilla-Vertrag, der einer nichts ahnenden und wütenden offiziellen panamaischen Delegation als vollendete Tatsache präsentiert wurde, blieb dann auch jahrzehntelang ein Streitpunkt zwischen den beiden Nationen.

Am 4. Mai 1904 ging der panamaische Grund aus französischer Hand an die Vereinigten Staaten, und die Flagge der USA wurde gehisst.

DIE GRÖSSTE INGENIEURLEISTUNG ALLER ZEITEN

Die amerikanischen Ingenieure erkannten, dass ein Kanal auf Meereshöhe nicht möglich war. Sie planten daher, einen Damm am Chagres zu bauen. So sollte ein Stausee 26 m über Meereshöhe entstehen. Drei Schleusenanlagen sollten die Schiffe zur Einfahrt anheben und für die Ausfahrt absenken. Der Isthmus würde so überbrückt, nicht durchtrennt werden. Der Nachweis des kubanischen Arztes Carlos Finlay (1833–1915), dass Gelbfieber von Moskitos übertragen wird, trug auch zum Erfolg des Kanalprojekts bei. Dem Militärarzt Col. William C. Gorgas (1854–1920) gelang es, die *Aëdes aegypti* als Überträger von Gelbfieber und die *Anopheles-Fliege* als Überträger der Malaria in der

Die riesigen Metalltore der Gatún-Schleuse lassen 1910 die Arbeiter beim Bau des Kanals wie Zwerge erscheinen.

Region auszurotten. Inzwischen hatte der Chefingenieur John F. Stevens (1853–1943) eine Transportbahn gebaut, die das Gestein abtransportierte, das durch die Sprengung der Culebra Schneise durch den 14 km breiten Bergrücken freigesetzt wurde. 1907 kündigte Stevens. Col. George W. Goethals (1858–1928), ein Militäringenieur, führte das U.S. Army Corps of Engineers zum Erfolg.

Der nach zehn Jahren fertiggestellte Kanal war 80 km lang und zog sich von der Limon-Bucht am Atlantik zur Panama-Bucht am Pazifik. Am 7. Januar 1914 durchfuhr ein französisches Kranboot, die *Alexandre La Valle*, als erstes den gesamten Kanal, aber erst am 15. August 1914 fand mit der Durchfahrt der SS *Ancón* die offizielle Eröffnung statt. Am 3. August 1914, mit dem Ausbruch des Ersten Weltkriegs, passierte ihn der erste Ozeandampfer, die *Cristobal*.

Theodore Roosevelts „Großer Graben" verkürzte die Fahrt der Schiffe von New York nach San Francisco um 14 484 km.

PANAMA – EINE NATION ENTSTEHT

In den Jahren nach der Fertigstellung des Kanals hielt der wirtschaftliche Fortschritt Einzug in Panama, und eine moderne Infrastruktur mit Straßen und Telefonverbindungen entstand im ganzen Land. Aber die Demokratie setzte sich nur langsam durch. Unklare politische Verhältnisse veranlassten die USA mehrmals, militärisch in Panama zu intervenieren, so in den Jahren 1908, 1912, 1918 und

1925, als die gewaltsame Unterdrückung der Kuna-Kultur durch die panamaische Regierung zu Aufständen in San Blas führten. Unter der Führung von Nele Kantule und Simral Colman erklärten die Kuna ihre Unabhängigkeit und riefen einen eigenen Staat, die Republik Tule, aus. Die Vereinigten Staaten intervenierten erst, nachdem 22 Polizisten und 20 Angehörige des Volksstammes getötet worden waren. 1938 erhielten die Kuna Autonomiestatus.

1936 wurde das Recht der USA auf Intervention durch den neuen Hull-Alfaro-Vertrag, der den Hays-Bunau-Varilla-Vertrag ersetzte, widerrufen. Der Vertrag wurde nach Arnulfo Arias Madrid (1901–1988) benannt, dem Vorsitzenden der Acción Comunal, einer kämpferischen Gruppe, die 1931 gewaltsam die Regierung von Florencio Harmodio Arosemena (1872–1945)

gen die *arnulfistas* hatte. Trotzdem geht auf Arias die Einführung sozialer Sicherungssysteme in Panama zurück.

Arias' Widersacher, José Antonio Remón Cantera (1908–1955), Kommandant der Nationalpolizei, wurde 1952 zum Präsidenten gewählt und begann mit Reformen, bevor er bei einem Maschinengewehrangriff auf der nach ihm benannten Pferderennbahn getötet wurde.

FLAGGENSTREIT

Arias' antiamerikanische Reden fanden Zustimmung bei der Bevölkerung, die die Präsenz der Vereinigten Staaten und deren Einmischung in die Angelegenheiten Panamas ablehnte. 1947 gab es die ersten größeren Aufstände, als die gesetzgebende Versammlung Panamas zusammentrat, um über die Ausweitung des Rechts der ameri-

Der amerikanische Außenminister Henry Kissinger und der Präsident Panamas Omar Torrijos Herrera nach der Unterzeichnung der Panama-Kanal-Verträge 1977. Die zwei neuen Verträge legten eine Rückgabe des Kanals an Panama für 1999 fest.

gestürzt hatte. Nach einem kurzen Zwischenspiel wurde Arias' Bruder zum Präsidenten ernannt. Der charismatische Populist Arias stand für den *panameñismo*, einen sehr rassistischen, faschistischen und antiamerikanischen Nationalismus. Aber bei den Armen war er so beliebt, dass er zwischen 1940 und 1984 drei Mal zum Präsidenten gewählt wurde; jedes Mal wurde er von der Polizei abgesetzt, die sehr große Vorbehalte ge-

kanischen Armee, militärische Stützpunkte außerhalb der Kanalzone zu nutzen, zu beschließen. Bislang nur unterschwellig vorhandene antiamerikanische Tendenzen traten im sogenannten Flaggenstreit zu Tage, und am 9. Januar 1964 entlud sich der Volkszorn offen. Die Regierung unter Lyndon B. Johnson stimmte daraufhin zu, in der Kanalzone neben der amerikanischen Flagge auch die panamaische Flagge zu hissen.

Als er aber die Absicht bekanntgab, die Anzahl der Flaggen in der Zone zu reduzieren, fühlten sich viele Zonians (amerikanische Staatsbürger in der Zone) gekränkt. Es wurde eine Initiative für den Erhalt der Flaggen gegründet. Als Studenten der Balboa High School eine amerikanische Flagge unter Missachtung der Anweisungen des Gouverneurs hissten, zogen panamaische Studenten des Instituto Nacional ihre Landesflagge daneben auf. Ihre Flagge wurde heruntergerissen. Die Emotionen schlugen hoch, und es kam zu gewalttätigen Ausschreitungen. Panamaer aus allen Schichten wurden in die Unruhen mit einbezogen, bei denen 27 Menschen starben, die meisten durch Kugeln amerikanischer Soldaten. Der Flaggenstreit war ein entscheidender Moment in der Geschichte Panamas und wurde zu einem Wendepunkt in den Beziehungen zwischen den USA und Lateinamerika. Danach verkündete Präsident Johnson, dass sein Land bereit zur Verhandlung eines neuen Kanalvertrages sei.

1968 wurde Arnulfo Arias ein drittes Mal gewählt. Sofort forderte er die Rückgabe des Kanals an Panama, aber er wurde nach nur elf Tagen im Amt vom Militär gestürzt. In dem daraufhin entstandenen Chaos übernahm ein smarter, charismatischer Oberstleutnant der Nationalgarde, Omar Torrijos Herrera, die Macht, und es begann eine 21 Jahre andauernde Militärherrschaft. Nachdem er schnell einen Gegenangriff abgewehrt hatte, etablierte sich Torrijos als populäre Führungspersönlichkeit, die das Land wirtschaftlich voranbrachte und umfassende, zukunftsorientierte Reformen durchsetzte. Panamas sozialisiertes Gesundheitssystem wurde ausgebaut. Eine Agrarreform verteilte Land an verarmte Bauern, und über ein Modernisierungsprogramm wurden mehrere Millionen Dollar in Panama-Stadt investiert. Aber die Verfassung wurde ausgesetzt, die Presse zensiert und viele politische Gegner wurden ermordet.

Torrijos (der noch heute von den Panamaern verehrt wird) festigte seine Popularität mit dem Torrijos-Carter Vertrag. Dieser von Torrijos und Präsident Jimmy Carter am 7. September 1977 in Washington unterzeichnete Vertrag gewährte den Panamaern Mitspracherecht bei Kanalangelegenheiten und legte den Besitzübergang des Kanals an die Republik Panama sowie die Schließung aller amerikanischen Militärstützpunkte nach Ablauf von 20 Jahren fest. Torrijos' Triumph wurde von Begeisterung für die neu

erlangte Souveränität – *soberanía* – begleitet. Man stellte eine Digitaluhr vor dem Kanalverwaltungsgebäude auf, die die Sekunden bis zur Übergabe des Kanals herunterzählte.

DIE NORIEGA-HERRSCHAFT

Am 31. Juli 1981 starb Torrijos, als sein Flugzeug in einen Berg schlug. Sein Tod hinterließ ein Machtvakuum, in dem Militärvertreter um die Vorherrschaft kämpften. Torrijos hatte einen seiner Gefolgsleute, Oberstleutnant Manuel Antonio Noriega (*1938), zum Chef der Spionageabwehr ernannt. Noriega sicherte sich die Kontrolle über die Nationalgarde (die er umtaufte und die nun Fuerza de Defensa de Panama – Verteidigungskräfte Panamas hießen) und über das Land, das er mit einem Klima der Angst beherrschte, während ein verfassungsmäßiger Präsident und betrügerische Wahlen den Schein demokratischer Verfahren aufrechterhielten.

Im September 1985 wurde der Torrijos vertraute Noriega-Gegner Dr. Hugo Spadafora (1940–1985) verhaftet, als er aus seinem Exil in Costa Rica nach Panama zurückkehrte. Als sein enthaupteter und brutal gefolterter Körper entdeckt wurde, brach der Hass gegen Noriegas korrupte, brutale Herrschaft, die Gegner mithilfe der paramilitärischen „Dignity Battalions" terrorisierte und ermordete, offen aus. Trotzdem war sich Noriega, der seit den frühen 1970er-Jahren auf der Gehaltsliste des CIA stand (der damalige CIA-Direktor George H. W. Bush hatte eine jährliche Zahlung von 110 000 $ an Noriega bewilligt), der Unterstützung Amerikas sicher. Die amerikanische Regierung wollte Noriegas Verwicklung in den Drogenhandel und die Geldwäsche für Kolumbiens Medellínkartell nicht sehen. 1987 beschuldigte ein ehemaliger Vertrauter Noriegas, Oberst Roberto Díaz Herrera, Noriega öffentlich, in den Tod von Torrijos und Spadafora verwickelt zu sein. Der Aufschrei wurde zu einem „Kreuzzug der Bürger", und die Mittelschicht Panamas forderte Noriegas Rücktritt. Noriega organisierte Gegendemonstrationen seiner Anhänger, der Unterschicht in den Städten.

Noriegas Gegner einigten sich auf die Unterstützung von Guillermo Endara Galimany (*1936) bei den Wahlen im Mai 1989, für die Noriega Carlos Duque aufgestellt hatte. Als klar war, dass Duque verloren hatte, annullierte Noriega die Wahl. Jimmy Carter, der als Wahlbeob-

Demonstrationen am 14. März 1988 nach einem gescheiterten Putschversuch gegen General Manuel Noriega (oben). Amerikanische Truppen landeten während der Operation Just Cause in der Nähe von Santiago, Panama; durch die Militärinvasion 1989 wurde Noriega gestürzt (unten).

**Der Präsident Panamas Martín Torrijos ver-
kündet 2006 die Pläne zum Ausbau des Kanals.**

achter in Panama war, erhob Vorwürfe gegen
Noriega, der daraufhin seine paramilitärischen
Kräfte zur Verhinderung von Demonstrationen
einsetzte. Im Fernsehen war zu sehen, wie Endara und zwei Mitstreiter von Noriegas Schlägern
verprügelt wurden.

Nun änderte sich auch die Stimmung in
Washington. Die USA erließ Wirtschaftssanktio-
nen, fror alle Kanalzahlungen ein und ermutigte
zu einem Putsch, zu dem es am 3. Oktober 1989
kam. Aber Noriega konnte seine Truppen mobi-
lisieren und der Putsch scheiterte. Der Staatsfüh-
rer Panamas reagierte mit blutigen Repressalien
und vertraute nur noch seinen paramilitärischen
Einheiten. Am 15. Dezember erklärte die gesetzgebende Versammlung Noriega zum Präsidenten,
während es zu Zusammenstößen zwischen Noriegas Streitkräften und in Panama stationierten
amerikanischen Truppen kam, die eskalierten
und ihren Höhepunkt erreichten, als am 17. Dezember ein US-Marinesoldat erschossen wurde.

Am 20. Dezember 1989 ordnete Präsident
George H. W. Bush eine Militärinvasion – Operation Just Cause – an, um Noriega festzuneh-
men, der Zuflucht in der Botschaft des Vatikan
suchte. Nach zehn Tagen psychologischer Kriegs-
führung gab Noriega auf und wurde in die Vereinigten Staaten gebracht, wo er 1992 zu einer
dreißigjährigen Gefängnisstrafe wegen kriminel-
ler Machenschaften im organisierten Verbrechen,
Drogenhandel und Geldwäsche verurteilt wurde.
Auf amerikanischer Seite wurden bei der Invasion nur 23 Soldaten, aber 4000 panamaische Zivilisten getötet, und mehrere Tausend Menschen
verloren ihr Obdach, nachdem die amerikanischen Streitkräfte El Chorrillo, eine Armensied-
lung in Panama-Stadt angriffen, um Noriegas
Kommandozentrale zu zerstören. Nach Haftent-
lassung muss Noriega mit Auslieferung an Panama rechnen, wo er 1995 wegen Mordes verurteilt
wurde.

DIE NEUE DEMOKRATIE
Nach der Absetzung Noriegas wurde die Panama
Defense Force aufgelöst und Guillermo Endara
Galimany als Präsident vereidigt. Trotz der
Schwierigkeiten bei dem Versuch, nach der Inva-
sion wieder zur Demokratie zurückzukehren, gilt
Endaras Amtszeit als Erfolg.

Mitte der 1990er-Jahre kam Torrijos' Partido
Revolucionario Democrático PRD in der Person
von Ernesto Pérez Balladares (*1946) zurück an
die Macht; er trat für Privatisierung der Schlüs-
selindustrien ein. 1999 wählten die Panamaer
erstmals eine Frau in das Präsidentenamt, Mireya Moscoso, die Witwe des früheren Präsidenten Arnulfo Arias. Ihre Regierung sah sich Kor-
ruptionsvorwürfen ausgesetzt. Im selben Jahr
wurde der Kuna-Abgeordnete Enrique Garrido
als erster Angehöriger eines indigenen Volkes
Vorsitzender der gesetzgebenden Versammlung
des Landes.

Punkt 12 Uhr mittags am 31. Dezember
1999 ging der Kanal in das Eigentum Panamas
über, für dessen Kontrolle jetzt die Autoridad

del Canal de Panama (ACP) zuständig ist. Alle 11 000 amerikanischen Soldaten verließen das Land, und 14 Militärstützpunkte und Siedlungen wurden der Regierung von Panama übergeben. Nach wie vor räumte aber ein bilateraler Vertrag den USA das Recht ein, zurückzukehren, wenn die Sicherheit des Kanals bedroht ist. Die ACP hat den Kanal zu einem profitablen Unternehmen entwickelt (die amerikanische Panama Canal Commission arbeitete nur kostendeckend). 2006 legte die ACP Pläne für einen Kanalausbau und den Bau eines neuen Großhafens an der Einfahrt an der Pazifikküste vor. Der internationale Handel wächst, und die Schiffe haben mittlerweile eine zu Zeiten des Kanalbaus unvorstellbare Größe.

Im Mai 2004 wurde Martín Torrijos (*1963), der Sohn von Omar Torrijos, zum Präsidenten gewählt. Er ernannte den Sänger und Schauspieler sowie früheren Präsidentschaftskandidaten Rubén Blades (*1948) zum Minister für Tourismus.

Trotz des zunehmenden Tourismusbooms gibt es in Panama immer noch große Probleme: die Armut, der Ruf als Durchgangsland für Drogen und die Auswirkungen des seit vierzig Jahren andauernden Bürgerkriegs in Kolumbien. Doch der Kanalausbau verspricht einen gewaltigen Schub für die Wirtschaft des Landes, und das touristische Potenzial Panamas ist bei Weitem noch nicht ausgeschöpft. ■

Land & Landschaft

AUCH WENN PANAMA EIN KLEINES LAND IST – MIT 78 046 KM² ETWAS GRÖSSER als Bayern – ist es doch wie ein eigener Mikrokontinent. Langgestreckt und leicht S-förmig in Ost-West-Richtung gelegen, ist der Isthmus zwischen 48 und 193 km breit, und etwa in der Mitte befindet sich der Kanal. Es ist eine schmale Landbrücke, die zwei Ozeane und die beiden Hälften des amerikanischen Kontinents mit so unterschiedlichen Charakteren trennt, und doch gibt es dort alle Facetten eines Tropenlandes. Die Landschaft ist bunt und vielfältig, und an jeder Ecke bietet sich ein immer anderes Bild – vom Regenwald mit einer Üppigkeit, die dem biblischen Garten Eden gleichkommt, bis zum Nebelwald, der gehüllt in dichte Wolken an steilen Hängen zum Volcán Barú ansteigt. An beiden Seiten des Landes reichen die bewaldeten Berghänge bis zu einem Berggrat, der sich langsam weitet und eine deutlich sichtbare Abgrenzung zu den Nachbarn Kolumbien und Costa Rica bildet.

Der Isthmus ist noch relativ jung. Das Land begann vor erst drei Millionen Jahren aus dem Meer aufzusteigen und ist das Produkt von geologischen Erhebungen, die durch das Zusammentreffen von drei tektonischen Platten erfolgte, der Cocos-, Nascos- und Karibischen Platte, die sich aufeinander zubewegen, wobei sich die Cocos-Platte über die Karibische Platte schiebt, was zu Erdbeben und zu Ausbrüchen des Volcán Barú, Panamas einzigem Vulkan, führt.

Obwohl Panama in den Tropen liegt, ist das Mikroklima durch die Höhen- und Oberflächenunterschiede vielfältig. Die trockenen Ebenen von Azuero und die nassen Küstenebenen von Colón sind zwei Welten, obwohl sie in einer ähnlichen Höhe und recht nahe beieinanderliegen. Auch wenn die Temperaturen über das Jahr kaum schwanken, steht die schwüle Hitze des Tieflands in Kontrast zu der trockenen Kälte des Hochlands. Zwar ist der Isthmus recht schmal, doch ist das Klima auf der Pazifikseite anders als das auf der Karibikseite: Von der Karibik bringen die Winde viel Feuchtigkeit mit, die sie auf dieser Seite abregnen. Es gibt zwei Jahreszeiten: nass (Mai bis November) und trocken (Dezember bis April), obwohl das Land sehr große regionale Unterschiede aufweist und man in vielen Teilen korrekter sagen müsste, „nass" und „weniger nass". Feuchtigkeit ist auf der Seite des Pazifik kein ganz so großes Thema, obwohl es auch hier in der feuchten Jahreszeit sehr schwül werden kann, wenn es keine leichten, kühlenden Brisen gibt, der Regen wie Bindfäden vom Himmel strömt und die Wälder und Wolkenkratzer hinter einem dichten Silbervorhang verschwinden. Panama liegt außerhalb der Hurricane-Zone.

35 Prozent des Landes gehören zu einem der 15 Nationalparks oder den 48 Schutzzonen, knapp 3400 km² liegen in sieben Nationalparks entlang des Panamakanals in einer 16 km breiten bewaldeten Wasserscheide. Meeresnationalparks schützen die über 1500 Inseln in den beiden Meeren der Küsten. Vor vielen dieser Inseln befinden sich Korallenriffe, und im Mündungsbereich der Flüsse gibt es den größten Mangrovenwald dieser Art in ganz Amerika.

Die Regierung von Panama setzt sich für den Umweltschutz ein, zumindest auf dem Papier. Trotzdem ist das Land bedroht. In den letzten hundert Jahren wurden 65 Prozent von Panama durch die Rinderzucht abgeweidet und durch Brandrodung zerstört. Ein Großteil der Halbinsel Azuero und der Ausläufer der Cordillera Central sind praktisch abgeholzt. In der jüngeren Vergangenheit hatte die Verlängerung der Panamericana in das westliche Darién katastrophale Folgen für die Wälder, die von Holzfällern und landhungrigen Farmern abgeholzt wurden. 2002 stellte Präsidentin Mireya Moscoso Pläne vor, eine Straße zwischen Volcán Barú und dem La Amistad Nationalpark zu bauen – was verheerende Folgen hätte.

Von Halbwüsten bis zu paradiesischen Regenwäldern, in Panamas unterschiedlichen Landschaften findet sich die ganze Fülle der Tropen wider, und jede Region besitzt ihren ganz eigenen individuellen Charakter.

DAS HOCHLAND IM WESTEN

Die Landschaft im Westen ist ein extrem schroffes Felsengebirge, das schnell von der Ebene entlang den Küsten ansteigt und die Karibik vom Pazifik wie eine große Wand trennt. Der 3336 m

Ein unberührter dschungelartiger Bergwald im Parque La Amistad, einem beliebten Ziel von Vogelbeobachtern und Wanderern.

hohe Berg Cerro Fábrega bildet die Grenze zu Costa Rica, und zwischen den *cerros* (Berggipfeln), dieses Faltengebirges mit der Cerro Trinidad, Cordillera de Tabasará und Cordillera Central liegen tiefe Täler. Diese immer feuchten Gebiete sind wenig erforscht, es gibt einige Pfade, die nur die Indios kennen, die am Fuße der Berge und auf mittlerer Höhe der Hänge leben.

Winde, die mit viel Feuchtigkeit aus der Karibik ankommen, laden ihre Last an den extrem feuchten Osthängen ab und lassen einen Regenwald voller Bromelien und Orchideen wachsen, in dem alle Pflanzen zu einer undurchdringlichen, sattgrünen Wand verschmelzen. Wolken umschließen die windigen Gipfel, auf denen Moose und Farne im dunstigen Nebel gedeihen und die Pfiffe des wunderschönen Quetzal-Vogels wie aus dem Nichts ans Ohr dringen. Ein großer Teil dieses samtgrünen Dschungels ist im Parque Internacional La Amistad geschützt und so zu einem Refugium für bedrohte Tierarten geworden. Der 3478 m hohe Volcán Barú steigt zwischen diesen Bergen auf, der letzte Ausbruch war im 16. Jahrhundert. Sprudelnde heiße Quellen und dampfende Fumarolen sind Zeugnis der Gewalt im Inneren dieses schlafenden Riesen. An seinen Hängen wachsen Kaffeepflanzen; die fruchtbaren Hochtäler versorgen die Märkte um Cerro Punta, und das schöne Bergstädtchen Boquete bietet herrliche Hotels, interessante Kaffeefarmen und Parks sowie großartige Wandermöglichkeiten.

ZENTRALPANAMA

Etwa zwei Drittel der Bevölkerung Panamas leben in einem Bereich des Isthmus, wo dieser am engsten und niedrigsten ist. Gut ein Viertel davon lebt in Panama-Stadt, einer großen Küstenstadt an der südlichen Einfahrt in den Panamakanal (da der Isthmus die Meere in Ost-West-Richtung trennt, verläuft der Kanal in Nord-Süd-Richtung). Der übrige Teil der Bevölkerung lebt westlich der Stadt in den Provinzstädten und Dörfern entlang der Ausläufer der Cordillera Central und dem Interamerican Highway. Die Bevölkerung breitet sich erst seit Kurzem nach Osten aus, und die meisten Siedlungen sind klein und ohne Bedeutung. Das Land ist also sowohl bildlich gesprochen, aber auch tatsächlich vom Kanal in zwei Teile geteilt.

Der Panamakanal ist eine ganz eigene touristische Attraktion. Es ist ein großer Graben, der sich durch das tiefliegende Zentralpanama zieht und an beiden Seiten von in tropisch sattem Grün zugewachsenen Bergen flankiert wird. In diesen üppig bewaldeten Bergen, in denen sich hohe Gipfel und tiefe Täler wie in einem aufgewühlten Meer abwechseln, befinden sich die durch mehrere Nationalparks geschützten Wasserquellen und auch der mächtige Río

Chagres, die den Kanal und damit auch die Wirtschaft des Landes speisen. In den Chagres fließt das Wasser eines Gebietes, das fast doppelt so groß wie das Saarland ist. Das Gebiet ist die Heimat der Emberá-Indianer, und man kann dort großartige Wildwassertouren unternehmen. Im Gebiet des Chagres gibt es eine schier unendliche Vielfalt an Vogel- und Wildtierarten, darunter große Populationen von Affen, Jaguaren und Harpyien, einem der größten Greifvögel der Welt. Der tosende Chagres fließt in den Gatún-See, der durch die Überflutung eines 425 km² großen Waldgebietes entstand, als man 1906 einen Damm in den Fluss baute. In dem See sieht man immer noch halb versunkene Bäume, und es gibt kleine Inseln mit großem Tier- und Pflanzenreichtum.

Am Südende des Kanals liegt die kosmopolitische Hauptstadt des Landes, Panama-Stadt, am Golf von Panama. Mit einer Fähre kann man auf die Isla Taboga fahren, und weiter draußen ist das Archipiélago de las Perlas mit großartigen Stränden und Tauch- und Schnorchelgebieten. Nach Osten läuft die Hauptstadt entlang des Interamerican Highway in feuchte, teilweise überschwemmte Sumpfgebiete voller Brackwasser aus. Nach Westen führt die Schnellstraße zu Stränden, die an den Wochenenden von den Städtern überschwemmt werden. Zum Landesinneren erheben sich die Altos de Campana, eine fast abgeholzte Bergregion mit zerklüfteten Hügeln und felsigen Tälern, durch die markierte Wege führen. Ein breites Tal, das Valle de Ancón, ist besonders schön und besitzt ein frühlingshaftes Klima. Colón, eine etwas heruntergekommene Hafenstadt an der Karibikküste, bildet die Einfahrt in den Kanal im Norden. Noch heute wachen die spanischen Befestigungen über die Einmündung des Chagres und die Einfahrt in den alten Schatzhafen Portobelo.

ÖSTLICHE KARIBIKKÜSTE

Diese traumhafte Küste erstreckt sich in einem 230 km langen Bogen nach Südosten. Davor liegen die über 350 San-Blas-Inseln mit Koral-

Langsam verfallende Gebäude in Bocas del Toro, die einst von der United Fruit Company genutzt wurden – sie erinnern an das üppige, fruchtbare Land, für das diese Region bekannt ist.

lenriffen in jadefarbenem Wasser. An Land säumen die Küste grüne Berge, die die natürliche Grenze zur Provinz Darién bilden. Dieser Bereich ist die autonome *comarca* (Bezirk) Kuna Yala, die den Kuna-Indianern vorbehalten ist. Hier leben nur Angehörige der Kuna, damit diese Kultur auch dauerhaft die intakteste indigene Gemeinschaft der Welt bleiben kann. Die Kuna-Bevölkerung lebt hauptsächlich auf etwa

DER ISTHMUS DES DARIEN

Panamas kaum besiedelte südöstliche Region weitet sich nach Osten und wird im Norden von den Bergregionen Serranía de San Blas und Serranía de Darién sowie im Süden von den Bergketten hinter der Pazifikküste begrenzt. Die Berge umschließen ein 250 km langes Becken, dessen Wasser in den Golfo de San Miguel fließt. Hier regnet es viel. In der Regenzeit

Die Lehmhäuser mit gebrannten Lehmziegeln für das Dach zeigen, wie einfach man auf der Halbinsel Azuero lebt.

zehn dicht besiedelten Inseln. Viele Inseln bieten schlichte Unterkünfte für Touristen. Einfache Boote dienen der Fortbewegung, sodass man auch unbewohnte Inseln erreichen kann, auf denen man weiche Sandstrände an warmen tropischen Gewässern, ideal zum Schnorcheln, findet. Das Wasser ist in den seichten Bereichen blassgrün und wird mit zunehmender Tiefe azur- und dann saphirblau, wo die Barriereriffe sich den Wellen entgegenstellen. Die Riffe laufen nach Osten aus, womit dann auch der Schutzgürtel für die Küste endet. In der Küstenebene gibt es viele Kokosnusshaine, die bewirtschaftet werden, wobei es jedoch auf dem Festland nur wenige Siedlungen und in den Berggebieten der stark bewaldeten, nur über die Waldschutzzone Área Silvestre Protegida de Narganá erreichbaren Serranía de San Blas und Serranía de Darién gar keine Siedlungen gibt.

schwellen die Flüsse zu reißenden Strömen an, stürzen zu Tal und ergießen ihr kaffeebraunes Wasser in den Golf. Die Flüsse sind die Verbindungs(wasser)straßen für die isoliert lebenden Gemeinschaften der Emberá-Wounaan-Indianer und afro-karibischer Gruppen.

Der Bau Panamericana in den 1970er-Jahren machte das in den Bergen gelegene Tal für Baumfäller und Farmer zugänglich. Ein großer Teil des Regenwalds, der die Region bedeckte, ist mittlerweile verschwunden. Der Highway endet in Yaviza, und dahinter ist die andere Hälfte des Darién eingehüllt in den zweitgrößten Regenwald der westlichen Hemisphäre. In der Hitze im Parque Nacional Darién gedeiht eine üppige Vegetation. Riesige *cedro*-Bäume ragen 30 m in die Höhe, bislang wurden mehrere Hundert Orchideenarten gezählt, und man spürt förmlich, wie die Pflanzen wachsen. Ein

Teil des Parks ist bergig, die höchste Erhebung ist der Cerro Tacarcuna mit 1875 m. Östlich des Golfo de San Miguel beginnt ein Küstenstreifen mit schwarzen Sandstränden.

WESTLICHE PAZIFIKKÜSTE

Die südlichen Ausläufer des Hochlands im Westen entwickeln sich zu einer hügeligen Küstenebene, die sich um den Golfo de Chiriquí legt.

Vor der Küste schützt der Meeresnationalpark Golfo de Chiriquí das Gewässer: Haie, Mantarochen, Marline und viele kleinere Fische schwimmen zwischen den Korallenriffen. Etwas weiter im Meer liegt die unbewohnte Isla Coiba, Panamas größte Insel, die heute ein Naturreservat ist, in dem insbesondere Affen, Leguane und Vögel wie der hellrote Ara leben. Sportfischer und Taucher finden dort ein erstklassi-

Besucher auf einem schmalen Pfad bei El Valle.

Die *llanura* (Ebene) wird nach Osten schmal und legt sich im Westen um die Bahía de Charco Azul bis zur langen, schmalen Punta Burica. In den Tiefebenen im Westen bis zur Grenze Costa Ricas gedeihen Bananenplantagen.

Die stark eingeschnittene Pazifikküste ist 1234 km lang. Der Pazifische Ozean besitzt gewaltige Gezeitenunterschiede – zwischen Ebbe und Flut können bis zu 6,1 m liegen. Die Strände sind wie Silberlamé um die klauenförmige Halbinsel Burica und die Ostküste des Golfs gelegt, die von den Wellen ausgewaschen wurden und bei Surfern beliebt sind. Die Gewässer vor dem mittleren Küstenteil münden in Mangrovenwäldern, riesige Irrgärten, zu denen auch die Manglares de David, der größte Mangrovenwald in Panama, gehört. Entlang dieser Küste gibt es viele Vögel, und Meeresschildkröten legen an den Stränden ihre Eier ab.

ges Umfeld für ihren Sport. Die Stadt David befindet sich in der Mitte der Provinz in einer kargen Ebene, es kann dort bei absoluter Windstille drückend heiß werden.

DIE HALBINSEL AZUERO

Diese rechteckige Halbinsel, die im Süden in den Pazifischen Ozean ragt, ist das Trockengebiet des Landes. Auf der Erde der an die Sahara erinnernden Landschaft des Nationalparks Sarigua wachsen viele Kakteen, und in der flirrenden Sommersonne erscheint alles sehr unwirklich. Eine Kette zerklüfteter Berge im Westen geht nach Osten hin über in eine konturlose honigfarbene Ebene. Die Wälder der Tiefebene sind vor Langem gefällt worden, um Platz für Viehweiden und später für Zuckerrohrplantagen zu schaffen. Das Vieh verweilt gerne im Schatten großer Bäume, deren Zweige oft bis

Im Río Sambú in der Region des Darién regnet es fast täglich sehr heftig (links), während die Palmenstrände der Inseln von San Blas (oben) von der Sonne verwöhnt werden.

zum Boden reichen. Im Frühjahr und Sommer färben das Gelb der Chinarindenbäume, das Violett der Trompetenbaumgewächse und das Orange der Flammenbäume ganz Azuero ein, und in der heißen Luft liegt Blütenduft. Einige kleine Kolonialstädte, in denen die Zeit stehengeblieben zu sein scheint und folkloristische Traditionen verankert sind, sind Glanzpunkte entlang der Hauptstraße, die von der Ostküste in das Inland führt. Hier nähen die Frauen spitzenbesetzte *polleras* (weite Röcke) und die Männer tragen *montunos* (Hemden) mit vielen Falten und *sombreros montunos* (weitkrempige Hüte aus Stroh). Nur wenige Touristen wissen die Ruhe und den Charme Azueros zu schätzen. Die Surfer zieht es an die wellenreiche Küste. Küstenvögel nisten zu Tausenden in den Ebenen. Vor der Küste gibt es das Refugio de Vida Silvestre Isla Iguana als felsiges Refugium für Fregattvögel in den warmen Gewässern voller Korallenriffe, in die es auch die Buckelwale zur Fortpflanzung zieht. In diesem Schutzgebiet sowie dem Refugio de Vida Silvestre Isla de Cañas legen Meeresschildkröten ihre Eier ab.

WESTLICHE KARIBIKKÜSTE

Diese Karibikküste ist etwa 770 km lang. Im westlichen Teil gibt es die tief nach Süden eingeschnittene Bucht des Río Sixaola, die bis zur Grenze von Costa Rica reicht; in der breiten Küstenebene wachsen viele Bananenstauden und dazwischen finden sich Mangroven und Sümpfe. Die staubige Handelsstadt Changuinola steht immer voller LKWs, die von den *fincas* (Plantagen) der internationalen Obsthandelsgesellschaften zum Hafen Almirante fahren. Von dort gelangt man mit einem Wassertaxi zum Archipiélago de Bocas del Toro. Auf den Inseln Bocas del Toro zieht die bezaubernde Stadt Bocas Town mit afro-karibischem Flair Touristen an. Die von Korallenriffen und Mangroven eingefassten Inseln liegen in der Laguna de Chiriquí, in der vor allem in der Bocatorito Bucht viele Delphine leben. Der Meeresnationalpark Isla Bastimentos – der wegen der erdbeerfarbenen Pfeilgiftfrösche bekannt ist – schützt eine Region voller Mangroven, Regenwälder und Korallenriffe. Im Osten ragt die Halbinsel Valiente in die Lagune, hinter der der Golfo de los Mosquitos beginnt – eine abgeschiedene Welt, in der man die fruchtbare Feuchtigkeit geradezu riechen kann. Gruppen der verarmten Ngöbe-Buglé und Teribe-Indianer leben hier: Viele freuen sich über Besucher, da sie im Ökotourismus eine Alternative zu der zerstörerischen Landwirtschaft durch Brandrodung sehen. ■

Der Schwalbenschwanz ist einer von über 1000 Schmetterlingsarten in Panama.

Flora & Fauna

PANAMA NIMMT EINE ENTSCHEIDENDE STELLUNG AN DER NAHTSTELLE zwischen den beiden Teilen Amerikas ein, und hier treffen die Biotopstrukturen aufeinander. Die Region mit üppiger Pflanzen- und Tierwelt ist ein Garten Eden, ein Füllhorn voll Artenvielfalt, die Präsident Theodore Roosevelt in einem Brief an seine Tochter anlässlich eines Kanalbesuchs 1906 beschrieb: „Es ist ein echter Tropenwald, Palmen, Bananen, Brotfruchtbäume, Bambus, hohe Ceibas und großartige Schmetterlinge und schillernd bunte Vögel, die zwischen Orchideen fliegen." Diese Artenvielfalt gibt es, obwohl das Land in den Tropen, zwischen dem 7. und 9. nördlichen Breitengrad liegt. Man findet in Panama zehn unterschiedliche Lebensräume, von den Mangrovenwäldern und Feuchtgebieten an den Küsten bis zu den Nebelwäldern der Berggipfel. Im bunten Bild des Landes finden sich auch braune Flecken, einzelne trockene Laubwälder zwischen verdorrten Savannen in Azuero.

TREIBHAUS PANAMA
Panama ist eingehüllt in feuchter Luft und hohen Temperaturen, wobei die Sonne fast das gesamte Jahr über im Zenit steht. Diese Wärme zusammen mit viel Regen, der an manchen Orten sogar 5000 mm im Jahr erreicht, bildet die Grundlage für üppiges Pflanzenwachstum. In diesem Land gibt es über 10000 bekannte Pflanzenarten, darunter über 1500 verschiedene Bäume und mindestens 678 Farne, von denen manche über 4 m hoch sind und geigenförmige Blätter haben, die an gigantische Celli erinnern.

Orchideen und andere Blumen
Panama besitzt einen einzigartigen Orchideenreichtum: Bislang hat man etwa 1200 Orchideenarten gefunden, darunter die Flor del Espíritu Santo, die weiße Peristeria-Elata-Orchidee, die die Nationalblume Panamas ist. Aufgrund der Feuchtigkeit findet man sie auf jeder Höhe, vom Küstenbereich bis zu den nebelverhangenen Hochlagen am Volcán Barú. Zu jeder Jahreszeit blühen Dutzende von Arten, von der stecknadelkopfgroßen *Platystele jungermanniodes* bis zu den mystisch schönen Draculaorchi-

deen, wie der *dracula vampira* mit schwarzen Blüten und bis zu 30 cm langen Blättern. Die meisten Orchideenarten sind Epiphyten (Aufsitzerpflanzen), sie wachsen an Bäumen und ziehen mit ihren schwammartigen Wurzeln die Feuchtigkeit direkt aus der Luft heraus. Zu den Epiphyten zählen auch die Bromelien, deren dicke, rosettenförmig angeordneten Blätter Zisternen bilden, in denen Wasser gespeichert wird, das bei Bedarf wieder abgegeben wird. Viele Tropenwälder ähneln Blumenschauen, in denen Kolonien von Epiphyten in der nährstoffreichen Umgebung der massiven Äste nebeneinander gedeihen.

Die Landschaft ist in ein buntes Farbenkleid gehüllt: orange und violette Engelstrompeten, Flamingoblumen in Weiß, Rot und Rosa, Helikonien (über 30 Arten), fleischig rote Passionsblumen, und *labios arientes* ("heiße Lippen") erinnern an Marilyn Monroes Kussmund. Sogar in den tropischen trockenen Laubwäldern von Azuero explodiert in den Wintermonaten das Leben, und sie erstrahlen in lebhaften Farben, wenn *corteza amarilla* (gelbe Rinde), rosa Palisanderholz und feuerrote Blüten des Tulpenbaums oder des afrikanischen Flammenbaums ihre Blütenblätter wie Konfetti fallen lassen.

Mangrovenwälder und Feuchtgebiete

Entlang der Küsten gibt es fünf Arten der *manglares* (Mangroven). Diese Salzpflanzen, Halophyten, die an Land wachsen, aber deren Wurzeln in Salzwasser überleben können, gedeihen im Schwemmland der Küsten. Riesige Mangrovenwälder wachsen am Golfo de Chiriquí, an der Bahía de Panama und am Golfo de San Miguel. Sie stehen im Brackwasser, und ihre ineinander geschlungenen, pfahlartigen Wurzeln bilden ein Geflecht in den verzweigten Kanälen, zwischen denen sich neues Schwemmland anlagert und neues Küstenland entsteht. Damit wirken sie der Erosion durch die Gezeiten entgegen und binden Nährstoffe für viele Pflanzen und Tiere. Am Wasser lebende Zugvögel, Stelzvögel und kleine Säugetiere leben hier zuhauf und ernähren sich von Flohkrebsen, Krabben, Muscheln und anderen Tierchen in den Sümpfen, die auch Lebensraum für sehr viele Fischarten und wirbellose Tiere aus dem Meer sind.

Der Lago Gatún und der Lago Bayano im Landesinneren sind voller Wasserhyazinthen. Andere grüne Feuchtgebiete, Sumpfwälder und Frischwasserseen findet man insbesondere, wenn man von der Bahía de Panama ins Inland kommt; sie sind beliebte Zwischenstationen vieler Zugvögel von den Küstengebieten. Die Marschgebiete der Área Protegida Ciénaga de las Macanas und des Refugio de Vida Silvestre Cenegón del Mangle an der Pazifikküste sowie des San San Pond Sak an der Karibikküste werden in der Regenzeit überflutet und sind dann voller Enten und anderer Wasservögel.

Regenwälder

Regenwälder sind die Kronjuwelen neotropischen Lebens und gehören zu den komplexesten Ökosystemen der Erde. Biologen kennen mindestens 13 Arten von Regenwäldern, vom Dschungel in der Tiefebene bis zu Nebelwäldern in den Bergen bis zu einer Höhe von 1220 m, bei denen die Zweige moosbehangen sind und

Die weißen Blüten der *carachuca*, beziehungsweise Frangipani, leuchten in Panamas Trockengebieten.

Die bewaldeten Gipfel des Volcán Barú sind in Nebel gehüllt, die üppiges Wachstum fördern.

Epiphyten in der feuchten Luft wachsen können. So ist es möglich, dass in Panama auf demselben Breitengrad ein immergrüner tropischer Regenwald an der Karibikküste wächst und es an der Pazifikküste einen zu bestimmten Jahreszeiten trockenen, immergrünen Wald gibt. In allen Regenwäldern fallen mehr als 2500 mm Regen pro Jahr. In denen der Tiefebenen, die die Hanuras-Ebene an der Karibik und im Darién bedecken, können es 7500 mm sein.

Die Regenwälder der Tiefebene sind geprägt von vielen Schichten Grün, das so dicht ist, dass nur wenige Pflanzen am Boden bestehen können. Die Bäume wirken wie gotische Kathedralen, erreichen Höhen von 30 m und mehr und verbinden sich zu gigantischen Schirmen, die ein kompaktes Dach bilden. Baumstämme, die an korinthische Säulen erinnern, wie der Mahagonibaum und der Kapok- oder Wollbaum, ragen neben anderen Bäumen in den Himmel. Hunderte Baumarten sind umschlungen von Bromelien, Parasitenpflanzen und Ranken.

In den heißen, feuchten Tropengebieten wachsen die Pflanzen das ganze Jahr über. Abgestorbene Blätter zersetzen sich schnell, und die Nährstoffe werden für die Erweiterung des Blätterdachs eingesetzt. Damit ist die Humusschicht der Tropenwälder dünn, und die Hartholzbäume besitzen weit verzweigte Wurzeln, die an riesige Schlangen erinnern. Sie besitzen einen Wurzelkranz, der ein Umfallen verhindert, und erinnern an Raketen vor ihrem Start.

Nur etwa 10 Prozent des Sonnenlichts erreicht den Waldboden, wo die *sombrilla de pobre* („Schirm des armen Mannes" – Riesenrhabarber) mit ihren Mammutblättern wächst, um möglichst viel dieses Lichtes aufzufangen. Junge Bäume stellen häufig ihr Wachstum ein, wenn sie eine Höhe von etwa 3 m erreicht hat, bis ein anderer Baum umfällt und eine Lichtschneise freigibt, um dann explosionsartig zu wachsen. Ein Großteil des Lebens spielt sich im Dach des Waldes ab, in dem die vielfältigen Geräusche der Tiere die Luft erfüllen.

ARCHE VOLLER LEBEN

In Panama gibt es 1000 Vogelarten, 225 Säugetierarten und 155 Amphibienarten, darunter über 104 verschiedene Frösche und Kröten.

Zehntausende Insektenarten und Meeresbewohner schwimmen und krabbeln durch das Meer. Über die Jahrmillionen haben unzählige Lebensformen die schmale Landbrücke zwischen Nord und Süd überquert und zu der Artenvielfalt, die sich den Landschaften und Klimaverhältnissen angepasst hat, beigetragen.

Vögel

Das Herz eines Ornithologen macht Freudensprünge in Panama, das zwar klein ist, in dem es aber 960 Vogelarten gibt, von denen 12 nur dort zu finden sind. Etwa 150 Vogelarten sind Zugvögel, und der Isthmus ist das Nadelöhr, das alle, die zwischen den beiden Teilen Amerikas wandern wollen, durchqueren müssen. Die Feuchtgebiete an den Küsten bieten einen Lebensraum für Zugvögel, die Küsten bevorzugen,

wie die Strandläufer, Schlammtreter und Regenbrachvögel, die man in Kolonien von Zehntausenden von Vögeln sieht. Der weiße Ibis, Löffler und Reiher picken ihre Nahrung aus dem Küstenboden, wo die Mangroven Nistplätze für Pelikane, Fregattvögel und sogar Tölpel bieten, die man auf der Isla de los Pájaros (Vogelinsel) und auf den Inseln vor Azuero beobachten kann.

Die Wälder sind voll von den Lauten der Papageien, die wie Jagdflieger durch die Lüfte brausen. In Panama gibt es 18 Papageienarten, von den kleinen Panamaamazonen bis zu den riesigen blau-goldenen Aras, eine der sechs gefährdeten Araarten. Große Gruppen des hellroten Ara sieht man auf der Isla Cioba, die wie ein Regenbogen aus den Wipfeln der Bäume aufsteigen. Tukane mit ihrem mächtigen bananenförmigen Schnabel gibt es überall, und auch die

Kuhreiher sieht man oft auf den Weideflächen. Und den Quetzal, jenes bunte Juwel des Nebelwaldes, gibt es hier häufiger als in jedem anderen Land Mittelamerikas, vor allem um den Volcán Barú, insbesondere im Frühling, wenn die Männchen ihre zukünftige Partnerin mit waghalsigen Flugmanövern umwerben. Genau hinhören sollte man auch auf den traurigen Ruf des Quetzal, der aus zwei Tönen besteht.

In Panama gibt es auch Dutzende Arten von Tangaren, Trogonen und Tauben sowie Glockenvögel, Schirmvögel und Ameisenvögel, die die Insekten und Eidechsen jagen, die von Treiberameisen aufgescheucht werden. Und die Liste ließe sich noch endlos weiterführen.

Panamas Nationalvogel ist die kräftig gebaute Harpyie, die größte der etwa 50 Greifvogelarten des Landes. Sie nistet in den Kronen der höchsten Bäume und beobachtet Affen und andere Tiere, die sie im Flug fängt. Der Vogel gilt als gefährdete Tierart, aber der Fondo Peregrino-Panama führt ein erfolgreiches Zucht- und Auswilderungsprogramm durch.

Säugetiere

Fast die Hälfte aller Säugetierarten in Panama sind Fledermäuse, unter denen es sowohl Pflanzenfresser und Blutsauger, die sich vom Blut schlafender Rinder ernähren, als auch falkengroße, fischfressende Arten gibt, die mit ihren Klauen die Fische im Flug über dem Wasser fangen. Die meisten Säugetierarten sind scheu und leben zurückgezogen, so wie auch die sechs Arten tropischer Katzen, die man auch aufgrund ihrer Tarnung kaum zu Gesicht bekommt.

Häufig sieht man die sieben Affenarten des Landes, von den Manteläffchen und den gefräßigen Kapuzineraffen mit ihren weißen Gesichtern bis zu den pflanzenfressenden Brüllaffen. Die männlichen Vertreter dieser Affenart hört man mehr, als dass man sie sieht. Zwei- und Dreifinger-Faultiere hängen in den Baumwipfeln. Und Wasserschweine, die größten Nagetiere der Welt, leben in den Sumpfgebieten des nördlichsten Verbreitungsgebiets ihrer Art.

Am Boden leben die an Waschbären erinnernden braunen Nasenbären. Rotten von zum Teil aggressiven Nabelschweinen mit ihren starken Kragen trifft man tief im Regenwald. Mittelamerikanische Tapire – entfernte Verwandte der Elefanten – leben in Wäldern der Tiefebenen und der Berge. Meerschweinchen, Ameisenbären und Gürteltiere sind weitere sehr häufige Säugetiere, und Otter schwimmen in den Flüssen des Parque Nacional Chargres.

Amphibien und Reptilien

Amphibien und Reptilien gibt es viele im Tropenklima. Schlangen, von denen Panama über 120 Arten aufzuweisen hat, finden sich überall, sind aber meist gut getarnt und kaum zu sehen. Eine Schlingpflanze kann sich als eine grün schillernde Palmenviper herausstellen, die sich malerisch um einen Zweig geschlungen hat. Boas mit einer Länge von bis zu 3 m sieht man häufig an den Flussufern. Die meisten Schlangen sind jedoch klein und jagen Vögel, Eidechsen und Nagetiere. Weniger als zehn Prozent der Schlangen sind giftig. Zur Familie der Viperidae gehört die gefürchtete, glänzend braune

Lanzenotter (die in Panama wegen ihres Musters *equis* – „X" – genannt wird), eine Riesenschlange, die für die meisten tödlichen Schlangenbisse in Panama verantwortlich ist. Der Biss der Korallenotter mit ihren hellen Streifen ist ebenfalls tödlich. Zum Glück gibt es bislang keine Berichte über Bisse von der sehr giftigen schwarz-orangen Wasserschlange, die in der Bahía de Panama in Schwärmen auftritt.

Auch Frösche gibt es viele, darunter Baumfrösche mit ihren roten Augen und fröhlich bunte Pfeilgiftfrösche, die über den Waldboden springen und mit ihren schrillen Farben ihre Feinde warnen. Seit einigen Jahren dezimieren tödliche Pilze viele Frosch- und Krötenarten und bedrohen auch den mittlerweile seltenen goldfarbenen Panama-Stummelfußfrosch (*Atelopus zeteki*), der sich durch Körpersprache verständigt und im Land sehr beliebt ist.

Amerikanische Krokodile (*cocodrilos*), die bis zu 4,5 m lang werden, leben zuhauf an den Flussmündungen und den Flussläufen der Tiefebenen sowie am Lago Gatún. Ihre kleineren Verwandten, die Kaimane, werden nur bis zu 1,8 m lang. Leguane leben in den Wäldern der Tiefebenen und werden bis zu 0,9 m lang. Ihre Population wurde aufgrund ihres wohlschmeckenden Fleisches von den *campesinos* stark dezimiert. Beliebt unter den kleineren Reptilienarten ist der Helmbasilisk, der im Tiefland lebt und Jesus-Christus-Echse genannt wird, weil er auf den Hinterbeinen über Wasser läuft.

Fünf Meeresschildkröten-Arten legen ihre Eier an den Stränden der Karibik- und Pazifikküste ab. Aufregend ist die gemeinsame Eiablage der Oliv-Bastardschildkröten im Refugio de Vida Silvestre Isla de Cañas im Herbst.

Leben im Meer

Die Gewässer sind voller Fische und Meeressäuger. Seekühe, eine gefährdete Art von Pflanzenfressern, leben zurückgezogen in den Gewässern des San San Pond Sak. Im Golfo de Chiriquí und Golfo de Panama wimmelt es von Fischen, und Angler fangen dort Goldmakrelen, Thunfische und Marline. Buckelwale und sogar Pottwale und Orkas kommen zur Paarungszeit hierher und gebären ihre Jungen in den nährstoffreichen Gewässern des Golfs.

Harmlose Mantarochen, Walhaie, Tintenfische, Krabben und Langusten in der Größe von Hauskatzen und andere Tiere locken Taucher in

Der Tukan mit seinem typisch geformten, bunten Schnabel lebt in den Wäldern Panamas.

den Pazifik. Auf der Karibikseite schwimmen verschiedenste Fischarten zwischen den Korallenriffen vor den San-Blas-Inseln und der Bocas del Toro, wo Delphine ihre Kunststücke zeigen.

Insekten

Insekten gibt es in Panama unzählige, und das ganze Land scheint von vieltönigem Summen durchdrungen zu sein. Man schätzt, dass etwa 46 000 Insektenarten auf jedem Hektar Land leben, von Blütenmilben, die in den Nasenlöchern der Kolibris von Blume zu Blume reisen, bis zu 7,5 cm langen Nashornkäfern. Allein auf der Isla Barro Colorado gibt es über 200 Ameisenarten, von Schwärmen Treiberameisen bis zu Blattschneiderameisen, die ihre ausgetretenen Pfade entlangeilen und die Blattstücke über ihren Köpfen tragen. Außerdem gibt es 1600 Schmetterlingsarten in Panama, darunter auch den leuchtend blauen Morphofalter. ■

Kunst & Kultur

VON AFRO-KARIBISCHEN RHYTHMEN BIS ZU KLASSISCHER MUSIK UND Jazz – die Panamaer sind stolz auf ihre Kulturszene. Zwar fehlen in einzelnen Bereichen, wie etwa der Literatur, die ganz großen Künstler, aber dafür gibt es eine unvergleichlich facettenreiche Folkloretradition. In den bildenden Künsten hat man sich von Zwängen befreit und findet nun große Anerkennung in aller Welt. Und die klassische sowie zeitgenössische Musik spiegelt sehr ausdrucksstark den lebendigen kulturellen Geist des Landes wider und erinnern an die vielfältigen indigenen Traditionen, die es vor der Ankunft der Spanier gab.

Das Museo de Arte Contemporáneo (oben) und das Instituto Nacional de Cultura (gegenüber) stehen beispielhaft für die Kunstszene in Panama Stadt.

BILDENDE KÜNSTE

Kunstschaffen reicht in Panama 10 000 Jahre zurück, in eine Zeit, als vorkolumbische Völker ihre Kultschalen und andere Keramiken mit stilisierten roten, schwarzen und ockerfarbenen Motiven verzierten. Während der Kolonialzeit beschränkte sich alles künstlerische Tun auf Religion. Die Kunst aus der Zeit nach der Unabhängigkeit Panamas ist eng verbunden mit dem Namen Roberto Lewis (1874–1949), dessen allegorische, romantische Wandmalereien, die von der Belle époque in Frankreich inspiriert sind, den Palacio Presidencial und das

Teatro Nacional schmücken. Lewis wurde 1939 Direktor der ersten Kunstakademie Panamas, der Escuela Nacional de Pintura, und beeinflusste eine ganze Künstlergeneration. Der moderne Stil von Manuel E. Amador (1869–1952) bereitete der eher abstrakten Kunst, etwa von Eudoro Silvera (*1917), Alfredo Sinclair (*1915) und Guillermo Trujillo (*1927) den Weg; Letzterer ist bekannt für seine Arbeiten, in denen die Liebe zum Land mit der Mythologie der indigenen Bevölkerung verbunden ist.

Panamas eklektische Kunstszene – die lange von der Anwesenheit der Amerikaner überschattet wurde – fehlte ein nationales Thema, und klar erkennbar panamaische Anliegen werden nur selten auf Leinwänden dargestellt. Eine Ausnahme bildet das Werk von Brooke Alfaro (*1949), der im Jahr 2000 seine Malerei aufgab und sich der Videokunst zuwandte, um das Leben der Unterschicht Panamas zu portraitieren. Inspiriert von den Arbeiten des Kubaners Wilfredo Lam (1902–1982) beschäftigt sich auch der in Colón geborene Arturo Lindsay (*1946) mit dem afrikanischen Erbe und den Traditionen in der karibischen Kunstschule Taller Portobelo, deren Mitbegründer er ist.

Die größte Sammlung von Arbeiten panamaischer Künstler findet sich in den Ausstellungen des Museo de Arte Contemporáneo in Panama Stadt. Es bietet Workshops an und veranstaltet alle zwei Jahre die Bienal de Art.

Internationale Anerkennung fanden die Fotografien von Iraida Icaza (*1952) und Sandra Eleta in ihrem Buch *Portobelo: Fotografías de Panamá* und ihrer Fotodokumentation über die Emberá-Wounaan, die mit dem Saft der Jenipapo-Frucht Muster auf ihre Körper malen.

Bildhauerei

Im Bereich der Bildhauerei gibt es keine herausragenden Künstler, obwohl das kulturelle Erbe

reich an Kultskulpturen aus der vorkolumbischen Zeit ist. Nach der Eröffnung des Instituto de Artes 1907 entstand eine meist von Europäern getragene Bildhauerschule, die im Stil des Klassizismus arbeitete. In den 1940er-Jahren machte sich José Mora Noli als erster Bildhauer Panamas einen Namen. Die bedeutendste unter diesen Künstlern ist heute Isabel de Obaldía (*1957), die hauptsächlich mit Glas arbeitet.

Kunsthandwerk

Panama ist berühmt für die kunstvoll gestickten *molas* der Kuna, die mit weißen Spitzen eingefassten *pollera*-Röcke und die Fratzen der Teufelsmasken aus Pappmachee in den Städten des Azuero. Die Stücke der Maskenmacher Darío López und Iván de León sind Sammlerstücke.

Marktstände hängen voll mit Strohhüten, die es in vielen Varianten gibt (wobei der berühmte „Panama-Hut" eigentlich aus Ecuador stammt). Einige der sehr qualitätvollen Flechtarbeiten und Designs stammen von den Ngöbe-Buglé, die ihre Strohhüte zu besonderen Anlässen tragen und diese dann mit Federn verzieren. Die meisten Hüte stammen aus den Provinzen Coclé und Herrera, wo die Strohhutproduktion in Azuero-Dörfern wie Ocú und Pedregosa industrielle Züge angenommen hat. Die besten Hüte werden früh am Morgen oder spät am Abend gefertigt. Zu den restlichen Tageszeiten schwitzen die Hände der Arbeiter zu sehr, und das Klima verhindert das feine und gleichmäßige Arbeiten. Solche Hüte halten Jahrzehnte. Sie sind auch selten und teuer. Die meisten Hüte, die man heute erhält, sind nicht so fein gearbeitet und daher auch recht günstig.

Durch den Tourismus hat sich die Nachfrage nach indigener Kunst erhöht, und ihre Geheimnisse werden von Generation zu Generation weitergegeben. Die Emberá-Wounaan sind berühmt für ihre filigranen flachen Korbflechtereien, die mit Tiermotiven verziert sind, und für ihre Schnitzkunst, mit der sie aus der Steinnuss der Taguapalme kleine Tierfiguren arbeiten. Die Ngöbe-Buglé sind bekannt für ihre *chácaras,* kunstvoll handgestrickte Taschen aus Blattfasern der Pitahanfpflanze, *cabuya.* Es gibt sie als kleine Taschen zum Aufbewahren von Talismanen und als große Taschen für Babys wie eine Wiege. Die Muster erinnern an alte Legenden, und ihre Form soll von überirdischen Wesen (*magatda*) erfunden worden sein. Musterelemente bei jeder

Kunst von Ngöbe-Buglé sind das Dreieck, das Berg und Teil der Heimat der Kultur darstellt, und die Schlangenmuster (*culebrakrays*), die für die Bedeutung der Schlangen in der Mythologie der Ngöbe-Buglé stehen. Meisterhaft sind ihre *chaquiras* – Halsketten aus Glasperlen, die bis zu 30 cm breit sind.

LITERATUR

Eine literarische Kultur und namhafte Schriftsteller haben sich in Panama nur langsam entwickelt. Ausnahme waren der Romancier und Dramatiker Víctor de la Guardia (1772–1823), der Dichter Darío Herrera (1870–1914) und die patriotische Dichterin Amelia Denis de Icaza (1836–1911), deren bekanntestes Gedicht „Al Cerro Ancón" ist, das vom Berg Ancón handelt. Besondere Ausdruckskraft hatten Mitte des 20. Jahrhunderts der avantgardistische Romancier Guillermo Sánchez Borbón (1924–2005), der unter dem Pseudonym Tristán Solart schrieb, sowie Ricardo Miró (1883–1940), der das Gedicht „Patria" als eine Hommage an seine Heimat schrieb. Miró gilt als einer der ganz großen Literaten, und mit seinem Namen ist der höchste Literaturpreis Panamas verbunden, der Premio anual de Literatura Ricardo Miró.

Obwohl die Analphabetenrate in Panama sehr niedrig ist, wird in Panama wenig gelesen. Es sind Selbstreflexionen und Themen des täglichen Lebens auf dem Isthmus, mit denen sich die Autoren meist in Gedichten und Kurzgeschichten mit prosaischen Elementen befassen. Zu den bekannten Schriftstellern der jüngeren Vergangenheit gehören der Dichter Joaquín Beleño (*1922), dessen Romane *Luna Verde* und *Gamboa Road Gang* sich mit den Ungerechtigkeiten des Panamakanals befassen, und Carlos Francisco Changmarín (*1922), der über das Leben auf dem Land schreibt. Einer der bekannten zeitgenössischen Autoren ist Enrique Jaramillo Levi (*1944), der auch Panamas Literaturzeitschrift Maga herausgibt.

THEATER

In Panama gibt es eine lebendige Theaterszene, gespielt wird alles, vom klassischen bis zum experimentellen Stück auf großen und kleinen Bühnen. Bekannt ist der in Panama geborene Bühnenregisseur José Benjamin Quintero (1924–1999), der in den 1950er-Jahren zu den ersten der Off-Broadway-Bewegung gehörte

und Mitbegründer des Circle im Square Theatre in New York war. Die Theater Guild of Ancón spielt auf Englisch im Art déco Teatro Balboa in Panama Stadt. Das bedeutendste Theater des Landes ist das Teatro Nacional.

MUSIK UND TANZ

Panama tanzt heute im Salsa-Rhythmus. Aber es gibt auch eine folkloristische Tradition, die als *música folclórica*, auch als *típico* oder *pindín* bezeichnet, heute fast nur noch auf Festivals oder auf Bühnen präsentiert wird. In Panamas *música típica* verschmelzen der Klang der fünfsaitigen Mejorana-Gitarre, der *tambores* (afrikanischen Bongo-Trommeln) und der vorkolumbianischen Musikinstrumente, wie die Samenkapseln der Tagua-Palme und die *churucas* (Rasseln aus Kürbissen). Typische Tänze sind der *punto*, die *mejorana*, der *tamborito* (Panamas Nationaltanz) und ähnliche Stampftänze für Paare in traditioneller Kleidung: dem *montuno-Hut* und weißen Hemden bei den Männern und knöchellangen, spitzenbesetzten *pollera*-Röcken bei den Frauen. Traditionelle Tänze sind vom spanischen *paseo* abgeleitet, wobei Männer und Frauen im Kreis umeinander tanzen, begleitet vom typischen „yip-yipping" – der in Panama *saloma* genannte Ruf – und fliegenden Schals und Strohhüten.

Frauen tanzen beim Festival Nacional de la Pollera in Panama Stadt (oben), und Männer spielen dazu traditionelle Musik (oben).

Fast wöchentlich gibt es in Azuero, dem Kernland von Musik und Tanz in Panama, ein Folklorefestival. Keines ist bunter als das Fronleichnamsfest, dessen Höhepunkt die Teufels-

Der Grammy-Preisträger und Musiker Rubén Blades ist derzeit auch Panamas Tourismusminister.

tänzer mit ihren Masken und Kostümen sind. Die Gemeinschaften der Ngöbe-Buglé, Emberá-Wounaan und Kuna führen gerne traditionelle Tänze auf, die von Trommeln und panflötenartigen Blasinstrumenten begleitet werden.

Viele *típico*-Tänze, wie *los enanos* (Zwerge) und *el zaracundé* stammen aus der afrikanischen Kultur und werden auf Festivals von Tänzern, die getrocknete Bananenblätter tragen, aufgeführt. Die Provinz Colón ist bekannt für ihre *congos*, bei denen Darbietungen die Geschichte der in Panama lebenden Menschen von den Afro-Antillen erzählen. Auch zeitgenössische Musik von den Inseln beeinflusst die Kultur: Die Bastimentos Beach Boys aus Bocas del Toro sind Legenden des Calypso-Sounds.

Für den klassischen Bereich wurde 1941 das Nationale Symphonieorchester unter der Leitung des spanischen Komponisten Alberto Galimany (1889–1973) gegründet. Das Ballet Nacional de Panamá entstand 1970. Die Begeisterung für klassische Musik wuchs, als die britische Primaballerina Margot Fonteyn (1919–1991) sich in Panama niederließ. Jährlich im Oktober findet das Festival Nacional de Ballet statt. Heute

wird klassische Musik hauptsächlich von der privaten Asociación Nacional de Conciertos finanziert, die von dem panamaischen Pianisten Jaime Ingram (*1928) gegründet wurde.

Die internationale Jazz-Szene der Hauptstadt hat ihren Höhepunkt jährlich im Januar beim Panama City Jazz Festival. Gegründet wurde die Veranstaltung von Panamas bekanntestem Jazz-Komponisten, Pianisten und Grammy-Preisträger Danilo Pérez. Er wurde vor Kurzem zum Kulturbotschafter Panamas ernannt.

Die jüngere Generation hat sich von den traditionellen Musikformen eher abgewandt und tanzt heute zu Hip-Hop-, Rock- und Latin-Rhythmen, wie Salsa, Cumbia und Merengue. Aus den Nachtclubs dröhnt an den Wochenenden der typische *Vida-loca*-Beat. Angesagt sind die Latin Rock Band Los Rabanes und die Cumbia-Künstler Sammy und Sandy Sandoval. Panamas Star im zeitgenössischen Musikgeschäft ist aber der Salsa-Superstar (und Politiker) Rubén Blades. Er stammt aus einer Künstlerfamilie und ist aufgrund seiner Texte über soziale und landesspezifische Themen zu einem Nationalhelden aufgestiegen. ∎

Weltklasse auf vielen Gebieten, quillt diese lebendige Hauptstadt geradezu über von kosmopolitischen Restaurants, Hotels und Nachtclubs. Das historische Viertel ist voller Kirchen, kleiner Museen und Plazas im Taschenformat, während die Natur und der Panamakanal nie weit weg sind.

Panama-Stadt

Die Strandmauer an der Plaza de Francia

Ein Paar genießt die Aussicht auf die moderne Skyline von Punta Paitilla vom Balboa-Denkmal aus.

Panama-Stadt

PANAMAS HAUPTSTADT, KOSMOPOLITISCH, KOMPAKT UND BRÜTEND HEISS, erstreckt sich entlang der Küste einer breiten pazifischen Bucht am Südeingang zum Kanal. Ihr feuchtheißes, tropisches Meeresklima erinnert manchmal an eine türkische Sauna. Noch heißer ist ihr cooles lateinamerikanisches Temperament. Kolonial und modern zugleich, ist die blühende Stadt mit rund 750 000 Einwohnern (von den Panamaern schlicht „Panama" genannt) die mondänste Metropole zwischen Miami und Maracaibo.

Als Kreuzung zwischen zwei Kontinenten und zwei Ozeanen wird die Stadt seit 500 Jahren von Wirtschaft und Handel geprägt. Die 1519 an der Mündung des Río Abajo gegründete alte Stadt blühte auf als Umschlagplatz für Schätze, die über den Camino Real, den Königsweg, nach Spanien gebracht wurden. 1671 zerstörte der berühmt-berüchtigte Pirat Henry Morgan die Stadt. Der

Kartenbeschriftungen

CAMINO DE LA AMISTAD
AVE. JUAN PABLO II
CALLE 4a
Besucherzentrum
Museo Antropológico Reina Torres de Araúz
PARQUE NATURAL METROPOLITANO
CALLE AQUILINO DE LA GUARDIA
CORREDOR NORTE
CURUNDU
Universidad de Panamá
CORREDOR NORTE
AVE. ASCANIO VILLALAZ
Río Curundu
AVE. SIMÓN BOLÍVAR
Iglesia del Carmen
EL CANGREJO
AVE. ROOSEVELT
AVE. ASCANIO VILLALAZ
AVE. CENTRAL
Centro de Capacitación Ascanio Arosemena
Monumento a los Mártires
AVE. LUIS FELIPE CLEMENT
PARQUE PERÚ
AVE. PERÚ
BELLA VISTA
CALLE 43 ESTE
Gebäude der Panamakanal-Kommission
Corte Suprema de Justicia
Earl S. Tupper Research & Conf. Center
Archivos Nacionales
AVE. CUBA
CALLE 50 ESTE
Goethals-Denkmal
Plaza Victor Julio Gutiérrez
PARQUE PORRAS
PARQUE URRACÁ
EL PRADO
Teatro Balboa
Stevens-Platz
Centro de Información Propuesta
ANCÓN
Palacio Legislativo
PARQUE LEGISLATIVO
LA EXPOSICIÓN
Museo de Ciencias Naturales
MARBELLA
Postamt
Union Church
ANCON Hauptsitz
Cerro Ancón 198 m
BALBOA
Museo de Gegenwartskunst
Museo Afroantillano
AVE. BALBOA
Sitz der Panamakanal-lotsen
QUARRY
CALIDONIA
AVE. CENTRAL
Monumento Balboa
AVE. A MADRID
Mi Pueblito
AVE. DE LOS MÁRTIRES
Plaza Cinco de Mayo
C
AMADOR-DAMM
Panamakanal (siehe Detail)
AVE. A
SANTA ANA
AVE. B
AVE. CENTRAL
Mecado del Marisco
Panamakanal
Brücke der Amerikas
PUNTA PAITILLA
AVE. DE LOS POETAS
CHORRILLO
AVE. BALBOA
Plaza Santa Ana
Palacio Presidencial
AMADOR DE
Bahía de Panamá
Catedral Metropolitana
Plaza de la Independencia
Isla Naos
Casa de la Municipalidad
Plaza Bolívar
Punta Culebra
Isla Perico
Teatro Nacional
CASCO VIEJO (SAN FELIPE)
Isla Flamenco
A
Plaza de Francia
B

Neuaufbau begann auf der Landzunge San Felipe. Hinter Festungsmauern entstanden in der neuen Stadt vornehme Kolonialbauten. Dem Glück der Stadt kamen Mitte des 19. Jahrhunderts der kalifornische Goldrausch und der Bau der Panama-Bahn mit Endstation in Panama-Stadt zugute. Die Ankunft der Compagnie Universelle du Canal Interocéanique in den 1880er Jahren brachte Pariser Flair in die Altstadt Casco Viejo.

Die Unabhängigkeit 1903 und der Kanalbau katapultierten die Stadt ins 20. Jahrhundert. Neue Bezirke – Ancón, Balboa, Quarry Heights – entstanden über Nacht neben US-amerikanischen Militärbasen. Acht Jahrzehnte lang führten Zonianer (US-Bewohner der Kanalzone) ein bequemes koloniales Leben mit eigenen Schulen, Krankenhäusern, Läden und Clubs. Die Basen sind heute geschlossen, aber ihre von schattigen Bäumen überragten weißen Bungalows und Stadthäuser haben sich ihren Charme bewahrt.

Durch den Kanal als internationales Handelszentrum positioniert, entwickelte sich die Stadt zu einer wuchernden Metropole. Heute ist Panama-Stadt ein bedeutendes internationales Bankzentrum, das vor Modernität vibriert. Die Türme aus Glas und Marmor im Bankendistrikt, die hohen Wohnblöcke von Punta Paitilla, das von Kauflustigen wimmelnde Geschäftsviertel El Cangrejo – all das ist weit entfernt von den Ruinen von Panama Viejo (der alten Stadt) und den gepflasterten Straßen im Casco Viejo.

Mit sehr unterschiedlichen Stadtteilen und ethnischer Vielfalt bietet die Stadt starke Kontraste. Die Wohnviertel der Mittel- und Oberschicht in Bella Vista, El Cangrejo und Marbella mit eleganten Boutique-Hotels und feinen Restaurants liegen mitten in einem vom Bauboom gezeichneten Hochhausgebiet. Von der Ausbreitung der Stadt ist das alte Viertel jedoch verschont geblieben, das noch heute reich an kolonialem Gepräge ist. Voller malerischer Plätze, Museen und kostbarer Kirchenbauten ist Casco Viejo auf dem aufstrebenden Ast, weil gewitzte Investoren hässliche Entlein zu eleganten Villen, hippen Restaurants und trendigen Cafés umgestalten.

Panama-Stadt ist allerdings nicht überall ganz ungefährlich. Englisch sprechende Führer stehen auf den Gehwegen von Casco Viejo bereit, wo eine starke Polizeipräsenz die Kriminalität in Schach hält. Teile von Casco Viejo sollte man jedoch besser meiden. Ebenso die benachbarten Straßen von Salsipuedes, Santa Ana und El Chorrillo, wo im Gewirr der Mietskasernen das Verbrechen zu Hause ist. ■

AVE. SIMÓN BOLÍVAR
VÍA ESPAÑA
VÍA ESPAÑA
VÍA BRASIL
VÍA BELISARIO PORRAS
PARQUE RECREATIVO OMAR
Biblioteca National E. J. Castillero
Sanctuario Nac. del Corazón de María
AVE SAMUEL LEWIS
AVE. 3 SUR
VÍA BRASIL
SAN FRANCISCO
Río Matazmillo
VÍA ISRAEL
VÍA ISRAEL
CALLE 50 ESTE
Centro de Convenciones Atlapa
Botschaft des Vatikans
Museo de la Esmeralda
VÍA ITALIA
VÍA ERNESTO T. LEFEVRE
Río Algarrobo
Río Abajo
AVE. SANTA ELENA
CEMETERIO JARDIN DE PAZ
Iglesia y Convento de la Compañía de Jesús
AVE. REPÚBLICA DE LA INDIA
Puente de Matadero
Centro de Visitantes
VÍA CINCUENTENARIO
Iglesia y Convento de Santo Domingo
PANAMÁ VIEJO
Puente del Rey
Iglesia y Convento de San José
Plaza Mayor
La Catedral de Nuestra Señora de la Asunción
Fuerte de la Natividad
Museo de Sitio de Panamá La Vieja
Mercado de Artesanas
Casas Reales
VÍA CINCUENTENARIO
CORREDOR SUR

N
Bahía de Panamá

0 — 900 Meter
0 — 900 Yards

F   G
D   E

Panama-Stadt
Zur Orientierung

Casco Viejo

Das 1673 nach der Zerstörung von Panama Viejo gegründete „Alte Viertel" ist der farbigste und sehenswerteste Stadtteil. Es ist ein lebendiges Museum, das heute zwar keine Festungsmauern mehr hat und halb verfallen ist, aber eine Fülle historischer Bauten, pittoresker Plätze, bezaubernder Straßencafés und besonderer Museen zu bieten hat. Das bezaubernde Viertel, das 1997 zum UNESCO-Weltkulturerbe ernannt wurde und auch San Felipe heißt, ist eine Welt für sich und Jahrhunderte von der glitzernden Hochhaus-Metropole des 21. Jahrhunderts entfernt.

Verwitterte Häuser aus dem 18. Jahrhundert verleihen Casco Viejo einzigartigen Charme.

In 1878 zerstörte ein verheerendes Feuer – das schlimmste von einer ganzen Serie – ein Drittel der Altstadt. Viele der Gebäude, die stehen blieben, verfielen rasch im tropischen Klima. Ein ehrgeiziges Projekt wurde 1997 begonnen, um Casco Viejo in seiner alten Pracht wiederherzustellen. Ein Jahrzehnt später hatte die Gegend – die in vieler Hinsicht dem French Quarter in New Orleans gleicht – ihre alte Lebendigkeit sowie neuen Glanz gewonnen. Selbst die ärmlichsten Straßen haben sich unter dem in Jahrhunderten tropischer Hitze festgebackenen Schmutz ihre Würde bewahrt.

Das Straßenbild scheint den Seiten eines Geschichtsbuchs entlehnt. Schmiedeeiserne Balkons sind mit fröhlich bunten Blumen überladen, pastellfarbene Häuserwände glühen in der späten Nachmittagssonne golden. Am Abend sitzt man gern unter den Straßenlaternen, deren Licht die Innenhöfe einer neuen In-Generation von Restaurants und Bars erhellt.

Hier finden sich einige der schönsten Sehenswürdigkeiten der Stadt: die Iglesia de San José, die Plaza de la Independencia, die Plaza Bolívar, der Palacio de las Garzas und – hier kann man mit der Besichtigung gut beginnen – die Plaza de Francia, der Französische Platz.

Die Stadt ist zwar dabei, ihr Image zu verbessern, aber es bleiben mehr als genug dunkle Winkel. Vorsicht ist daher geboten, wenn man nachts durch die Straßen geht. Selbst tagsüber empfiehlt es sich, einen Besuch der Gegend von Chorrillo gleich westlich von Casco Viejo zu vermeiden. ∎

Plaza de Francia

Das Lesseps-Denkmal erhebt sich an der Promenade Las Bóvedas.

DIESER PLATZ ÖFFNET SICH ZUM MEER AN DER SPITZE DER Halbinsel, wo Casco Viejo auf die flaschengrüne Bucht stößt. Früher stand hier ein Fort, das aber um die Wende zum 20. Jahrhundert abgerissen wurde. Damals wurde der Platz zu Ehren der Franzosen und ihrer Kanalinitiative in Frankreich-Platz umbenannt.

Der von Jakarandas und Palmen beschattete Platz wird von einem Obelisken beherrscht, auf dem ein gallischer Hahn sitzt und der unten von Bronzebüsten Ferdinand de Lesseps' und vier anderen, beim französischen Kanalbauversuch tätigen Persönlichkeiten bewacht wird. Die Geschichte des Kanalbaus und der 22 000 Arbeiter, die dabei starben, ist auf Tafeln im Halbkreis unter der Esplanade **Paseo Estebán Huertas** graviert. Eine weitere Tafel erinnert an Carlos J. Finlay, den kubanischen Physiker, der die Verbindung zwischen dem Moskito *Aëdes aegypti* und dem Gelbfieber entdeckte.

Bei stürmischem Wetter donnern Brecher gegen die östliche Strandmauer; in der spanischen Kolonialzeit wurden Verurteilte an diese Mauer gekettet und ertränkt. Heute befinden sich in neun in die Mauer gebauten Gewölben – **Las Bóvedas** – eine Kunstgalerie und das Restaurant Las Bóvedas, das freitagabends Jazz bietet. Gleich nördlich davon liegt das strahlend weiße **Instituto Nacional de Cultura**, die für die Museen und anderen kulturellen

Einrichtungen des Landes zuständige Regierungsbehörde. Das Gebäude beherbergt auch das kleine **Teatro Anita Villalaz** *(Tel. 501-4017, Durchwahl 4020)*.

An der Nordseite des Platzes besticht die **französische Botschaft** *(Tel. 211-6200, Calle 1 Ecke Plaza de Francia)*, an deren Ostseite eine lebensgroße Bronzestatue von Pablo Arosemena (1836–1920) steht, der den Kanalvertrag mit der US-Regierung verhandelte und später Präsident der Republik Panama wurde (1910–1912 und 1920). Jedes Jahr am 14. Juli veranstaltet die Botschaft eine Gartenparty mit Feuerwerk.

IN DER NÄHE DER PLAZA
Die Ruinen zweier Häuserblöcke nordwestlich der Plaza gehören zur **Iglesia** und zum **Convento de Santo Domingo** *(Ave. A Ecke Calle 3)*, von den Dominikanern 1756 auf dem Gelände früherer, von Bränden zerstörter Kirchen errichtet. Daneben beherbergt das **Museo de Arte Religioso Colonial** religiöse Kunstwerke , darunter den barocken Originalaltar des Konvents. ■

Plaza de Francia
⊠ 58 B1

Instituto Nacional de Cultura
www.inac.gob.pa
⊠ Plaza de Francia
☎ 211-4000
🕐 Geschl. Sa & So

Museo de Arte Religioso Colonial
⊠ Ave. A Ecke Calle 3
☎ 501-4127
🕐 Geschl. Mo.
💲 $

Plaza de la Independencia

DER EHEMALS PLAZA DE LA CATEDRAL GENANNTE PLATZ ist der größte aller Plätze des Altstadtviertels. Rund um den Platz stehen Gebäude aus der Kolonialzeit und in seiner Mitte eine achteckige Pergola. Der spanische Klassizismus aristokratischer Häuser vermischt sich hier mit dem französischen Rokoko des 19. Jahrhunderts. In der trockenen Jahreszeit explodiert der Park in einem Farbenrausch: knallgelbe Birkenrindenakazien, zarte Rosa Poui und leuchtendrote Flammenbäume lassen den Platz erstrahlen.

An der Westseite wird der Platz von der **Catedral Metropolitana** *(Calle 7 Este Ecke Ave. Central;* siehe S. 64–65) beherrscht, deren Bau 1688 begonnen und 1796 vollendet wurde. Der koloniale Kirchenbau hat eine eher schlichte Fassade, deren mittlerer Teil – teils maurisch, teils Barock – aus Steinen der Ruinen vom Convento de la Merced in Panama Viejo besteht. Auf jeder Seite ist sie flankiert von dreistöckigen Glockentürmen, deren Dächer mit Perlmutt-Einlegearbeiten weiß im Sonnenlicht glitzern. In der Kathedrale fanden am 3. November 1903 die Feierlichkeiten zur Unterzeichnung der Unabhängigkeitserklärung von Kolumbien statt. Ein Reliquiar enthält die Gebeine des heiligen Aurelio; es ist hinter einem Jesus-Bild verborgen.

Schräg gegenüber der Kathedrale liegt an der Südwestecke des Platzes die **Casa de la Municipalidad** *(Tel. 506-5705),* 1910 im neoklassizistischen Stil vom italienischen Architekten Gennaro Nicola Ruggieri erbaut. Im zweiten Stock führt das kleine **Museo de História de Panamá** durch die Geschichte des Landes von der Ankunft Balboas bis 1977. Ausgestellt sind Waffen, Modelle alter Festungen, alte Landkarten und Dokumente. Beschriftung nur in Spanisch.

Das in typisch französischem Kolonialstil erbaute, dreistöckige Gebäude mit Mansarddach an der Südostseite des Platzes ist das schö-

ne **Museo del Canal Interoceánico**, das 1997 im früheren Hauptsitz der Compagnie Universelle du Canal Interocéanique eröffnet wurde. Die Geschichte des Baus begann als Grand Hotel (wo Ferdinand de Lesseps 1879 mit einem Bankett gefeiert wurde) und beherbergte von 1904 bis 1912 die amerikanische Kanalkommission. Die Exponate dokumentieren chronologisch die Herkulesarbeiten des Kanalbaus, erinnern an die kalifornischen Goldgräber und an den Bau der Panama-Eisenbahn. Unter den Modellschiffen ist die S.S. *Ancón,* die als erster Dampfer offiziell den Panamakanal durchfuhr. Im Saal darüber sind Münzen und Briefmarken ausgestellt, darunter die Kanalzonenmarken, sowie eine Abschrift der Torrijos-Carter-Ver-

Eingerahmt von zwei Seitentürmen, wendet die barocke Catedral Metropolitana ihre imposante Fassade der Plaza de la Independencia zu.

CATEDRAL METROPOLITANA

Innenraum der Catedral Metropolitana

Panamas Hauptstadtkathedrale, erbaut zwischen 1688 und 1796 mit einer mehrfarbigen Sandsteinfassade, ist ein hervorragendes Beispiel für die religiöse Kolonialarchitektur. Die beiden viereckigen Glockentürme sind mit Perlmuttstücken von den Islas Perlas verziert, und die Glocken wurden im spanischen Toledo gegossen. Der Legende nach soll ein wenig Gold für den Klang der Glocken verantwortlich sein. Die Unabhängigkeitserklärung des Landes wurde im Park vor der Kathedrale unterzeichnet.

Glockenturm

Schiff

Altar

Fassade

Hauptportal

Die glänzende Lobby des Museo del Canal Interoceánico erinnert an seine Vergangenheit als Grand Hotel, das im 19. Jahrhundert Ferdinand de Lesseps beherbergte.

Palacio Presidencial

 58 B1

✉ Ave. Eloy Alfaro, zwischen Calles 6 Este & 7 Este

☎ 227-9740. Fax: 527-9073

🕐 Führungen 3-mal täglich, Di., Do. & Fr. 24 Std. vorher schriftlich vorbestellen. Keine Shorts, Jeans, T-Shirts oder Sandalen.

träge von 1977, mit denen die USA den Kanal an Panama übergaben. Weitere Exponate umfassen präkolumbisches Gold, spanische Rüstungen und Waffen sowie den Tisch, an dem Panamas Unabhängigkeitserklärung unterzeichnet wurde. Die Schilder sind nur in Spanisch, aber es gibt Englisch sprechende Führer. Audio-Führungen werden gegen eine Gebühr angeboten.

IN DER UMGEBUNG

Von der etwas südlich gelegenen früheren **Iglesia y Convento de la Compañia de Jesús** (*Calle 7 Oeste*) stehen heute nur noch die barocke Fassade und Säulen; innen ist sie verfallen. Kirche und Kloster wurden 1749 vom Jesuitenbischof Francisco Javier de Luna gegründet und dienten kurze Zeit als Universität – die Universidad Javeriana –, bevor sie 1781 (der Jesuitenorden war 1767 aus Panama vertrieben worden) niederbrannte.

Das vermutlich älteste Haus in Casco Viejo, die einfache, zweistöckige **Casa Góngora** (*Ave. Central an der Calle 4 Oeste, Tel. 506-5836, Mo. geschlossen*) einen Block östlich der Plaza, wurde 1756 für einen spanischen Perlenhändler gebaut. Es überstand drei Brände und dient heute als Kunsthaus und Konzertraum. Führungen gibt es nur auf Spanisch.

Die offizielle Residenz des panamaischen Präsidenten, der **Palacio Presidencial**, nimmt einen Block nördlich von der Plaza einen ganzen Block ein. Besichtigungen sind nur nach vorheriger Anmeldung möglich. Der Palast wurde 1673 erbaut und 1921 im maurischen Stil restauriert. Die Statuen der Reiher, die sich um den Brunnen des Patio Andaluz gruppieren, gaben ihm den Beinamen Palacio de las Garzas (Palast der Reiher). Highlights sind eine Galerie lebensgroßer Bronzestatuen der Tugenden und die Wandmalereien von Roberto Lewis im Salón Amarillo und Salón Los Tamarindos. Besuchern wird auch der Salón de Gabinete gezeigt, wo die wöchentlichen Kabinettstreffen des Präsidenten stattfinden (der Präsident wohnt hier nicht). ∎

Plaza Bolívar

MIT SAUBER GETRIMMTEN BÄUMEN UND FARBENFROHEN Bauten ist dies die stimmungsvollste Plaza in Casco Viejo. Sie ist belebt von schicken Bars und Cafés und vibriert von Gitarrenmusik in der schwülen Hitze der Nacht. Ihren Namen verdankt sie Simón Bolívar (1783–1830), dem lateinamerikanischen „Befreier", der den Unabhängigkeitskampf gegen Spanien anführte.

Königspalmen beschatten das **Denkmal von Bolívar**, der hier 1826 einen lateinamerikanischen Kongress (den Congreso Anfictiónico) organisierte. Er kam in einer Klosterschule an der Nordostecke des Parks zusammen. Heute beherbergt der **Palacio Bolívar** (alias das Antiguo Instituto Bolívar) das Ministerio de Relaciones Exteriores oder Auswärtige Amt. Der Innenhof – die Plaza de Los Libertadores – hinter der geschnitzten Holztür ist mit den Wappen der Republiken verziert, die am Kongress teilnahmen; an seiner Ostseite blickt eine Bronzebüste von Bolívar auf einen freigelegten Teil des ursprünglichen Klosters hinab. Den Mosaikboden, in den ein Kompass eingelassen ist, schützt ein Glasdach. Der Hof kann während der Geschäftszeiten besichtigt werden, ebenso wie die **Sala Bolívar.** Die Sala Capitular (Konferenzsaal), wo der Kongress tagte, enthält eine Kopie von Bolívars goldenem, mit 1374 Diamanten besetztem Zeremonialschwert; im oberen Stock befinden sich die Originaldokumente des Kongresses.

Die angrenzende romanische **Iglesia y Convento de San Francisco de Asís** (Calle 3 Este an der Ave. B, Tel. 262-1410) stammt von 1761. Das Franziskanerkloster hat einen achteckigen Glockenturm und einen recht nüchternen Innenraum. Im Büro hinter der Kirche kann man sich die Erlaubnis zum Besteigen des Turms holen. Von dort hat man eine herrliche Aussicht über Casco Viejo, einschließlich auch der erst kürzlich restaurierte **Iglesia San Felipe de Neri** (Ave. B Ecke Calle 4). Sie wurden 1688 erbaut und ist damit eines der ältesten Bauwerke in Panama. Ihr Turm ist mit Perlmutt verziert.

An der Südostecke des Platzes befindet sich das 1974 restaurierte **Teatro Nacional**, das 1908 mit einer Aida-Aufführung eingeweiht wurde. Gennaro Nicola Ruggieri entwarf diese Miniatur-Scala in den Tropen im europäischen Stil, die Rokoko-Verzierungen aufweist. Der dreistöckige, halbrunde Theatersaal hat noch die ursprüngliche Bestuhlung mit vergoldeten, roten Samtstühlen. Die Deckengemälde stammen von dem panamaischen Künstler Roberto Lewis und stellen Themen der Landesgeschichte dar. Lewis' Büste steht in der Lobby neben der von Margot Fonteyn, der britischen Ballerina, die lange in Panama lebte und hier auftrat. ∎

Plaza Bolívar

🅰 58 B1

Palacio Bolívar

✉ Antiguo Instituto Bolívar, Plaza Bolívar, Calle 3

🕐 Geschl. Sa & So

Teatro Nacional

www.teatrodepanama.com

✉ Ave. B an der Calle 3 Este

☎ 262-3525

💲 $

Simón Bolívar blickt von seinem Sockel im Parque Bolívar über Casco Viejo.

Ein Rundgang durch Casco Viejo

Dieser Spaziergang führt durch das am vollständigsten erhaltene koloniale Erbe Panamas: eine Schatztruhe voller historischer Bauten, von Festungsresten aus dem frühen 17. Jahrhundert bis zu französischen Wohnhäusern des 19. Jahrhunderts und sogar Jugendstil-Schätzen vom Anfang des 20. Jahrhunderts. Die um vier Hauptplätze liegende Altstadt enthält die schönsten profanen und kirchlichen Bauten der Stadt. Ein wachsendes Interesse verantwortungsbewusster Investoren hat viele Gebäude vor dem Abriss bewahrt und zu schicken Restaurants, Boutiquen und Bars gemacht.

Die leuchtende Pracht eines blühenden Tulpenbaums ziert die Plaza de Francia.

Auf den mit roten Ziegelsteinen gepflasterten Hauptstraßen kann man sich dank der Touristenpolizei und der *asistentes de turismo* (autorisierten Fremdenführer) ziemlich sicher bewegen. Dennoch ist Casco Viejo noch sehr heruntergekommen und für jeden, der die Touristenpfade verlässt, eine Gefahr.

Beginnen Sie den Altstadtbummel an der **Plazuela de Puerta del Mar ❶**, einem kleinen, dreieckigen Platz voller Bougainvillea. Hier ist die schöne sepiafarbene Fassade der **Casa de los Monogramas** zu bewundern. Sie entstand 1743 als Kloster und hat hölzerne Balustraden. Gehen Sie 50 m weiter östlich bis zum Polizeiposten (an der Calle 7 Este). Nach der Kontrolle kommen Sie in die Sicherheitszone des Präsidentenpalastes. Gleich rechts liegt die **Casa García** und dahinter der reich verzierte, weißgetünchte **Palacio Presidencial ❷** (siehe S. 66); auf dem Hof hinter den bewachten Toren schreiten Reiher einher.

Weiter geht es auf der Avenida Eloy Alfaro Richtung Osten zur Calle 3 Oeste. Biegen Sie nach rechts ab und gehen Sie 50 m bis zum Eingang des **Palacio Bolívar** (siehe S. 67). Nach dem Besuch der **Sala Bolívar** verlassen Sie das ehemalige Kloster. Wenn Sie rechtzeitig kommen, können Sie den Turm der **Iglesia de San Francisco** (siehe S. 67) besteigen, um den Blick über die **Plaza Bolívar ❸** (siehe S. 67) zu genießen, wo Treppen zum **Monumento Bolívar** hinaufführen. Das schöne,

Bahía de Panamá

maurisch inspirierte dreistöckige Gebäude an der Nordseite ist ein Apartment-Komplex, in dessen Erdgeschoss sich ein Restaurant befindet.

Überqueren Sie die Südostecke, um das **Teatro Nacional** (siehe S. 67) zu besichtigen, folgen Sie dann die Ave. B bis zur **Plazuela de las Mojas** ❹. Das schön restaurierte, dreistöckige Kolonialgebäude an der Südseite ist das **Privathaus von Rubén Blades**, des berühmten Salsa-Sängers, der Tourismusminister wurde. Fünfzig Meter weiter geht's die Treppen hoch zum **Paseo General Estebán Huerta**, der am Wasser entlang zur **Plaza de Francia** ❺ (siehe S. 61) mit ihren Büsten und Marmortafeln zu Ehren des französischen Kanalbauversuchs führt. Vorbei an **Las Bóvedas** und dem **Instituto Nacional de Cultura** an der Ostseite des Plaza und der **französischen Botschaft** an der Nordseite (siehe S. 61) gehen Sie auf der Calle 2 Oeste bis zur **Plaza Charles V** ❻ mit einer Büste des namengebenden Kaisers des Heiligen Römischen Reiches, Karl V. (1500–1558).

✚ Siehe Karte S. 58–59
➤ Plazuela de Puerta del Mar
⟷ 2,4 km
⏱ 4 Stunden
➤ Casa de la Municipalidad

UNBEDINGT ANSEHEN
- Palacio Presidencial
- Teatro Nacional
- Plaza de Francia
- Museo del Canal Interoceánico
- Catedral Metropolitana

Gehen Sie links auf der Avenida A weiter zur Ruine der **Iglesia de Santo Domingo** (siehe S. 61). Besuchen Sie daneben das **Museo de Arte Religioso Colonial** (*Ave. A an der Calle 3 Este, Tel. 2280 2897, Sa.–So. geschlossen*). Folgen Sie dann die Calle 2 Oeste Richtung Norden bis zur Avenida Central. Dort nehmen Sie ein Frühstück bei **Granclement** (*Tel. 228-0737*) ein, wo es delikates Eis gibt.

**Der Baluarte Mano del Tigre (oben) ist der einzige erhaltene Teil der Stadtmauer.
Ein barocker Altar zieht Touristen in die Iglesia de San José (unten).**

Einen Block weiter kommen Sie zur **Plaza de la Independencia** ⑦ (siehe S. 62–66). Bummeln Sie über den Platz, gehen Sie kurz ins **Museo del Canal Interoceánico** (siehe S. 62–63) und gleich daneben ins **Museo de História de Panamá** (siehe S. 62). Nach der

Besichtigung der **Catedral Metropolitana** (siehe S. 62) an der Westseite der Plaza gehen Sie auf der Calle 7 Oeste einen Block nach Süden und rechts auf die Ave. A. Hier beginnt ein ungemütliches Quartier; lassen Sie sich von einem *asistente de turismo* begleiten.

Nach einem Block erreichen Sie die kleine **Iglesia de San José** (*Avenida A zw. Calle 8 & Calle 9*), die mit ihrem goldenen Altar viele Besucher anlockt. Der Überlieferung nach schmückte der Goldaltar einst die Iglesia de San José in Panamá Viejo. Henry Morgan soll das wertvolle Stück übersehen haben, angeblich, weil der Pfarrer es schwarz übermalt hatte. Von der Kirche laufen Sie einen Block nach Westen zum **Parque Herrera** ⑧, einem vernachlässigten Platz mit einer Bronzestatue von General Tomás Herrera zu Pferde. Weiter geht's 50 m nach Westen zum Wachtturm **Baluarte Mano de Tigre,** dem einzigen Überbleibsel der kolonialen Stadtmauer. Gehen Sie zum Park zurück und auf der Calle 9 Oeste einen Block nach Norden zur **Iglesia de la Merced** mit schöner Barockfassade. Der neoklassizistische Bau schräg gegenüber, an der Westseite der Calle 10 Este, ist die **Casa de la Municipalidad** ⑨, Sitz des Bürgermeisters und Ende des Rundgangs. ■

Parque Natural Metropolitano

DIESER PARK IST DAS EINZIGE RICHTIGE NATURRESERVAT IM tropischen Amerika, das innerhalb von Stadtgrenzen liegt. Er wimmelt von Tieren und verfügt über die letzten Spuren von echtem pazifischen Trockenwald in Mittelamerika. Stadtbewohner nutzen ihn zur Erholung und fahren hier sogar Mountainbike.

**Parque Natural
Metropolitano**
www.parquemetropolitano.org

🗺 58 C3
✉ Ave. Juan Pablo II
☎ 232-5552
🕐 Besucherzentrum So.
  geschl. Geführte Touren
  nach Voranmeldung.
💲 $

Der 1985 eingerichtete, 265 ha große städtische Naturpark liegt nur etwa zehn Autominuten nördlich des Stadtzentrums und ist über den am Ostrand des Parks verlaufenden Corredor Norte erreichbar. An den Hügeln der nördlichen Stadtgrenze bildet dieser seltene Rest eines pazifischen Trockenwalds eine biologische Brücke zu den Nationalparks Die Wälder entfalten in der Trockenzeit eine reiche Farbenpracht, wenn viele der Bäume ihre Blätter abwerfen und die Tiere leichter zu beobachten sind.

Über 250 Vogelarten bewohnen den Wald, darunter Blauscheitelmotmots, Fischertukane, Oropendolas, Lanzettschwanzpipras, Baltimore-Pirole und Schnäpperrohrsänger. Leguane und Abgottschlangen gehören zu den 36 Reptilarten. Schildkröten paddeln im Río Curundu, wo Kaimane nach Fischen jagen. Faultiere hängen an Ästen, Springaffen tollen in den Baumkronen, und Nasenbären und Weißwedelhirsche sind manchmal am Boden zu sichten. Für einen Besuch empfiehlt sich der frühe Morgen.

Starten Sie am **Besucherzentrum** *(Tel. 232-5516)* am Parkeingang in der Nähe der Kreuzung von Camino de la Amistad und Avenida Juan Pablo II. Hier gibt's Karten und Schautafeln über die lokale Flora und Fauna. Orchideenblüten duften im Orchideengarten. Gut beschilderte Pfade beginnen hier und winden sich durch den Park; aus Sicherheitsgründen sollte

Der Parque Natural Metropolitano, von dem aus man in der Ferne das Zentrum von Panama-Stadt sieht, ist ein tropischer Regenwald in einem großstädtischen Betondschungel.

man nicht allein loswandern. Der 0,6 km lange **Sendero La Momótides** ist flach und eignet sich zur kurzen Einführung; oft sieht man hier Blauscheitelmotmots. Der Waldlehrpfad **Sendero La Cienaguita** ist am besten für die Beobachtung der Tiere (kaufen Sie sich eine englischsprachige Broschüre im Besucherzentrum, bevor es losgeht) und bildet eine Schlaufe mit dem **Camino del Mono Tití,** der durch den Wald bergauf zum **Cerro Cedro** *mirador* (Aussichtspunkt) führt. In 150 m Höhe blickt man von hier aus über die Stadt und die Miraflores-Schleusen.

Das Smithsonian Tropical Research Institute *(Tel. 212-8000, www.stri.org)* hat einen Kran, der 42 m hoch in das Blätterdach ragt und für Forschungszwecke in den Baumkronen verwendet wird. Auf Anfrage wird er manchmal für Besucher geöffnet. ■

Calidonia & La Exposición

IN DEN ZWILLINGSDISTRIKTEN, DIE VON DEN BEIDEN Hauptverkehrsadern der Stadt – Avenida Balboa und Vía España – flankiert und zwischen Casco Viejo und dem Parque Natural Metropolitano eingezwängt sind, liegen die meisten Museen sowie viele der Budget- und Mittelklassehotels der Stadt.

AVENIDA CENTRAL

Ein Bummel auf der breiten Straße, die Casco Viejo mit Calidonia verbindet, führt Sie mitten ins geschäftige Treiben der Stadt. Als Startpunkt eignet sich die **Plaza Santa Ana**, wo das **Café Coca Cola** (*Tel. 228-7687*) – angeblich das älteste Kaffeehaus im Lande und eine lokale Institution – gut für einen stärkenden Espresso und einen Vorgeschmack auf die Atmosphäre ist.

Die nördlich der Plaza gelegene Avenida Central ist mit Ziegeln gepflastert und Fußgängerzone. Auf dem Boulevard, gesäumt von Billighotels und Discountläden, sehen Sie Kuna-Frauen in farbenprächtigen Trachten, Straßenhändler, die *guarapa* (Zuckerrohrsaft) in traditionellen Pressen ausdrücken, und nach neuester Mode gekleidete Jugendliche, die zu Salsa-Melodien tanzen, mit denen eigentlich Kunden in die meist Hindus gehörenden Läden gelockt werden sollen.

Bleiben Sie auf dem Fußgänger-Boulevard. Santa Ana und der Distrikt Salsipuedes östlich der Plaza Santa Ana sind Elendsviertel. Hier ist Vorsicht geboten, vor allem nachts. Zu Salsipuedes gehört das **Barrio Chino**, eine kleine „Chinatown" an der Calle 15 Este. Der **chinesische Bogen** mit roten Drachen und gelben Laternen war ein Geschenk, das der taiwanesische Präsident Lee Teng-hui der Stadt nach seinem Besuch 2003 schenkte.

PLAZA CINCO DE MAYO

Die Fußgängerzone führt nach Norden zur dreieckigen Plaza Cinco de

Mayo, in deren Mitte ein kleiner Brunnen steht, der auch als **Monumento a los Caídos** (Gefallenendenkmal) oder Feuerwehrdenkmal gilt. Das Denkmal erinnert an sechs Feuerwehrleute, die am 5. Mai 1914 umkamen, als das Feuer, das sie bekämpften, eine benachbarte Feuerwerksfabrik in Brand setzte. An jedem 27. November finden auf der Plaza Fackelumzüge des Cuerpo de

Bomberos statt. Die Feuerwehrleute legen ihre Paradeuniformen an – Blau für die Offiziere, Feuerwehrrot für die niederen Ränge – und marschieren zu Ehren der Feuerwehrgründung 1885 durch die Stadt.

An der Ostseite der Plaza liegt der einstige Bahnhof der Pacific

wie die Schulen für Tanz und Theater (Escuela Nacional de Danza and Escuela Nacional de Teatro) des **Instituto Nacional de las Artes** beherbergen. Hinter dem Gebäude lohnt der **Freiluftmarkt für Kunsthandwerk** *(Ave. 4 Sur Ecke Calle 23 Este)* eine Stippvisite. Einen

Railroad, ein auffallendes, 1912 errichtetes neoklassizistisches Bauwerk mit einer von dorischen Säulen beherrschten Fassade. Es wurde 2000 als Anthropologisches Museum wiedereröffnet, musste jedoch schon 2005 wegen Baufälligkeit geschlossen werden. Nach der Renovierung soll es 2008 erneut eröffnet werden und die Escuela Nacional de Artes Plásticas (Schule für Bildende Kunst) so-

Block weiter nördlich steht auf einem dreieckigen Platz – ein Zwilling der Plaza Cinco de Mayo – eine meist mit Blumen bekränzte **Statue von Mahatma Gandhi**, die von der großen Hindubevölkerung der Stadt aufgestellt wurde.

Das **Museo Afroantillano de Panamá** (Westindisches Museum von Panama) erinnert an den Beitrag, den afro-antillanische Arbeiter

Ein poppig bemalter *diablo rojo* (roter Teufel)-Bus schlängelt sich durch die verstopften Straßen von Calidonia.

Museo de Ciencias Naturales

[A] 58 B2

[✉] Ave. Cuba, 29 E & 30 E

[☎] 501-4125

[🕐] Geschl. Sa. & So.

[$] $

beim Eisenbahn- und Kanalbau leisteten. Das Museum, untergebracht in einem zweistöckigen Holzbau, der einmal eine christliche Missionskirche war, zeigt Fotos, Möbelstücke und persönliche Habe. Die Exponate illustrieren die Mühsal und Kraft der mindestens 20000 schlecht behandelten Einwanderer von den Karibikinseln (in erster Linie Barbadier), die in den Dschungeln Panamas schufteten.

IN DER NÄHE DES PARQUE LEGISLATIVO

Die Asamblea Legislativa (Gesetzgebende Versammlung) erfüllt ihre Pflichten im **Palacio Legislativo** (*Tel. 512-8300*) nordwestlich der Plaza Cinco de Mayo. Das Gebäude steht im nach gründlicher Reinigung wieder ansehnlichen **Parque Legislativo**. Diesen erhöhten Platz überragt ein schwarzes Granitdenkmal, das **Friso Alegórico a la Justicia** (Allegorisches Fries der Gerechtigkeit) des peruanischen Bildhauers Joaquín Roca Rey (1923 –). Es erinnert an den ermordeten Präsidenten José Antonio Remón Cantera (1908 – 1955); auf dem Sockel stehen seine Worte: „Weder Almosen noch Millionen, wir wollen Gerechtigkeit."

An der Nordseite der Avenida de los Mártires steht das **Monumento a los Patriotas** (Denkmal der Patrioten). Im Gedenken an die Nationalisten, die beim „Fahnenstreit" im Januar 1964 umkamen, zeigt es drei Menschen, die einen Fahnenmast erklimmen.

Knapp 100 m nördlich befindet sich das **Earl S. Tupper Research & Conference Center** (*Tupper Building, 401 Roosevelt Ave., Tel. 212-8076*) des angesehenen Smithsonian Tropical Research Institute. Der hervorragende Buchladen wartet hier auf Kundschaft, und die wissenschaftliche Bibliothek ist für die Öffentlichkeit zugänglich.

PLAZA VICTOR JULIO GUTIÉRREZ

Das gitterartig angelegte Viertel La Exposición erstreckt sich nordöstlich von Calidonia und besitzt drei kleine Parks. Die überdachte **Plaza Víctor Julio Gutiérrez** (*Aves. Perú/Cuba Ecke Calles 31 Este/32 Este*) ist im ganzen Land bekannt, denn sie bildet die Kulisse für die Ziehung der Nationallotterie, die zweimal wöchentlich im **Edificio de la Lotería** (*Ave. Cuba & Calles 31/32*), dem Lotteriegebäude, an der Ostseite des betonierten Platzes stattfindet. Jede Ziehung ist eine Fiesta (siehe Randspalte S. 76).

Einen Häuserblock westlich von der Plaza liegt das **Museo de Ciencias Naturales** (Naturkundemuseum). Vier Räume sind hier der Entomologie und der Meeresbiologie, der Geologie und der Paläontologie, Wirbeltieren und ausländischer Fauna gewidmet. Das Museum gibt einen bescheidenen Überblick über die panamaischen Tiere: Jaguare, Brüll- und Klammeraffen, Harpyien, Quetzals und andere, alle für die Nachwelt präpariert. Auch Tiere von außerhalb Nord- und Südamerikas sind dabei, z. B. Antilopen, Löwen, Tiger und sogar ein Nashorn.

An der Nordseite des Platzes fällt ein prächtiger, neoklassizistischen Bau mit vier korinthischen Säulen (ca. 1924), auf. Er beherbergt das **Archivos Nacionales** (*Ave. Perú Ecke Calles 31/32, Tel. 501-6151*).

PARQUE BELISARIO PORRAS

In diesem Park (*Calles 33 Este/34 Este Ecke Aves. Peru/Cuba*), um den herum spanisch-koloniale Bauten stehen, spielt sich alljährlich das wichtigste Ereignis der Stadt ab: der Karneval! Durch seine Mitte kommen die *comparsas* (Umzüge), in denen Mädchen in *polleras* und, am letzten Tag, in heißen G-Strings und knalli-

gem Federschmuck marschieren. Den Park ziert das **Monumento Belisario Porras** des spanischen Bildhauers Víctor Macho (1887–1966), das an Belisario Porras (1856–1942) erinnert, der dreimal Präsident war und ein Gründervater der Nation war. Auch die kubanischen Nationalisten José Martí und Antonio Maceo werden geehrt. Einen Block nordwestlich steht die **Iglesia de Don Bosco** (*Ave. Central Ecke Calle 34*), die um 1950 mit einem minarettartigen Turm gebaut wurde.

Einen Block östlich des Parks liegt der grüne **Parque Perú**. In ihm erinnert eine Büste an Francisco Arias Paredes (1886–1946), einen radikalen Politiker, der 1931 den Coup anführte, durch den der korrupte, von den USA gestützte Präsident Florencio Arosemena gestürzt wurde. Numismatiker und Philatelisten sollten die nahe **Casa Museo Banco Nacional** in einer hübschen, aus dem Jahr 1925 stammenden Villa aufsuchen. Das mit einer Marmortreppe, schmiedeeisernen Geländer und glänzenden Fliesen ausgestattete Museum birgt eine Sammlung mit Münzen und Briefmarken, die bis zu den Konquistadoren zurückreichen.

AVENIDA BALBOA

Der breite, entlang der Bucht verlaufende Boulevard verbindet Casco Viejo mit dem feudalen Distrikt Punta Paitilla. Die gepflegte Promenade oder *malecón* ist trotz des Lärms der Busse und des Abwassergeruchs ein angenehmer Ort zum Flanieren. Wegen des rasenden Verkehrs Vorsicht beim Überqueren des Boulevards! Die Strandmauer ist mit Mosaiken geschmückt, die Meeresmotive zeigen.

Auf halber Höhe der Avenida steht in einem Park das marmorne **Monumento Balboa** (*zwischen Calles 35/36*). In einer Hand das Schwert, in der anderen die Fahne Spaniens, blickt der überlebensgroße Konquistador Vasco Núñez de Balboa stolz auf den Ozean hinaus, den er 1513 „entdeckte".

Bunt bemalte Fischerboote entladen ihren Fang an den Kaianlagen am Südende von Balboa. Die Fische werden anschließend auf dem **Mercado del Marisco** (*Calle 23 Este*) verkauft. ∎

Vom Marmorsockel des Monumento Balboa richtet Vasco Núñez de Balboa voller Stolz den Blick auf den Ozean, den er für Spanien entdeckte.

Casa Museo Banco Nacional
✉ Ave. Cuba Ecke Calle 34 Este
☎ 507-1276
🕐 Geschl. Sa. & So.

La Lotería

An jeder Straßenecke stehen in Panama einer oder mehrere Verkäufer von Lotterielosen; rund 10 000 solcher Verkäufer sind im ganzen Land lizensiert. Panamaer wetten leidenschaftlich gern, ob sie nun auf Pferde auf der Präsident-Remón-Rennbahn oder auf den Präsidentschaftskandidaten setzen. Aber vor allem die Nationallotterie hält das ganze Land in Atem, und aller Augen richten sich alle zwei Wochen auf die Ziehung.

Jeden Mittwoch- und Sonntagnachmittag ziehen die Massen in den Parque Víctor Julio Gutiérrez – Hauptsitz von La Lotería Nacional de Beneficia *(Tel. 507-6800, www.loteria nacional.com.pa)* – zur fiestaähnlichen Ziehung, die live von Radio und TV übertragen wird. Jede der mehrere Stunden dauernden Ziehungen wird mit Musik und Volkstänzen mit Schönheitsköniginnen in *polleras* gefeiert. Würdenträger treffen ein, mit ihnen drei festlich gekleidete Kinder, die ausgewählt wurden, die vier Gewinnzahlen zu ziehen. Wie seit der Gründung der Lotterie 1919 üblich, wird eine kugelförmige Trommel als Behälter verwendet (als die antiquierte Trommel durch ein elektronisches System ersetzt wurde, protestierte das Publikum, und das alte System wurde wieder eingeführt). Lotteriekugeln, von denen jede eine Zahl enthält, werden in die Trommel gelegt. Nach endlosen Umdrehungen mit der Kurbel hält sie an, und eines der Kinder tritt aufgeregt nach vorn, um eine Kugel auszuwählen.

Dann wird die Kugel feierlich geöffnet und die Zahl herausgeholt.

Dieser Vorgang wird viermal wiederholt, um die Gewinnkombinationen für einen ersten Gewinn von 2000 $ in der regulären Lotterie zu ermitteln. Zweimal vier Zahlen werden für den zweiten (600 $) und dritten (300 $) Gewinn gezogen. Lose kosten nur 25 Cents für Lose mit zwei Zahlen, die kleinere Gewinne auszahlen, wenn die Zahlen den letzten zwei Nummern der Gewinnkombi-nation entsprechen. Am letzten Freitag eines Monats warten Panamaer atemlos auf eine Sonderziehung, *Gordito del Zodiaco* (Kleiner Dicker des Tierkreises), vermutlich benannt nach den Sternen, die für den Gewinner des Großen Preises von 600 000 $ gerade günstig stehen. ∎

Die zweiwöchentliche Ziehung für die Nationallotterie versetzt das ganze Land in Spannung (oben links). Losverkäufer für die Lotterie machen vor einem Supermarkt an der Vía España ein gutes Geschäft (unten).

El Cangrejo & Bella Vista

EIN WALD SPIEGELNDER WOLKENKRATZER RAGT AUS DER vornehmen Wohngegend im pulsierenden, trendbewussten, kommerziellen Herzen der modernen Stadt. El Cangrejo ist für seine Casinos, Bella Vista für seine edlen Restaurants und eine brodelnd heißen Nachtszene bekannt. Die Banken von Marbella glitzern golden im Licht der Abendsonne neben den feinen Apartmenthäusern der Wohnviertel von Punta Pacifica und der Halbinsel Punta Paitilla.

**Santuario
Nacional del
Corazón de María**
www.santuarionacional.net
🗺 59 D2
✉ Calle 53 Este &
  Aves. 2a Sur/3a Sur
☎ 263-9833

Sehenswürdigkeiten gibt es hier kaum. Eine Ausnahme bildet der **Parque Urracá** (*Ave. Balboa Ecke Calle 45 Este*) in Bella Vista. Er liegt im Schatten von Bäumen, die jedes Frühjahr impressionistisch blühen. Im Park starten die jährliche Weihnachtsparade und der Fackelumzug, der an jedem 2. November stattfindet, wenn Feuerwehrleute die erste Fahne der Republik zur Plaza de la Independencia tragen. Die Avenida Federico Boyd führt vom Park nach Norden zur verkehrsreichen Vía España. An der Kreuzung steht die **Iglesia del Carmen** (*Vía España Ecke Ave. Manuel E. Bautista*) mit weißgrüner neugotischer Fassade. Der doppeltürmige Bau von 1947 enthält einen byzantinischen Altar und schöne Wandgemälde.

Die **Universidad de Panamá** (*Ave. Manuel E. Bautista, Tel. 523-5000*), die Landesuniversität, liegt einen Block nördlich in El Cangrejo. Zum Campus gehört das **Instituto Geográfico Nacional Tommy Guardia** (*Calle 57 Oeste Ecke Ave. 6a Norte, Tel. 507-9684*), die stadtweit beste Quelle für Karten von Panama.

Das **Santuario Nacional del Corazón de María**, auch in El Cangrejo, sieht zwar antiquiert aus, wurde aber erst am 22. August 1949 eingeweiht. Die Fassade – teils romanisch, teils spanisch-kolonial – passt nicht ins moderne Stadtbild. Innen ist schönes Buntglas, und ein

Seiteneingang führt in einen Hof mit Brunnen und Pfauen.

Das exklusivste Viertel der Stadt, **Punta Paitilla**, am Ostende der Avenida Balboa in Marbella ist ein wahres Manhattan in den Tropen. Die Wohnhochhäuser aus Glas und Marmor reflektieren den Wohlstand ihrer Bewohner. In ihrem Schatten liegt die **Botschaft des Vatikans** (*Ave. Balboa, Ecke Ave. de Italia*), wo General Manuel Noriega Asyl suchte. ∎

Ein Engel begrüßt Besucher vor dem Sanctuario Nacional del Corazón de María in Bella Vista.

Der Schneider von Panama

Ein edler Anzug spricht in Panama Bände, und wenn es um feine Garderobe für die Elite des Landes geht, wählt man generell eine Boutique im Savile-Row-Stil, wie sie in John Le Carrés Thriller *Der Schneider von Panama* beschrieben ist.

„La Fortuna, since 1925" ist in eleganten Buchstaben auf dem *rótulo* (Ladenschild) am Orión-Handelshaus an der Vía España, 10 m östlich der Vía Argentina zu lesen. Die in Le Carrés spannendem Spionagethriller vage als Pendel & Braithwaite Limitada beschriebene Firma *(Tel. 263-6434, So. geschlossen)* ist für Panameños, die etwas auf sich halten, der wahre „Schneider von Panama".

In Le Carrés Roman gehen alle wichtigen Männer Mittelamerikas durch Harry Pendels Türen. Er kleidet jeden, von Drogenbossen und Spionen bis hin zum panamaischen Präsidenten. In seinem Anproberaum ist mehr Vertrauliches zu hören als in der Beichte. Le Carrés Roman über einen Schneider, der von einem britischen Geheimdienstler als Spion eingesetzt wird, ist zwar erfunden, es liegt aber mehr als ein Körnchen Wahrheit darin, dass ein panamaischer Schneider in jedermanns Geheimnisse eingeweiht ist. La Fortuna ist seit Langem der Herrenausstatter für Präsidenten, Botschafter, Generäle und Parlamentsmitglieder. Omar Torrijos, der verstorbene Diktator und Präsident, scherzte einmal, dass der Besitzer von La Fortuna, José Abadi, der einzige Mann sei, vor dem er je die Hosen runterlassen würde. José fertigte sogar Anzüge für Schauspieler wie Pierce Brosnan und Geoffrey Rush, als sie 2000 nach Panama kamen, um die Filmversion von Carrés Roman zu drehen.

José Abadi hat sich fast ganz aus dem 1925 von seinem Vater gegründeten Unternehmen zurückgezogen und bedient nur

noch eine ausgesuchte Kundschaft. Heute leitet sein Sohn Adán Abadi ein Team von 17 Schneidern. Abadi senior lässt sich immer noch häufig im Geschäft blicken, regt sich über den Schnitt eines Anzugs auf und unterhält Sie gern mit Geschichten über den jetzigen panamaischen Präsidenten, Martín Torrijos Espino (den José erstmals für einen Anzug vermaß, als Torrijos noch ein Kind war), und die Schauspieler Rush, Brosnan und Jamie Lee Curtis.

An den Wänden des Ladens stehen Regale mit akkurat gestapelten Chiffonhemden und tintenblauen Anzügen aus Seidenkaschmir. Ein handgenähtes Hemd kann in nur zwei Tagen gefertigt werden. Für einen

Stoffe warten auf die Verarbeitung zu Maßanzügen in La Fortuna (oben links), wo Schneidermeister unter den wachsamen Augen von José Abadi und seinem Sohn Adán arbeiten (oben).

Maßanzug werden mindestens zehn Tage und zwei Anproben gebraucht. Die Abadis können auch nach Fotos arbeiten – ob für einen Wissenschaftler, einen Wirtschaftsboss oder sonst ein hohes Tier. Ein Fischgrät-Zweireiher oder ein perfekt sitzender einfarbiger Anzug aus Stoffen von Armani, Ferré oder Versace ist für 500 $ zu haben, dazu ein eingenähtes Etikett, dass der Anzug für Sie maßgeschneidert ist. ■

Calzada de Amador

Ein Schlepper ver-
ursacht eine Heck-
welle in der Ein-
fahrt zum Panama-
kanal, die einge-
rahmt ist von der
Calzada de Ama-
dor und den Hoch-
häusern von Punta
Paitilla dahinter.

Amador-Damm

🅰 58 A1

DER KÜNSTLICH ANGELEGTE DAMM, DIE CALZADA DE Amador, ist mit atemberaubendem Blick auf Panama-Stadt auf der einen Seite und die Puente de Las Americas und den Kanalverkehr auf der anderen ein beliebtes Erholungsgebiet. In den letzten Jahren ist der Damm zum trendigen Treffpunkt für die hippe Jugend und, nach größeren Investitionen, zu einer Attraktion für Touristen geworden.

Um die palmengesäumte *calzada* (Damm) verläuft ein Freizeitpfad, der bei Liebespaaren, Joggern, Radfahrern und Hundebesitzern aus der Stadt beliebt ist. Fahrräder und Inlineskates kann man bei **Bicicletas Ralí** *(Tel. 220-3844)* mieten. Spaziergänge auf der *calzada* sind vor allem in der Morgen- und Abenddämmerung schön. Der bei Einheimischen beliebte Strand der **Isla Naos** ist wegen der durch Wasser aus der Bucht verursachten gesundhitlichen Risiken nicht zu empfehlen.

Der Damm, der Balboa mit den Inseln Naos, Culebra, Perico und Flamenco verbindet, wurde aus Gestein errichtet, das beim Kanalbau anfiel. Er erstreckt sich über 4,5 km durch Gezeitenwatt und soll schlammführende Strömungen blockieren, die den südlichen Eingang zum Kanal verstopfen könnten. Nach seiner Fertigstellung 1913 wurde der gesamte Damm zu einem gewaltigen US-Militärkomplex – Fort Grant (später Fort Amador) –, der die Zufahrten bewachen sollte.

Im Zweiten Weltkrieg war die **Isla Flamenco** ein bombensicheres strategisches Befehlszentrum. Heute befindet sich hier die **Fuerte Amador Resort & Marina** *(Tel. 314-0932, www.fuerteamador.com)* mit einem Kreuzfahrtterminal, einer Shopping-Mall und einer Marina voller schnittiger Yachten. Boote aller Art kann man beim **Flamenco Yacht Club** *(Tel. 314-0665)* chartern. Abends sorgt in den rund zwei Dutzend Restaurants, Bars und Nachtclubs auf Fuerte Amador Musik im South-Beach-Stil für Stimmung.

Im nahen **Panamá Canal Village** *(tel 314-1414, www. panamacanalvillage.com)* steht das im neukolonialen Baustil errichtete **Figali Convention Center,** das gerade rechtzeitig zur Wahl der Miss Universum 2003 öffnete. Hier finden viele der größten Konzerte, von Klassik bis Rock, statt. In der Nähe steht im **Parque Torrijos-Carter** das Monumento Histórico Mausoleo del General Omar Torrijos Herrera, unter dem der frühere Diktator und Präsident ruht.

CENTRO DE EXHIBICIONES MARINAS

Haie, Schildkröten und Krebse! Das Smithsonian Tropical Research Institute hat ein Marinelaboratorium in früheren Militärbunkern auf der felsigen Punta Culebra. Besucher sind im Marinemuseum willkommen, einem Freiluftmuseum mit sechs Aquarien, die der küstennahen Meereswelt gewidmet sind. Ein Aquarium enthält Arten aus dem Pazifik, ein anderes karibische Arten. Kinder mögen vor allem die Haie und Schildkröten und den Teich, wo sie Seesterne und andere Meerestiere berühren können.

Zwei Pfade schlängeln sich durch ein seltenes Stück pazifischen Trockenwalds der Tropen, einem mittelamerikanischen Ökosystem, das es heute fast nicht mehr gibt. Faultiere sind hier zu sehen, die gemächlich fressen oder dösen, Leguane kommen massenhaft vor, und der Wald ist ein Refugium für Gürteltiere und Vögel aller Art: Kormorane, Fregattvögel, Braun-tölpel und sogar die seltenen Blau-fußtölpel. Ein geschützter Strand ist von Mangrovenwald gerahmt.

Wellen krachen gegen die Spitze der Halbinsel, und von ihnen werden Krebse vor- und zurückgetrieben. Auf einer Plattform stehen hier ein Teleskop und Tafeln mit Längsschnitten von Schiffen, mit deren Hilfe Besucher viele der auf die Durchfahrt wartenden Schiffe identifizieren können. ∎

Museum der Biodiversität

Panama: Das Bridge of Life Museum of Biodiversity (Tel. 314-1395, www.biomuseopanama. org) soll in den nächsten Jahren vom Smithsonian Tropical Research Institute, von der Universität von Panama und der Interoceanic Regional Authority eröffnet werden. Das Museum, entworfen von Frank Gehry (1929–), dem Architekten des futuristischen Guggenheim-Museums in Bilbao, gilt schon jetzt als künftiges Wahrzeichen Panamas, wie es das Opera House für Sydney ist. Das umstrittene Bauwerk, das am Eingang zum Damm stehen wird, soll wie Quarzkristalle facettiert sein und ein Dach mit einer sich verbiegenden Silhouette haben, das die Kräfte der Natur symbolisieren soll. Seine acht Säle werden Multimedia-Ausstellungen über Panamas erstaunlich große, von seinen Ozeanen bis zu den Nebelwäldern reichende Biodiversität zeigen. ∎

Das exklusive Fuerte Amador Resort & Marina mit seinen vielen schicken Restaurants bietet eine herrliche Aussicht über die Bucht bis nach Panama-Stadt.

Centro de Exhibiciones Marinas

www.stri.org

✉ Calzada de Amador

☎ 212-8820

🕐 Geschl. Mo.

$ $

Balboa & Ancón

In einer heroischen Geschichte erzählt das Rundbild im Gebäude der Panamakanal-Kommission die monumentale Leistung des Kanalbaus.

UM DEN CERRO ANCON, DEN HÖCHSTEN PUNKT DER STADT, breiten sich drei aneinandergrenzende Gemeinden aus, die ein Jahrhundert zuvor als „Hauptstadt" der ehemaligen Kanalzone und des US-Militärkommandos entstanden. Stattliche Königspalmen ragen hier wie silberne korinthische Säulen empor; Mangobäume und Jacarandas mit weit ausladenden Kronen werfen kühle Schatten auf Straßen, an denen grandiose bis kuriose Häuser stehen.

Balboa & Ancón
[M] 58 AI & BI

Gebäude der Panamakanal-Kommission
www.pancanal.com
[M] 58 AI
[✉] 101 Heights Rd., Balboa
[☎] 272-1111
[🕐] Geschl. Sa & So

Museum für Gegenwartskunst
www.macpanama.org
[M] 58 B2
[✉] San Blas Place, Ancón
[☎] 262-6282
[🕐] Geschl. Mo
[$] $

BALBOA

An den Hängen östlich der pazifischen Kanaleinfahrt befindet sich im zwischen Cerro Ancón und dem Ostrand von **Cerro Sosa** gelegenen Balboa noch heute der Verwaltungssitz für den Panamakanal. Die Stadt wurde nach Vasco Núñez de Balboa, der als erster Spanier den Pazifik erblickte, benannt.

Das monumentale E-förmige **Gebäude der Panamakanal-Kommission** am Cerro Ancón wurde am 15. Juli 1914 auf einer Anhöhe über Balboa eingeweiht. Besucher haben rund um die Uhr Gelegenheit, die Rotunde mit ihren Marmorsäulen (die acht Säulen wurden versehentlich verkehrt herum aufgestellt) und Nischen mit Büsten von Ferdinand de Lesseps,

Theodore Roosevelt und Kaiser Karl V. zu besichtigen. Der Blick wird auf die Kuppel mit dem Panamakanal-Rundbild gelenkt. Durch die feinen Details und die perspektivische Wirkung hat der New Yorker Künstler William B. Van Ingen (1858–1955) die gewaltige Leistung in vier Hauptszenen – Gaillard-Durchstich, Bau des Gatún-Damms, Bau einer Schleusenkammer und Miraflores-Schleusen – eindrucksvoll wiedergegeben. Die Treppe aus Mahagoni und Tennessee-Marmor führt hinauf zu einer Galerie mit Gemälden des US-Künstlers Al Sprague, die den Kanal zum Thema haben, und darüber Reliefkarten vom Kanalgebiet.

Hinter dem Gebäude (Richtung Westen) führen 110 Stufen hinunter zum **El Prado**, einem palmen-gesäumten Boulevard mit einem Mittelstreifen, der nach den exakten Maßen einer Schleusenkammer (34 m breit und 305 m lang) angelegt ist. Hier finden in der Trockenzeit jeden Dienstag- und Donnerstagabend Konzerte statt. Am Fuß der Stufen steht das marmorne **Goethals-Denkmal**, errichtet zu Ehren von George W. Goethals, Kanal-Chefingenieur von 1907 bis 1914. Knapp 100 m westlich davon steht auf der anderen Seite der Avenida Roosevelt ein 86 t schwerer **Bucyrus-Dampfbagger** (einer von Dutzenden, die beim Kanalbau zum Einsatz kamen).

Zwischen Denkmal und Bagger steht die frühere Hochschule von Balboa, heute das **Centro de Capacitación Ascanio Arosemena** *(Edificio 704, Tel. 272-8182, Sa. & So. geschlossen)*, wo Beschäftigte der Kanalverwaltung ausgebildet werden. In der überdachten Eingangshalle befindet sich das **Monumento a los Mártires**, das den 21 Panamaern gewidmet ist, die beim „Fahnenstreit" am 9. Januar 1964, auch „Tag der Märtyrer" genannt, umkamen. Die Namen der Toten sind in 21 schlanke Säulen graviert, die an der Stelle stehen, wo der Fahnenmast – längst dahin – stand, der zu dem blutigen Aufstand führte. Im Gebäude dokumentiert eine Ausstellung den Kanalbau auf zwei Stockwerken.

Auf halber Höhe des El Prado (früher Avenida 9 de enero) gibt's im **Centro de Información Propuesta Tercer Juego de Esclusas** *(Edificio 714, Tel. 272-2278, Sa. & So. geschlossen)* Ausstellungen und audiovisuelle Präsentationen zur geplanten Verbreiterung, damit auch Megaschiffe den Kanal durchfahren können. Am Südende von El Prado stößt man auf den kleinen runden **Stevens-Platz** mit einem Denkmal von John Stevens

(Chefingenieur von 1905–1907). Zur Linken befinden sich das einstöckige **Postamt von Balboa** und das **Teatro Balboa** *(Tel. 228-0327)*, ein Art-déco-Juwel, das 1946 als Electric-Theater-Kino gebaut wurde und noch heute als Konzertsaal dient. Das Foyer ist üppig mit Mosaiken dekoriert. In **Niko's Café** *(Tel. 228-8888)* in einer früheren Bowlingbahn an der Nordostseite des Stevens-Platzes hängen Schwarzweißfotos aus dem alten Panama an den Wänden.

Die Avenida Arnulfo Arias Madrid (früher Balboa Road) verläuft in Richtung Osten an der ökumenischen **Union Church** *(Tel. 314-1004)* vorbei, einer 1917 im gotischen Stil errichteten Kirche. Gleich dahinter kommt man zum **Monumento a la Democracia**. Die vom kolumbianischen Künstler Hector Lombana (1930–) geschaffene Skulptur wurde 2002 geweiht und ehrt den dreimaligen panamaischen Präsidenten Arnulfo Arias Madrid (1901–1988), der auf einer Bronzespitze steht und dem zu seiner Begrüßung herbeigeeilten panamaischen Volk zuwinkt.

An der Nordseite des Denkmals steht im Konferenzsaal des **Sitzes der Panama-Kanallotsen** *(Tel. 228-4868)* ein 3 m langes maßstabsgetreues Modell der Viermastbark M/V *John Constantine*. Am Empfang lässt man Sie vielleicht hinein. Im Osten liegt gegenüber vom Denkmal das **Centro Artesanal** mit Kunsthandwerksläden.

QUARRY HEIGHTS

Das nordöstlich von Balboa gelegene Quarry Heights war von 1916 bis 1999 das Hauptquartier des Kommandos Süd der US-amerikanischen Streitkräfte. Die architektonisch interessanten Wohnhäuser in diesem baumreichen Viertel (heute wieder Altos de Ancón genannt) wurden auf zwei aus dem Cerro

Ancón geschlagenen Terrassen gebaut und meist von Offizieren und von Ärzten des Gorgas-Hospitals bewohnt. Die Schönheit der malerischen Straßen mit ihren Mahagonibäumen, Bambus und Palmen erinnert an die Tage, als die Atmosphäre in der Kanal-Zone die eines wohlhabenden Clubs war.

Das zweistöckige **Verwalterhaus** *(107 Heights Rd.)* an der Kreuzung Heights Road und Quarry Road war während der Bauzeit der palastartige Wohnsitz des Chefingenieurs und danach bis 1977 des kommandierenden US-Generals. Ursprünglich stand es am Culebra-Bergrücken, damit der Verwalter die Ausgrabungsarbeiten im Blick behalten konnte; 1914 wurde das Haus auf einen Zug geladen und an der jetzigen Stelle aufgebaut. Heute dient es als Gästehaus für ausländische Würdenträger.

Die Quarry Road führt zum fast 200 m hohen **Cerro Ancón**. Einst standen hier Kanonen, heute weht an einem Mast eine riesige panamaische Flagge. Die panamaische Dichterin Amelia Denis de Icaza (1836–1911) sitzt als Bronzebildnis unter der Flagge und schaut auf die Stadt hinab. Der waldige Hügel ist heute ein Naturreservat, in dem Affen, Agutis und Faultiere beheimatet sind. Bis zum Gipfel geht man 20 Minuten auf der Asphaltstraße, die sich vom Hauptsitz der **Asociación Nacional para la Conservación de la Naturaleza** (ANCON, *Bldg. 153, Calle Amelia Denis de Icaza, Tel. 314-0050, www.ancon.org*) bergauf windet. Meist hält sich Polizei auf dem Gipfel auf, wo es zu Überfällen gekommen sein soll; am besten wandert man nicht allein dorthin.

Östlich von ANCON blickt man auf dem Weg zum Cerro Ancón auf die **Montague Hall** *(Bldg. 88, Andrews Rd.)* hinunter, ein unscheinbares Betonrechteck, das bis 1999 das Hauptquartier des gesamten US-Südkommandos war. In die Felswand eingelassen ist der Eingang zu einem bombensicheren 40-Zimmer-Kommandoposten, der 1942 in den Cerro Ancón hineingesprengt wurde. Noch heute dient er als Notfallbunker für den amtierenden Präsidenten, weshalb er für Touristen nicht zugänglich ist.

ANCÓN

An der Nordostseite des Hügels lag die ehemalige französische Siedlung mit dem 1881 als L'Hôpital Notre Dame du Canal gegründeten Ancón-Hospital als Mittelpunkt. Bis 1907 war das Ancón-Hospital auf 96 Gebäude angewachsen. 1928 wurde das Hauptgebäude – mit einem zweistöckigen, neoklassizistischen Portikus und grünen Kupferkuppeln – nach dem Militärarzt, der Malaria und Gelbfieber besiegte, in **Gorgas-Hospital** umbenannt. In einem Teil der Gebäude ist heute der **Corte Suprema de Justicia** *(Gorgas Rd., Tel. 212-7300)*, Panamas Oberster Gerichtshof, untergebracht.

Am Ende der Gorgas Road steht die 1923 erbaute romanische **St.-Lukas-Kathedrale** *(Tel. 262-1280)* mit einer Front aus korinthischen Säulen. Eine weitere Kirche – **Parroquia Sagrado Corazón de Jesús** *(Ancon Blvd. Ecke Chame St.)* – im spanischen Kolonialstil steht ca. 200 m weiter nordwestlich.

Kulturfans zieht es vielleicht ins nahegelegene **Museum für Gegenwartskunst**, das in einem Logenhaus aus den 1930er Jahren untergebracht ist. Das zweistöckige Museum steht nicht unter staatlicher Leitung und ist ganz auf Spenden von Künstlern angewiesen. Zu sehen sind über 400 zeitgenössische Keramiken, Gemälde, Fotografien und Skulpturen von prominenten Künstlern aus Panama und der ganzen Welt. ■

Panama Viejo

PANAMA VIEJO WURDE AM 15. AUGUST 1519 ALS ERSTE STADT
an der Pazifikküste gegründet und ist heute ein Nationaldenkmal. Im
Rahmen eines Restaurierungsprogramms wurden Teile der alten Enklave wiederaufgebaut, sodass Besucher ermessen können, wie eine der
einst reichsten Städte ihrer Zeit einmal ausgesehen hat.

Die über einer präkolumbischen Begräbnisstätte auf einer Landzunge
erbaute Stadt war im Norden von
einer sumpfigen Bucht geschützt.
Über anderthalb Jahrhunderte blühte
sie als Stützpunkt und Umschlagplatz
für den Camino Real, dem Schatz-
weg, der Panama mit dem Karibik-
Hafen Nombre de Dios und später
Portobelo verband. Panama wurde
eine Stadt mit über 5000, meist aus
Zedernholz gebauten Häusern, einer
Münzanstalt, einem Krankenhaus,
acht Klöstern und einer prachtvollen
Kathedrale. Die meisten Gebäude
fielen 1671 dem Feuer zum Opfer,
das dem Überfall des Piraten Morgan
folgte; danach wurde die Stadt aufgegeben.

In den letzten Jahren sind auf
der früheren Stadt, von der fast nur
Ruinen geblieben sind, Slums entstanden. Das Gelände wurde 1976
zum Nationaldenkmal ernannt,
und ein Restaurierungsprogramm
begann unter der Schirmherrschaft
des Patronato Panamá Viejo *(Tel.
226-8915)*, das Panama Viejo seit
1995 verwaltet. Die verkehrsreiche
Autobahn Vía Cincuentenario
durchschneidet die alte Stadt. Ein
Rundgang dauert zwei Stunden.

WESTSEITE
Der Zugang zur Stadt war in der
Kolonialzeit die noch vorhandene
Puente de Matadero (Brücke
des Schlachthauses), eine steinerne
Bogenbrücke über den Río Algarrobo. Er wurde bewacht vom
Fuerte de la Natividad (Fort
der Geburt Christi), dessen Ge-
schützstände heute von Wein um-
rankt sind. Östlich davon liegt das

Das Häusermeer
der modernen
Stadt bildet einen
kontrastreichen
Hintergrund für
das grobe Mauer-
werk der Ruinen
von Panama Viejo.

Panama Viejo

🅰 59 G2

**Besucher-
information**

✉ Vía Cincuentenario

☎ 226-4419

Museo de Sitio de Panamá Viejo

www.panamaviejo.org

59 G2

6,4 km nordöstlich der Altstadt

226-8915

Geschl. Mo.

$

Centro de Visitantes de Panamá Viejo (Besucherzentrum). Das **Museo de Sitio de Panamá Viejo** zeigt Musketenkugeln, Münzen, Chirurgenmesser und andere Ausgrabungsobjekte. Ein Modell zeigt die Stadt, wie sie 1671 war. Die Beschriftungen sind spanisch und englisch, und ein englischsprachiger Text auf Band wird angeboten.

Ein von Bäumen beschatteter Fußweg führt vom Besucherzentrum zur **Iglesia** und zum **Convento la Merced**. Die Kirche ent-

Herrliche präkolumbische Artefakte sind im Museo de Sitio de Panamá Viejo ausgestellt.

Gegenüber: Der restaurierte Glockenturm von La Catedral de Nuestra Señora de la Ascunción gestattet einen Blick in die Vergangenheit.

ging Morgans Überfall und wurde danach auseinandergenommen und in der neuen Stadt wiederaufgebaut. Dahinter standen die **Iglesia** und der **Convento de San Francisco**, die von den Franziskanern 1603 fertiggestellt wurden, sowie das 1521 erbaute **Krankenhaus San Juan Dios**. Von diesen Bauwerken stehen nur noch Reste.

Zu den am besten erhaltenen Bauten gehören die **Iglesia** und der **Convento de las Monjas de la Concepción**, vom Orden der Dominikanerinnen erbaut. Es stehen noch der Glockenturm und ein *aljibe* (Brunnen). Im Osten schließt sich die **Iglesia** und der **Convento de la Compañía de Jesús** an, deren Bau 1582 abgeschlossen war.

OSTSEITE

Der Mittelpunkt der Stadt war die **Plaza Mayor**, der Hauptplatz, der heute eine gepflegte Grünfläche ist. Östlich davon standen der **Cabildo de la Ciudad**, das Rathaus, und die von einem Wassergraben umgebenen **Casas Reales**. In diesem Machtzentrum waren der Gouverneur und Adlige sowie die königliche Verwaltung untergebracht.

Der Panama Viejo überragende, große Kirchturm der **Catedral de Nuestra Señora de la Asunción** (erbaut zwischen 1619 und 1626) vermittelt den besten Eindruck vom früheren Glanz der Stadt. Seine Restaurierung wurde 2006 abgeschlossen. Im 27 m hohen Turm führt eine moderne Treppe zu einer Aussichtsplattform. Von der übrigen Kathedrale stehen nur noch Ruinen. Nördlich davon stehen die Mauerreste der **Casa del Obispo** (Bischofssitz) und der 1640 für einen Adligen erbauten **Casas Terrín**. Die **Iglesia** und der **Convento de Santo Domingo**, 1571 von den Dominikanern weiter nördlich erbaut, standen in Hörweite der Sklaven, die östlich davon am Kai der **Casa de los Genoveses** an Land gebracht wurden.

Der berühmte Goldene Altar schmückte einst die **Iglesia de San José** am Nordende von Panama Viejo. Kirche und Altar überstanden den Piratenüberfall. Der Altar wurde später in die neue Stadt verbracht (siehe S. 70); die Augustinerkirche mit ihren beiden Gewölbekapellen verfiel. Das nördliche „Tor" zur Stadt und zum Camino Real war die **Puente del Rey** (Königsbrücke), die 1634 fertiggestellt war und den Río Abajo (früher Río Gallinero) überspannte.

Zum Schluss bietet sich ein Bummel über den **Mercado Nacional de Artesanías** mit landestypischen Kunsthandwerken südlich der Plaza Mayor an. ■

Weitere Sehenswürdigkeiten in Panama-Stadt

MI PUEBLITO

Das aus drei Dörfern bestehende Mi Publito (Mein kleines Dorf) am östlichen Fuß des Cerro Ancón dient als Museum der Kultur und Traditionen Panamas. Mittelpunkt ist ein nachgebautes Dorf der Kolonialzeit; an seiner gepflasterten Plaza stehen eine Kirche im spanischen Missionsstil, ein Bürgermeisteramt, ein Telegrafenamt und ein Museum, das der farbenfrohen Nationaltracht, der *pollera*, gewidmet ist. Zum afroantillanischen Dorf gehört die Casa del Café, in der viele Kaffeesorten angeboten werden. Das indianische Dorf zeigt die strohgedeckten Hütten und Artefakte verschiedener indigener Kulturen, die über die Lebensweise der Kuna, Emberá und Wounaan informieren. Es gibt Restaurants und Souvenirläden. Freitag- und Samstagabend treten Folklore-Gruppe auf.
🔺 58 A1 ✉ Ave. de los Mártires 🕐 Geschl. Mo. 💲 $

Ein in Gold gefasster Smaragd stiehlt allem im Museo de la Esmeralda die Show.

MUSEO ANTROPOLÓGICO REINA TORRES DE ARAÚZ

Das Ende 2006 eröffnete Anthropologische Museum ist dem präkolumbischen Erbe der Nation gewidmet. Nur ein kleiner Teil seiner aus 14 000 Stücken bestehenden Sammlung ist zu sehen, darunter *metates* (Steintische), Mahlwerkzeug und Steinfigurinen. Die meisten Exponate kommen aus der Barriles-Kultur. Unter Lampen glitzern Goldfiguren, Amulette, halbmondförmige Nasenstücke und andere Schätze aus Gräbern – *huacas* – von *caziques*. Führungen gibt es nur auf Spanisch.
🔺 58 C3 ✉ Calle 4 Este & Ave. Ascanio Villalaz, Llanos de Curundú ☎ 232-7644 🕐 Geschl. Mo 💲 $

MUSEO DE LA ESMERALDA

Wer alles über die Entstehung und das Schürfen von Smaragden lernen will, findet hier lebensgroße Darstellungen von Bergleuten bei der Arbeit sowie eine große Kollektion von Rohsteinen, polierten Smaragden und schönem Schmuck. Dem Museum angeschlossen ist ein Schmuckgeschäft, in dem Besucher einkaufen können.
🔺 59 D2 ✉ Vía Italia, 46 m östlich der Ave. Balboa ☎ 262-1665, www.museodela esmeralda.com

PARQUE RECREATIVO OMAR

Der Omar-Erholungspark ist eine Oase der Ruhe im Nordosten der Stadt und der zweitgrößte Stadtpark in Panama-Stadt. Er liegt im Mittelklasse-Wohnviertel San Francisco und ist ein beliebtes Ziel für Picknicks. Der Park war ursprünglich Panamas erster Golfplatz und wurde zur Ehren von General Omar Torrijos, der Panama von 1968 bis1981 regierte, umbenannt; seine Büste steht am Eingangstor. Es gibt eine Joggingbahn, ein Schwimmbecken und Kinderspielplätze sowie Baseball-, Fußball- und Tennisplätze. Im Park befindet sich auch die größte Bibliothek des Landes, die **Biblioteca Nacional Ernesto J. Castillero** (*Tel. 221-8360, www.binal.ac.pa, So geschlossen*).
🔺 59 E3 ✉ Ave. Belisario Porras & Calle 74

BRÜCKE DER AMERIKAS

Die Puente de las Américas wurde 1962 mit einem Kostenaufwand von 20 Millionen Dollar als erste Brücke über den Kanal fertiggestellt. Sie ersetzte eine Fähre, die zuvor die einzige Verbindung zwischen beiden Ufern war. Die Brücke ist 118 m hoch und mit 14 Bögen 1654 m lang. Fußgänger können sie auf einem Gehweg an der Westseite benutzen, wo ein Aussichtspunkt eine schöne, wenn auch etwas verkürzte Perspektive bietet.
🔺 58 Nebenkarte ✉ Via Interamerican Hwy., 1 km westlich der Calle Amador ∎

Die dicht bewaldete, an den Panamakanal grenzende Zone bietet viele Möglichkeiten: Vogelbeobachtung, Wandern und Wildwasserfahrten auf Weltklasseniveau. Weitere Attraktionen sind historische Festungen, Dörfer der Emberá-Indianer und Ausflüge auf dem Kanal.

Zentrale Karibikküste & der Kanal

Tropische Fische im Besucherzentrum der Miraflores-Schleusen

Das verschlafene San Pedro auf Isla Taboga bietet Kontrast zur Hektik von Panama-Stadt.

Zentrale Karibikküste & der Kanal

DER SEEWEG, DER DIE WELT VERÄNDERTE, DER PANAMAKANAL, IST DAS SICHTbarste und anerkannteste Symbol des Landes. Der Kanal, der sich über 80 km von Colón an der Karibikküste bis Panama-Stadt am Pazifischen Ozean erstreckt und wie eine Nabelschnur zwei Ozeane verbindet, ist nicht nur eine erstaunliche technische Glanzleistung, sondern auch Panamas wichtigste Touristenattraktion. Im üppig grünen Hinterland wimmelt es von Tieren, während Festungsruinen an der karibischen Küste an die Zeiten erinnern, als Sir Francis Drake die Karibik unsicher machte.

Der Kanal, das beliebteste Ziel aller Besucher, ist grandios und touristenfreundlich. An den Miraflores- und Gatún-Schleusen bieten Aussichtsplattformen einen imposanten Blick auf vorbeifahrende Kreuzfahrtschiffe und Frachter. Im Besucherzentrum der Miraflores-Schleusen gibt es sogar Weltklasse-Ausstellungshallen. Auch braucht man keine Passage auf einem Kreuzfahrer zu buchen, um eine aufregend tolle Kanaldurchfahrt zu erleben: Ausflugsschiffe verkehren wöchentlich.

Der schmale Isthmus, der zwei Ozeane trennt, diente jahrhundertelang als Handelsweg zwischen der Alten und der Neuen Welt. Vier Jahrhunderte vor dem Bau des Kanals wurden Millionen Kilogramm Silber und Gold auf dem Camino Real und später dem Camino de Cruces über den Isthmus transportiert. Die von indianischen Sklaven gebauten alten Pfade sind bemerkenswert gut erhalten und heute beliebte Wanderwege.

Die offizielle Kanalzone, die sich zu beiden Seiten des Kanals über 16 km erstreckt, ist ein biologischer Korridor von unglaublichem Reichtum. Zum Schutz der Wassereinzugsgebiete des Kanals wurden große Waldflächen als Nationalparks ausgewiesen, deren üppig grüne Regenwälder Wanderer und Vogelliebhaber reichlich belohnen (besorgen Sie sich ein Exemplar von *The Panamá Canal Birding Trail*, einer Karte mit Führer, herausgebracht von USAID und der Audubon-Gesellschaft von Panama). Nur Minuten von Panama-Stadt entfernt können Besucher an der Schnellstraße parken und Tiere beobachten. Die Nationalparks Soberanía und Chagres sowie der Naturpark Summit Panama sind durch kleinere Urwald-Enklaven zu La Ruta Ecológica entre dos Océanos – der ökologischen Route zwischen zwei Ozeanen – verbunden. Wasserschweine, Affen, Ozelots, Wickelbären, Faultiere und zahlreiche Vögel sind hier zu Hause.

Gemeinschaften von Emberá-Indianern leben ebenfalls tief im gebirgigen Innern, wo schäumende Flüsse zu Wildwasserabenteuern einladen. Die Emberá-Dörfer, die Besucher mit zeremoniellen Tänzen begrüßen, sind von Panama-Stadt aus leicht mit dem Boot oder mit einem Reiseveranstalter zu erreichen. Die karibischen Gemeinden von Colón, Portobelo und Nombre de Dios dagegen sind afroantillanisch geprägt. Die Küche und die Schindelhäuser an der Costa Arriba sind eher ein karibisches Potpourri. Die Ruinen der Befestigungsanlagen von Portobelo hallen wider von den Schritten der spanischen Verteidiger und der marodierenden Piraten, und jeden Oktober beim Fest das Schwarzen Christus kommt mit Menschenmassen Leben in die Stadt.

Auf der pazifischen Seite liegt die Isla Taboga nur 30 Bootsminuten von Panama-Stadt entfernt. Vor einem Jahrhundert war der friedliche Charme dieser Insel im Pazifik beliebt bei Tagesausflüglern (darunter Paul Gauguin), die dem feuchtheißen Festland entfliehen wollten. Noch immer zieht die Insel Städter an, die Strand und Meeresrauschen genießen wollen. Weiter draußen liegt das Archipélago de las Perlas wie hingestreute Korallenperlen in der aquamarinen See. Die weißen, feinsandigen Strände der Inseln fallen sanft in glitzerndes Wassers ab. Nur zwei Inseln haben Ferienanlagen (eine dritte – Isla Viveros – soll touristisch erschlossen werden). Das übrige Archipel bleibt der Natur und den Perlentauchern überlassen. ■

Isla Taboga

DIE WEIT VORGELAGERTE INSEL, WEGEN IHRES UPPIGEN Wuchses von Hibiskus, Bougainvillea, Jasmin und Taboga-Rosen zu Recht als „Blumeninsel" bezeichnet, hat fast mediterranen Flair und ist verständlicherweise beliebt bei Tagesausflüglern, die der Hitze und dem lebhaften Treiben in Panama-Stadt entfliehen wollen.

Jedes Jahr im Juli tragen die Einheimischen die Schutzpatronin der Fischer durch die Straßen.

Isla Taboga
🗺 91 B2
Besucherinformation
www.taboga.panamanow.com

Refugio de Vida Silvestre Islas Taboga y Urabá
www.anam.gob.pa
🗺 91 B2
✉ Rangerstation 1,75 km südl. der Iglesia San Pedro
☎ 250-2082 oder 500-0855

Die 230 ha große Insel, die kühler und weniger niederschlagsreich als Panama-Stadt ist, liegt 18 km südlich der Stadt. Sie wurde erstmals 1524 von den Spaniern besiedelt und diente später als Basis für Francisco Pizarros Eroberung des Inkareichs und für Piratenüberfälle auf spanische Schiffe.

Gauguin & Isla Taboga

Der Maler Paul Gauguin (1848–1903) entfloh Europa erstmals 1887 mit dem Plan, Land auf der Isla Taboga zu kaufen und „von Fisch und Früchten für nichts … ohne sich um das Heute oder das Morgen zu kümmern" zu leben. Leider waren die Grundstückspreise zu hoch. Schließlich wurde er Hilfsarbeiter beim französischen Kanalprojekt, bevor er nach Martinique und dann Tahiti weiterreiste. ■

Das malerische Dorf **San Pedro** liegt versteckt in einer Bucht zwischen bewaldeten Hügeln und einem geschützten Strand. Es umgibt die weißgetünchte **Iglesia San Pedro**, die 1524 gegründet wurde und als zweitälteste Kirche auf der westlichen Halbkugel gilt. Auf der blumengeschmückten Plaza steht eine Statue von Nuestra Señora del Carmen, der Schutzpatronin der Insel.

Bunte Fischerboote ankern vor der Playa La Restinga, einem kleinen, hellen Strand; die überfüllten Wochenenden meiden. Tretboote und Kajaks können gemietet werden, und bei Ebbe kann man über eine freigelegte Sandbank zur Isla El Morro laufen. Fischer aus der Gegend können Sie zu guten Tauchplätzen und noch einsameren Stränden weiter weg bringen.

Die Hauptstraße führt am Wasser entlang und steigt vorbei an verlassenen **Bunkern aus dem Zweiten Weltkrieg** und an den Ruinen einer spanischen Kanonennische an. Der Pfad endet auf **Cerro de la Cruz**, von wo aus man über die Insel und den Golf blickt.

Der westliche Teil der Isla Taboga bildet das **Refugio de Vida Silvestre Islas Taboga y Urabá**, ein Wildtierreservat, wo rund 100 000 Braune Pelikane von Januar bis Juli nisten. Die Erlaubnis zur Besichtigung holt man sich vom ANAM neben dem Fähranleger.

Die Fahrt zur Insel auf der *Calypso Queen* (Tel. 314-1730), die von La Playita de Amador ablegt, ist ein Genuss. Manchmal sieht man Wale im klaren Wasser der Bucht. ■

Miraflores-Schleusen

DIE PANAMA-STADT AM NÄCHSTEN LIEGENDE UND IN VIELER Hinsicht auch die eindrucksvollste Schleusenanlage ist die Doppelschleuse an der Pazifik-Einfahrt, eine technische Meisterleistung und die am meisten besuchte Sehenswürdigkeit des Landes.

Mit einer Länge von 1,7 km sind die Abmessungen der Schleuse so gewaltig, dass Besucher nur aus der Perspektive einer Ameise erleben, wie riesige Kreuzfahrtschiffe und Supertanker millimetergenau durchgeschleust werden. Während der Hub der beiden anderen Schleusen festliegt, variiert der Hub der Miraflores wegen der extremen Tidenschwankung des Pazifischen Ozeans zwischen 13 m und 19 m. Die 1913 fertiggestellten Miraflores haben nur zwei, den Pazifik und den Miraflora-See verbindende Stufen sowie die tiefste Kammer und die höchsten Tore der drei Schleusen.

Die Schleusendurchfahrt dauert etwa zehn Minuten. Lokomotiven fahren beim Manövrieren der großen Schiffe vor und zurück.

Eine belgische, beim Bau des Gatún-Sees zurückgelassene Lokomotive von 1887 wurde im Jahr 2000 an der Treppe zum Besucherzentrum der Miraflores-Schleusen aufgestellt. Draußen ist im **Culebra-Durchstich-Felsen** – der den „Erbauern des Kanals" gewidmet ist – eine Tafel mit den Worten eingelassen, die Theodore Roosevelt an die Arbeiter richtete.

MIRAFLORES-SCHLEUSEN-BESUCHERZENTRUM

Das moderne Besucherzentrum öffnete im Dezember 2003 an der Ostseite der Miraflores-Schleusen. Das vierstöckige Gebäude mit Blick auf die Schleusen und den Kontrollturm hat Aussichtsplattformen auf drei Ebenen. Zweisprachige Führer geben Informationen, während bis zu vier Schiffe gleichzeitig die Schleusen durchfahren.

Das Zentrum hat ein Theater mit 182 Sitzen sowie vier Räume mit interaktiven Displays und Videopräsentationen. Auf Schautafeln sind die Geschichte und die Ökologie des Kanals dargestellt; im dritten Stock stehen ein Modell und ein Lotsen-Trainingssimulator. Es gibt ein Restaurant mit Terrasse.

Das Zentrum ist in einer 30-minütigen Fahrzeit vom Stadtzentrum aus zu erreichen. Busse nach Miraflores fahren vom „SACA"-Terminal an der Plaza Cinco de Mayo ab. ∎

Besucherzentrum der Miraflores-Schleusen

www.pancanal.com

🗺 9| B3

✉ 58 km nordwestl. von Balboa über die Ave. Omar Torrijos Herrera (Gaillard Hwy.)

☎ 276-8325

💲 $$

An Stahlseilen wird ein Panamax-Frachtschiff von Lokomotiven *(mulas)* durch die Miraflores-Schleusen geschleppt.

Touristen genießen von der Aerial Tram in Gamboa aus den Panoramablick über den Kanal.

Der Panamakanal

Der Panamakanal ist einfach im Konzept, monumental in den Ausmaßen und eine der größten menschlichen Leistungen aller Zeiten. Die bis dahin größte und kostspieligste Unternehmung dieser Art erfüllte einen Traum, der seit Balbaos Entdeckung des Pazifiks 1513 bestand. Der Bau des Kanals verkürzte den Seeweg um die zehn Tage der Passage um Kap Hoorn und verlieh der Nation höchste strategische Bedeutung. Heute durchfahren Schiffe jeder Bauart und jeder Größe rund um die Uhr den Kanal, der seit fast einem Jahrhundert einwandfrei funktioniert.

Der Kanalbau löste eine Revolution aus, stürzte eine Regierung und führt sogar zur Geburt der Republik Panama. Er brachte aber auch die ungezügelte Macht der Vereinigten Staaten von Amerika ins Land. Die Baukosten betrugen von 1906 bis 1914 beispiellose 375 Millionen Dollar. Unvorstellbare 500 Leben (meist schwarze Arbeiter) kostete jeder Kilometer des Kanals; der amerikanische Einsatz forderte 5609 Menschenleben, nachdem beim fehlgeschlagenen französischen Versuch bereits 20 000 gestorben waren.

Der durch den engsten und niedrigsten Sattel der zentralamerikanischen Landenge gestochene Kanal durchquert Panama von Norden nach Süden und verbindet das Karibische Meer (Norden) mit dem Pazifischen Ozean (Süden). Er ist ungefähr 80 km lang und hat drei Schleusenanlagen *(esclusas)*, jede mit paarweise angelegten Kammern ausgestattet. Jede Kammer ist 305 m lang und 34 m breit und fasste die größten Schiffe der damaligen Zeit. Die oberen Kammern sind mit doppelten Schleusenpaaren ausgestattet, um eine Flutkatastrophe zu verhindern, falls das erste Paar brechen sollte. Die größten zugelassenen Schiffe – Panamax-Schiffe genannt – sind 32 m breit und 294 m lang.

Für den Transit von der Karibik zum Pazifik fährt ein Schiff in der Limón-Bucht in den Kanal und 10 km bis zu den Gatún-Schleusen (siehe S. 107). Diese dreistufigen Schleusen heben Schiffe 26 m bis auf die Höhe des Gatún-Sees. Die 37,8 km-Passage über den See geht am Nordende in den 13,7 km langen Gaillard-Durchstich über, benannt nach David Gaillard, dem für die Sprengung und Grabung dieser Passage durch die kontinentale Wasserscheide verantwortlichen Ingenieur. Danach gelangen Schiffe in die einstufige Pedro-Miguel-Schleuse und werden zum Miraflores-See abgesenkt. In den Miraflores-Schleusen (siehe S. 93) werden die Schiffe über zwei weitere Stufen auf die Höhe des Pazifiks abgesenkt.

Navigationshilfen führen die Schiffe durch Kanäle und See. In den Schleusen bewegen sich die Schiffe zwar aus eigener Kraft, sind aber an Elektroloks, die *mulas* (Maultiere) genannt werden, befestigt, die die Schiffe exakt auf Kurs halten. Trotzdem muss jeder Kapitän während der Durchfahrt, die durchschnittlich acht Stunden dauert, die Befehlsgewalt über sein Schiff einem Lotsen übergeben. Zurzeit durch-queren nordwärts fahrende Schiffe zwischen Mitternacht und Mittag und südwärts fahrende Schiffe zwischen Mittag und Mitternacht den Kanal (er ist seit 1963, als der Gaillard-Durchstich mit

breit), die in der Mauer zwischen den Kammern und jede der äußeren Mauern eingelassen sind. Schieber an diesen Rohren steuern den Zu- und Abfluss des Wassers. Pumpen sind nicht erforderlich. Um die Schleuse zu fluten, werden die Schieber im oberen Bereich der Kammer geöffnet und die Schieber am unteren Ende geschlossen. Wasser stürzt in die Hauptrohrleitung und durch 20 kleinere Querleitungen, die am Boden jeder Schleuse senkrecht zu den Hauptrohren verlaufen (zehn dieser Rohre verlaufen, abwechselnd mit zehn von den Seitenwandrohren, senkrecht zur Rohrlei-

Mulas halten die Schiffe bei der Fahrt durch die Schleusen auf Spur.

einer Beleuchtung ausgestattet wurde, rund um die Uhr in Betrieb). Jede Schleusung verbraucht 197 Millionen Liter Süßwasser: 60 Prozent des Süßwasserverbrauchs des Landes gehen auf Konto des Kanals.

FUNKTIONSWEISE

Das ganze System wird nur durch das Fließen des Wassers (das die Korrosion des Schleusenmechanismus verhindert) unter der Schwerkraft betrieben. Wasser vom Gatún-See oder vom Miraflores-See füllt die Schleusen und hebt die Schiffe; Wasser, das aus einer Kammer in die nächste oder in Kanäle auf Meereshöhe fließt, senkt sie. Wasser steigt durch drei unterirdische Rohrleitungen (jede ca. 7 m

tung der Mittelwand). Das Wasser schäumt dann in die Kammern aus 70 Rohren, die aus den Querrohren kommen. Die große Anzahl von gleichmäßig über den Kammerboden verteilten Rohren mindert die Turbulenzen, die bei der Füllung oder Leerung einer Kammer mit 197 Millionen Liter Wasser in weniger als acht Minuten entstehen. Zum Entleeren einer Kammer werden die Schieber im oberen Bereich geschlossen und die im unteren Bereich geöffnet.

Ursprünglich wurden die riesigen Metalltore (die schwersten, die unteren Kammertore in Miraflores, wiegen 676 Tonnen) mit einer gewaltigen Verbindungsstange zwischen den beiden Torflügeln und einem massiven horizontalen „Zahnrad" geöffnet und geschlossen. Dieser Mechanismus wurde 1998 durch hydraulische Streben ersetzt. Das System wird elektrisch betrieben, wofür ein Wasserüberlauf am Gatún-Damm Strom für 1500 Elektromotoren erzeugt. Jede Schleusenanlage wird von einem zentralen Kontrollraum, ähnlich dem Kontrollturm eines Flughafens, auf der Mittelmauer jeder oberen Schleuse überwacht. Die zentrale Kontrolltafel in jedem zeigte ein Modell der Schleusen mit beweglichen Teilen, die den Zustand der echten Schleusenteile zu jeder Zeit akkurat anzeigten. Jeder Schalter musste in der richtigen Reihenfolge gedrückt werden, damit ein menschlicher Irrtum ausgeschlossen war. In den letzten Jahren hat ein modernes, computergestütztes Kontrollsystem, das mit Glasfaserkabeln arbeitet,

das elektromechanische System ersetzt, und die Schieber werden nun durch computergesteuerte Hydraulik ersetzt.

VERWALTUNG & ERWEITERUNG

Nach seiner Fertigstellung 1914 wurde der Kanal von US-amerikanischen Behörden verwaltet. Im Anschluss an den Torrijos-Carter-Vertrag von 1977 ging die Verwaltung der früheren Kanalzone auf Panama über, und am 31. Dezember 1999 übernahm die Panama-kanal-Kommission die Verantwortung für den Kanal und sein 552 761 ha großes Einzugsgebiet.

Nach der Übernahme der Geschäfte 1999 hat die Panamakanal-Kommission mehr als 1 Milliarde $ investiert, um die Kapazität des Kanals sowie die durchschnittliche Transitzeit

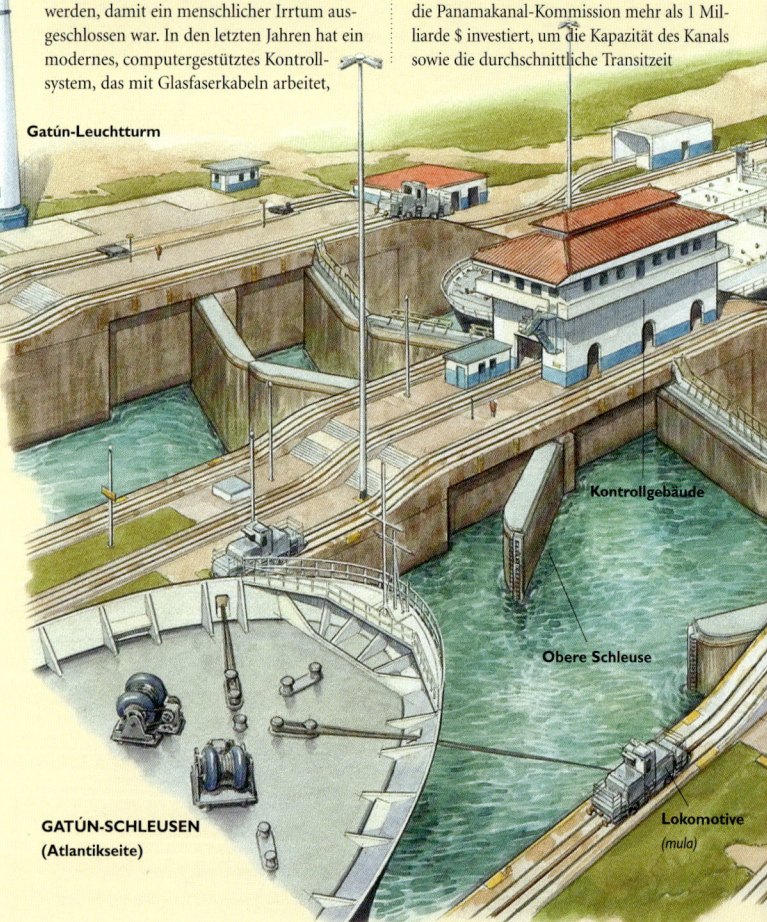

Gatún-Leuchtturm

Kontrollgebäude

Obere Schleuse

GATÚN-SCHLEUSEN
(Atlantikseite)

Lokomotive
(mula)

um 20 Prozent zu verbessern. Der tägliche Verkehr stieg durchschnittlich von 38 auf 43 Schiffe. Über 14 000 Schiffe durchfuhren den Kanal 2005 und zahlten im Durchschnitt eine Gebühr von 54 000 $. Die höchste Gebühr in Höhe von 249 165 $ zahlte 2006 das Maersk-Dellys-Containerschiff ; die niedrigste – 36 Cents – zahlte 1928 Richard Halliburton, der den Kanal in zehn Tagen durchschwamm. Zurzeit ist der Kanal zu rund 85 Prozent seiner Kapazität ausgelastet. Die Komission betreibt die Vertiefung,

Verbreiterung und Begradigung des Kanals, um damit die Passage noch längerer und sogar größerer Schiffe zu ermöglichen. Dennoch hat der Kanal Marktanteile an den Suezkanal verloren, weil die heutigen Superschiffe („post-Panamax") für ihn schon wieder zu groß sind.

In April 2006 kündigte die Panamakanal-Kommission eine 5,2 Milliarden Dollar teure Erweiterung an.

Untere Schleuse

Mittlere Schleuse

Schleusentor

In dem Mammutprogramm soll ein getrennter Kanal mit Schleusensystem gebaut werden, der für 150 000 BRT große Post-Panamax-Schiffe geeignet ist. Jede neue *Esclusa* soll 427 m lang und 55 m breit sein. Die Pläne sehen Schleusen mit Stauseen vor, aus denen gewaltige Wassermassen recycelt werden. ■

Gatún-Schleusen

Pedro-Miguel-Schleuse

Miraflores-Schleusen

Gatún-See

PANAMAKANAL-QUERSCHNITT

Atlantischer Ozean

Pazifischer Ozean

Parque Nacional Soberanía

MIT EINER ERSTAUNLICHEN VIELFALT AN FAUNA UND FLORA in der Nähe der Hauptstadt trägt dieser Regenwald-Park zum Schutz des Panamakanal-Einzugsbereichs bei. Im üppigen Grün flattern farbenprächtige Vögel, die dem Park den Ruf eingebracht haben, die artenreichste Vogelwelt Mittelamerikas zu beheimaten.

Ein Wickelbär huscht des Nachts über einen Ast.

Parque Nacional Soberanía
www.anam.gob.pa
⬛ 9I A3
✉ Gaillard Hwy.,
    25 km nordwestl.
    von Panama-Stadt
    über Madden Rd.
☎ 500-0855
💲 $

Der Nationalpark Soberanía wurde 1980 zur Erhaltung von 22 104 ha Walddecke geschaffen. Er erstreckt sich vom Ostufer des Gatún-Sees nach Süden bis ein paar Kilometer südlich des Río Chagres. Das Terrain ist leicht gewellt und steigt am **Cerro Calabaza** bis zu 85 m an. Kapokbäume, Mahagonibäume und Cuipo-Bäume bilden ein dichtes Kronendach über dem Wald, in dem mehr als 100 Säugetierarten, 79 Reptilien- und 55 Amphibienarten zu Hause sind.

Hier gibt es auch Vögel: Schopfadler, Fischertukane, Rotsteiß-Ameisenvögel, Veilchentrogone. Bekannt für seine außergewöhnlich artenreiche Vogelwelt, hallt Soberanía wider von Krächzen, Zwitschern und Schreien. Vogelliebhaber gehen auf dem 16 km langen Camino del Oleoducto, der auch als **Pipeline Road** bezeichnet wird und berühmt ist für den Reichtum an Vogelarten: Hier wurden an einem

einzigen Tag mehr Vogelarten gezählt als sonstwo auf der Erde! Wasserschweine, auch Cabybaras genannt, die größten Nagetiere der Welt, sind häufig am frühen Morgen im Sumpfgebiet am Beginn des Wanderpfads zu sehen. Auch gibt es reichlich Gelegenheit, Ameisenfresser, Nasenbären, Wickelbären und Brüllaffen zu beobachten.

Auch auf der 6,5 km langen **Plantation Road** kann man Vögel beobachten. Mit etwas Glück sieht man einen Zug Wanderameisen, dem Ameisenvögel hinterherhüpfen. Der kurze **Sendero El Charco** ist ein Waldpfad, der am Straßenrand beginnt und zu einem kleinen Wasserfall führt. Der **Sendero Camino de Cruces** folgt dem im 16. Jahrhundert angelegten Camino de Cruces (siehe Seitenspalte S. 103). Alte, überwucherte Pflastersteine sind wieder freigelegt worden. An manchen Stellen kann man die eingedrückten Hufspuren sehen, die ungezählte Maultiere hinterlassen haben. Der Pfad führt zum Río Chagres – ein Fünfstundenmarsch –, wo die **Comunidad Wounaan San Antonio** und die **Comunidad Emberá Ella Purú** Besucher begrüßen, die in ihre Kultur eintauchen möchten.

Das ANAM-Büro am Parkeingang hat Karten und vergibt Genehmigungen zum Wandern und Camping. Veranstalter bieten Ausflüge von Panama-Stadt an und können ornithologische Führungen organisieren. Wegen der Gefahr von Überfällen sollte man nicht allein wandern. ∎

Parque Nacional Chagres

DER 1985 GESCHAFFENE NATIONALPARK CHAGRES IST NACH einem legendären Indianerhäuptling benannt, der hier zur Zeit der Konquistadoren herrschte. Mit einem Umfang von 1295 Quadratkilometern schützt der Park die Wasserscheide des Chagres-Beckens und ist eine wahre Arche Noah für Tiere aller Art.

Der Chagres und seine Nebenflüsse entwässern 3367 Quadratkilometer und liefern einen Großteil des Trinkwassers für Panama-Stadt sowie Wasser für den Kanal. Im Oberlauf stürzt das Wasser in Kaskaden hinab, ergießt sich über Tiefland und fließt dann in großen Schlaufen gemächlich dahin. Vor dem Bau des Gatún-Damms floss der Strom ungehindert in die Karibik. Gezähmt speist er heute den Gatún-See.

Das Terrain ist zwischen 60 m über dem Meeresspiegel und 915 m auf dem **Cerro Jefe** im Südosten hoch. Spanische Zedern ragen mehr als 30 m über den feuchten Tropenwald des Tieflands, und an den höchsten Hängen gedeiht der seltene Nebelwald. Im Park gibt es mehr als 500 Vogelarten, darunter die seltene Graukopf-Buschtangare. Krokodile und Otter schwimmen in den Flüssen. Fünf Affenarten schwingen sich von Ast zu Ast, im Unterwuchs sind Jaguare auf Streifzug. Cerro Jefe und der benachbarte 771 m hohe **Cerro Azul** sind für

ihre Vögel bekannt; sie sind vom km-40-Stein an der Interamerican Highway, 39 km östlich von Panama-Stadt erreichbar (ein Jeep ist erforderlich).

Der Chagres wurde 1935 gestaut und bildete den **Lago Alajuela**, der ein exzellentes Angelrevier ist. Boote fahren über den Alajuela-See zur **Comunidad de Emberá Parará Puru**, einem Dorf der Emberá-Indianer, bei dem man die indigene Welt kennenlernt. Die **Emberá Drua** leben weiter landeinwärts.

Wanderer können den alten **Camino Real** (siehe Seitenspalte S. 103) ausprobieren, einen schmalen Dschungelpfad, der durch die Täler der Flüsse Boquerón und Nombre de Dios verläuft. Ein Führer ist erforderlich. Der felsige Oberlauf des Chagres ist ideal für Raftingtouren.

Zelten kann man an der Rangerstation am Cerro Azul, und es gibt mehrere einfache Hotels und Gasthäuser in der Nähe des Cerro Jefe. Man braucht einen Mückenschutz und muss auf Giftschlangen achten. ∎

Der mächtige Rio Chagres liefert das meiste Wasser für das Funktionieren des Panama-Kanals.

Parque Nacional Chagres
www.anam.gob.pa
91 B3
✉ Lago Alajuela:
Carretera
Transístmica &
Carretera Calzada
Larga
Cerro Azul:
25 km nördl. von
Tocumen über den
Interamerican Hwy.
☎ 500-0855
$

EIN AUSFLUG AUF DEM WASSERWEG DURCH DIE KANALSCHLEUSEN

Ein Ausflug auf dem Wasserweg durch die Kanalschleusen

Eine Fahrt durch den Kanal ist der Traum fast aller Besucher Panamas. Das Erlebnis, die Schleusen zu durchfahren, statt sie nur von den Ufern aus zu sehen, gehört zu den lohnenswertesten Touren im Lande. Zwei Unternehmen bieten die Möglichkeit, das Füllen und Leeren der Schleusen von kleinen Ausflugsbooten aus zu beobachten, die „Teildurchfahrten" durchführen; dabei werden laufend Informationen geliefert. Der hier beschriebene Ausflug gilt für eine nordwärts gerichtete Passage.

Die Pacific Queen startet zu einem Ausflug von ihrem Liegeplatz an der Calzada de Amador.

Canal & Bay Tours *(Tel. 227-2000, www.canal andbaytours.com, $$$$$)* bietet das ganze Jahr hindurch jeden Samstag Ausflüge vom Muelle de Amador mit der kleinen *Isla Morada*, die 90 Plätze hat und in der Zeit der Prohibition 1911 als Schmugglerboot diente. **Panamá Marine** *(Tel. 226-8917, www.pmatours.net, $$$$$)* bietet ähnliche Fahrten an Bord der *Pacific Queen* an, die jeden Samstag und von Januar bis April auch jeden Donnerstag an der Flamenco Marina ablegt (ganze Kanaldurchfahrten werden einmal im Monat angeboten). Bringen Sie Geduld mit, denn die Skipper müssen einen ACP-Lotsen an Bord nehmen, bevor sie in den Kanal einfahren dürfen.

Man ist fünf Stunden bis Gamboa unterwegs. Sie sehen die **Brücke der Amerikas** ① (siehe S. 88) über sich, wenn das Schiff unter ihr durchfährt. Minuten später fahren Sie am Handelshafen **Balboa** am Ostufer vorbei. Dahinter beginnt beiderseits des Kanals das dunkle Grün des Dschungels.

Etwa 3 km hinter der Brücke sehen Sie zur Linken den **Dritten Durchstich,** einen unvollendeten Kanal, der in den 1940er-Jahren begonnen wurde, um US-Kriegsschiffen die Durchfahrt zu ermöglichen. Im Mai 2006 gab die Regierung von Panama Pläne bekannt, wonach der Durchstich für die geplante Ampliación del Canal (Kanalverbreiterung; siehe S. 94–97) fertiggestellt werden soll. Bei den **Miraflores-Schleusen** ② sehen Sie das frühere Fort Clayton, eine US-Militärbasis am Ostufer. Heute ist die Enklave die **Ciudad del Saber** (siehe S. 114).

Nachdem das Wasser aus der ersten Schleuse abgelaufen ist, öffnen sich die Schleusentore, das Boot gleitet in die Kammer, die Tore schließen sich, und die Schleuse füllt sich mit Wasser. Das Boot ist dann vorn und achtern gut vertäut, und Sie können die Mauern anfassen. Wenn die Schleuse sich in weniger als acht Minuten gefüllt hat, sehen Sie auf die Kammermauern hinunter. Die Tore vorn öffnen sich, und das Boot fährt in die zweite Kammer, wo sich der Vorgang wiederholt. Größere Schiffe in benachbarten Kammern werden beim Heben und Senken von *mulas* genannten Lokomotiven auf Spur gehalten.

Nach der Einfahrt in den **Lago Miraflores** nähert das Boot sich der **Pedro-Miguel-Schleuse** ③ für die dritte und letzte Durchfahrt. Danach verengt sich der Kanal zum **Gaillard-Durchstich** ④, der von der schönen **Centennial-Brücke** überspannt wird, die 2004 eröffnet wurde und Panama-Stadt mit der Stadt Arraiján verbindet. Nach der Brücke, die nachts wunderschön beleuchtet ist, sieht man den **Contractor's Hill** zur Linken. Hier kommt die Natur immer näher. Mit etwas Glück sehen Sie Tukane und Papageien am Rand der flaschengrünen Wälder, die den 14 km langen Gaillard-Kanal säumen. Bagger

sind dabei, den Durchstich zu vergrößern, der heute durchschnittlich 192 m breit ist, damit noch größere Schiffe durchfahren können.

Etwa 12 km hinter der Brücke ergießt sich der **Río Chagres** in den Kanal unter einer Metallbrücke. Ein schwarz angemalter **Leuchtturm** steht am Nordufer; er stammt von 1914 und ist im Schleusenbetrieb längst durch moderne Navigationszeichen ersetzt worden. Nach weiteren 400 m kommt die Kaianlage in **Gamboa** ⑤, wo Ihr Rücktransfer beginnt. ∎

✚ Siehe Karte S. 91
► Muelle de Amador
↔ 24 km
🕐 5 Stunden
► Flamenco Marina, Gamboa

UNBEDINGT ANSEHEN

* Brücke der Amerikas
* Miraflores-Schleusen
* Gaillard-Durchstich
* Centennial-Brücke

EIN AUSFLUG AUF DEM WASSERWEG DURCH DIE KANALSCHLEUSEN

Auf der Fahrt zwischen den Baumkronen in der Aerial Tram erhalten Besucher Einblick in die tropische Ökologie.

Gamboa & Umgebung

AUF HALBER STRECKE LIEGT IM KANAL DIE GEMEINDE Gamboa mit bunten Häusern im US-Kolonialstil. Sie ist eine gute Ausgangsbasis für die Erkundung der umliegenden Tropenwälder. In der Nähe liegen mehrere Fünfsterneorte für Tierbeobachtungen.

GAMBOA

Gamboa, 32 km nordwestlich von Panama-Stadt gelegen, entstand in den frühen 1930er-Jahren und schmiegt sich an die bewaldeten Hügel, wo der Río Chagres in den Panamakanal fließt. Das Smithsonian Tropical Research Institute betreibt hier die **Gamboa Field Station** *(Gamboa, Tel. 212-8000, www.stri.org)*. Kurz davor endet die Madden Road, wo die Pipeline Road beginnt (siehe S. 98), ein

absolutes Muss für Vogelbeobachter. Ebenso interessant für Ornithologen ist der 12-seitige **Canopy Tower** *(Semaphore Hill Rd., Tel. 264-5720, www.canopytower.com)*, eine in eine Ökolodge umgewandelte frühere Radarstation des US-Militärs. Die auf Semaphore Hill emporragende Plattform über dem Parque Nacional Soberanía ist genau das Richtige für die Beobachtung von Motmots, Weißflügel-Faulvögeln, Olivrücken-Kreisschnabeln und anderen Arten.

Schatzpfade

Die dem Inka-Reich geraubten Schätze wurden auf dem Weg nach Spanien auf zwei von Sklaven erbauten Pfaden über den Isthmus transportiert. Der 1516 begonnene Camino Real verband Panama-Stadt mit Nombre de Dios (und später mit Portobelo). Die Überquerung der Kontinentalscheide war „18 Meilen Elend und Qual". Die mit Silberbarren beladenen Maultiere versanken oft im Morast oder stürzten ab. Der Camino de Cruces – eine viel leichtere Route – wurde 1527 begonnen und verband Panama-Stadt mit Ventas de Cruces am Río Chagres. Seine Pflastersteine waren in Form des christlichen Kreuzes verlegt: daher „Weg der Kreuze". Wer ihn gehen will, parkt bei km 6,3 an der Madden Road und wandert los. ∎

Parque Natural Summit Panamá
www.summitpanama.org
🅰 91 B3
✉ Madden Rd., 10 km nordwestl. von Miraflores
☎ 232-4850
💲 $

Gamboa Rainforest Resort
www.gamboaresort.com
✉ Gamboa, 20 km nordwestl. von Panama-Stadt
☎ 314-9000
🕐 Rainforest Aerial Tram: 9.15, 10.30, 13.30, 15 Uhr. Geschl. Mo.
💲 $$–$$$$$ je nach Aktivität

Schnurrbarttamarins und Brüllaffen springen umher, und Agutis, Ameisenbären und Nasenbären sind auf der Semaphore-Hill-Straße zu sehen. Tagesbesucher sind willkommen, doch empfiehlt sich eine Übernachtung.

PARQUE NATURAL SUMMIT PANAMÁ

In dem als Panamas Botanischer Garten und Zoo bezeichneten, stadteigenen Park gibt es über 150 Arten von Bäumen und Büschen aus aller Welt, die auf zum Picknick einladenden Rasen Schatten spenden. In Gehegen leben so scheue Tiere wie Langschwanzkatzen, Ozelots, Pekaris und Jaguare. Für Vogelliebhaber ist das große Brutgehege der Harpyie ein Highlight.

GAMBOA-REGENWALD-HOTEL

Das Luxushotel mit Spa, wo auch Tagesgäste willkommen sind, blickt über den Río Chagres. Es ist auf naturverbundene Aktivitäten spezialisiert, darunter Boot-Safaris und ornithologische Führungen. Einzelgänger können auf dem **Sendero de la Laguna** wandern, einem 1,5 km langen Kiesweg.

Über Regenwälder kann man sich auf einer geführten Tour im **Interpretative Park**, 100 ha Tieflandtropenwald und Sumpf, informieren. Außerdem gibt es hier eine Orchideenzucht, eine Schmetterling-Ausstellung, das Modell eines Emberá-Dorfes und ein Serpentarium. Ein Highlight ist eine Fahrt mit der sesselliftähnlichen **Aerial Tram**, die 112 m zu einem *mirador* mit einmaligem Rundblick hochfährt. ∎

Lago Gatún

**Monumento
Natural Isla Barro
Colorado**

www.stri.org

🏔 91 A3

✉ Southern Gatún
Lake

☎ 212-8026 oder
212-8951 für
Reservierungen

🕐 Abfahrten der Boote
von Gamboa:
7.15 Uhr Mo.–Fr.,
8 Uhr Sa.–So.

💲 $$$$

ALS INTEGRALER BESTANDTEIL DES KANALS LIEFERT DER 423 Quadratkilometer große Süßwassersee 197 Millionen Liter Wasser, die erforderlich sind, damit die Schleusen jedes Mal, wenn ein Schiff durch den Kanal fährt, funktionieren. Er ist von Inseln übersät und von tiefgrüner Tropenvegetation umgeben.

Der zuerst 1879 vom französischen Ingenieur Godin de Lépinay (1821–1898) entworfene Gatún-See entstand durch die Stauung des Río Chagres bei Gatún an der Mündung und überbrückt den Isthmus. Die Flutung dauerte vier Jahre (1910–14), bis der See seine volle Tiefe erreichte und seine Oberfläche 26 m über dem Meeresspiegel lag.

blauen Wasser. Auf der 37 km langen Strecke zwischen den Gatún-Schleusen und dem Gaillard-Durchstich folgen die Schiffe dem Verlauf des heute untergetauchten Flussbetts – des tiefsten Teils des Sees. Die Fahrrinne wird zurzeit vertieft, um die Passage von Schiffen mit größerem Tiefgang zu ermöglichen und die Wasserspeicher-

Der Gatún-See war der weltweit größte künstliche See der damaligen Zeit. Das Wasser überflutete die Panama-Eisenbahn (eine neue Strecke musste auf höherem Gelände gebaut werden) und Dutzende von Dörfern und ließ viele Gemeinden verarmen, von deren Einwohnern nur wenige eine Entschädigung erhielten. Bäume, die für die Schifffahrt Unterwasserhindernisse darstellen könnten, wurden gefällt. Knorrige Stämme ragen noch heute wie Hexenfinger aus dem kobalt-

kapazität zu erhöhen, damit Wasser für weitere sechs Transits pro Tag vorhanden ist.

Naturausflüge mit überdachten Booten werden von Aventuras 2000 (Tel. 227-2000, www.colon2000. com/tours.html, $$$$) angeboten. Panamá City Tours (Tel. 263-8918, www.gatunexplorer.com, $$$$) führt Touren mit der Gatun Explorer durch. Vermutlich sieht man Panamatyrannen, Schlangenhalsvögel, Affen und Faultiere. Der See ist auch ein beliebtes Wasserski- und

Der mächtige Gatún-See liefert Wasser für den Schleusenbetrieb und erzeugt Elektrizität für das Panama-kanalsystem.

Tauchrevier, obwohl eine wachsende Population von Krokodilen diese Aktivitäten allmählich riskant macht. Scubapanama *(Tel. 261-3841, www.scubapanama.com, $$$$$)* bringt Taucher in das trübe Wasser. Man kann sogar versunkene Dörfer besichtigen. Angler schwärmen von den kapitalen *sargento*s, eine Buntbarschart aus dem Amazonas, die vor Jahrzehnten in den Gatún-See eingesetzt wurde und sich stark vermehrt hat, zum Vorteil der Krokodile. Boote und Kajaks könne im Dorf Escobal, 18 km südwestlich von Gatún, gemietet werden; Angeltouren veranstaltet Panamá Fishing & Catching *(Tel. 6622-0212, www. panama fishingandcatching.com).*

MONUMENTO NATURAL ISLA BARRO COLORADO

Die Isla Barro Colorado ragt aus dem Wasser des südlichen Gatún-Sees. Die größte Insel im Kanalsystem ist zugleich das Kernstück des namengebenden, 5600 Hektar großen Naturparks, zu dem die 1500 Hektar große Insel sowie fünf nahe Halbinseln des Festlands (Bohío, Buena Vista, Frijoles, Gigante und Peña Blanca) gehören. Das Gebiet wurde 1923 als biologisches Reservat geschützt und dient heute als Freiluftlabor für Wissenschaftler aus aller Welt. Seit 1946 wird es vom Smithsonian Tropical Research Institute (STRI) verwaltet, das ein intensives Studienprogramm für tropische Ökosyteme durchführt.

Die mit tropischem Feuchtwald bewachsene Insel ist die Heimat von 122 Säugetierarten (darunter Agutis, Nasenbären, Ozelots, Pekaris, Faultiere, Tapire, fünf Affenarten und 72 Fledermausarten) sowie 381 Vogelarten und unzähligen Insektenarten, zu denen 200 verschiedene Ameisen gehören. Über 55 km Wege durchziehen

die Insel, obwohl Besucher nur einen einzigen, 2,5 km langen Naturpfad benutzen dürfen, der sich unter Würgerfeigen, Palmen und Ceibas hindurchwindet, darunter ein Exemplar, das so alt ist, dass andere Bäume auf seinen Ästen wachsen.

Affeninseln

Über 7000 Neuweltaffen – Weißgesicht-Kapuzineraffen, Mantelbrüllaffen, Geoffroy-Klammeraffen, Panama-Perücken-affen und Nachtaffen – bewohnen die 42 Inseln, die zusammen Islas Tigre und Islas Las Brujas genannt werden. Die Affen waren einmal alle in Gefangenschaft (entweder als Haustiere oder für den illegalen Affenhandel) und wurden hier freigelassen, um sie auf die Rückkehr in die Wildnis vorzubereiten. Das 1982 gegründete Primate Refuge and Sanctuary of Panama (PRSP) wurde das weltweit zweitgrößte Primatenschutzgebiet. Die ACP ließ 2004 das Refugium im Rahmen der Bemühungen um die Sicherheit des Kanals schließen, wozu auch die nicht kanalbezogene Nutzung des Gatún-Sees gehört. Besucher sind nicht mehr zugelassen, aber die Affen tollen immer noch durch das Blätterwerk. ∎

Die Insel ist für Tagesbesucher nach vorheriger Absprache mit dem STRI oder einem Reiseveranstalter offen. Man erreicht sie mit dem STRI-Boot in 45 Minuten von Gamboa aus. An Land führt eine zweistündige, geführte Wanderung auf einem Lehrpfad durch dichten Wald und endet im Besucherzentrum in der Forschungsstation. Eine frühe Reservierung ist hier wichtig; Kinder unter zehn Jahren dürfen nicht mit. ∎

Colón & Umgebung

DIE ZWEITGRÖSSTE STADT DES LANDES ENTSTAND 1850 mit der Panama-Eisenbahn und ist untrennbar verbunden mit der Suche nach einer Passage über den Isthmus. Trotz seiner Größe und teilweise ruhmreichen Geschichte steht Colón im Ruf, gefährlich zu sein und sollte nur mit einem Führer oder einer organisierten Tour erkundet werden. Außerhalb der Stadt warten eine alte Festung, beste Vogelbeobachtungsorte und tolle Ausblicke auf die Küste.

Panoramablicke sind ein Highlight auf der Bahnreise von Panama-Stadt nach Colón.

Colón

⬛ 91 A3

Besucherinformation

✉ IPAT-Büro, Einkaufszentrum Colón 2000, Paseo Gorgas & Calle 11

☎ 475-2301

COLÓN

Die Hafenstadt Colón (45 000 Ew.) wurde von der Pazifischen Eisenbahngesellschaft auf der Isla Manzanillo an der Ostspitze der Bahía de Limón erbaut. Die meisten Originalbauten wurden am 31. März 1885 von einer Feuersbrunst zerstört.

Die baumbeschattete Hauptstraße, die **Avenida Central,** allgemein „El Paseo" genannt, ist gut zum Bummeln. Zu den vielen Statuen und Denkmälern gehört das Denkmal von John Stevens (in der Calle 16), das Standbild von Ferdinand de Lesseps (zwischen Calles 3 & 4), das Kolumbus-Denkmal (zwischen Calles 2 & 3) und die Statue von El Cristo Redentor (Christus der Erlöser; Calle 1) mit ausgestreckten Armen. Karibische Schindelhäuser in verblichenen tropischen Pastellfarben säumen den Boulevard. Im Kontrast dazu hat das **Hotel Washington** (Ave. del Frente & Calle 2, Tel. 441-7133) eine maurische Fassade und reichlich Marmor. Das 1913 erbaute Hotel zählte die Präsidenten William Howard Taft und Warren Harding zu seinen Gästen. Westlich davon stehen im Park **Battery Morgan** verschiedene Kanonen. Kreuzfahrtschiffe legen am **Colón 2000** (*Paseo Gorgas*) in der Nähe der **Zona Libre** (*Ave. Roosevelt, Calle 13, Tel. 475-9500*), an, einem Freihandelshafen, der nach Hongkong der zweitgrößte der Welt ist. Der Handel vor allem mit internationalen Großhändlern bringt 10 Milliarden Dollar im Jahr.

UMGEBUNG VON COLÓN

Der Highway 32 führt von Colón nach Westen am alten **Cementerio Monte de Esperanza** (früher Mount-Hope-Friedhof) vorbei, der seit 1908 besteht. Dahinter gibt es bei den **Gatún-Schleusen** eine Aussichtsplattform, von der aus man die Schiffe bei der Durchfahrt durch die dreistufigen Schleusen aus der Vogelperspektive beob-achten kann. Wenn man darunter die massiven Schleusentore über eine einbahnige Drehbrücke überquert, kommt man an einem Abschnitt des alten, gescheiterten französischen

Kanals vorbei zum **Gatún-Damm,** einst der größte Erdwall der Welt. Er wurde 1913 fertiggestellt und staut den Río Chagres etwa 10 km von seiner Mündung entfernt. Der Damm hat eine Länge von 2,3 km und ist an der Sohle 640 m breit. Vierzehn Tore schließen seine gebogen verlaufende Krone ab.

PARQUE NACIONAL SAN LORENZO

Der 1997 eingerichtete Nationalpark San Lorenzo dehnt sich über 9653 ha Küstenfeuchtgebiete und tropischen Regenwald aus. Die Amerikaner fanden hier ideale Bedingungen für das Überlebenstraining und die Ausbildung im Dschungelkampf ihrer Soldaten und Astronauten. Seit 1999 wird das ehemalige Fort Sherman Jungle Operations Training Center (JOTC) für den Ökotourismus entwickelt; man muss beim Betreten seinen Pass vorzeigen. Trotz der geringen Größe sind hier 430 Vogelarten bestimmt worden sowie 81 Säugetierarten, darunter Jaguare und Tapire. Vogelliebhaber laufen auf **El Camino de Achiote** und dem **Sendero El Trogón**.

Das Highlight des Parks ist **Castillo de San Lorenzo el Real de Chagres,** ein Fort in herrlicher Lage über der Mündung des Río Chagres. Es wurde 1597 gebaut und 1680 erneut errichtet. Verrostete Kanonen und verwitterte Mauern erinnern an den Tag des Jahres 1671, als Henry Morgan und seine Piraten die Mauern stürmten. Heute ist es ein UNESCO-Weltkulturerbe. Man erreicht es über eine schlecht erhaltene Sandpiste.

Die in der Nähe liegende *School of the Americas* der US-Armee ist in ein Luxushotel, das **Meliá Panamá Canal** (siehe S. 242), umgewandelt worden. Von hier aus starten Boote zu Safaris auf dem Gatún-See (siehe S. 104). ∎

Parque Nacional San Lorenzo
www.sanlorenzo.org.pa
🅰 91 A3
Besucherzentrum
✉ El Tucán, Achiote
☎ 226-6602 oder 226-4529

Raub & Plünderung

Piraten bringen Farbe in Panamas bewegte Vergangenheit. Sie zogen eine brennende Spur durch die Karibik und waren die Terroristen jener Zeit, ohne jedes Mitleid und ohne jeden Skrupel. Fast zwei Jahrhunderte lang plünderten die tollkühnen Seeräuber das *Spanish Main*, die von Spanien beherrschte Küste zwischen Panama und dem Fluss Orinoko. Keine spanischen Festungen waren so verlockend wie Nombre de Díos und Portobelo, die wichtigsten Tore der Neuen Welt für die großen, mit Schätzen beladenen Galeonen auf dem Weg nach Spanien.

Seit der Entdeckung Amerikas durch die Spanier war Panama das Transitzentrum für die unübertroffenen Reichtümer des Kontinents. Unvorstellbare Mengen von Schätzen – Perlen vom Archipiélago de las Perlas, kolumbianische Smaragde und den Inkas in Peru geraubtes Silber und Gold – wurden über die Landenge transportiert, um nach Spanien verschifft zu werden. Ausländische Seefahrer kaperten spanische Galeonen, oft mit der offiziellen Sanktion von Spaniens erbitterten Feinden: England, Frankreich und Holland erlaubten Kapitänen, als Freibeuter spanische Schiffe und Städte in der Neuen Welt anzugreifen.

Der legendärste Freibeuter war Sir Francis Drake (1540–1596), der 1567 mit seinem Vetter John Hawkins und einer Ladung afrikanischer Sklaven zum ersten Mal in die Neue Welt segelte. Die Flotte wurde von den Spaniern angegriffen, was Drake – ein gläubiger Protestant – mit antipapistischem Hass erfüllte. Er kehrte 1572 zurück und legte Nombre de Dios in Schutt und Asche, kaperte mehrere spanische Schiffe und überfiel eine Mauleselkarawane auf dem Camino de Cruces. Als Drake nach England segelte, waren seine Laderäume zum Bersten mit Schätzen gefüllt. Mit der Erlaubnis von Königin Elisabeth I. setzte er 1577 erneut Segel, diesmal mit fünf Schiffen und ausgestattet mit einem Kaperbrief. Nachdem Drake die pazifische Küste Südamerikas heimgesucht hatte, kaperte er – mit nur einem Schiff, der *Golden Hind* – das Schatzschiff *Nuestra Señora de la Concepción* und kehrte 1580 nach einer Weltumseglung nach England zurück. Drake

segelte im August 1596 mit einer Flotte von 26 Schiffen erneut nach Panama, wo er am 28. Januar 1596 starb.

Mitte des 17. Jahrhunderts erschien eine neue Art von Seeräubern. Die „Bukaniere" waren Abenteurer und Gescheiterte aller Nationen, die sich auf Hispaniola, dem heutigen Haiti, niederließen. Sie verkauften das Fleisch verwilderter Schweine und Rinder an vorbeifahrende Schiffe (das geräucherte Fleisch hieß *boucan*). Die Spanier hatten etwas gegen ihre Anwesenheit und trieben sie aufs Meer zurück.

Dort nannten sie sich „Brüder der Küste" und wurden Piraten, die mit wachsendem Erfolg spanische Schiffe kaperten. Ihre Macht nahm in einem Maße zu, dass sie schließlich in Port Royal auf Jamaika offiziell willkommen geheißen wurden und dort ihren wichtigsten Stützpunkt einrichteten.

Ihr Anführer war Henry Morgan (1635–1688), der die Bruderschaft skrupellos zum Erfolg führte: Als Morgan 1688 Portobelo plünderte, nahm er Nonnen und Mönche als menschliche Schutzschilde gegen spanische Kanonen. Morgans dreiste Überfälle auf das *Spanish Main* wurden 1671 durch die Brandschatzung von Panama-Stadt gekrönt (da die Stadt niederbrannte, entging Morgan ein Teil seiner Beute). Dann aber unterzeichneten Spanien und England einen Friedensvertrag. Morgan wurde nach England zurückgerufen und vor Gericht gestellt, dann aber freigesprochen, geadelt und sogar zum Gouverneur von Jamaika ernannt. 1697 schlossen Spanien und England Frieden und begannen einen Kreuzzug gegen die Piraterie. ■

Don Pedro de Valdés, Admiral des spanischen Flaggschiffs *Nuestra Senora del Rosario*, übergibt nach der Niederlage der spanischen Armada Sir Francis Drake 1588 sein Schwert.

Parque Nacional Portobelo

Als Zeugen einer bewegten Vergangenheit stehen die Kanonen des Fuerte Santiago noch heute über Portobelo.

DER KNAPP 360 QUADRATKILOMETER GROSSE PARK IST EIN Triptychon, das bewaldetes Küstengebirge, 70 km Küstenlinie und karibische Gewässer mit wertvollen Mangroven und Korallenriffen schützt. In ihm liegen spanische Ruinen, die aus der Kolonialzeit vor 500 Jahren stammen, als die Stadt Portobelo der wichtigste Festlandhafen in der Neuen Welt war.

Parque Nacional Portobelo
⚐ 91 B4
Besucherinformation
✉ Calle Principal Frente Ecke la Alcaldía
☎ 448-2200

Portobelo und die wilde, schöne karibische Umgebung, die sich Costa Arriba de Colón nennt, hat seit seiner Blütezeit im 16. Jahrhundert nur wenig Entwicklung erfahren.

PORTOBELO

Der 45 km östlich von Colón gelegene, verschlafene Ort wird seinem Name – „schöner Hafen" – gerecht, den ihm der Entdecker Christoph Kolumbus verlieh, als seine wurmzerfressenen Schiffe auf seiner letzten Reise in die Neue Welt am 2. November 1502 in die Bucht einliefen. Die Stadt liegt malerisch in grüner, hügeliger Landschaft an einer Meeresbucht.

Portobelo wurde nach der Zerstörung von Nombre de Dios durch Francis Drake der Ausgangshafen für die einmal jährlich eintreffenden Flotten, die mit den geraubten Reichtümern Südamerikas nach Spanien zurücksegelten. Die Stadt hatte weniger als 1000 Einwohner, aber jedes Jahr kamen mehr als 10 000 Händler zur Handelsmesse hierher, die mit der Ankunft der spanischen Flotte einherging. Portobelo wurde mit Forts gesichert und war neben Havanna und Veracruz eine der am stärksten befestigten Städte auf dem Kontinent. Die ersten beiden Festungen – Todo Fierro (Eisenfort) und Fortaleza Santiago de la Gloria – wurden 1620 gebaut, aber 1738 zerstört.

Die Festungsruinen aus dem 18. Jahrhundert, die man heute sieht, sind die zweite Generation und kleiner als ihre Vorgänger, da sie einen Hafen schützten, der mit dem schwindenden Handel an Bedeutung verlor. Sie stehen auf den Hügeln zu jeder Seite der Bucht. Ihre *baluartes* (Wachttürme) ragen zwischen Palmen auf Mauern empor, die allmählich vom Dschungel überwuchert werden.

Am Eingang zur Stadt kommt man an der mit Kanonen bestückten **Batería de Santiago** vorbei; ein Stufenweg, der auf der rechten Seite der Straße beginnt, führt bergan zu einer anderen Festungsanlage, von der man eine herrliche Aussicht hat. Das 150 m entfernte Castillo de Santiago de la Gloria ist heute verfallen, aber rechts führen Stufen zum Aussichtsturm **Mirador El Perú**. Das den Hafen überblickende Fort **Fuerte de San Fernando** sollte Eindringlinge mit einem Kreuzfeuer unter Beschuss nehmen.

Das **Castillo de San Jerónimo** liegt direkt im Ort und richtet seine verrosteten Kanonen auf die Geister der Piraten von einst. An seiner Südseite beherbergt das kürzlich restaurierte Kontorhaus **Real Aduana** ein kleines Museum, in dem ein Videofilm in englischer Sprache über die Geschichte Portobelos, eine illuminierte Karte mit den Routen der Schatzflotte sowie Kanonenkugeln und 3D-Modelle der Forts gezeigt werden.

Einen Steinwurf östlich davon steht die **Iglesia de San Felipe,** deren zweistöckiger Glockenturm die Stadt überragt. Vögel flattern um den schlichten Altar aus vergoldetem Mahagoni und eine Statue des schwarzen Christus. Legen Sie Ihren Besuch auf den letzten Sonntag des Monats, an dem eine spezielle 11-Uhr-Messe afrikanische Traditionen, die auf der Kongo-Kultur basieren, miteinbezieht. Hinter der Kirche liegt das frühere Hospital **San Juan de Dios,** in dem sich das **Museo del Cristo Negro de Portobelo** *(Tel. 448-2024, $)* mit Festroben befindet.

Zwei Inseln liegen am Eingang zur Bucht. Der Pirat Francis Drake, der am 28. Januar 1596 nach einem Angriff auf Portobelo an Dysenterie gestorben war, soll vor der **Isla Drake** sein Seegrab gefunden haben.

Das kürzlich restaurierte Real Aduana war früher Kontor und Depot für die kostbaren Schätze und ist heute ein Museum.

AUSFLÜGE IN DIE NATUR

Die Flüsse, die im Landesinnern entspringen, schlängeln sich zur Bucht von Portobelo und sind für Bootsfahrten in die Mangroven- und Tiefland-Regenwälder ideal. Ein Bootsführer kann vor Ort für eine Safari auf dem **Río Cascajal** und dem **Río Claro** gebucht werden. Faultiere, Brüllaffen, Flussotter und selbst Krokodile und Kaimane sind hier mögliche Attraktionen. Selvaventuras *(Tel. 442-1042, www.geocities.com/selvaventuras/)*

Leuchtturm überragt die Insel. Das **Bananas Village Resort** *(Tel. 263-9510, www.bananasresort.com)* bietet auch für Tagesgäste Wassersport. Die nahe **Isla Mamey** ist ideal zum Schnorcheln. Wassertaxis zur Isla Grande und zur Isla Mamey legen vom 21 km östlich von Portobelo gelegenen Dorf La Guayra ab.

Eine regelrechte Achterbahnfahrt führt auf Serpentinen entlang der Küste durch malerische Landschaft, die von den Bergen des Par-

Das Fest des Schwarzen Christus

Alljährlich am 21. Oktober pilgern 40 000 Gläubige nach Portobelo zum „Festival del Nazareno", das zu Ehren der lebensgroßen Holzfigur eines schwarzen Christus gefeiert wird. Er soll Portobelos Gebete um Rettung vor einer Cholera-Epidemie erhört haben. Jeder *peregrino* (Pilger) trägt einen knöchellangen, weinroten Samtumhang, besetzt mit Spitze und falschen Juwelen, Goldlitze und Pailletten. Die Statue wird über und über mit Gaben und Bildern geschmückt.

Nachts wird das Bildnis auf einer Sänfte von 40 purpurrot gekleideten Männern aus der Kirche getragen. Barfuß und mit rasierten Köpfen ziehen sie zum Klang lebhafter Musik durch Portobelo – drei Schritte vorwärts, zwei Schritte zurück. Ihnen folgen die Büßer, von denen einige auf ihren Knien rutschen. Um Mitternacht wird die Sänfte in die Kirche zurückgetragen, die Pilger werfen ihre Umhänge ab, und Portobelo explodiert in einem höchst unreligiösen Bacchanal. ■

Die Statue des Schwarzen Christus steht mit einem Kreuz in den Armen auf einem Sockel in der Iglesia de San Felipe, Portobelos wichtigster Kirche.

bietet geführte Touren und Wanderungen in den nahen Bergen.

Die Wracks spanischer Galeonen locken Taucher zum **Arrecife Salmedina**, einem Korallenriff, das auch die Reste eines Beech C-45-Flugzeugs in 23 m Tiefe zu bieten hat. Scuba Portobelo *(Tel. 448-2147, E-Mail: info@scubapanama.com)* bietet Touren an.

Die 5 km nordöstlich von Portobelo gelegene **Isla Grande** ist ein beliebtes Wochenendziel für Städter aus Panama-Stadt. Reggae-Rhythmen hallen über den weißen Sand, und ein Korallenriff schützt ruhiges türkises Wasser. Ein von den Franzosen 1893 erbauter

que Nacional Chagres (siehe S. 99) eingerahmt ist. Rund 25 km östlich von Portobelo kommt man nach **Nombre de Dios**, einem unscheinbaren Fischerdorf. Der 1509 gegründete Ort war 77 Jahre lang der wichtigste Hafen des Isthmus. Er erwies sich jedoch bei Stürmen als unsicher (1525 sank hier eine ganze Flotte von 25 Schiffen) und wurde von Portobelo überholt. Ein Wrack, das die *Vizcaína* von Kolumbus sein könnte, die 1502 hier irgendwo sank, wurde 1998 vor der Playa Damas entdeckt. Es wurde zum Nationaldenkmal erklärt, liegt aber immer noch fünf Faden tief in archäologischem Dunkel. ■

Archipiélago de las Perlas

DIE SCHÖNHEIT DES AUS MEHR ALS 200 INSELN UND RIFFEN bestehenden Archipels, nur zwei Bootstunden oder 20 Flugminuten von Panama-Stadt entfernt, wird von der exquisiten Lage in smaragdgrünem Wasser abgerundet. Buckelwale suchen im Winter die warmen Gewässer auf und sind sogar von der Küste aus zu sehen.

Archipiélago de las Perlas
▲ 91 C1 & C2
Besucher-Information
☎ IPAT, 526-7000

Die 65 km bis 110 km südöstlich von Panama-Stadt gelegene Inselgruppe ist nach ihrem Perlenreichtum benannt. Nachdem die frühen Spanier die eingeborene Bevölkerung ausgerottet hatten, begründeten sie den Perlenhandel. Die Gemeinden auf der **Isla Casaya** und der Nachbarinsel **Isla Casayeta** leben noch heute vom Perlentauchen.

Die Perleninseln wurden erst kürzlich weltberühmt als Kulisse für die TV-Serie *Survivor,* die auf den unbewohnten Eilanden **Isla Mogo Mogo** und **Isla Chapera** gedreht wurde. Sie haben Strände mit Zuckersand, Korallenriffe voller bunter Fische und üppige Wälder, in denen Ameisenbären, Leguane, Faultiere und Pekaris leben.

Die kleine **Isla Contadora,** die „Buchhalterinsel", so genannt, weil auf ihr die Perlenausbeute der Spanier penibel gezählt wurde, ist die am besten erschlossene Insel und hat eine Landebahn. Millionenschwere Ferienhäuser stehen an den 11 Traumstränden. Der größte ist die **Playa Larga.** Die nahe **Playa de las Suecas** ist ein beliebtes Schnorchelziel. Golfer können auf einer 9-Loch-Bahn in Schwung kommen, und **Las Perlas Sailing** *(Tel. 250-4134)* bietet Tauchkurse, Angeltouren und Walbeobachtungsfahrten.

Die größte Insel, die 240 Quadratkilometer große **Isla del Rey,** hat nur eine Ortschaft, San Miguel. Das klare Wasser ist ideal zum Sportangeln, Tauchen und Walebeobachten; all dies wird vom

Kingfisher Bay Resort *(Tel. 200-1122, www.kingfisherbay.net)* angeboten. Im Westen liegt auf der **Isla San José** eines der nobelsten Hotels der Inseln, die **Hacienda del Mar** *(Tel. 269-6634, www.haciendadelmar.net; siehe S. 241),* das Geländetouren, Mountainbiking und zahlreiche andere Aktivitäten anbietet. ■

Die weißen Sandstrände der Isla Contadora, schön wie Perlen, sind noch heute die Startrampe für Perlentaucher.

La Peregrina

Die tropfenförmige, taubeneigroße „Peregrina-Perle", die mehr als 10 g wiegt, wurde im 16. Jahrhundert auf dem Archipel entdeckt. Vasco Núñez de Balboa schenkte sie König Ferdinand V. von Spanien. Dieser machte sie seiner zweiten Frau Mary Tudor zum Geschenk. 1969 kaufte sie der Schauspieler Richard Burton für 37 000 $ für Elizabeth Taylor, die sie noch heute besitzt. ■

Weitere Sehenswürdigkeiten an der zentralen Karibikküste und am Kanal

CIUDAD DEL SABER

Auf einer Fläche von 120 ha der ehemaligen US-Militärbasis Fort Clayton ist die „Stadt des Wissens" entstanden. Sie umfasst diverse panamaische und internationale Institutionen, die der wissenschaftlichen Forschung und den gesellschaftlichen Entwicklungen gewidmet sind. Auf dem 1999 übernommenen Gelände haben z. B. das Smithsonian Tropical Research Institute, das Meteorological Center of Panama und die Organization of American States ihren Sitz. Computergestützte Hightech-Anlagen sind im **Technologiepark** angesiedelt. Ein Highlight für Besucher ist der **Fondo Peregrino Panamá** *(Tel. 317-0350, www.fondoperegrino.org)*, der Harpyien für die Rückführung in die Natur züchtet; Besucher dürfen sogar einen „zahmen" Adler halten.

🅰 91 B3 ✉ Clayton, 8 km nordwestl. von Balboa ☎ 317-0111, www.cdspanama.org

ECOPARQUE PANAMÁ

Der am Westufer des Kanals bei Arraiján gelegene Ökopark wurde 2005 eröffnet und ist nur 10 Minuten Autofahrt von Casco Viejo entfernt. Der noch in Entwicklung befindliche Park soll eine allgemeine Einführung in den tropischen Regenwald geben, mit Wegen, die einen fantastischen Blick auf Panama-Stadt bieten, sowie erhöhten Pfaden durch die Baumkronen. Rotaugenlaubfrösche sind oft auf Blättern sitzend zu sehen. Der Park ist Heimat für fast 200 Vogelarten und für Säugetiere wie Totenkopfäffchen, Jaguarundis und Faultiere. Ein Besucherzentrum ist in Planung, ebenso wie ein botanischer Garten, ein Schmetterlingsgarten und ein **Centro de Vida Silvestre** (Naturzentrum).

🅰 91 B3 ✉ Carretera Brujas, 4 km westl. der Brücke de las Américas ☎ 226-4922, www.ecoparquepanama.org

GALETA ISLAND MARINE EDUCATION CENTER

Die Smithsonian Institution betreibt das **Galeta-Meereslaboratorium,** ein 1977 auf dem Gelände eines Satellitenkommunikationssystems der US-Marine geschaffenes Zentrum für Meereswissenschaften. Die Anlage hat ein Besucherzentrum, wo u. a. das Skelett eines Wals ausgestellt ist. In Aquarien und Meeresbecken sind Muränen, Seesterne, Stachelrochen und Schildkröten zu sehen – viele können angefasst werden. Ein Holzsteg führt in die Mangroven, wo Schlammtreter im weichen Uferboden nach ihrer Nahrung picken.

🅰 91 A1 ✉ Isla Galeta, 5 km nordöstl. von Colón ☎ 212-8191, www.stri.org 🕐 Geschl. Sa & So 💲 $$

PARQUE NACIONAL CAMINO DE CRUCES

Der 1992 eingerichtete, 46 Quadratkilometer große Nationalpark verbindet den Parque Nacional Soberanía (siehe S. 98) im Norden mit dem Parque Natural Metropolitano (siehe S. 71) im Süden. Er ist überwiegend mit tropischem Regenwald bedeckt und enthält Teile des namengebenden Landwegs (siehe Seitenspalte S. 103), die noch nicht freigelegt sind. Die Wurzeln der Würgerfeigen und riesigen Ceibas schlängeln sich über den Waldboden. Im Park leben weitgehend die gleichen Arten wie in den benachbarten Parks, darunter Würgadler, Grünflügelaras und Schieferschwanztrogone.

🅰 91 B3 ✉ Pedro Miguel, 14 km nördl. von Balboa ☎ 500-0855, www.anam.gob.pa

SIERRA LLORONA

Das 200 ha große Tropenwaldreservat umgibt eine moderne Ökolodge. Über 210 Vogelarten sind hier gezählt worden und können auf 4 km langen Wegen beobachtet werden. Pfeilgiftfrösche, Wickelbären und verschiedene Affenarten sind häufig zu sehen; manchmal bekommt man auch Ozelots und Jaguarundis sowie Schlangen wie die Greifschwanz-Lanzenotter zu Gesicht. Beobachtungstouren werden angeboten. Von Plattformen aus blickt man aus der Vogelperspektive auf das Kronendach. Auf der holprigen, schlammigen Straße ist ein Geländewagen erforderlich.

🅰 91 A1 ✉ 24,5 km nördl. von La Sabanita, 14,5 km südöstl. von Colón ☎ 442-8104, www.sierrallorona.com 💲 $$$ ■

Die Schönheit der Inselwelt der Comarca de Kuna Yala, die den Archipiélago de San Blas vor Panamas Karibikküste umfasst, wird nur übertroffen von der Schönheit der exotisch in traditionelle, farbenprächtige Trachten gekleideten Frauen und Kinder der Kuna-Indianer.

Kuna Yala

Eine *mola,* die traditionelle Stickerei der Kuna

Kuna-Kinder vergnügen sich mit einfachen Spielen auf der Isla Corbisky.

Kuna Yala

DER TRAUMHAFT SCHÖNE ARCHIPIELAGO DE SAN BLAS IST EINE VOM MEER umschlungene Wildnis mit sandigen Koralleninseln in einer saphirblauen See. Er erstreckt sich rund 230 km entlang der panamaischen Karibikküste. Zusammen bilden die Inselkette und ein schmaler Festlandstreifen die Comarca de Kuna Yala, einen 1938 geschaffenen Distrikt, der autonom verwaltet und nur vom Kuna-Volk bewohnt wird. Nur wenige der 365 Inseln und Inselchen sind bewohnt oder auch nur zugänglich. Die meisten Kuna leben in 40 Gemeinschaften auf palmengesäumten Eilanden – die meisten nicht mehr als Punkte auf einer Landkarte –, die über den ganzen Archipel verstreut sind. Weitere rund 10 000 Kuna leben auf Festland-Territorium an der karibischen Küste in zwölf Fischergemeinschaften, von denen keine mit touristischen Einrichtungen versehen ist.

Die *comarca* ist 5570 Quadratkilometer groß und reicht vom Bergrücken der kontinentalen Wasserscheide bis zum Kontinentalschelf vor der Küste. Der bleistiftdünne Distrikt erstreckt sich fast von der Punta Cocoye im Westen bis nach Cabo Tiburón und der kolumbianischen Grenze. Fast die Hälfte ist Meeresgebiet, gesprenkelt mit Korallenriffen und Inseln im Schutz eines vorgelagerten Korallenriffs.

Der schmale kontinentale Küstenstreifen ist mit Kokospalmen bebaut und ein Terrain für die Jagd und den Ackerbau der Kuna, die ganz bewusst die urwüchsige Vegetation erhalten wollen, mit der die Berghänge der Serranía de San Blás und der Serranía del Darién im Binnenland überzogen sind. Nur eine Straße – eine fürchterliche Piste, die nur für robuste Fahrzeuge geeig-

net ist – führt durchs Gebirge und verbindet die *comarca* mit dem übrigen Panama. Die Kuna haben die ganze westliche Festland-*comarca* zum Naturreservat ernannt, um es vor Holzfällern und *waga* (Außenstehenden) zu schützen.

Das autonome Volk schützt seine kulturelle Identität mit Vehemenz. Fremde unterliegen dem lokalen Recht der Kuna, und es gibt strenge Regeln für Besuche von Touristen. Alkohol ist auf vielen Inseln verboten, und endlich ist hier mal ein Ort, wo die Stille nicht von dröhnender Musik gestört wird. Die Kuna bestimmen sogar, wer in ihren Gewässern fischen und was gefangen werden darf. Trotz der Schönheit der Riffe ist hier das Gerätetauchen nicht erlaubt. Schnorcheln allerdings ist unübertrefflich.

Der Empfang, der Touristen bereitet wird, ist von Insel zu Insel verschieden: Einladend und offen auf den einen, zurückhaltend und misstrauisch auf anderen. Von Besuchern wird erwartet, dass sie die Kuna-Kultur respektieren. Kleiden Sie sich abseits der Strände unauffällig. Die meisten Dörfer bestehen aus gedrängt stehenden Bambushütten. Sie sind vor allem interessant, weil sie Einblick in das Leben der Eingeborenen geben und die außergewöhnlich bunt gekleideten Frauen (die Männer kleiden sich westlich) schöne Fotomotive sind. Die bevölkerten Inseln sind ziemlich mit Unrat verschmutzt, und Über-Wasser-Toiletten machen das Schwimmen riskant. Aber Sie können in Einbaumkanus zu irgendeiner der unbewohnten Privatinseln paddeln und Ihre Fußspuren in dem weißen Sand hinterlassen. Immer werden Sie von einem oder mehreren lokalen Kuna begleitet, die Ihnen aber gern zwischen Schnorcheln und Schaukeln in der Hängematte frisch gefangenen Fisch zubereiten.

Erreichbar sind die Inseln nur mit dem Flugzeug oder Boot. Air Panama *(Tel. 316-9000, www.flyairpanama.com)* und Aeroperlas *(Tel. 315-7500, www.aeroperlas.com)* fliegen mit leichten Propellermaschinen Landebahnen überall im Archipel an; reservieren Sie im Voraus. Mit Booten geht es dann zu den vorgelagerten Inseln weiter. Die wenigen Hotels, die es gibt, sind einfach (extrem einfach in den meisten Fällen) und werden, wie alle Geschäfte in der *comarca*, ausschließlich von den Kuna betrieben, die einfache Mahlzeiten servieren. Es gibt wenige Restaurants. Jeder Besucher wird registriert und muss eine Gebühr (meist 3 bis 5 $) zahlen (für Segler fallen außerdem 5 $ für das Ankern vor einer Insel an). Wenn Sie individuell anreisen, brauchen Sie Ihren Pass, der sofort der Kuna-Polizei vorzulegen ist.

Einfacher ist es, wenn Sie Reise und Unterkunft über einen Reiseveranstalter in Panama-Stadt (siehe S. 264) buchen. Tagesausflüge sind gut machbar. Kuna Yala ist eine Bargeld-Gesellschaft (es gibt nur eine Bank in der *comarca*).

Segler Achtung: Diese Gewässer sind tückisch, und der Drogenhandel spielt hier eine große Rolle. Ein Exemplar von *Cruising Guide to the Isthmus of Panamá* von Nancy und Tom Schwalbe Zydler ist ein Muss. ∎

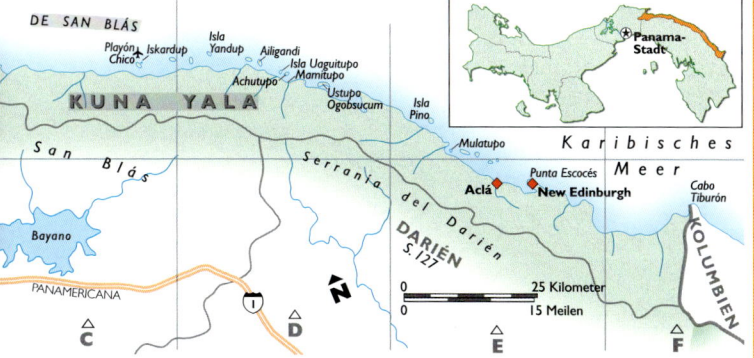

El Porvenir & westliche Inseln

El Porvenir
🅰 116 A2

**Museo de la
Nación Kuna**
www.congresogeneralkuna.
org/nacion_kuna.htm
✉ El Porvenir
☎ 314-1293
💲 $

TROTZ DUTZENDER INSELN ZUR AUSWAHL LANDEN BE-sucher meist auf der westlichen Gruppe, die den Golf de San Blás sprenkelt. Kreuzfahrtschiffe bringen Massen von Passagieren zu den Besuchermagneten El Porvenir und Cartí. Jede Inselgruppe bietet fantastisches Schnorcheln und die Cayos Holandeses sogar ein paar Wracks.

IN EL PORVENIRS NÄHE

Die kleine, etwa 1,5 km östlich der Punta de San Blas gelegene Insel **El Porvenir** (von den Kuna auch Gaigirgordup genannt) ist das Haupttor zu den westlichen Inseln sowie trotz seiner wenigen Einwohner und Einrichtungen der Hauptort der gesamten *comarca*. Es gibt eine Landebahn, ein paar Bambushütten, eine Polizeistation, einen Kuna-Verwaltungsposten und das **Museo de la Nación Kuna**. Das 2005 eröffnete kleine, zweistöckige Museum zeigt Keramiken, Küchenutensilien, Musikinstrumente, Körbe und ein Kuna-Grab. Mehrere Inseln der Umgebung sind in wenigen Minuten Bootsfahrt zu erreichen.

Die nahe **Wichub-Huala** ist eine der beliebtesten Inseln. Große Kreuzfahrtschiffe ankern oft davor und entlassen über 1000 Passagiere in die engen Dorfstraßen, die von einem Ende der winzigen Insel zum anderen verlaufen. Jeder Quadratmeter scheint dann von Kuna-Frauen besetzt, die ihre kunstvollen *molas* verkaufen. Kaum einen Steinwurf entfernt liegt nördlich von Wichub-Huala das Felseneiland **Ukuptupu** mit hölzernen Stegen zwischen einfachen Häusern und einem Hotel, das bis 1998 ein Gebäude des Smithsonian Tropical Research Institute war.

Ebenfalls zur kleinen Inselgruppe gehört die strandlose, südwestlich von El Porvenir gelegene **Nalunega**. Sie ist dank der Bemühungen des Kuna-Hotelbesitzers, der Köpfchen hat und für die Sauberhaltung

sorgt, netter als die benachbarte und schmutzige Wichub-Huala. Etwa 400 Kuna leben hier vom Fischfang in schnittigen *ulus* (Einbaumkanus).

Um dem Rummel zu entgehen, können Sie sich von einem lokalen Bootsführer zur **Isla de los Perros** bringen lassen. Das manch-mal auch Achutupu (nicht zu verwechseln mit einem anderen Achutupu weiter östlich) genannte, exquisite Riff ist genau das, was man sich unter einer idyllischen Tropeninsel vorstellt. Die Isla de los Perros ist mit Korallenriffs, die bis an den weißen Strand reichen, ideal zum Schnorcheln; ein kleines Wrack liegt vor der Südküste. Jet-Ski und Wasser-Ski sind nicht erlaubt. Außer dem sanften Rauschen der Wellen ist die Stille absolut. Eine einzige Familie besitzt die Kokospalmen (aber nicht das Land) und ist anwesend, wenn Besucher kommen. Unter Palmen stehen eine Bank und ein Tisch, und wenn Sie darum bitten, kochen die Kuna-Bewohner für Sie.

CARTÍ & UMGEBUNG

Der Inselort **Cartí Sugtupo,** eine der größten Siedlungen in der Kuna-*comarca*, liegt einen Steinwurf von der Festland-Landebahn entfernt. Ein Postamt, eine öffentliche Bibliothek und sonstige Dienstleistungen für die westlichen Inseln konzentrieren sich hier. Die einzige Unterkunft ist allerdings ein simpler Schlafsaal, und der Müll, der auf Straßen und Stränden liegt, ist ein Schandfleck. Cartí ist beliebt bei

Gegenüber: Kristallklares Wasser umgibt die San-Blas-Bilderbuch-Inseln, wie die Isla Pelicana.

den Kreuzfahrtsschiffen und oft voller Touristen. Ein Highlight ist das kleine **Kuna-Kulturmuseum**, das der lokalen Kultur und Mythologie gewidmet ist. Zweisprachige Führer stehen zur Verfügung.

Über dem leicht gekräuselten Wasser steht die Dad Ibe Island Lodge (siehe S. 243) auf einer tennisplatzgroßen Privatinsel.

Cartí Sugtupu

🏕 116 A2

✉ Cartí Sugtupu

Kuna-Kultur-museum

✉ Cartí Sugtupu

☎ 299-9002

💲 $

Wassertaxis verkehren zum Festlandanleger, den man von der Panamericana aus (siehe Seitenspalte unten) erreicht. Nur einen Katzensprung entfernt liegt die unberühr-

Schlammpiste

Die Sandstraße, die Cartí mit dem Interamerican Highway verbindet (die Abzweigung ist bei El Llano, 18 km östlich von Chepo), ist nichts für Zartbesaitete. Die Fahrt ist hart, vor allem in der Regenzeit, wenn die Straße aufgeweicht ist. Selbst in der trockenen Jahreszeit ist sie meist nur für Allradjeeps mit hohem Radstand passierbar. Bringen Sie unbedingt Ketten mit; schließlich wollen Sie nicht im Regenwald festsitzen. Exotics Adventures (Tel. 223-9283 oder 6673-5381, www.panamaexoticsadventures. com) bietet einen dreitägigen Cartí-El-Llano-Ausflug und einen Kajaktrip an. ∎

te **Isla Aguja**, perfekt, um hier den ganzen Tag am Strand unter Palmen zu faulenzen.

CAYOS LOS GRULLOS & HOLANDESES

Die dicht besiedelten, 15 km östlich von Cartí gelegenen Nachbargemeinden von **Río Sidra** und **Nusatupo** werden vom Festland angeflogen und sind das Tor zu den **Cayos Los Grullos**, einem Dutzend kleiner, rund 10 km nordöstlich von Nusatupo gelegenen Inseln. Ohne touristische Einrichtungen sind Los Grullos vor allem zum Schnorcheln gut, mit ruhigen Buchten, die Segelyachten sichere Ankerplätze bieten.

Mit ähnlichen Diamantenstaubstränden und transparentem blauen Meer ist das 3,5 km nordwestlich von Nusatupo gelegene **Narasgandup Pipi** (oft auch Naranjo Chico genannt) ebenfalls ideal zum Träumen unter Palmen. Die Unterkünfte sind hier sehr einfach.

Die Postkartenschönheit **Kuanidup** ist eine winzige, exquisite, von Palmen beschattete Insel auf halbem Wege zwischen El Porvenir und Río Sidra.

Die rund 3 km von Río Sidra entfernte **Isla Maquina**, bekannt für ihre traditionelle *mola*-Fertigung, ist weniger verschmutzt, aber rückständiger und eine Trauminsel. Auf Río Sidra hat der lokale Kuna-Transvestit und *mola*-Hersteller Lisa Harris ein kleines Museum mit schönen *molas*.

Die am Rand des Kontinentalschelfs hingestreuten **Cayos Holandeses** sind eine Inselgruppe, die etwa 30 km von der Küste entfernt ist. Hier donnert die Brandung an das Riff. **Wreck Reef** ist nach den spanischen Galeonen und anderen Schiffen benannt, die hier gestrandet sind. Traumhaftes Schnorcheln lockt. ∎

Narganá & mittlere Inseln

DICHT VOR DER KÜSTE DER ZENTRALEN *COMARCA*, HINTER der sich die Serranía de San Blas wie erstarrte, sich auftürmende Wellen erhebt, liegen weit verstreut diese Inseln, die größtenteils weniger traditionell als die westlichen und östlichen Inseln sind. Dennoch verlässt man sie mit den schönsten Erinnerungen.

Narganá

🗺 116 B2

NARGANÁ & UMGEBUNG

Narganá ist ein Verwaltungssitz und über eine Fußgängerbrücke mit **Corazón de Jesús,** einer kleinen Halbinsel mit Landebahn, verbun-den. Die beiden Inseln sind wenig attraktiv, voller Betonhäuser, Mengen von Satellitenschüsseln und vergleichsweise wenig traditionell gekleideten Menschen, da die Gemeinde längst von westlicher Mode durchdrungen ist. Aber Narganá hat die einzige Bank in Kuna Yala sowie ein Krankenhaus. Eine bronzene **Statue von Carlos Inaediguine Robinson** (einem Erzieher und Anführer des Kuna-Aufstands von 1925) steht auf dem Dorfplatz; der Geburtstag wird alljährlich am 20. August mit Musik, Tanz und ausgiebigem Trinken gefeiert.

   Río Azúcar, 5 km westlich von Narganá gelegen, ist eine weitere Insel mit Telefonen, einem Arztzentrum und Dienstleistungen, die für Segler interessant sind. Obwohl hier Missionsarbeit betrieben wird, findet hier zu Ostern ein höchst ausgelassener Karneval statt.

   Die kulturell wohl lebendigste San-Blas-Insel ist die 7 km östlich von Narganá gelegene **Isla Tigre.** Ihre Straßen werden von Kuna-Leuten makellos sauber gefegt. Selbst Kinder werden angehalten, Abfall aufzuheben und entsorgen. Einzigartig ist auch, dass die lokalen Kuna ihren traditionellen Lebensstil pflegen, ohne sich viel um Besucher zu kümmern. Touristen können sich frei bewegen, müssen sich aber nach der Ankunft beim

Kuna-Kinder auf der Isla Playon Chico

lokalen Touristenamt melden. An jedem 25. Februar wird der Kuna-Aufstand von 1925 dramatisch nachgespielt, und jeweils Mitte Oktober findet auf der Insel ein einwöchiges Musik- und Tanzfest statt.

   Kleine Flugzeuge verkehren nach **Playón Chico,** eine weitere dicht bevölkerte Ortschaft, die als Absprungsbasis für Ausflüge auf Nachbarinseln wie die kleine **Isla Yandup** *(Besucherinformation: www.yandupisland.com),* ein Korallenatoll wie geschaffen fürs Schnorcheln, dient; es gibt ein kleines Hotel. Die klitzekleine Insel **Iskardup** bietet die schöne **Sapibenega Kuna Lodge** (siehe S. 244). Der englisch sprechende Besitzer führt Dschungelwanderungen in die Festlandberge durch, u. a. zum Wasserfall **Ibe Igar** und zu einer Kuna-Begräbnisstätte. Dort ruhen die Verstorbenen in Erdsärgen, auf denen Andenken an ihr irdisches Leben liegen. ■

Kuna-Kultur

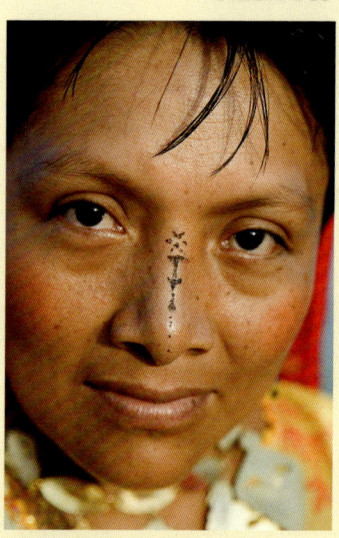

Kuna-Frauen bemalen ihre Nasen um der Schönheit willen.

Die Kuna verteidigen ihre Stammestraditionen und halten an einer indigenen Kultur fest, die eine der farbigsten und intaktesten in der Neuen Welt ist. Ob in Panama-Stadt, Penonomé oder auf den Inseln ihrer *comarca* (autonomer Bezirk), überall sind Kuna-Frauen sofort an ihren farbenfrohen, mit *molas* in Primärfarben verzierten Röcken und Blusen zu erkennen.

Ihrer mündlichen Überlieferung zufolge lebten die Kuna (oder Tule, wie sie sich auch manchmal nennen) ursprünglich in den Wäldern von Darién. Ungefähr in der Zeit, als die Spanier kamen, flohen die Kuna vor den vordringenden Emberá-Wounaan und vielleicht auch den Spaniern nach Norden in die Serranía de Panamá und in die karibischen Ebenen und später auf die vorgelagerten Inseln. Heute gibt es noch rund 70 000 Kuna, von denen rund 32 000 die Inseln bewohnen und immerhin 30 000 in panamaischer Dispora leben.

Die Kuna werden nur rund 150 cm groß – nur die Pygmäen in Afrika sind kleiner – und haben schlanke, sehnige Gliedmaßen sowie unverhältnismäßig große Köpfe mit Adlernasen, die als Zeichen von Schönheit gelten. Sie sprechen *dulegaya*, die Kuna-Sprache, und achten auf ihre Abstammung: Wer außerhalb des Stammes heiratet, wird verstoßen. Die Insularität fördert die Inzucht; vielleicht ist deshalb der Anteil von Albinismus hier der weltweit höchste. Die alte Tradition, Albinos bei der Geburt zu töten, ist der Verehrung gewichen. Heute gelten Albinos als Auserwählte und begnadete „Mondkinder", die nach dem Volksglauben geboren werden, wenn eine Schwangere dem Vollmond ausgesetzt ist. Albino-Knaben werden wie Mädchen erzogen; man sieht sie oft beim Sticken oder Verkaufen von *molas* im kühlen Schatten sitzen.

Bei den Kuna herrscht das Matriarchat. Frauen sind für das meist schlichte Haus aus Bambus, Schilf und Palmblättern zuständig. Der Grund und Boden gehört jedoch der Gemeinschaft, was die Trennung der Kuna-Gesellschaft in „Besitzende" und „Besitzlose" verhindert. Der Mann zieht bei der Heirat in das Haus seiner Frau und zieht einfach wieder aus, wenn er die Scheidung will. Während die Männer nach Hummern tauchen, die sie an Yachten und an Touristen verkaufen, füllen die Frauen die Familienkasse, indem sie ihre farbenfreudigen *molas* herstellen und auf einem zunehmend interessierten internationalen Markt verkaufen.

Wenn ein Mädchen zur Frau wird, feiert die ganze Gemeinschaft und trinkt dabei reichlich *chicha*. In der Pubertät schneiden Frauen ihre Haar kurz und bedecken ihren Kopf mit einem blutroten *muswe* (Tuch). Ihre Alltagskleidung besteht aus einem *saburet* (Rock), der über einem mit einem *mudub* (Gürtel) gehaltenen *bicha* (Unterrock) getragen wird. Obwohl der Lippenstift auch hier Einzug gehalten hat, bemalen viele Frauen ihre Wangen mit Achiote, einem aus dem Achiotesamen gewonnenen Farbstoff, und ziehen mit *tagua*-Farbe eine schwarze Linie auf den Nasenrücken. Dazu tragen sie große goldene Ohr- und Nasenringe sowie Ketten aus bunten Perlen, mit denen sie auch Arm- und Fußgelenke umwickeln. Die Männer sind westlich gekleidet. Frauen wie

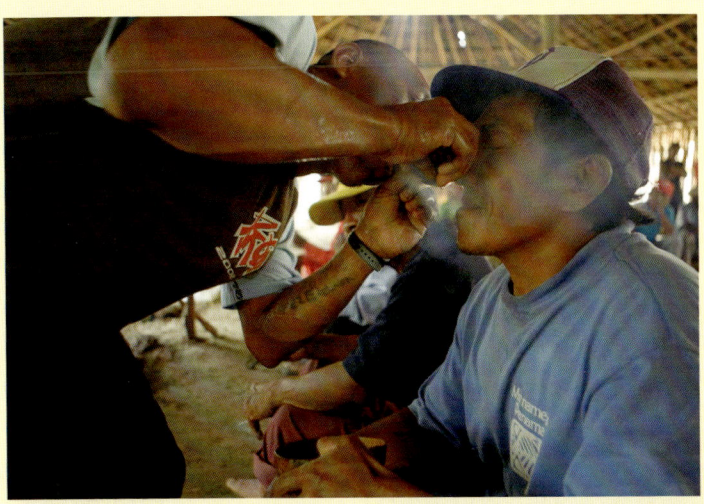

Bei einer Ratsversammlung bläst ein Kuna
Rauch in die Nase eines Dorfältesten (ganz
oben). Perlenschmuck an den Waden soll die
Blicke auf die schlanken Beine einer Frau
lenken (oben). Kuna-Frauen in farbenfrohen
molas brauen einen kräftigen *chicha* aus gegorenem Mais bei einer Feier zu Ehren des
blutigen Aufstands von 1925, der zur Autonomie geführt hatte (rechts).

In einem traditionellen Kuna-Segelschiff segelt ein Fischer bei Achutupu im San-Blas-Archipel zur Arbeit, während die Sonne über dem Karibischen Meer aufgeht.

Männer sind geübt im Umgang mit *cayucos* oder *ulus* (Kanus), mit denen sie von Insel zu Insel paddeln oder sich von einem Dreiecksegel ziehen lassen. Bei Tagesanbruch setzen einige Männer Segel und gehen auf Hummer- und Fischfang, während andere zum Festland fahren und Süßwasser holen, ihre Felder bestellen und Kokosnüsse ernten. Bis zu 30 Millionen Kokosnüsse werden alljährlich geerntet und zu einem Preis, den der Ältestenrat festsetzt (und der strikt eingehalten wird) verkauft. Obwohl die Schönheit der Kuna-Frauen die wirtschaftliche Not der meisten Kuna-Familien überstrahlt, machen sich Kuna keine Gedanken darüber, dass sie materiell arm sind. Denn was Geist und Kreativität angeht, sind die Kuna reich.

Die Kuna-*comarca* ist in vier Distrikte eingeteilt, denen jeweils ein gewählter Häuptling oder *sahila* vorsteht, unter einem obersten sahila, der einen halbjährlichen *congreso* oder *onmaket nega* der Dorfführer leitet. In jedem Dorf gibt es tägliche Zusammenkünfte, denen ein in Kuna-Traditionen versierter *sahila* vorsteht; alle Männer über 18 Jahren müssen bei den sonntäglichen Versammlungen zugegen sein. Wächter heiliger Riten, der *absoguedi* (Sänger) und der *nele* (Schamane), benutzen spirituell lebendige Holzfiguren in menschlicher Gestalt, *nuchus* genannt, um Krankheiten zu heilen. Eine Armee von Sekretären verfasst Berichte und schreibt zahllose Genehmigungen, die (gegen eine Gebühr) an Personen erteilt werden, die ein anderes Dorf besuchen oder außerhalb der *comarca* reisen wollen.

Die Kuna sind von einem tiefen Glauben an eine Geisterwelt beseelt, in der alles in der Natur von einem guten Wächtergeist besessen ist. Auch *poni* – böse Geister – durchstreifen das Land; Kunas schützen sich vor ihnen mit *nuchus* aus Balsaholz. Die Kuna behandeln Wald und Land wie Verwandte; so schadet beispielsweise die Rodung von Wald der Gemeinschaft. Nichtsdestotrotz fischen die Kuna wahllos. Die Hummer-Population hat schwer gelitten, und Seeschildkröten sind in diesen Gewässern kaum noch zu sehen. ∎

Östliche Inseln

DIESE DUNKELGRÜNEN INSELN, DIE SICH IN EINER LANGEN Linie wie eine spanische Flottille aus dem Wasser erheben, sind von weiter westlich gelegenen Punkten aus nicht leicht mit dem Boot zu erreichen. Landebahnen bedienen die Hauptinseln. Dieser Teil der Welt, in dem einige der schönsten San-Blas-Inseln liegen, bietet Besuchern die Chance, Panama mit den Augen eines Entdeckers zu sehen.

Östliche Inseln
⬛ 117 D2,
E2, & F2

Ohne ein vorgelagertes Korallenriff sind diese Inseln den Hochseebrechern ausgesetzt. Die Passage über den Ozean ist nicht einfach, ja sogar riskant. Kolumbianische Drogenschmugglerboote befahren diese Gewässer, und gelegentlich dringen paramilitärische Gruppen und Guerilla in den Küstenstreifen an der Grenze zu Kolumbien vor.

Der wichtigste Flugplatz für die Inseln liegt auf der dicht besiedelten **Achutupo**, in deren Mitte eine strohgedeckte Versammlungshalle steht. Nur knapp 200 m westlich von Achutupu wird die intimere **Isla Uaguitupo** (auch genannt Uaguinega) fast ganz von der **Dolphin Island Lodge**, einem der besten Hotels der Inseln (siehe S. 243) eingenommen.

Auf der 5 km westlich von Achutupu gelegenen Insel **Ailigandi** drängen sich 1200 Kuna auf engstem Raum. Sie ist übersät mit Statuen und voller politischer Wandmalereien zur Kuna-Revolte von 1925; am **Instituto Nacional de Cultura** werden *mola*-Techniken gelehrt. Hier sind Touristen willkommen, anders als auf der nahen Insel **Mamitupo**, wo der *sahila* das Foto-grafieren verbietet. Der welterfahrene Kuna Pablo Núñez Perez fungiert als informeller Fremdenführer und kommt Ihnen mit seinem Einbaum-kanu entgegen, wenn Sie per Yacht in Mamitupu eintreffen.

Weiter östlich liegt **Mulatupo**, eine der dichtesten besiedelten San-Blas-Inseln, nur einen Katzensprung von der Küste entfernt. Von hier aus können Sie **Aclá**, die 1515

Ein zahmer Papagei betrachtet das Dorfleben von seinem Fensterplatz in Ailigandi aus.

gegründete erste spanische Festlandsiedlung, und auf **Punta Escocés** das 1698 gegründete New Edinburgh (siehe S. 28) besuchen. ∎

Fototarif

Beim Anblick von Kuna-Kindern mit einem fotogenen Lächeln und Papageien auf der Schulter werden Sie schleunigst zur Kamera greifen. Dabei sollten Sie aber ausreichend Dollarnoten bereithalten. Der „Fototarif" liegt gegenwärtig bei 1$ pro Foto. Er gilt nicht für Landschaften oder Gruppenaufnahmen, wie Zeremonialtänze, allerdings verhüllen die meisten Kuna-Frauen, auf die man eine Kamera richtet, ihr Gesicht. Fotografieren Sie nie, ohne vorher um Erlaubnis zu fragen. Kuna-Dorfälteste bestehen auf der Einhaltung der Regeln, und selbst für das Tragen eines Camcorders werden oft 10 $ bis 50 $ oder mehr verlangt. Manche Inseln sind toleranter als andere. ∎

Weitere Sehenswürdigkeiten in Kuna Yala

ÁREA SILVESTRE
CORREGIMIENTO DE NARGANÁ

Das gebirgige Naturschutzgebiet im Distrikt Narganá – eine 600 Quadratkilometer große, unberührte Regenwaldfläche, wo nur Wildtiere leben – dient als Barriere, die bewusst die *comarca* vom Rest des Landes trennen soll. Es ist auch eine Pufferzone gegen eindringende Nichtindianer und Holzfäller, deren Ziel die Entwaldung ist. Der Park geht in den Parque Nacional Chagres im Westen über und zieht sich von der kontinentalen Wasserscheide bis zur Karibikküste. Die Vogelwelt ist wie überall in Panama. Über 400 Arten sind hier gesehen worden: Fischertukane, Schwarzscheitel-

Molas

Mit ihrem bunten Linienspiel sind *molas* als Symbole der Kuna-Kultur in aller Welt bekannt. Die ursprünglich für die Verzierung von Blusen genähten Stoffbilder sind etwa 45 cm breit und aus übereinanderliegenden, farblich kontrastierenden Stofflagen hergestellt. Die Muster werden aus den einzelnen Lagen ausgeschnitten und dann von Hand gesäumt – eine Technik, die umgekehrte Applikation genannt wird. Die häufigsten Vorlagen sind Papageien, Schmetterlinge und andere Motive aus der Natur, aber auch abstrakte Muster kommen vor. Das Endresultat wirkt dank der Mehrschichtentechnik plastisch. ∎

Ameisenpittas, Schwarztangare, Schwarzohrpapageien und andere. Vögel sind am besten von Dezember bis Juni zu beobachten. **Burbayar Lodge** *(Tel. 261-1679, www.burbayar. com; siehe S. 243)* ist eine von Kunas betriebene Ökolodge am Rand des Reservats auf einer 375 m hohen Anhöhe. Von dort aus führen sechs Wanderwege (darunter der „Kuna-Pfad der Heilpflanzen") in das logdeeigene, 50 ha große Regenwaldreservat, wo sich Pfeilgiftfrösche, Spitznattern, Fledermäuse, Leguane, Affenfamilien, Pumas, Jaguare und Tapire beobachten lassen. Sie können sogar bis nach Cartí wandern (6 bis 10 Stunden). Burbayar ist leicht mit Allradantrieb zu erreichen; hinter Burbayar wird die Straße schnell schlechter. ⓜ 116 A2 ✉ Nusagandi, 20 km nördl. von El Llano an der Interamerican Highway ☎ 390-6674, www.burbayar.com

BAHÍA DE ESCRIBANO

Diese etwas außerhalb der Kuna-Yala-*comarca* und 16 km westlich von El Porvenir gelegene schöne Bucht ist durch ein rund 5 km vorgelagertes Barriereriff, das Baja Escribano, geschützt. Kristallklares Wasser spült auf den reinweißen Sand. Die unberührten Korallenriffe sind ein atemberaubendes Tauchrevier. Fast 70 Korallenarten und über 60 Arten von Schwämmen sind von Stars der Unterwassertierwelt bewohnt: Barrakudas, Riesenbarsche, Mantelrochen, Ammenhaie und Muränen, dazu unzählige regenbogenfarbene Fische. Der spanische Entdecker Rodrigo de Bastidas ging hier 1501 als erster Europäer in Panama an Land. Später benutzten die Piraten Henry Morgan und Sir Francis Drake die Bucht, um von hier aus spanischen Galeonen aufzulauern. Seit Jahren schon lockt die Bucht Segler an ihre weißen Sandstrände. Das erste Hotel wurde 2006 eröffnet. **Coral Lodge Resort** *(Tel. 317-6754, www.corallodge.com; siehe S. 243)*, erreichbar mit dem Flugzeug oder Boot, bietet Tauchen und Kajakfahrten. ⓜ 116 A2 ✉ Mit dem Segelboot oder Boots-transfer von Porvenir ∎

Geometrische Figuren zählen zu den typischen Mustern auf traditionellen *molas*.

Diese östliche Provinz, ein biologisches Eden in der größten unberührten Regenwaldwildnis Zentralamerikas, ist ein Traum für Vogelkenner und Naturliebhaber. Begegnungen mit indigenen Emberá-Gemeinschaften garantieren ein besonders intensives kulturelles Erlebnis.

Darién

Bootsfahrt vorbei an Punta Patiño

Darién

DAS ÖSTLICHE DRITTEL DES LANDES, BENANNT NACH EINEM INDIANISCHEN
Häuptling, der hier während der spanischen Konquista herrschte, ist berühmt für seine
Regenwälder, die so undurchdringlich sind, dass die letzte Lücke des Interamerican Highway
noch nicht geschlossen ist. Die dünn besiedelte Provinz Darién, ein Born hoher Biodiversität,
enthält das größte unberührte Urwaldgebiet Mittelamerikas. Flora und Fauna übertreffen alles
im Land. Allerdings sind nur wenige Orte erreichbar, touristische Einrichtungen gibt es kaum,
und ein Großteil der Region ähnelt Kriegsgebiet und ist daher „off-limits".

Der Río Sambú schlängelt sich durch den Urwald und die Felder des Darién.

Der Interamerican Highway, der nach Osten bis nach Yaviza verläuft, ist der einzige
Transportweg in diese Region. Die Straße
wurde 1977 bis hierher fertiggestellt und
brachte rasch einen Zustrom von Mestizen
als Neusiedler und massive Brandrodung.
Heute gibt es zwei Dariéns: die verwundete
westliche Hälfte, die sich mit neuen, aber
kleinen Ortschaften entlang der Fernstraße
verteilt; und den östlichen Darién, verborgen
unter dampfendem Urwald im fast 5800
Quadratkilometer großen Parque Nacional
Darién. Diese wuchernde, so gut wie unbewohnte amazonische Welt ist über Landebahnen und mit langen *cayucos* (Kanus)
erreichbar. An den oberen Flussläufen liegen Dörfer der Emberá- und Wounaan-
Indianer in zwei semiautonomen Distrikten, der Comarca Emberá Cemaco und der
Comarca Emberá Sambú. Die Emberá-

Wounaan, die sich Körper und Gliedmaßen mit dem Saft der Jagua-Frucht
schwärzen, umarmen Touristen mit einem
herzerwärmendem Lächeln. Obwohl die
schleichende Verwestlichung auch den Lebensstil der Emberá-Wounaan verändert,
sind viele alte Traditionen, wie die Jagd
mit dem *boroquera* (Blasrohr) und mit
vergifteten Pfeilspitzen, erhalten geblieben.
Begrenzt wird die Region im Nordosten vom Gebirgszug Serranía del Darién,
der den Darién von der *comarca* Kuna Yala
trennt. Die lange und einsame westliche
Küste wird außerdem von der Serranía del
Sapo und der Serranía de Jungurudó gesäumt, die sich nach Süden in die kolumbianischen Anden fortsetzen. Die Berge
sind bis zu 1800 m hoch und von Tieflandregenwäldern bedeckt – eine der fünf
Lebenszonen im Parque Nacional Darién.

Zahllose Flüsse stürzen sich in weite Ebenen und münden in den Golfo de San Miguel, wo Vasco Núñez de Balboa am 25. September 1513 zum ersten Mal den Pazifik erblickte.

Die ersten spanischen Kolonialsiedlungen in Panama entstanden in Darién, als die Cana-Goldminen entdeckt wurden, die einst von den Choco-Indianern für ihre Goldarbeiten genutzt wurden. Das Edelmetall wurde in Kanus flussabwärts gebracht und auf größere Schiffe verladen, die es nach Norden zum Camino Real transportierten; spanische Forts, die den Hafen an der Mündung des Río Tuira bewachten, ragen aus dem Urwald hervor. Heute ist Cana eine Goldmine für Wanderer und Vogelliebhaber. Das Reservat Punta Patiño ist nur eine kurze Bootsfahrt von der Provinzhauptstadt La Palma am Golfo de San Miguel entfernt.

Viele Orte werden von schwerbewaffneter Polizei bewacht, was daran erinnert, dass Teile des Nationalparks und die *comarca* Emberá Cemaco eine Zuflucht für Gesetzlose sind, die über die unbewachte kolumbianische Grenze kommen. Man sollte die Gegend nur mit akkreditiertem Führer oder einem angesehenen Reiseveranstalter (siehe S. 263–264) erkunden. ■

Ein besonderes Teilstück der Panamericana: der Interamerican Highway

Dörfer am Interamerican Highway, wie Santa Fé (unten), erlauben einen Blick in das Alltagsleben der Kuna und Emberá.

ALS TEIL DER PANAMERICANA, DIE SICH VON DER SPITZE Alaskas bis nach Feuerland erstreckt, verbindet der 5470 km lange Interamerican Highway die Länder Mittelamerikas von Nuevo Laredo in Mexiko bis zum 276 km östlich von Panama-Stadt gelegenen Yaviza. Er führt durch das Gebiet der Kuna und Emberá.

Interamerican Highway
🗺 129 A3, A4, B3, & C2
Besucherinformation
wwwanam.gob.pa
☎ ANAM (Autoridad Nacional del Ambiente) 299-6183

CHEPO TO IPETÍ

Das Tor in die Provinz Darién ist **Chepo**, das 53 km östlich von Panama-Stadt liegt. Obwohl die 3,2 km südlich des Highways gelegene Stadt zur östlichen Panamá-Provinz gehört, ist dies für Panamaer die Grenze zum Darién, da bis Anfang der 1970er-Jahre hier der Highway endete und der Dschungel begann. Die Weiterreise erfolgte mit dem Einbaumkanu von **Puerto Coquira**, wo *cayucos* noch heute den Río Chepo befahren, der ein Rastplatz für Weiße Ibisse,

Schlangenhalsvögel und die größte Kuhreiherkolonie in Panama ist.

Östlich von Chepo liegt im Tal der wie Quecksilber schimmernde **Lago Bayano**. Der U-förmige See mit einer Fläche von 35 000 ha entstand im Jahr 1975, als der Río Bayano durch den Ascanio-Villalaz-Damm gestaut wurde. Der See, einer der wenigen Brutplätze für Cocoireiher und Olivenscharben in Panama, ist nach dem Anführer der *cimarrones* – entflohenen afrikanischen Sklaven – benannt, der den Spaniern heftigen Widerstand leistete. Nach dem

Volksglauben soll ein Ungeheuer den See bewohnen. In **Bayano** können Sie ein Boot mieten (der lokale Führer Mateo Cortéz, *Tel. 297-0157,* ist zu empfehlen) und in 45 Minuten zu den **Cuevas Bayano** fahren, den von Fledermäusen bevölkerten Höhlen am Río Tigre. Beim Erkunden der mit Stalaktiten, Stalagmiten und Kalkplatten ausgefüllten Kammern, oft bis zur Brust in kaltem Wasser, fühlt man sich wie Indiana Jones.

Der See liegt zum größten Teil in der *comarca* **Kuna de Madugandi,** einer 2073 Quadratkilometer großen, semiautonomen Region, die 1996 geschaffen wurde und an die *comarca* Kuna Yala grenzt. Annähernd 5000 Kuna-Einwohner in 12 Gemeinschaften kämpfen um die Erhaltung ihrer kulturellen Identität gegen die Flut von nichtindianischen Neusiedlern und Holzkonzernen, die seit der Eröffnung des Interamerican Highway ins Land strömen. Das 2 km nördlich des Highways gelegene Dorf **Ipetí Kuna** begrüßt Besucher mit Zeremonialtänzen und bietet Einblick in traditionelles Handwerk und Heilpraktiken. Der lokale Führer Igua Jiménez *(Tel. 6595-9500, e-mail: iguat28@yahoo.com)* führt Touren durch. Die Bewohner des benachbarten, 1 km südlich des Highway gelegenen **Ipetí Emberá** veranstalten ebenfalls traditionelle Tänze, verkaufen Kunsthandwerk und bieten Ausflüge in *piraguas* auf dem Río Ipetí an. Unterkunft findet man in einem typischen Stelzenhaus. **Panamá City Tours** *(Tel. 263-8918, www.panamacitytours.com)* bietet kulturelle Ausflüge an.

SANTA FÉ – YAVIZA

Santa Fé, das 50 km östlich von Ipetí und 3 km westlich des High-way liegt, ist ein Flussort am Ostufer des Río Sabaná. Hier werden im Rahmen des Entwicklungsprojekts **ECODIC** Seifen, medizinische Produkte und bunte Wandmalereien zum Verkauf angeboten; Sie können auf Waldpfaden wandern und etwas über die organische Produktion von Ananas und anderen Früchten in der landwirtschaftlichen Station **Finca Sonia** erfahren. Bei Hochflut fahren die *piraguas* 8 km flussabwärts nach **Boca de Lara,** einem Wounaan-Dorf, das auch vom Interamerican Highway aus mit dem Geländewagen zu erreichen ist. Hier können Sie in einer strohgedeckten, offenen Lodge schlafen. Exotics Adventures *(Tel. 223-9283 oder 6673-5381, www. panamaex oticsadventures.com)* bietet Fahrten nach Boca de Lara an.

In **Metetí,** der größten Siedlung zwischen Chepo und Yaviza, gibt es spartanische Hotels. Eine gepflasterte Straße führt 20 km nach Westen bis zum schmutzigen **Puerto Quimba,** wo ständig Boote von und nach Zielen im Golfo de San Miguel (siehe S. 138–139) an- und ablegen. Weiter östlich befindet sich in der Siedlung Canglón das **Colegio Agroforestal Tierra Nueva** *(Tel. 202-1421, www.tierranueva. org)* mit Urwaldpfaden im Privatreservat **Agro-forestal Salina,** der Sie an Pfeilgiftfröschen, Affen und Tropenvögeln vorbeiführt.

Schäbige Unterkünfte passen zur Melancholie von **Yaviza,** wo die Straße 266 km hinter Panama-Stadt endet. Von Alleinreisen über Yaviza hinaus wird abgeraten. Nach Ihrer Registrierung bei der Polizeistation können Sie das **Fuerte San Jerónimo de Yaviza** besichtigen, eine überm Río Chucunaque thronende spanische Festung aus dem 18. Jahrhundert. ∎

Einfache Kantinen am Straßenrand, wie diese in **Canita**, sind Treffpunkte für Einheimische.

Fahrt auf der Panamericana

Eine einzige Straße durchquert die Weite der Provinz Darién. Die abenteuerliche Fahrt auf dem vielleicht berühmtesten Highway der Welt führt Sie buchstäblich ans Ende der Fernstraße. Dahinter bildet das 106 km breite, unwegsame Regenwaldgebiet, das von Küste zu Küste reicht, den berüchtigten „Darién Gap" – die einzige Lücke in der 25 800 km langen Panamericana zwischen Alaska und Argentinien. Auf den ersten drei Vierteln der Reise ist die Straße gepflastert, dann aber wird sie merklich schlechter, und Sie brauchen ein Fahrzeug mit Allradantrieb, wenn Sie weiterfahren wollen. Selbst dann ist es in der Regenzeit oft unmöglich, bis Yaviza, wo die Straße ausläuft, vorzudringen.

Die Fahrt geht meist durch flaches Land, da der Highway in einem breiten, von den Bergen der Serranía de San Blas und der Serranía de Majé flankierten Tal verläuft. Begonnen in unberührtem Urwald in den 1970er-Jahren, führt der Highway heute meist durch entwaldetes Gebiet. Zum Glück widersteht die panamaische Regierung den Forderungen von Holzfällern und anderen Wirtschaftsinteressen, den Interamerican Highway bis zur kolumbianischen Grenze auszubauen – ein Garantierezept für eine ökologische Katastrophe. Die wenigen interessanten Orte sind durch Weideland getrennt. Unterkünfte sind selten und meist kläglich, und die militarisierten Polizeiposten

erinnern daran, dass es sehr riskant ist, von Yaviza aus weiterzureisen. Planen Sie eine eintägige Rundreise ein, die morgens beginnt. Sie brauchen Ihren Pass.

Starten Sie in **Chepo** ❶, einem ruhigen Ort, 3,5 km südlich des Interamerican Highway, 33 km östlich von Panama-Stadt gelegen. Eine Polizei-Kontrollstation und eine Statue des Hl. Christophorus mit einem Kind auf der Schulter markieren die Abzweigung, von der aus der Highway entlang der Südhänge der Serranía de San Blás Richtung Osten führt. Nach 39 km kommt der silbrige **Lago Bayano** ❷ (siehe S. 130–131) in Sicht. Hier müssen Sie bei der Polizei-Kontrollstation in **Bayano,** wo Kuna-Frauen in

Trachten weitere Farbtupfer setzen, Ihren Reisepass vorlegen. Sie überqueren den See über eine Eisenbrücke und kommen in die *comarca* Kuna de Madugandí. Auf den nächsten 30 km ist die Straße von Wald gesäumt und eine ideale Flugschneise für Schmetterlinge und Papageien.

Der Wald verschwindet hinter **Quebrada Calí** und gibt den Blick nach Süden auf die gezackten Gipfel der Serranía de Majé frei. Weiter östlich verkauft die kleine Gemeinde **Ipetí Kuna** ❸ (siehe S. 131) *molas*. Nach diesem und dem benachbarten Dorf **Ipetí Emberá** ist die Straße nun von Weideland mit vereinzelten Mahagoni- und anderen himmelhohen Bäumen gesäumt. An der Straße liegt **Tortí**, das bekannt ist für seine Rodeos und Stierkämpfe Ende März und für handgefertigte Sattel; die *talabarterías* (Lederwerkstätten) liegen an der Straße. Vorbei an Teakplantagen kommen Sie nach **Aguas Frías** ❹ mit einer Polizeistation und einem Schild „Willkommen im Darién". Rund 20 km weiter legen Sie in **Emberá Arimae** (auch genannt Los Monos), das für sein Kunsthandwerk bekannt ist, eine Pause ein; das Dorf bietet außerdem traditionelle Tänze.

Die Asphaltstraße, die in Alaska beginnt, endet in der afro-antillanischen Gemeinde **Zapallal** ❺. Von hier ab werden Sie nur noch Staub aufwirbeln oder Schlamm hochschleudern, wenn Sie sich nach Süden Richtung **Metetí** vorkämpfen, wo die Polizei am befestigten Kontrollpunkt Ihnen vielleicht die Lust am Weiterfahren nimmt. Metetí hat eine Tankstelle und eine Bank.

Östlich von Metetí ist der Highway eine Schande für den Straßenbau; in der Regenzeit sollten Sie hier Halt machen. Sie kommen nur noch halb so schnell und dann immer langsamer voran, bis nur noch ein Feldweg nach **Yaviza** ❻ führt, eine verwahrloste, latent bedrohlich wirkende Grenzstadt, hinter der dichter Dschungel beginnt. ■

⊞ Siehe Karte S. 129
▶ Chepo
⬌ 204 km
⏱ 5 Stunden Hinfahrt
▶ Yaviza

UNBEDINGT ANSEHEN

- Lago Bayano
- Ipetí Kuna
- Ipetí Emberá
- Zapallal

Parque Nacional Darién

Parque Nacional Darién
www.anam.gob.pa

🅰 129 C1 & C2

✉ El Real de Santa María

☎ 299-6579 oder 299-6183

💲 $$, Genehmigung erforderlich

DARIÉN GILT ALS DER GRÖSSTE NATIONALPARK IN GANZ Zentralamerika und als das faszinierendste Naturschutzgebiet Panamas. Von winzigen Pfeilgiftfröschen bis zum größten Adler der Welt bietet dieser Mini-Amazonas alles, was in und unter dem Kronendach lebt – ein Juwel von Regenwald, das trotz dampfender Feuchtigkeit und endlosem Regen das Herz des Naturliebhabers höher schlagen lässt.

Der Park, eine riesige Oase biologischer Vielfalt, wurde 1980 gegründet, um 5791 Quadratmeter Tiefland-Regenwald sowie mehrere andere Lebenszonen, die von Mangroven und Sümpfen bis zu Bergwäldern auf dem **Cerro Tacarcuna** (1875 m) reichen, unter Schutz zu stellen. Er zieht sich über die ganze Länge der panamaisch-kolumbianischen Grenze hin. Ganze Abschnitte des Parks sind in der Hand von Guerillas, Drogenhändlern und Banditen, sodass es gefährlich ist, sich außerhalb der gesicherten Zonen zu bewegen. Unter allen Umständen sollte man nur mit einem informierten Guide und/oder einem angesehenen Reiseveranstalter fahren. Die einzigen Unterkünfte gibt es in Pirre und in Cana (siehe unten).

Der Hauptsitz der Nationalen Umweltbehörde (Autoridad Nacional del Ambiente/ANAM) befindet sich in der Uferstadt **El Real de Santa María** (siehe S. 142). Von hier aus können Sie zur **Pirre-Station** von ANAM am Río Peresenico im Tiefland-Regenwald wandern (vier Stunden; nur in der Trockenzeit) oder mit dem Kanu fahren. In Pirre gibt es einen Schlafsaal mit miesen Einrichtungen. Bringen Sie Verpflegung und eine Taschenlampe mit; es gibt keinen Strom.

Tief im Herzen des Parks und nur zu Fuß erreichbar liegt **Cana** in 500 m Höhe an den Osthängen des **Cerro Pirre**. Es bietet mehr

Komfort und lockt vor allem Vogelkenner an. Die biologische Forschungsstation, die zur Asociación para la Conser-vación de la Natureleza (ANCON) gehört, dient auch als Ökolodge, die von Ancon Expeditions (*Tel. 269-9415, www.anconexpeditions. com*) betrieben wird. Trotz seiner Abgeschiedenheit wurde das im 16. Jahrhundert gegründete Cana durch die Goldminen von Espiritu-Santo reich. Das um 1727 aufgegebene Santa Cruz de Cana wurde bald vom Dschungel überwuchert. Die Minen wurden im späten 19. Jahrhundert für kurze Zeit wieder in Betrieb genommen; rostende Reste einer Eisenbahn sind noch heute im Wald verstreut.

ARTENREICHE TIERWELT

Dieses biologisch überreiche Eden wurde 1981 von der UN-ESCO zum Weltnaturerbe und 1982 zum Biosphären-Reservat erklärt. Im Darién gibt es lebensfähige Populationen von 56 Arten, die anderswo auf dem Kontinent gefährdet sind. Harpyien lassen sich ebenso wie Tapire häufig blicken, und Jaguare sind dabei beobachtet worden, wie sie über Canas Landepiste schlenderten. Die Chance, die fünf Raubkatzenarten zu Gesicht zu bekommen, ist hier größer als sonstwo im Land. Ebenso Weißlippenpekkaris, Ameisenbären, Zwei- und Dreizehen-Faultiere sowie viele Affen.

Der üppig grüne Regenwald von Darién ist ein Schatzhaus grandioser Flora.

Exotisch gefärbte Pfeilgiftfrösche hüpfen über den feuchten Waldboden, in ihrer Warntracht sicher vor ihren Fressfeinden unter Dariéns zahlreichen Schlangen. Krokodile und Kaimane planschen in den Flüssen. Über 450 Vogelarten sind hier registriert worden, darunter Dunkelrote, Gelbbrust- und Grünflügel-Aras.

Von Pirre führt ein 2 km langer Pfad zu Wasserfällen; aus Sicherheitsgründen sollten Sie der Versuchung widerstehen, zu ihnen hinaufzuklettern. Der Aufstieg zum Cerro Pirre auf dem **Sendero Cerro Pirre** ist zwar anstrengender, lohnt sich aber wegen der Aussicht über das Flusstal.

WANDERN

Man braucht sich nicht weit von Pirre oder Cana zu entfernen, um Tieren nahe zu kommen. Bringen Sie wasserdichte Wanderschuhe für die schlammigen Wege sowie Insektenschutzmittel und Wasser mit. Sehen Sie sich vor Giftschlangen vor, insbesondere Terciopelo-Lanzenottern, große, gut getarnte Grubenottern, deren Biss in Minuten tötet. *Wandern Sie niemals ohne Führer.* Wenn Sie sich im Darién verirren oder verletzt werden, sind Ihre Überlebenschancen gering.

Fünf Pfade beginnen in Cana. Eine kurze, leichte Wanderung auf dem **Sendero Maquina** führt zu verrosteten Dampfloko-motiven aus dem 19. Jahrhundert. Der 9 km lange **Sendero Cerro Pirre** steigt zu einem nebelver-hüllten Zeltcamp auf dem Cerro Pirre auf; von hier bietet der **Sendero Bosque Nuboso** die Chance, den seltenen Goldkopftrogon zu sichten. Wege beginnen auch an der ANAM-Rangerstation im drei Stunden entfernten **Rancho Frío**; einer führt zum Gipfel des Pirre. ■

Eine Hütte mit Blick auf Cana, tief im Herzen vom Parque Nacional Darién.

Pfeilgiftfrösche

Die atemberaubend schön gefärbten Pfeilgiftfrösche bewohnen die warmen, feuchten Wälder der Neotropen Zentral- und Südamerikas. Die meisten sind nicht größer als ein Daumennagel, nur wenige werden länger als 5 cm. Trotz ihrer geringen Größe erzeugen diese Geschöpfe einige der tödlichsten der Wissenschaft bekannten Gifte.

Die lebhaft gefärbten Frösche gehören zur Familie der Baumsteigerfrösche (Dendrobatidae). Immer noch werden neue Arten entdeckt, wie Dendrobates claudiae, der 2000 erstmals auf Panamas Isla Bastimentos identifiziert wurde. Von den rund 170 bekannten Arten ist nur ein Drittel giftig.

Pfeilgiftfrösche produzieren bitter schmeckende basische Alkaloide, die in mikroskopisch kleinen Schleimdrüsen unter der Froschhaut gespeichert werden. Das wirksamste Gift von allen ist Batrachotoxin (von batrachos, dem griechischen Wort für Frosch), das ausschließlich von den drei extrem giftigen Froscharten aus der Gattung Phyllobates stammt. Sie kommen nur im Darién und im Anden-Tiefland Kolumbiens vor und sind die wahren „Giftmörder" unter den Fröschen, denen die gesamte Familie ihren Namen zu verdanken hat. Die Emberá-Wounaan-Indianer benetzen ihre Blasrohrpfeile mit dem Gift von Phyllobates, um Jagd auf Affen und andere Waldtiere zu machen. Die Frösche sondern das Gift ab, wenn sie sich bedroht oder gestresst fühlen. Der silbrig-gelbe, 5 cm lange Phyllobates terribilis ist auch ohne Erregung tödlich – die Emberá-Wounaan brauchen nur mit ihren Pfeilen über seinen Rücken zu streichen. Das Nervengift dieses Frosches, das 250-mal stärker als Strychnin ist, ist so wirksam, dass ein Giftpfeil länger als ein Jahr seine tödliche Wirkung nicht verliert.

Die Frösche nehmen ihr Gift durch ihre Nahrung auf. Das Batrachotoxin von Phyllobates beispielsweise stammt von einer wenig bekannten, winzigen Art von Käfern der Gattung Choresine, die das Gift in hohen Konzentrationen enthalten. In Gefangenschaft, wenn sie ihre natürliche Nahrung nicht mehr bekommen, verlieren die Amphibien allmählich ihr Giftigkeit.

Die neonfarbenen Rührmichnichtans der Natur zeigen mit ihren schreiend bunten Farben ihren Fressfeinden, dass sie ungenießbar sind. Während einige einfarbig sind, haben die meisten eine dominante Farbe oben (meist ein leuchtendes Rot, Orange, Grün oder Blau) und eine zweite Farbe darunter (meist Gelb, Rot, Weiß, Blau oder Schwarz), die oft in Flecken zutage tritt. Die Arten sind von Insel zu Insel verschieden. So sind zum Beispiel die Frösche vom Archipel Bocas del Toro grün auf der Isla Popa, grün und schwarz auf der Isla Taboga, dunkelblau auf Cerro Brujo, gelb mit schwarzen Flecken auf Isla Bocas und erdbeerrot auf Isla Bastimentos.

Die meisten Pfeilgiftfrösche sind Bodenbewohner und sehen auf dem feuchten Waldboden wie kleine Porzellanfiguren aus. Sie sind tagaktiv und hüpfen ungeniert umher, da sie vor Feinden sicher sind. Die Männchen verteidigen ihr Revier angriffslustig und können oft beim Ringkampf Brust an Brust wie Mini-Sumos beobachtet werden. Leimadophis epinephelus, eine Schlange, ist als einziges Tier immun gegen das Froschgift und somit die einzige natürliche Feindin dieser Amphibien.

Pfeilgiftfrösche legen ihren Laich auf Blättern ab und tun alles, um ihre Nachkommenschaft, die noch nicht giftig ist, zu schützen. Nach dem Schlüpfen lädt ein Elternteil (Weibchen oder Männchen, je nach Art) die kleinen Kaulquappen auf seinen Rücken und trägt sie einzeln in die Bäume hoch, wo es sie in wassergefüllte Blattachseln von Bromelien ablegt. Während die meisten anderen Frösche ihre Kaulquappen sich selbst überlassen, füttern die Weibchen der Pfeilgiftfrösche ihre Babys alle paar Tage, indem sie unbefruchtete Eier im Wasser ablegen. ∎

Dendrobates azureus kommt in mehreren Blautönen, von Puder bis Kobalt, vor. Pfeilgiftfrösche können aber auch rot, grün oder gelb sein.

La Palma & Golfo de San Miguel

DER GOLFO DE SAN MIGUEL BILDET VON DER WASSERSEITE
her den Zugang zum Darién. Buckelwale springen oft im warmen Wasser, in das Vasco Núñez de Balboa, unter der schweren Rüstung schwit-
zend, 1513 watete, nachdem er aus dem Dschungel hervorgetreten war,
um den Stillen Ozean für Spanien in Besitz zu nehmen.

La Palma, die hässliche Provinzhauptstadt der Region, liegt am
Mündungsufer des Río Tuira; von
hier dehnt sich der Golfo de San
Miguel wie ein Fächer nach Westen aus. La Palma wird von einer
Landebahn bedient und ist mit
dem Interamerican Highway per
Boot über Puerto Quimba verbunden (Wassertaxis legen alle 30
Minuten zu einer 20-minütigen
Fahrt ab). Es ist vor allem eine
Basis für Fahrten ins Binnenland
auf dem **Río Tuira** (siehe S. 140)
und nach Westen entlang der
Küste und den Río Sambú hinauf
in die **Comarca Emberá Sambú** (siehe S. 140–141). Der kleine
Hafen diente während der frühen
spanischen Kolonialzeit als Um-

schlagplatz für Gold, das strom-
aufwärts in den Cana-Goldminen
geschürft wurde. Die Ruinen des
Fuerte San Carlos ragen auf
der **Isla Boca Chica**, etwa fünf
Bootsminuten von der Küste entfernt, aus einem Würgefeigen-
Sarkophag empor.

Die ortsansässige Bevölkerung
ist überwiegend afro-antillanisch.
Diese *afrodarienitas* – Nachfahren
afrikanischer Sklaven, die für die
Arbeit in den Minen von Espíritu
Santo eingeführt wurden – sind
berühmt für ihre musikalischen
Traditionen, die vor allem im verarmten Fischerdorf **Punta Alegre**, 22 km südwestlich von La
Palma, gepflegt werden. Wenn Sie
eine Weile bleiben, holen die Leu-

te Gitarren, Bongos und Maracas
und tanzen einen sinnlichen Bul-
larengue, dessen Wurzeln bis in
die Gegend von Batá in Afrikas
Spanisch-Guinea zurückverfolgt
werden können.

Hinter **Punta Patiño**
schwingt der große Bogen der
Ensenada de Garachiné sich
bis Punta Garachiné und zum
Pazifik. Boote nach **Playa de
Muerto** (siehe S. 141) können in
der afro-antillanischen Gemeinde
Garachiné gemietet werden: von
hier aus führt eine Straße bis ins
Tal des **Río Sambú** (siehe S. 141).

RESERVA NATURAL PUNTA PATIÑO

Wasserschweine kauen das Gras
des Sumpflandes nahe der Lodge
in Punta Patiño, einem 303 Qua-
drat-kilometer großen Naturreservat im Besitz von ANCON. Diese
stumpfnasigen Nagetiere, so groß
wie kleine Schweine, sind oft zu
sehen, wenn man auf den Pfaden
wandert, die durch Mangroven,
Küstenfeuchtland und tropische
Wälder führen, mit denen eine in
den Golfo de San Miguel ragende
Halbinsel bedeckt ist. Ein Großteil
des Reservats ist eine frühere Ko-
kosplantage, die wieder aufgeforstet wird. Erstaunlich für ein so
kleines Gebiet, leben hier 10 Prozent der Fauna Panamas, darunter
Vögel wie Harpyien und Tuber-
kelhokkos sowie Jaguare, Ozelots
und Pumas. Der leichte **Sendero
Piedra de Candela** schlängelt
sich durch Küstenwald; hier kann
man sehr gut Pfeilgiftfrösche (und
nachts auch Rotaugenbaumfrösche)
beobachten.

Das Reservat hat eine private
Landepiste und liegt eine Stunde
Bootsfahrt von La Palma entfernt;
ein Traktor zieht ankommende
Boote durch das sumpfige Ufer an
Land, während Moskitos um Ihre
Ohren tanzen. Übernachtungen
müssen bei Ancon Expeditions
(*Tel. 269-9415, www.anconexpe
ditions.com*) angemeldet werden;
der Reiseveranstalter bietet auch
Touren im Paket an. ∎

Ibisse gehören zu
den vielen Vogel-
arten, die an den
Küsten des Golfo
de San Miguel zu
sehen sind.

**Reserva Natural
Punta Patiño**
www.anconexpeditions.com

🅰 129 B2

✉ 14,5 km südwestl.
von La Palma mit
dem Boot

☎ 269-9415
Fax: 264-3713

Vasco Núñez de Balboa

Der Konquistador Vasco Núñez
de Balboa gründete 1510 Santa
María la Antigua del Darién, die erste
ständige Siedlung in der Neuen Welt.
Lokale *caziques* (indianische Häupt-
linge) erzählten ihm von den Reichtümern der Inka in Peru und von
einem ihm unbekannten Meer. Am
1. September 1513 brach er mit 190
Spaniern und 800 Indianern auf und
sichtete am 22. September den Pazifik von einer Bergkuppe. Drei Tage
später kam Balboa am Golfo de San
Miguel an und nahm ihn als „Mar del
Sur" für den König von Spanien in
Besitz. Er entdeckte die Perleninseln
und wurde zum Gouverneur von
Panama ernannt. Ein Rivale, Don
Pedro Arias de Ávila, intrigierte gegen Balboa und ließ ihn wegen Ver-
rats vor Gericht führen; Balboa wurde im Januar 1519 hingerichtet. ∎

Dörfer der
Emberá & Wounaan

**Comarca
Emberá–Wounaan**
129 B2, C2, & C3

FLUSSFAHRTEN DURCH DARIENS BINNENLAND BIETEN EINEN
faszinierenden Blick in die reiche indigene Kultur der Region und garantieren zugleich optimale Dschungelerlebnisse.

**Emberá-Kinder
amüsieren sich
bei der Hitze mit
einem Bad im
Río Mogue.**

Die Emberá-Wounaan-Völker
stammen aus Kolumbien und
leben seit mindestens zwei Jahrhunderten in den Wäldern Kolumbiens als Jäger-Sammler. Erst
in den letzten Jahrzehnten haben
sie sich in über die ganze Provinz
verstreuten Dörfern niedergelassen. Ihre territorialen Rechte wurden 1983 mit der Bildung der
comarca Emberá-Wounaan aner-
kannt, in der rund 17 000 Menschen leben, überwiegend Emberá
sowie eine Minderheit von Wounaan. Sie umfasst ein Viertel der
Provinz Darién und besteht aus
zwei getrennten *comarcas*.

Die 2880 Quadratkilometer
große *comarcas* **Emberá Cemaco** mit 28 indigenen Gemeinschaften liegt im Flussbecken des
Chucunaque-Tuira im Nordos-
ten. Der breite **Río Tuira** verbindet die isolierten Gemeinschaften
von Emberá, Wounaan und *afrodarienitas*. Reisende müssen sich
bei jeder Polizeistation melden.
Die Weiterreise über **Boca de
Cupé** hinaus, das einst Hauptquartier für die Cana-Goldminen
war, ist wegen der Guerilla-Infil-
tration „off limits", ebenso wie
der Weg von Boca nach Cana.
Boca hatte einmal mehr als
20 000 Einwohner und war durch
eine Eisenbahn mit den Minen
verbunden; heute ist es eine Geis-
terstadt.

Die 1300 Quadratkilometer
große *comarca* Emberá Sambú im
Südwesten ist sicherer und leicht
auf dem Fluss zu erreichen. Die

12 Hauptdörfer der *comarca* sind alle auf Touristen eingerichtet. Die meisten Dörfer bieten einfache Unterkünfte und Mahlzeiten und werden von schwerbewaffneten Polizeibrigaden bewacht. **Mogue**, das 5 km den trüben Río Mogue aufwärts auf halbem Wege zwischen La Palma und Punta Patiño liegt, ist am leichtesten erreichbar. Man geht 20 Minuten durch dampfende Hitze vom Anleger zum Dorf. Pfade führen in den unberührten Regenwald.

RÍO SAMBÚ

Auf dem Río Sambú, 90 Minuten Bootsfahrt von La Palma entfernt, fahren *cayucos* und *piraguas* bis nach **Pavarandó**, dem östlichsten Emberá-Dorf. Krokodile liegen am schlammigen Ufer; Baden empfiehlt sich nicht.

La Chunga am Nebenfluss Río Chunga ist relativ touristisch. Weiter flussaufwärts können Sie in **Sambú** – teils Emberá, teils afroantillanisch – erleben, wie verschiedene ethnische Gruppen in Harmonie miteinander und mit der Umwelt leben. Die **Sambu Hause B&B**, eine geräumige hölzerne Lodge, ist die perfekte Ausgangsbasis für kulturelle und Naturausflüge (siehe S. 245). Führer leiten Waldwanderungen, von denen eine zu einem Felsen mit **präkolumbischen Steinritzungen** führt. Die nahe Gemeinde **Werará Perú** hat einen Laden mit Kunsthandwerk.

Die Weiterreise flussaufwärts dauert den ganzen Tag. Sie kann von Ancon Expeditions *(Tel. 269-9415, www.anconexpeditions.com)* arrangiert werden. Bringen Sie viel Insektenschutzmittel mit.

PLAYA DE MUERTO

Diese einzigartige Küstengemeinschaft ist schwer zu erreichen, ist aber ein lohnendes Ziel. Am bes-

Botschafter des Darién

Die Emberá-Wounaan können aus einem einzigen Baum im Regenwald mehr Einkünfte erzielen als aus 16 ha Weideland, sagt Jim Brunton, der Gründer der Pajaro Jai Foundation (420 Post Rd., West 202, Westport, CT 06880, USA), die sich dafür einsetzt, die Eigenständigkeit der indigenen Kultur im Darién zu sichern. Im Dorf Mogue fördert PJF umweltfreundliche Projekte wie exklusives Kunsthandwerk, Dschungellodges für den Ökotourismus und kleine Möbelfabriken, die Holzdübel, Rahmen und Möbel aus dem blutroten Purpurholzbaum, der gelben Zeder und dem korallenfarbenen Mandelbaum herstellen. PJFs wichtigstes erzieherisches Instrument ist die *Pajaro Jai* (Zaubervogel). Die schlanke, 28 m lange, seetüchtige Ketch ist das Ergebnis von 15 Jahren Arbeit der Emberá, von Hand gebaut und mit Emberá-Wounaan in Stammestracht als Besatzung. ∎

ten startet man frühmorgens zur zweistündigen Bootsfahrt von Garachiné (vor der Abfahrt bei der Polizei melden!), die einen zum kilometerlangen schwarzen Sandstrand bei dem Emberá-Dorf bringt. Seine Lage vor dunklen Bergen ist fantastisch. Die 225 Einwohner führen ihre Tänze vor, verkaufen hervorragende Handarbeiten und zeigen Heilpflanzen. Führer leiten Wanderungen zur **Playa Cocal**, wo ein Regenwaldpfad zu einem Wasserfall führt. In Playa de Muerto bekommt man einfache Unterkünfte und dazu das markerschütternde Gebrüll von Brüllaffen als Wecker (siehe S. 245). ∎

Weitere Sehenswürdigkeiten im Darién

BAHÍA PIÑA

Auf halbem Wege zwischen Punta Garachiné und der kolumbianischen Grenze liegt diese von schmalen Vorgebirgen gerahmte, unglaublich schöne Bucht. Wellen krachen gegen Felsklippen, hinter denen sich smaragdgrüner Wald an den Hängen der Serranía de Jungurudó entlangzieht. Buckelwale und Große Tümmler besuchen die Bucht. Eine Landepiste bedient den Weiler **Puerto Piña**, wo Emberá Touristen oft mit traditionellen Tänzen willkommen heißen. Eingebettet in die Bucht ist die **Tropic Star Lodge** (siehe S. 245), in der Weltrekorde im Hochseefischen aufgestellt werden; die Fische werden am **Zane Grey Reef**, einem 25 km von der Küste entfernten Unterwasserberg gefangen. Ein Bergpfad führt zur talgweißen **Playa Blanca**, die sanft in türkises Wasser abfällt, das von einem zum Schnorcheln einladenden Korallenriff geschützt wird.

🗺 129 B1

Harpyien

D ie gefährdete *Harpia harpyja* – Panamas Nationalvogel und der größte Adler der Welt – hat über 2 m Flügelspannweite. Mit mächtigen Krallen, so groß wie Grizzlytatzen, herrscht dieser Raubvogel über den Tiefland-Regenwald, wo er baumbewohnende Beutetiere, wie Affen und Faultiere, jagt. Seine Bestände sind heute auf begrenzte Flächen in Zentral- und Südamerika beschränkt. ∎

JAQUÉ

Die südlichste Siedlung in Panama, 8 km südlich Bahía Piña gelegen, wird zweimal wöchentlich ab Panama-Stadt angeflogen. Viele Bewohner sind kolumbianische Flüchtlinge. **Bridges across Borders** (*U.S. Tel. 352-485-2594, www.bridgesacross borders.org*) sponsort eine Frauen-Kooperative, die Pappe aus recyceltem Papier und Naturfasern herstellt. Der Dorfälteste Don Pininin verwandelt Balsaholz in hervorragende Trommeln. Und die Dorfbewohner sammeln die Eier von Lederschild-

kröten, die auf den kilometerlangen, schwarzen Sandstränden nisten; die Gemeinde hat Tausende von Jungschildkröten ins Meer zurückgesetzt. Einfache Unterkünfte sind vorhanden. Sie können auf dem Río Jaqué nach **Biroquera,** einem Wounaan-Dorf, und in die Emberá-Dörfer **Lucas, El Coco** und **El Mamey** fahren. Wer sich aber über Biroquera hinauswagt, riskiert sein Leben (im Januar 2006 kidnappte ein bewaffneter Trupp zwei spanische Bürger).

🗺 129 B1

EL REAL DE SANTA MARÍA

Die verfallene Grenzstadt mit einer vom Dschungel umzingelten Landepiste ist das „Tor" zum Parque Nacional Darién (siehe S. 134–135). Individualreisende, die einen Parkbesuch planen, müssen sich bei ANAM (*Tel. 299-6965*) registrieren lassen. Das Dorf liegt am Río Tuira, 65 km flussaufwärts von La Palma und 6,5 km flussabwärts von Yaviza. Es stammt aus dem 17. Jahrhundert, als es ein Zwischenlager für das Gold aus den Cana-Minen war; das Edelmetall wurde von hier nach Norden verschifft, um über den Camino Real nach Portobelo gebracht zu werden. Die kaum noch erkennbaren Ruinen eines spanischen Forts sind überwuchert. Die Stadt hat Übernachtungsmöglichkeiten für abgehärtete Stoiker.

🗺 129 C2

RESERVA FORESTAL DE CANGLÓN

Am Nordufer des Río Tuira, auf halber Strecke zwischen La Palma und El Real de Santa María, schützt dieses 316 Quadratkilometer große Feuchtgebiet – auch Humedal de Matusagaratí genannt – ein vitales Netz von Mangroven, Flussmarschen und tropischem Feuchtwald. Reiher und Ibisse picken im Schlamm, Blatthühnchen tippeln über Seerosenblätter und verteilen dabei ihr Gewicht auf die weit gespreizten Zehen. Mit etwas Glück trifft man auch auf Wasserschweine und auf Krokodile, die im Fluss lauern oder sich am Ufer sonnen.

🗺 129 C2 ☎ 299-6183, www.anam.gob.pa ∎

Um eine zerklüftete Gebirgskette erstreckt sich Zentralpanama mit herrlichen Wandermöglichkeiten, einer Küste voller Strände
und mit Feuchtgebieten. Kulturdenk-
mäler aus der Kolonialzeit, eine Insel
mit hervorragenden Tauch- und Wal-
beobachtungs-Möglichkeiten tragen
zum Reiz dieser Region bei.

Zentral-
panama

**Detail einer 1200 Jahre alten
Keramik, Veraguas-Museum,
Santiago**

Nebel umhüllt die Berggipfel im Parque Nacional Omar Torrijos.

Zentralpanama

DIESE REGION IST REICH AN TOURISTENATTRAKTIONEN JEDER ART – WUN-
derbare Strände, überwältigende Gebirgslandschaften, artenreiche Wälder, aber auch präkolumbische Stätten und bedeutende Kolonialarchitektur. Und alles nur wenige Auto-
stunden von Panama-Stadt entfernt. So verwundert es nicht, dass die Provinzen Coclé und
Veraguas – Letztere die einzige Provinz Panamas, die von der karibischen bis zur pazifischen
Küste reicht – sich gemeinsam zum beliebtesten Urlaubsziel der Einwohner von Panama-Stadt
gemausert haben und Besucher mit ihren zahlreichen Reizen in ihren Bann schlagen.

Im Norden wird die Region von den Bergen der
kontinentalen Wasserscheide begrenzt. In den
Bergen leben Ngöbe-Buglé-Gemeinden, und
die Küste ist dünn von afro-antillanischen Gemeinden besiedelt. In die karibische Region, die
mit dem „Darién Gap" das letzte Grenzland
darstellt, dringen keinerlei Straßen vor.

An der Pazifikseite sammeln sich die Ge-
birgsflüsse in sanft geschwungenem Flachland
und fließen durch Feuchtgebiete in die Bahía de
Parita (Parita-Bucht). Östlich der Bucht erstrecken sich auf einer Länge von 64 km Strände
mit graubraunem Sand entlang der Pazifikküste
von Farallón bis nach Punta Chame und der
Bahía de Panamá (Bucht von Panama). Obwohl bei den Panamaern beliebt, kennen nur
wenige Touristen diese Strände, die eine Stunde
westlich von Panama-Stadt beginnen und
durch Schilder an der Panamericana leicht zu
finden sind.

Die meisten Strandorte sind locker organisierte Grüppchen von Zweitwohnsitzen und
Ferienmietwohnungen. Seit Kurzem haben sich
große All-inclusive-Hotels hier eingefunden
(eins sogar mit Golfplatz), deren Zielgruppe
hauptsächlich die panamaische Mittelschicht
ist. Andere Möglichkeiten gibt es kaum und
Strandrestaurants noch seltener.

Das gebirgige Landesinnere verspricht küh-
lere Freuden. Das Bergdorf El Valle de Antón, in
einem alten Vulkankrater gelegen, genießt das
ganze Jahr über ein frühlingshaft gemäßigtes

sorgen für schnelles, wenn auch unspektakuläres Vorankommen. Man sollte sich an die Geschwindigkeitsbegrenzungen halten, denn die Straße wird streng kontrolliert. Entlang der Strecke liegen vereinzelt lebhafte, moderne Orte, die sich jedoch einen Ortskern wie in einem spanischen Dorf aus vergangenen Zeiten bewahrt haben. Penonomé ist ein solcher Ort, in dessen Zentrum man sich in ein anderes Jahrhundert zurückversetzt fühlt. In Natá befindet sich die älteste katholische Kirche der westlichen Hemisphäre. In der Nähe liegt El Caño, die bedeutendste präkolumbische Stätte Panamas. Und Santiago lockt mit einem Museum voller staubiger archäologischer Relikte.

Westlich von Santiago verengt sich die Panamericana zu einer Spur in jede Richtung und überwindet nach etwa 40 km den Bergkamm, der die Provinzen Veraguas und Chiriquí voneinander trennt. Nur wenige Siedlungen säumen diesen langen Straßenabschnitt, und es gibt weder Tankstellen noch Hotels und nur eine Handvoll einfacher Restaurants. Surfer und Sportangler zieht es in der Regel südlich zum Golfo de Montijo (Golf von Montijo), wo es mit die besten Wellen und Angelgründe des Landes gibt. Und nicht zu vergessen der Nationalpark Isla Coiba, dessen fantastische Tauchgründe weltberühmt sind. ■

Klima. Wandertouren oder Erkundungsritte bieten sich an, und die Tiere, die einem in der freien Wildbahn vielleicht entwischt sind, lassen sich in einem der beiden Zoos des Landes bestaunen. Die Fauna kann man auch im rustikalen Parque Nacional Altos de Campana – im Hochland mit Blick über ganz Panama – und im Parque Nacional Omar Torrijos erkunden. In den beiden Parks gibt es einige spektakuläre Bergwanderrouten, durch üppige Wälder voller Epiphyten, Orchideen und Vogelgezwitscher. Für Vogelbeobachter und Orchideenliebhaber ist auch das Bergdörfchen Santa Fé, das am Ende einer Bergstraße liegt, ein beliebtes Ziel.

Über die Panamericana, die die Region durchschneidet, ist jede Sehenswürdigkeit leicht zu erreichen. Zwei Spuren in jeder Richtung

Parque National y Reserva Biológica Altos de Campana

Nationalpark und Naturschutzgebiet Altos de Campana

⛰ 145 D3

Besucher-information

www.anam.gob.pa

✉ 4,5 km westl. der Panamericana ab Capira

☎ 997-7538

DIE WILDEN, KARGEN HÖHEN VON ALTOS DE CAMPANA ER-innern eher an die whiskeybraunen Felsen des schottischen Hochlands als an die sengenden Tropen. Die tiefer gelegenen Hänge der knapp 5000 ha großen Bergwildnis sind stark gerodet, doch in den windigen Höhen findet man eine üppige und prächtige Vegetation und die höchsten Gipfel beherbergen eine große Vielzahl endemischer Spezies.

Altos de Campana wurde 1966 als erster Nationalpark des Landes gegründet und hat die Form einer Hantel. Die dramatisch anmutenden Gebirgsformationen lassen den vulkanischen Ursprung des Gebiets erkennen. Lavafelder und vulkanische Felsspitzen – knorrige Felsbrocken mit senkrecht abfallenden Seiten – überziehen die Hänge, die sich von etwa 396 m Höhe bis zum 1007 m hohen Gipfel des **Cerro Chame** hinaufziehen.

Die befestigte, kurvige Hauptzugangsstraße zum südlichen Teil des Cerro Chame beginnt 3 km westlich von Capira (am Interamerican Highway) und windet sich dann 5 km hinauf zum Parkeingang auf der Westseite des Gebirges. Von der Straße aus hat man einen herrlichen Blick über die Küstenebenen, und der beste Mirador (Aussichtspunkt) befindet sich etwa 180 m hinter der Ranger-Station. Obwohl große Teile der West- und Südhänge abgeholzt wurden, stößt man weiter oben auf dichte Wälder. Etwa 5 km oberhalb der Ranger-Station beginnt rechter Hand ein gepflegter Wanderweg, der 5 km lange **Sendero La Cruz,** der zum Gipfel des **Cerro Campana** mit seinem Gipfelkreuz hinaufführt. Eine etwas anspruchsvollere Alternative ist der Wanderweg **Sendero Cerro Campana.**

Im Park gibt es vier Waldtypen, darunter einen tropischen Kiefernwald an den trockeneren Pazifikhängen. Die üppiger bewaldeten Atlantikhänge erschallen vor Vogelgezwitscher. Der Straußkolibri ist eine der bisher nachgewiesenen 267 Spezies. Das Gebiet ist bekannt für eine Vielzahl von Reptilien und Amphibien wie der bedrohte Panama-Stummelfußfrosch, der nur in der nordwestlichen Ecke nahe dem Valle de Antón anzutreffen ist (siehe S. 147).

Der schroffe, 968 m hohe **Cerro Trinidad**, ein oft wolkenverhangener, imposanter Berg mit dreigeteiltem Gipfel, bietet sich für eine steile und rutschige dreistündige Wanderung zum Gipfel an, nach man mit einer 360-Grad-Aussicht belohnt wird, wie man sie nur an wenigen Stellen Panamas findet. Von Capira aus führt ein nur mit Allradantrieb befahrbarer Weg entlang der Osthänge bis zum Ausgangspunkt der Wanderung. Zur Übernachtung stehen einfache Hütten (refugios) zur Verfügung.

Der Stummel-fußfrosch

Der Stummelfußfrosch (Atelopus zeteki), ein Nationalsymbol Panamas, lebt nur in einem Gebiet dieser Berge. Vor der Entdeckung durch Kolumbus verehrten ihn die Guaymí, die Stummelfußfrosch-Talismane (huacas) als Fruchtbarkeitssymbol herstellten. Der Legende nach verwandeln sich die Frösche nach ihrem Tod in huacas, und es bringt Glück, einen lebenden Frosch zu sehen oder zu besitzen. ∎

Das Valle de Antón

VERSTECKT IN EINEM ETWA 602 M HOCH GELEGENEN TAL und umringt von Bergen liegen das schöne Dorf und die Gegend El Valle. Abgesehen vom fantastischen Klima lohnt sich ein Besuch auch wegen der Stummelfußfrösche und quadratischen Bäume, des Marktes, der Wanderrouten und der spannenden Seilfahrt durch die Baumwipfel.

Der billardtischflache und grüne Talboden, dem El Valle seinen Namen verdankt, war einst der Grund des Sees in einem riesigen Vulkankrater, der vor drei Millionen Jahren seine Spitze abgesprengt hatte. Das Tal 25 km nördlich des Interamerican Highway ab Las Uvas ist ein Paradies und ein beliebtes Wochenend-Refugium für die wohlhabenden Einwohner von Panama-Stadt. Der friedliche Ort erstreckt sich am Ostufer des glitzernden Río Antón.

Über Bergpfade gelangt man hinauf zum **Cerro La India Dormida** (Schlafende Indianerin), einem Berg, der wie eine auf dem Rücken schlafende Frau aussieht. In schattigen Nischen entlang des Wegs kann man hier Orchideen sehen. Der Panama Explorer Club *(Tel. 215-2330, www.pexclub.com)* bietet geführte Wandertouren und mehr an.

Sonntags strömen Mitglieder des indianischen Ngöbe-Buglé-Stammes zum traditionellen **Markt** *(Ave. Central an der Calle del Mercado)*, um Handwerkskunst wie Figurinen der *Ranas doradas* zu verkaufen – der gefährdeten gelbschwarzen Pfeilgiftfrösche, die typisch für El Valle sind. Wer die Originale sehen möchte, sollte im **Berghotel Campestre** *(Tel. 983-6146; siehe S. 246)* vorbeischauen, vor dicht bewaldeten, 1185 m hohen **Monumento Natural Cerro Gaital** (Gaital-Berg). Beim Hotel führt ein Pfad in das Naturschutzgebiet. Ein weiterer Pfad führt zu einer Gruppe von *árboles cuadrados* (quadratischen Bäumen), deren Form nur mit viel Phantasie zu erkennen ist.

Im **El Níspero**, einem botanischen Garten und Zoo, gibt es ebenfalls Pfeilgiftfrösche sowie Affen, Agutis, Papageien, Wickelbären, Ozelots und Strauße. Das **Amphibienschutzzentrum von El Valle**, ein Ausstellungszentrum und Laboratorium, züchtet Pfeilgiftfrösche.

Bei **Canopy Adventure** *(Tel. 983-6547, www.panamabirding.com/adventure, $$)* kann man an einer Seilbrücke durch die Baumwipfel sausen. Highlight ist die Fahrt über den **Chorro Machoa**, einen 46 m hohen Wasserfall, der auch über Vogelbeobachtungs-Pfade zu erreichen ist. In der Nähe liegt die **Piedra Pintada**, ein riesiger Felsblock mit präkolumbischen Symbolen, von denen es heißt, dass sie eine alte Landkarte darstellen. Neben der **Iglesia de San José** (Ave. Central an der **Calle la Compaía**) werden im **Museo El Valle** Exponate wie präkolumbische Felszeichnungen, Keramiken und Folklorekostüme gezeigt. ∎

El Valle de Antón
🗺 145 C3

Besucherinformation

✉ Mercado Artesanal (Markt für Handwerkskunst), Ave. Central

☎ 983-6484

In El Valle findet jede Woche ein farbenfroher Bauernmarkt statt.

El Níspero
✉ 1,2 km nördlich der Polizeiwache, Ave. Central

☎ 983-6142

💲 $

Museum von El Valle
✉ Ave. Central

☎ 6486-5194

💲 $

Die Strände

DIE KURVENREICHE KÜSTE DER WESTLICHEN PROVINZEN Panamá und Coclé ist auf einer Länge von 64 km mit silbernen Stränden gesäumt. Da sie von Panama-Stadt aus mit dem Auto in weniger als zwei Stunden zu erreichen und daher sehr beliebt sind, können sie am Wochenende und während der Fiestas etwas überfüllt sein. Vereinzelte, baufällige Fischerhütten zieren das Ufer, und Meeresschildkröten schleppen sich hier an Land, um über der Flutlinie ihre Eier abzulegen.

Die meisten der Strände mit Sand in Farbschattierungen von Schokoladenfarbe über Graubraun bis Schwarz sind am Interamerican Highway ausgeschildert, der etwas landeinwärts entlang der Küste verläuft. Sie sind mit Bussen vom Gran Terminal in Panama-Stadt aus leicht erreichbar.

Auf der Suche nach Fahrgästen zum Strand grasen auch Taxis die Straße ab oder stehen an Bushaltestellen bereit.

PUNTA CHAME & UMGEBUNG

Entlang der Ostflanke der **Bahía de Chame** windet sich die Nehrung **Punta Chame** wie ein Angelhaken in Richtung Norden und trennt zwei Welten voneinander. Folgt man der Straße bis zur Spitze der Nehrung, bietet sich eine überwältigende Aussicht. Das von Shrimp-Farmen und Mangrovenbäumen gesäumten Buchtufer erklingt mit den Rufen der Watvögel und ist eine wichtige Kinderstube für Kaimane, Schildkröten und Fische. Delphine tummeln sich im Wasser, und Kite-Surfer flitzen durch die Bucht. Das Dörfchen Punta Chame ist das Hauptzentrum für Kite-Surfer. Wer den Sport ausprobieren möchte, hat bei Machete Kiteboarding (*Tel. 6674-7772, www. machetekites.com*) Gelegenheit dazu.

Die Insel **Isla Taborcillo** (*siehe S. 247*) in der Bucht ist gemeinhin als Isla de John Wayne bekannt, der sie

1959 nach Abschluss der Dreharbeiten zu „Rio Bravo" gekauft hatte. Jetzt steht dort ein Familienhotel mit Vergnügungspark im Westernstil, mit Schauspielern, die in John-Wayne-Cowboy-Manier umherlaufen. Die Insel ist ein Brutgebiet für Dreifarben- und Krabbenreiher.

Die Ozeanseite der Punta Chame glitzert im Sonnenlicht. Im Wasser herrscht ein starker Sog, und in den sandigen Untiefen leben Stechrochen, die sich einbuddeln und das Waten zu einem gefährlichen Vergnügen machen können. Bei Vollmond kommen hier drei Meeresschildkrötenarten an Land. Etwa 15 km vor der Küste liegen die Felseninseln **Islas Otoque, Bona** und **Estivá**, allesamt wichtige Brutplätze für Pelikane, Fregattvögel, Brauntölpel und Blaufußtölpel. Am schwarzen Sandstrand **Playa Gorgona,** westlich von Punta Chame, kann man sich die Fußsohlen versengen und sich am Wochenende von Scharen musikbegeisterter Familien aus der Stadt überrennen lassen. Da ist die **Playa Coronado** die bessere Wahl, an die viele reiche Panamaer ihren Zweitwohnsitz haben und der ein etwas gehobeneres Publikum anlockt. Golfer zieht es ins Coronado Golf & Beach Resort (Tel. 264-3164), das mit einem für Meisterschaften zugelassenen 18-Loch-Golfplatz aufwartet. Eintritt nur mit Ausweis.

VOM SAN-CARLOS-STRAND NACH FARALLÓN

An der **Playa El Palmar,** gut über die Hauptstraße via San Carlos zu erreichen, weht frischer Wind von der offenen See. Die 3 m hohen Wellen sind das reinste Paradies für Surfer, und das **Palmar Point Surf Hotel** (Tel. 240-8004, siehe S. 249) verfügt über eine Surfschule. Wer Fischerdörfchen erleben möchte, ist an den Stränden **Playa San Carlos** oder **Playa Río Mar** richtig. Weiter südlich liegt einer der hübschesten

Strände, **Playa Santa Clara.** Hier gibt es eine große Auswahl einfacher Unterkünfte und Restaurants, in denen man sich unter Palmen an Meeresfrüchten laben und dabei quasi die Füße im Wasser baumeln lassen kann.

Der graue Sandstrand von **Playa Farallón** gewann mit der Eröffnung des Royal Decameron Beach Resort &

Playa Farallón

Besucherinformation

ANAM, Centro de Desarrollo Sostenible (Zentrum für nachhaltige Entwicklung), Strand von Farallón

993-3585

Die Gefangennahme Noriegas

Die Decameron-Ferienanlage liegt neben einem verlassenen US-Flugplatz zwischen Santa Clara und Río Hato, am selben Strand wie der ehemalige Strandwohnsitz von General Manuel Noriega. Am 20. Dezember 1989 starteten die United States Army Rangers mit der Operation Just Cause einen Großangriff mit Fallschirmjägern und Kampfhubschraubern auf den Flugplatz. Knapp 230 kg schwere Bomben wurden neben den Baracken abgeworfen, um Noriegas Streitmacht, die Panama Defense Force zur Aufgabe zu zwingen. (Später gab das US-Militär bekannt, man hätte in Noriegas Haus mehr als 50 kg „Kokain" entdeckt. Es stellte sich jedoch heraus, dass es sich nur um Maismehl handelte.) Der von Kugellöchern durchsiebte Wohnsitz des Diktators ist noch zu sehen. ■

Casino (siehe S. 261) im Jahre 2000 an Popularität und ist ein Wochenendziel für vermögende Panamaer. Es sind Tageskarten erhältlich. Dahinter windet sich die Küstenstraße zwischen urigen Fischerhütten hindurch. Bunte piraguas liegen am Strand, und in den Bäumen wehen Fischernetze. Bubba Shrimp Fishing Tours (Tel. 993-2740 oder 6615-4740) bietet Sportangelausflüge auf einem umgebauten Shrimpkutter an (Abfahrt am Strand von Farallón). ■

Die anmutige Kirche San Juan Bautista beherrscht den zentralen Platz von Penonomé.

Penonomé & Umgebung

BESONDERS SEHENSWERT IN PENONOME IST DER PLATZ IM Kolonialstil mit dem weißen Bahnhof am Fuß der Cordillera Central, der zentralen Gebirgskette. Der recht hektische Ort ist ein guter Ausgangspunkt für Ausflüge in die Gebirgsparks im Norden und Osten.

Penonomé
🗺 145 C3
Besucher-
information
☎ Autoridad Nacional
del Ambiente
(ANAM) (Landes-
umweltamt),
997-7538

Museo de
Penonomé
✉ Calle San Antonio
☎ 997-8490
$ $

Die Provinzhauptstadt Penonomé (Einw. 16 000) wurde 1581 als *Reducción de Indios* gegründet, ein Gebiet zur Zwangsumsiedelung der Indianer. Nachdem 1671 Panama-Stadt zerstört wurde, diente Penonomé – vom Indianerhäuptling Nomé abgeleitet, der hier von den Spaniern exekutiert wurde – als Hauptstadt der Landenge, bis das heutige Casco Viejo (siehe S. 60) erbaut wurde.

Der Landwirtschaftsort ist berühmt für seine *sombreros pintados* (Strohhüte), für die man in Coclé (31 km nordöstlich von Penonomé über Vía Sonadora) auf dem **Mercado de Artesanías,** dem Markt für Handwerkskunst – selbst in Form eines *sombrero montuno* aufgebaut –, je nach Qualität zwischen 10–200 $ bezahlt. Obwohl der Ort ein modernes Handelszentrum ist, hat er sich einen wunderbaren Platz aus der Kolonialzeit bewahrt: den

Parque 8 de Diciembre, mit Venezuelarosen und einem Musikpavillon im Zentrum. In der **Iglesia San Juan Buatista,** an der Nordseite des Platzes, gibt es farbige Glasfenster zu sehen. An der Westseite befinden sich die Gobernación (Gemeindeverwaltung) sowie eine Polizeiwache in mittelalterlichem Stil. Eine Bronzestatue von Simón Bolívar überblickt den Park, der in südlicher Richtung in einen Platz übergeht, auf dem Denkmäler und Büsten der Präsidenten Ramón M. Valdez (1867–1918), Harmodio Arias Madrid (1886–1962) und des dreimaligen Präsidenten Arnulfo Arias (1901–1988) stehen. Das **Museo de Penonomé** zeigt in vier blau-weißen Häuschen aus dem 18. Jahrhundert präkolumbische Keramiken, religiöse Ikonen aus der Kolonialzeit und Exponate der Architektur und Archäologie.

LA PINTADA

24 km nordwestlich von Penonomé liegt das Bauerndorf La Pintada mit seinem von Kiefern gesäumten Hauptplatz. Berauschende Düfte strömen aus der **Cigarros Joyas de Panamá** *(Tel. 991-0013)*, einer kleinen Manufaktur, in der 20 Arbeiter den hiesigen Tabak zu 12 Zigarrenarten verarbeiten. Wer eine geführte Tour möchte, sollte im Voraus anrufen. Die Fabrik liegt etwa 370 m südwestlich des Platzes.

Im Ortszentrum kann man auf dem **Mercado de Artesamas de La Pintada** Strohhüte und in Folkloretrachten gekleidete *muñequitas* (Puppen) kaufen. Viele der Hüte stammen aus **Pedregosa**, das sich ganz der Herstellung von Stroh-Sombreros verschrieben hat.

Von La Pintada aus führt eine Straße nordwestlich nach **El Copé**, dem Eingangstor zu dem entlegenen **Parque Nacional Omar Torrijos** (siehe S. 154–155). In nördlicher Richtung gelangt man von La Pintada aus über die kontinentale Wasserscheide in Ngöbe-Buglé-Gebiet nach **Molejón**. Hier werden Goldadern angezapft, die bereits von den Konquistadoren entdeckt wurden.

DAS TRINIDAD WELLNESSCENTER UND HOTEL

Als Teil einer Macadamia-Nussfarm und eines zwei Jahrzehnte alten Wiederaufforstungsprojekts begrüßt dieses Wellnesscenter in den Bergen (auch bekannt als Posada Ecológica (umweltfreundliches Gasthaus) del Cerro la Vieja, siehe S. 247) Besucher, die Vögel beobachten, wandern oder sich im Heilwasser entspannen möchten. Die Anlage verfügt über Räume mit Steinmauern und Sprudelbädern mit mineralhaltigem Heilwasser. Ihre unvergleichliche Lage in der **Serranía del Escaliche** (Escaliche-Gebirge) – durchzogen von hohen, waldbestandenen Kalksteingipfeln – ist eine der besten Stellen des Landes für Vogelbeobachtungen.

Pirole, Tukane, Habichte, Goldflügeltangare … mit jedem Wimpernschlag entdeckt man etwas Neues.

Der 750 m lange Wanderweg **Sendero Pozo-Azul** schlängelt sich durch ein Terrain voller einheimischer und exotischer Pflanzen bis zu einem fischreichen See und dem *pozo azul* (blaue Quelle) mit kühlem, mineralhaltigem Wasser, in dem man baden kann. Eine Wande-

Die hier hergestellten *sombreros montunos* aus schwarzen und weißen Palmenfasern sind ganz unterschiedlich geflochten; die feinsten so eng, dass man in ihnen Wasser tragen könnte.

rung führt zum **Tavida-Wasserfall**, der 28 m tief in ein natürliches Becken stürzt. Auf dem Weg kommt man an einem Felsen vorbei, in den präkolumbische Bildzeichen geritzt sind. Man kann zu Fuß oder per Maulesel bis zum Valle de Antón (siehe S. 147) wandern. In den Wäldern begegnet man Gürteltieren, Ozelots, Kapuzineraffen und Pfeilgiftfröschen.

Wer über Nacht bleibt, erlebt die Ruhe und Friedlichkeit am besten, die nur von Vogelgezwitscher durchbrochen wird. Der Ruf des Hämmerlings hat einen seltsamen, metallischen Klang. Und beim Aufwachen erblickt man den **Cerro La Vieja**, der aus den Nebelschwaden hervorlugt. ■

Trinidad Wellnesscenter und Hotel

www.posadaecologica.com

✉ 27 km nordöstl. von Penonomé über die Carretera a Chiquiri Arriba

☎ 983-8900

💲 $$–$$$$ je nach Aktivität

Mit dem Auto von Penonomé zum Trinidad Spa & Lodge

Auf der 52 km langen Fahrt durch die Ausläufer der Cordillera Central erlebt man eine bergige Landschaft mit wolkenumhangenen Gipfeln mit einer Haube aus sattem Grün.

Die kleine weißgetünchte Kirche neben dem Park in La Pintada ist ein typisches Exemplar der vielen *iglesias* entlang dieser Strecke.

Ein Großteil der Fahrt führt über eine abgenutzte Straße mit Schlaglöchern, die stellenweise sogar weggespült ist. Auch wenn die Strecke mit einem normalen Pkw zu bewältigen ist, sollte man doch lieber auf die bessere Federung eines Allradwagens zurückgreifen, damit man nicht ganz so sehr durchgeschüttelt wird.

Los geht es an der Straße an der nordwestlichen Ecke des Hauptplatzes von **Penonomé** ① (siehe S. 150–151). Während man auf der gut befestigten Straße durch das Tal des Río Coclé fährt, lassen die fernen Gipfel im Osten, Westen und voraus erahnen, welche Schönheit noch vor einem liegt. Nach 15 km erreicht man **La Pintada** ② (siehe S. 151), einen Bauernort mit einer weißen Kirche, der **Iglesia de Candelaria**. Neben der Kirche zweigt eine Seitenstraße in östlicher Richtung zum nahen **Charco Las Lavanderas** ab, natürlichen Wasserbecken, denen heilende Kräfte nachgesagt werden.

Man kann am Kirchplatz auch links abbiegen und den Schildern in südwestlicher Richtung zur Zigarrenfabrik **Cigarros Joyas de Panamá** (siehe S. 151) folgen, die man nach ca. 370 m erreicht. Hier gibt es hervorragende Zigarren zu kaufen.

Anschließend geht es zurück zum Zentrum von La Pintada. Im Ortskern fährt man rechts ab Richtung **Las Minas** ③ und dann entlang einer Straße durch stetig schroffer werdendes Terrain. Während die Straße nach Osten hin ansteigt, bietet sich ein Zwischenstopp an, um den Blick auf den **Cerro Orari** im Westen zu genießen, eine Mesa mit flacher Spitze und abfallenden Wänden. Auch auf den nächsten Kilometern lohnt es sich, Zwischenstopps einzulegen und die Aussicht über Täler und Berge zu genießen – eine würdige Entschädigung für den erbärmlichen Straßenzustand.

Im Ort **Toabré** angekommen, geht es an der Kreuzung links in Richtung **Tambo** ④, einem schnuckeligen Dörfchen, das im Westen von Zitrusplantagen begrenzt wird. Biegt man an der Kirche von Tambo rechts ab, kommt man nach knapp 3,2 km an einem hübschen **Friedhof** (linker Hand) vor einem Hintergrund aus gezackten Gebirgskämmen vorbei. Geprägt wird dieser Ausblick vom **Cerro Chichibalí,** einem freistehenden Berg aus Vulkangestein, der sich majestätisch im Nordosten erhebt. In seinem Schatten liegt das Dorf **Miraflores** ❺ mit seiner bezaubernden, von Kiefern umringten Kirche, der **Iglesia de San José.**

Die streckenweise nicht asphaltierte Straße führt nun abwärts durch Koniferenwälder und Kuhweiden nach **Churuquita Grande** ❻. Unterwegs bieten sich zwischen den Bäumen immer wieder herrliche Ausblicke auf üppige Täler mit spektakulären Kalksteinformationen. An der Kreuzung in Churuquita Grande geht es links ab auf die geteerte Straße. Nun fährt man über einen Gebirgsausläufergrat hinauf nach **Caimito** mit seiner bezaubernden kleinen **Capilla Católica de la Medalla Milagrosa.** Die nächsten paar Kilometer entlang des Berg-

kamms halten atemberaubende Ausblicke bereit. Dann wird die Straße schmaler und steiler. Nach 52 km ist man am Ziel, dem **Trinidad Spa & Lodge** ❼ (siehe S. 151 und 247), eingebettet in den Berghang und mit herrlichem Rundumblick. ∎

✚ Siehe Gebietskarte S. 145
➤ Penomomé
↔ 52 km
🕐 2 Stunden
➤ Trinidad Spa und Hotel

UNBEDINGT ANSEHEN

- Iglesia de Candelaria, La Pintada
- Cigarros Joyas de Panamá
- Capilla Católica de la Medalla Milagrosa, Caimito
- Trinidad Spa und Hotel

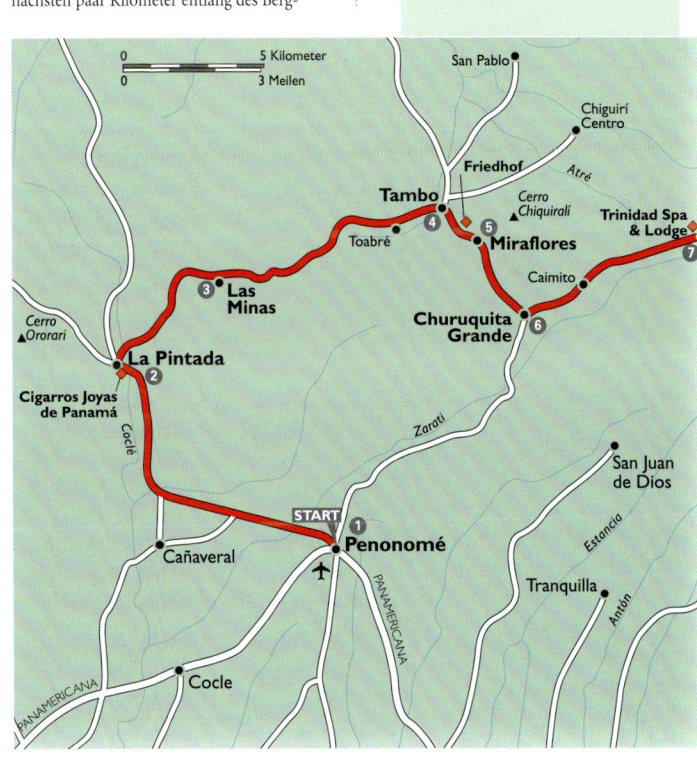

Parque Nacional Omar Torrijos

DIE HÖHER GELEGENEN HÄNGE DIESES FELSIGEN PARKS BE-stehen aus einem Gebirgsnebelwald mit reichhaltiger Fauna, und obwohl kaum Einrichtungen für Besucher vorhanden sind, können sich Wanderer und Vogelbeobachter oft am Anblick einer seltenen Spezies erfreuen. Es gibt ein regelrechtes Spinnennetz aus Wanderwegen, das gut vom US-Friedenscorps gepflegt wird.

**Parque Nacional
Omar Torrijos**

www.anam.gob.pa

▣ 145 B3 & C3

✉ 50 km nordwestl.
von Penonomé;
8 km nordwestl.
von El Copé

☎ 997-9089, 997-7538
(in Penonomé)

$ $

Der als El Copé (nach dem *Copé*-Baum) und offiziell als Parque Nacional General de División Omar Torrijos Herrera bekannte 25 275 ha große, 1986 gegründete Nationalpark liegt wie ein Sattel über der kontinentalen Wasserscheide. Er verdankt seinen Namen dem Militärführer Generalmajor Omar Torrijos, der dieses Gebiet liebte, viele lokale Gemeindeprogramme unterstützte und am 31. Juli 1981 hier bei einem Flugzeugabsturz ums Leben kam (die Überreste des Wracks liegen immer noch hier; eine makabre Attraktion fünf Wanderstunden von der Ranger-Station entfernt).

Der Park ist ein Schutzgebiet für die Wasserscheiden der Flüsse Ber-

mejo und Marta an der Pazifikseite und des Blanco, des Guabal und des Lajas an der karibischen Seite, die bei Regen zu tosenden Strömen anschwellen. Nebel aus dem Karibischen Meer zieht durch den Wald der Hochlandhänge – Lebensraum für den gefährdeten Ameisenvogel, den Olivmantelspecht, den Costa-Rica-Papagei und den Nacktkehl-Schirmvogel mit seiner Elvis-Frisur. Am Waldboden haust der bedrohte Panama-Stummelfußfrosch. El Copé ist eines der letzten Zufluchtsgebiete Zentralpanamas für den Jaguar, den Puma und den Tapir.

Der Nationalpark ist über die Panamericana zu erreichen, nach etwa 16 km westlich von Penonomé. Über eine asphaltierte Straße geht es 26 km nordwärts zum Dorf El Copé, von wo aus man über eine Schotterstraße den Berg hinauf zur **ANAM-Ranger-Station** gelangt. Ohne Allradantrieb ist die Strecke nicht zu bewältigen. Läuft man dahinter etwa 700 m weiter, erreicht man das Besucherzentrum **Altos del Calvario** (mit einfachen Erklärungen zur hiesigen Ökologie). Es liegt auf einem Berggrat, und durch die Glaswände hat man einen herrlichen Blick auf das Karibische Meer.

Dort beginnt ein einfacher, kaum sichtbarer **Rundwanderweg** von ungefähr einer Stunde. Ein anderer Pfad führt zu einem Aussichtspunkt auf einem Berggipfel. Über etwas holprigere Pfade gelangt man zum Weiler **La Rica**, den **Chorros-de-Tife-Kaskaden** und den Gipfeln des **Cerro Marta** und des **Cerro**

Tapire

Der mittelamerikanische Tapir sieht aus wie die Mischung aus einem Elefanten und einem Schwein. Er ist ein beliebtes Säugetier mit Stummelbeinen und einer Nase wie ein Miniaturrüssel. Dieser vegetarische Waldbewohner – das größte Landsäugetier Zentralamerikas – lebt vorzugsweise in der Nähe von stehenden Gewässern und suhlt sich gern im Sumpf. Sein Geruchssinn und Gehör sind hervorragend. Ausgewachsene Tiere haben eine zähe, borstige graubraune Haut, die Kälber sind kastanienbraun mit weißen Tarnflecken und -streifen. Ihr Fleisch gilt unter Jägern als Delikatesse, daher ist der Tapir vom Aussterben bedroht. ∎

Peña Blanca. Erfahrene Wanderer können bis zum Karibischen Meer wandern (einen Fremdenführer und Wegzehrung mitnehmen!)

Es gibt einen Übernachtungsraum mit Küche, Aufenthaltsraum und Schlafkojen, und auch Zelten ist erlaubt. Wegen der kühlen Nächte empfiehlt es sich, warme Kleidung mitzubringen. Bei der hiesigen Aso-ciación de Guías (Fremdenführervereinigung) kann man einen Fremdenführer anheuern (5–10 $)

Etwa auf halber Strecke zwischen El Copé und dem Parkeingang hat die Gemeinde **Barrigón** die Barrigón Grupo Boca eingerichtet, bei der man vogelkundige Wanderführer und Unterkünfte mieten kann. ■

Sturzflutartige Regenfälle speisen die wunderschönen Kaskaden im Parque Nacional Omar Torrijos.

Passend in Lila gekleidet, verschmilzt diese Passantin ganz mit einem Wandbild, das Aguadulces bunte Vergangenheit darstellt.

Aguadulce & Umgebung

IM FLACHLAND DER PROVINZ COCLÉ LIEGT AGUADULCE, EIN Zentrum der Salz- und Zuckerproduktion sowie der Shrimps-Zucht. Vogelfreunde können in den Küstenfeuchtgebieten den Regenbrachvogels und andere Watvögel beobachten, während man sich in Natá oder El Caño in die Kolonial- und präkolumbische Zeit zurückversetzt fühlt.

Aguadulce

🅰 145 C2

Ingenio de Azucár Santa Rosa

✉ 1,6 km nördl. von El Roble, 24 km westl. von Aguadulce

☎ 987-8101

🕐 So. & Mo. geschlossen; um Anmeldung am Vortag wird gebeten

Aguadulce liegt 185 km westlich von Panama-Stadt. Es ist eine wichtige Industriestadt in einer halbtrockenen Ebene und umgeben von Zuckerrohrfeldern, die im Frühling von zarten weißen Blüten übersät sind. Während der Ernte von Dezember bis April sieht man Feldarbeiter mit Strohsombreros und rußgeschwärzten Händen die verkohlten Stängel mit Macheten abschlagen und mit Zuckerrohr beladene Lkw über die Straße donnern. Dann ist die **Ingenio de Azúcar Santa Rosa,** die Zuckerraffinerie von Santa Rosa, rund um die Uhr in Betrieb, pustet

Rauch in die Luft und verbreitet überall den Geruch der Melasse. Es wird eine Besichtigungstour angeboten, zu der das Haus des ursprünglichen Mühlenbesitzers mitsamt der Einrichtung der damaligen Epoche gehört. Im Ort ist die **Plaza 19 de Octubre** Zentrum des Geschehens. An dessen Nordseite liegt die **Iglesia de San Juan Bautista.** Im **Museo Regional Stella Sierra** (ehemals Salz- und Zuckermuseum), das sich in einem zweistöckigen Herrenhaus aus dem Jahre 1925 befindet, werden Möbel aus jener Zeit, Steinäxte und sonstige präkolumbische Artefakte,

eine Zuckerpresse und Exponate aus der Salz- und Zuckerindustrie gezeigt. Am Nordende der Hauptstraße steht ein **Denkmal von Rodolfo Chiari** (1869–1937), der hier geboren wurde und von 1924–1928 Präsident von Panama war.

Östlich der Stadt erinnern Salztonebenen *(salinas)*, die vor einem Jahrzehnt aufgegeben wurden, an den bedeutenden Salzhersteller Aguadulce. Die Shrimps-Teiche daneben beliefern Restaurants im ganzen Land mit Jumbo-Shrimps. Die Salztonebenen und Teiche vereinen sich in einem Sumpf- und Mangrovengürtel, der die Küste der **Bahía de Parita** säumt. Die **Feuchtgebiete von Aguadulce** sind ein Brutplatz für Reiher, Waldstörche, Rosalöffler und andere wasserliebende Schreitvögel, die mit ihren langen Schnäbeln im Schlamm nach Leckerbissen stochern. Bei Flut suchen die Einheimischen gern **Las Pisci-**

nas auf – vier in den Fels gehauene Becken mitten im Watt.

NATÁ DE LOS CABALLEROS & UMGEBUNG

Natá wurde 1517 gegründet und ist nach einem Indianerhäuptling benannt. Das Besondere an diesem Ort ist der friedliche, baumbestandene Platz im Kolonialstil mit seiner Kirche, der 1522 begonnenen, weiß getünchten **Basílica Menor de Santiago Apóstol**, der zweitältesten Kirche des amerikanischen Doppelkontinents. Der Hauptaltar ist mit Früchten und Blumen verziert, durch die sich gefiederte Schlangen winden – das Werk indianischer Schnitzer. Interessant sind auch das Deckengebälk, das Gemälde der Heiligen Dreifaltigkeit und die Statue des Schutzpatrons der Kirche, der eine spanische Flagge in der Hand hält. Sollte die Kirche verschlossen sein, fragt man sich zum Hausmeister durch. Er schließt Besuchern gern auf und lässt sie manchmal auf den Glockenturm hinaufsteigen, von wo aus man den ganzen Ort überblicken kann.

Einen Abstecher wert sind der **Parque y Museo Arqueológico El Caño**, 9 km nordöstlich von Natá. Diese 5000 Jahre alte Zeremonien- und Grabstätte wurde 1924 entdeckt. Auf dem 8 ha großen Gelände fand man die dichteste Konzentration an präkolumbischen Fundstücken des Landes. Aus dem Gras erheben sich Steinstelen, ähnlich derer in Stonehenge, die an die Vergangenheit erinnern. In einer Grabstätte sind fünf Skelette an Ort und Stelle verblieben, die teils in Fötusposition zusammengekauert, teils in Krüge gestopft sind. Weitere Sehenswürdigkeiten sind mit menschengestalteten Bildern verzierte Steinblöcke, die nachgebaute Hütte eines *cazique*, sowie ein Museum im Stil der Kolonialzeit mit Keramiken, Steinäxten und anderen Artefakten. ■

Regionalmuseum Stella Sierra

✉ Calle Fábrica Final, Aguadulce

☎ 997-4280

🕐 So. & Mo. geschl.

💲 $

Park und archäologisches Museum El Caño

http://ciudad.latinol.com /chicasusma/

✉ 3,2 km nördl. der Panamericana, 27 km westl. von Penonomé

☎ 987-9352

🕐 Mo. geschl.

💲 $

Santiago de Veraguas

Santiaago de
Veraguas
🄰 145 B2
Besucher-
information
http://visitpanama.com
✉ IPAT, Ave. Héctor A.
Santa Coloma, Plaza
Palermo
☎ 998-3929

Regionalmuseum
von Veraguas
✉ Calle 2da an der
Ave. Juan Demóste-
nes Arosemena
☎ 998-4543
🕒 Sa. & So. geschl.
💲 $

Am ersten Sonntag
der Fastenzeit strö-
men Pilger zur Kir-
che nach Atalaya,
südöstlich von San-
tiago, um von einer
hölzernen Christus-
figur Wunder zu
erbitten.

DAS GESCHÄFTIGE HANDELSZENTRUM SANTIAGO LIEGT AUF
halber Strecke zwischen Panama-Stadt und Costa Rica am Interamerican
Highway und kann mit drei interessanten Sehenswürdigkeiten aufwarten.

Das 1632 gegründete Santiago liegt
249 km westlich von Panama-Stadt.
Heute ist es ein wohlhabendes Han-
dels- und Landwirtschaftszentrum.
Die Hauptstraße, die Avenida Central, führt am Markt für Handwerkskunst, dem **Mercado Artesanal
de la Peña,** vorbei (wo man schöne
sombreros pintados bekommt) bis
zum **Parque Juan Demóstenes-
Arosemena.** Auf dem Platz steht
ein Basrelief-Denkmal dieses in Santiago geborenen Schriftstellers und
Politikers (1879–1936), der im selben Jahr starb, in dem er zum Präsidenten Panamas gewählt wurde.

In einem Nachbau des ehemaligen Stadtgefängnisses befindet sich
das **Museo Regional de Veraguas,** das unter anderem Fossilien
riesiger Faultiere und die Nachbil-
dung einer präkolumbischen Ausgrabungsstätte zeigt.

Santiagos Kronjuwel ist die **Escuela Normal Superior Juan De-**

móstenes Arosemena *(Calle 6ta,
Tel. 998-4295),* eine in den 1920ern
gegründete Ausbildungsstätte für
Lehrer, mit ihrem plateresken Portal
und den Wandbildern des Künstlers
Roberto Lewis im Hauptsaal.

AUSSERHALB DER STADT

Das 1671 gegründete ruhige Dörfchen **San Francisco de la Montaña,** 16 km nördlich von Santiago
lockt mit seiner Kirche **Iglesia San
Francisco de la Montaña** Pilger
aus dem ganzen Land an. Die Stein-
kirche aus dem Jahr 1727 wurde
restauriert und besitzt exquisite
Fresken und Statuen. Der barocke
Altar ist mit Schnitzereien von Darstellungen aus der Heiligen Schrift
verziert, in die Elemente aus der indianischen Folklore eingearbeitet
sind. In Atalaya, 8 km südöstlich von
Santiago, besticht die **Iglesia Atalaya** ihre durch ihre bunten Kirchen-
fenster und Gewölbedecken. ∎

Santa Fé & Umgebung

EINE STRASSE WIE EINE ACHTERBAHN FÜHRT VON SANTIAGO in eine Bergwelt mit Bächen und Flüssen, die sich zum Wildwasser-Rafting eignen. Vogelbeobachtungs- und Wandermöglichkeiten bieten sich hinter dem Weiler Santa Fé am Ende der Straße, das für Orchideen, Kaffee und lebhafte Einwohner vom Stamm der Ngöbe-Buglé bekannt ist.

Santa Fé
⚠ 145 B3

Santa Fé liegt im Tal auf 470 m Höhe im Schatten des **Cerro Tute,** nur wenige Kilometer unterhalb der kontinentalen Wasserscheide. In der frühlingshaften Atmosphäre liegt Kiefernduft in der erfrischenden Luft, und die Natur ist stets allgegenwärtig. Die Häuser des kleinen Weilers wirken wie hingewürfelt. Dazwischen verläuft ein Gewirr aus Sträßchen, die sich durch die kieferbewachsenen Hänge schlängeln. (Auf der 54 km langen Strecke zwischen Santiago und Santa Fé gibt es keine Tankstelle).

Die Siedlung wurde 1557 von dem Konquistador Francisco Vásquez gegründet, um den Goldminen näher zu sein. Dabei stießen die Spanier auf erbitterten Widerstand von Seiten der Indianer, angeführt vom Kriegshäuptling Urracá, dem heute mit der panamaischen 1-Centavo-Münze gedacht wird. Die Präsenz der Ureinwohner ist immer noch spürbar. Oft sieht man Ngöbe-Indianerinnen in ihren leuchtenden Kleidern, die in Grüppchen auf dem kiefernumringten Platz sitzen oder auf dem **Mercado Agrícola y Artesanal Santa Fé** ihre *chácaras,* handbestickte Kleidungsstücke, und sonstige Handarbeiten verkaufen.

Der Ort ist bekannt für seine Orchideen, die von den hiesigen Hobbygärtnern mit Enthusiasmus gezüchtet werden. So auch die Dorfbürgermeisterin, Berta Castrellón, die ehemalige Präsidentin der Asociación de Orquideología de Panamá (Orchideenverband), deren Haus auf dem Berggrat am Nordostende des Ortes liegt. Ihr Garten, der **Orqui-**

Arbeiter im Café El Tute in Santa Fé füllen frischen Kaffee ab.

deario y Cultivos Las Fragrancias de Santa Fé, steht Besuchern offen; einfach durch das Gartentor gehen. Von freundlichen Hunden begleitet, kann man sich hier an mehr als 260 Spezies erfreuen, die auf jedem Ast blühen und in Kokosnussschalen von Pflanzgittern herabhängen. Beste Zeit für einen Besuch ist der August, wenn die Blumen in voller Blüte stehen und Santa Fé sein dreitägiges Orchideenfestival feiert. Die Straße vor dem Orquideario führt zum **Río Mulabá,** wo man Luftschläuche mieten und damit über den Fluss schippern kann.

Kaffeearomen locken ins **Café El Tute** (*300 nördlich des Platzes, Tel. 954-0801, So. geschlossen*), ein *beneficio* (Röstanlage), das zeigt, wie man biologisch angebauten, frischen, sonnengetrockneten Kaffee schält und röstet. Es wird als *campesino*-(Bauern)-Kooperative, die Esperanza de los Campesinos, betrieben und beschäftigt Indianerfamilien auf

Orquideario y Cultivos Las Fragrancias de Santa Fé

✉ knapp 100 m nördl. und 370 m östl. des Platzes
☎ 954-0910
💲 gegen Spende

Inmitten von unberührten Bergen lockt das ländliche Santa Fé Vogelbeobachter, Wanderer und Orchideenliebhaber an.

Land, das einst spanischen Landbesitzern gehörte. (Der kolumbianische Priester, der durch diese in den 1960ern gegründete Kooperative das Feudalsystem gestürzt hatte, wurde deshalb ermordet).

PARQUE NACIONAL SANTA FÉ DE VERAGUAS

Der Ort liegt in Bergen, die mit ihrem Regen- und Nebelwald ein Erlebnis für Wanderer und Vogelbeobachter sind. Der 725 km² große Nationalpark wurde 2001 gegründet, um den Lebensraum vieler wilder Tiere zu schützen: Agutis, Ameisenbären, Rehe, Jaguare und Tapire. Zu den über 400 Vogelarten, zählen der Olivmantelspecht, der Brillenameisenpitta, der Schieferkopf-Fliegenstecher und andere Schönheiten mit komplizierten Namen. Die **Panama Audubon Society** *(Tel. 232-5977, www.panamaaudubon.org)* bietet Touren mit der Vogelbeobachterin Berta Castrellón als Fremdenführerin (Kontakt: Audubon Society).

Die ausgeschilderte Strecke nach **Alto de Piedra** ist nur mit Allrad-

antrieb befahrbar und meist matschig, doch die Mühe lohnt sich, wenn man, vorbei an *cafetales* (Kaffeeplantagen), in dem von Vogelgezwitscher erfüllten Wald ankommt. Ein anderer Pfad führt zum Gipfel des **Cerro Tute,** wo der Wald von Nebelschwaden durchzogen ist. (Einst war hier das Versteck einer revolutionären Guerrillagruppe, die im Jahre 1959, inspiriert durch die Revolution auf Kuba, versuchte, die Regierung zu stürzen.) Durch den Sattel zwischen dem 1412 m hohen **Cerro Cabeza de Toro** (Stierkopfberg) und dem 1518 m hohen **Cerro Negro** (Schwarzer Berg) kann man die kontinentale Wasserscheide überqueren und durch das Dschungeltal des Río Calovébora nach Calovébora auf der karibischen Seite wandern. Diese zweitägige Tour ist nicht einfach und sollte nicht ohne Wanderführer angetreten werden. Es gibt auch Reittouren, die vom Hotel Santa Fé (siehe S. 249) organisiert werden. Derzeit bedrohen Pläne für einen Staudamm und eine Windkraftanlage auf dem Cerro Tute das Gebiet. ■

Nationalpark Santa Fé de Veraguas
🅰 145 B3
Besucherinformation
www.anam.gob.pa
☎ 998-4271 oder 500-0855

Golfo de Montijo

EIN VOGELPARADIES IST DIE MÜNDUNG DER FLÜSSE SAN Pablo und San Pedro, und im Golf von Montijo leben Wasservögel, Krokodile und Säugetiere. Die Wellen im Süden locken Surfer. Die Menschen in dieser armen Region bestreiten ihr bescheidenes Einkommen durch Fischerei.

Golfo de Montijo
145 A1 & B1

Der Golf ist umringt von Mangrovenwäldern und Sumpfgebieten und mit Inseln gespickt. Er umfasst das **Humedal Golfo de Montijo** (Golf-von-Montijo-Feuchtgebiet), ein knapp 1500 km² großes Küsten-Ökosystem, zu dem das riesige Wattgebiet sowie die Golfgewässer zwischen Ost- und Westufer zählen. Das Gebiet, das im Rahmen der Ramsar-Konvention zum Schutzgebiet von internationaler Bedeutung erklärt wurde, ist lebenswichtiges Überwinterungsgebiet für den Regenbrachvogel, den kleinen Schlammläufer, Willets und andere Zugvögel aus der Familie der Watvögel. Viele gefährdete einheimische Spezies wie der Nacktkehlreiher, die Herbstpfeifgans und die Moschusente leben hier, ebenso Pelikane und Fregattvögel. Auch Krokodile und Kaimane sonnen sich regungslos im Schlamm.

Die Feuchtgebiete am Ostufer sind über eine neue Straße zu erreichen, die über **Mariato** in südlicher Richtung zum Fischerdorf **El Varadero** führt, dem Tor zum Nationalpark Cerro Hoya (siehe S. 185). Die Brandung kracht an die Ufer der Buchten; an der **Playa Morrillo** herrscht eine der stärksten Brandungen des Landes. Dahinter überragen gewaltige kupferfarbene Berge die See. Die Straße windet sich über Landspitzen und in verborgene Täler hinab und bietet überwältigende Ausblicke westwärts über den Pazifik und die **Isla Cébaco.**

Im Golf wimmelt es nur so vor Bonitos und Billfischen. Die **Río Negro Sport Fishing Lodge** (sie-

he S. 247) in Mariato bietet Angelausflüge rund um die Insel Cébaco und Punta Mariata an. Coiba Adventure Sportfishing *(Tel. 999-8108, www.coibadventure.come)* bietet Angelausflüge zur Insel Coiba und den Hannibal Banks; Abfahrt ist in **Puerto Mutis,** einem kleinen, von Fliegenschwärmen besiedelten Hafen am Kopfende des Golfs 29 km südwestlich von Santiago.

Am Westufer führt eine Hügelstraße bis zur **Playa Santa Catalina.** Dieser flippige Ort ist beliebt bei Rucksacktouristen und Surfern und besitzt die Lebendigkeit einer Region, die sich gerade ihres Tourismuspotenzials bewusst wird. Die Santa Catalina Boat Tours *(www. santacatalinaboattours.com)* bieten Surf- und Schnorchelausflüge an. Zweimal täglich verkehren Busse ab Soná an der Panamericana. Östlich liegt die **Playa El Estero,** der sich bis zur Spitze der Halbinsel bei **Punta Brava** zieht. ∎

Der Morgen graut über den Fischerbooten in Puerto Mutis, dem Ausgangshafen für Schiffe zur Insel Coiba.

Parque Nacional Isla Coiba

**Parque Nacional
Isla Coiba**
www.anam.gob.pa

🅰 145 AI

✉ Per Privat-Charter-
flug oder per Boot
ab Puerto Mutis
(3 Std.)

☎ 998-4871,
Durchwahl -15

💲 $$

DAS GRÖSSTE MEERESSCHUTZGEBIET ZENTRALAMERIKAS
verläuft um die von Regenwald bedeckte Insel Coiba herum. Dort gibt
es spektakuläre Schnorchel-, Tauch- und Sportangelmöglichkeiten. Es
ist noch nicht lange her, dass die Insel als entlegene Strafkolonie bekannt
war, doch inzwischen gilt ihr Hauptaugenmerk dem Ökotourismus.

Zum Coiba-Nationalpark gehören 39 Inseln, darunter die größte Insel Panamas, die 502 km² große Isla Coiba. (Sie ist nur per Boot aus Puerto Mutis, per Kreuzfahrtschiff oder per Charterflugzeug zu erreichen). Regenwald bedeckt 85 Prozent der Insel, wo sich Krokodile in Flussmündungen suhlen und Brüll- und Kapuzineraffen durch die Baumwipfel springen. Der hiesige Brüllaffe ist eine Unterart, die nur hier vorkommt, wie auch 21 der 147 Vogelarten, darunter der braunweiße Coiba-Baumschlüpfer. Coiba bietet Zuflucht für den seltenen Würgadler. Und bei **Barco Quebrado** haben Hellrote Aras ihre größte Brutkolonie in Panama. Am Abend fliegen sie kreischend in Paaren umher.

1918 machte die Regierung aus Coiba ihre Version der französischen Strafkolonie Teufelsinsel. Das zaunlose Gefängnis ist stillgelegt, doch einige ehemalige Insassen leben noch dort, weshalb man nicht ohne Begleitung wandern gehen sollte. Die Wandermöglichkeiten beschränken sich auf die Gegend um die **ANAM-Ranger-Station** und die **biologische Forschungsstation,** die in einer Bucht im Nordosten der Insel liegen. Die Station besitzt eine Naturkundeausstellung mit in Formaldehyd konservierten Schlangen und einem Buckelwalskelett. Man kann Zwei-Personen-Hütten mieten (Reservierung erbeten). Der **Sendero del Observatorio** (Observatoriumsweg) führt nach einem 20-Minuten-Spaziergang zu einem Aussichtspunkt mit Blick auf die Insel Coibita. Der **Sendero de los Mo-**

nos (Affenpfad), den man nach einer 20-minütigen Bootsfahrt von der Ranger-Station aus erreicht, eignet sich zum Beobachten von Affen. Es ist ein etwa halbstündiger Rundweg, bei dem man Brüll- und Kapuzineraffen durch die Äste flitzen sehen kann.

Zwischen den Landzungen von **Granito de Oro** lädt ein Strand zum Schnorcheln in Gesellschaft von Suppen- und Karettschildkröten und harmlosen Ammenhaien ein. Veranstalter am Golf von Montijo (siehe S. 161) bieten Touren an.

An der Ostseite der Hauptinsel erstreckt sich das größte Riffsystem Zentralamerikas, die **Bahía Damas,** über eine Fläche von 135 ha. Ein Kaleidoskop aus bunt gemusterten Fischen tummelt sich in den Korallenriffs, die sich um Unterwasserfelsspitzen gebildet haben. Buckelwale, Cuvier-Schnabelwale, Grindwale, Pottwale und Orcas, Mantarochen und Haie – Hammerhaie, Tigerhaie, Weißspitzen-Riffhaie und harmlose Walhaie – leben hier, wie auch Marlins, Fächerfische und Thunfische. Die **Hannibal Bank,** zwischen der Insel Coiba und der Insel Montuosa, ist besonders beliebt bei Sportfischern.

Die unbewohnten **Islas Contreras,** nordwestlich der Insel Coiba, sind beliebt bei Yachtfahrern auf der Suche nach ursprünglicher Natur. Kokospalmen werfen Schatten auf geschützte Buchten mit weißem Sand vor dem Hintergrund dichten Waldes. Ein Fels im Wasser, der **Sombrero de Pelo,** ist beliebt bei Felsenspringern. ∎

**Gegenüber: Das
einladend warme
Wasser um die
Insel Granito de
Oro ist ein Paradies für Schnorchler.**

Spielplatz für Wale

Vor den Küsten Panamas kann man mehr Wale beobachten als in Seaworld. Der tropische Ozean und das seichte Wasser locken Dutzende Arten von Delphinen und Waltieren an. Einige kommen nur zu bestimmten Jahreszeiten, andere sind Dauergäste.

Obwohl sich auch vor der karibischen Küste Buckelwale und andere Walarten zeigen, leben sie doch bevorzugt in Panama in den Gewässern um Coiba und dem Las-Perlas-Archipel. Die pazifischen Äquatorialströmungen fördern hier Plankton und Schwarmfische aus der Tiefe nach oben. Die warmen, klaren Gewässer vor Panama, Kolumbien und Costa Rica eignen sich außerdem als Paarungs- und Geburtsrevier.

Buckelwale aus dem Südostpazifik verbringen den Sommer im Ozean vor der Südküste Chiles, wo sie sich an antarktischem Krill sattfressen. Wenn der Winter kommt, ziehen sie nach Norden zu ihren Paarungs- und Geburtsgründen in den Golfs von Panama und Chiriquí. Die ersten Ankömmlinge kündigen sich im Juni durch ihre explosionsartigen Atemstöße an. Im Oktober brechen sie die Rückreise in den Südpazifik an. Buckelwale – erkennbar an ihrem langen Maul, dem weißen Unterbauch und den langen Brustflossen – sind zärtliche Liebhaber, obwohl sie nicht gerade monogam sind. Die Männchen schubsen einander aus dem Weg, um sich mit einem brünstigen Weibchen zu paaren, diese erhören meist mehrere Männchen hintereinander. Trotzdem ist der Paarungsakt voller zärtlicher Berührungen. Im folgenden Jahr kehren die trächtigen Weibchen zurück, um ihre 1150 kg schweren Jungen zu gebären, und sind schon einen Monat später wieder paarungsbereit.

Auch Brydewale, Finnwale, Grindwale, vier Arten von Schnabelwalen und Blauwale – mit einem Gewicht von bis zu 130 Tonnen die größten Lebewesen der Erde – leben in den Gewässern um Panama. Selbst nordatlantische Blauwale, die den tieferen Ozean bevorzugen, sind vor San Cristóbal, beim östlichen Ende des Panamakanals, gesichtet worden. Zu bestimmten Zeiten im Jahr tummeln sich ganze Orca-Schulen um Coiba und im Golf von Panama. Wie die Buckelwale ziehen auch die Orcas (die größten Vertreter der Delphinfamilie) im Zuge ihrer Nahrungs- und Paarungswanderung hierher. Diese „Wölfe der See" reisen fast immer in Familiengruppen und durchforsten die Gewässer auf der Suche nach Beutetieren wie Delphinen. Sie sind gut zu erkennen: eine spitz zulaufende Rückenflosse und ein stromlinienförmiger schwarzer Körper mit weißem Sattel und Augenfleck.

Begegnungen der ersteren Art sind bei Whale-Watching-Ausflügen fast sicher, besonders während der Sommermonate, wenn die Gesänge der Buckelwal-Männchen durch den Ozean schallen und durch den Rumpf des Ausflugsboots widerhallen. Ein solch riesiger Wal, der aus dem Wasser springt, ist ein besonderer Anblick. Die meisten Walarten vollbringen eindrucksvolle Sprünge, bei denen sie eine Pirouette drehen, bevor sie mit einem immensen Platsch, das über das Meer schallt, zurück ins Wasser fallen. Selbst Experten gibt dieses spektakuläre Verhalten Rätsel auf.

Kürzlich haben die Umweltbehörden Panamas die Las-Perlas-Inselgruppe zum Meereskorridor erklärt und versuchen, in Zusammenarbeit mit dem Smithsonian Tropical Research Institute (STRI), ein Schutzprogramm für die Wale sowie entsprechende Richtlinien für das Whale-Watching aufzustellen. ■

Nach seiner Geburt in den warmen Gewässern Panamas wird dieser junge Buckelwal sein erstes Lebensjahr bei seiner Mutter verbringen.

Noch mehr Sehenswertes in Zentralpanama

GOLFO DE LOS MOSQUITOS (MOSKITO-GOLF)

Eines der letzten Grenzlande Panamas ist die karibische Küste von Veraguas, die an den Golfo des los Mosquitos grenzt. Durch Dschungel von der Außenwelt abgeschnitten, ist die Region nur per Boot oder auf Dschungelpfaden über die kontinentale Wasserscheide hinweg zu erreichen. Wenige verirren sich hierher, und es gibt etliche Kilometer öder Küstenlandschaft, ab und zu von spärlichen Siedlungen unterbrochen. Hier leben afroantillianische *playeros* (Strandvolk), Nachfahren von Afrikanern, die im 16. Jahrhundert für die Arbeit in den Goldminen von Veraguas hierherkamen. Man kann von **Coclé del Norte** (Standort des entstehenden Ökotourismus-Projekts **Las Bahías**) entlang der Küste nach **Belén** wandern (wo es eine Statue des indianischen Rebellenhäuptlings Quibián gibt), und von dort nach **Calovébora.** Die Tour ist mühselig – man muss über Felsen klettern, durch den Ufersand stapfen und Flüsse durchwaten – und eignet sich darum nur für gut ausgerüstete Abenteurer, die einen mit Machete bewaffneten Führer dabeihaben sollten. Das zerklüftete, regnerische Hinterland ist durchzogen von Flüssen, und weite Gebiete sind völlig unerforscht. Es gibt Pfade ab Santa Fé (siehe S. 159), dem Nationalpark Omar Torrijos (siehe S. 154–155) und ab Molejón, die durch Dschungeltäler zu den isolierten Küstensiedlungen führen, von wo aus man mit den Versorgungsbooten nach Colón fahren kann. Es gibt nur wenige Einrichtungen für Touristen. Las Bahías, in Coclé del Norte, bietet Unterkünfte und einen guten Ausgangspunkt für Touren. Coclé del Norte ist per Boot mit Gobea in der Povinz Colón verbunden. Alternativ fährt ein Bus von Penonomé (siehe S. 150) nach Coclesito, wo man ein *cayuco* für die fünfstündige Fahrt mieten kann. Die beste Reisezeit ist von Januar bis März.

🅰 145 A4 & B4

LAS PALMAS

Das Dörfchen in den Hügeln des südwestlichen Teils der Provinz Veraguas liegt an der alten Panamericana, heute eine stark zerfallene Hinterstraße, die sich auf ihrem Weg ins südliche **Soná** durch herrliche Landschaften schlängelt (Allradantrieb wird empfohlen). Gerade klebte man noch am Hang eines Tals, im nächsten Moment kämpft man sich einen Berg hinauf oder holpert auf Metallbrücken über Schluchten. Eine Lehmstraße führt vom Friedhof in Las Palmas zu einer Schlucht, in der ein Wasserfall **El Salto** (über eine bessere Straße zu erreichen) mit wirbelnder Gischt perfekt für ein Bad mit Picknick ist und den Knotenpunkt eines knapp 2500 ha großen **Área Natural Recreativa** bildet, in dem es jedoch keine Einrichtungen gibt.

🅰 145 A2 ✉ 56 km nach Westen von Santiago über den Interamerican Highway, dann 11 km gen Süden

TANGLEWOOD-WELLNESSCENTER

Das Gesundheits- und Fastenzentrum, ein Wallfahrtsort für Gesundheitsbewusste, liegt auf einem 7 ha großen Gelände im Gebirge zwischen Gärten und Wiesen, mit Ausblick auf faszinierende Felsformationen und Landschaften. Eine perfekte Kulisse, um zu entgiften, auszuspannen, zu sich selbst zu finden oder sich neu zu beleben. Es gibt Gesundheits-Workshops und Reiki-Behandlungen (japanische Technik zum Stressabbau und zur Entspannung). Ein Bed-and-Breakfast-Hotel im Zen-Stil wird gerade gebaut.

🅰 145 D3 ✉ Sorá, 14,5 km nordwestl. von Bejuco, ab der Panamericana ☎ 6671-9965, www.tanglewoodwellnesscenter.com ∎

Goldfieber

Als Kolumbus im Jahre 1502 Veraguas bereiste, begegnete er Indianern mit Brustpanzern aus Gold. Das Goldfieber, dem Kolumbus verfiel, wütet noch heute. An den Hängen der Provinz Coclé gibt es viele Goldadern und goldhaltige Flusskies, und die von den spanischen Konquistadoren entdeckten Minen sind je nach Kurs des Goldpreises immer wieder in Betrieb genommen und geschlossen worden. Noch heute durchsieben Freizeit-Oreros (Goldsucher) den Kies in den Lavaderos (Waschplätzen) der Flüsse auf der Suche nach Gold. In einem Mammutschürfprojekt in Molejón soll eine jüngst entdeckte Goldader mit einem geschätzten Vorkommen von 893 000 Unzen angezapft werden. ∎

Als Heimat nostalgischer Cowboystädte lockt das Landesinnere mit Folklore-Festivals und Dörfern aus der Kolonialzeit. Die vorgelagerten Inseln sind Niststätten für Meeresschildkröten, und die Küstenfeuchtgebiete bieten erstklassige Vogelbeobachtungsmöglichkeiten.

Die Halbinsel Azuero

Eine *diablito* genannte Teufelsmaske, Los Santos

Christliche Traditionen sind in ganz Panama noch sehr lebendig, wie man in Kirchen wie Santo Domingo in Los Santos erleben kann.

Die Halbinsel Azuero

AZUERO BESTEHT AUS DEN PROVINZEN LOS SANTOS UND HERRERA UND BE-sitzt einen geheimnisvollen Reiz wie kein anderer Teil des Landes. Von Touristen meist über-sehen, gilt dieses 7616 km² große, trapezförmige Gebiet, das sich weit in den Pazifik hinein-zieht, doch als Seele der Nation. Kein anderer Ort Panamas hat eine so altertümliche Atmo-sphäre wie Azuero mit seinen Museen, Kirchen und Kolonialhäusern in Pastelltönen. Das Le-ben verläuft in nostalgischem Tempo. Geklapper von Pferdehufen ertönt zwischen Reihen-häusern mit rotgeschindelten Dächern – besonders im Morgen- und Abendgrauen ein hübscher Anblick, wenn das Sonnenlicht die von der Zeit gezeichneten Fassaden vergoldet.

Dies ist die Trockenzone Panamas, wo im Sommer die Sonne gnadenlos vom Himmel knallt. Früher war Azuero ein Paradies, wurde aber im Laufe von zwei Jahrhunderten gerodet, um Platz für Viehweiden zu schaffen. Das Ödland des Sarigua-Nationalparks im Nordosten macht die Langzeitfolgen deutlich. Der gebirgige Westen Azueros ist grüner, doch Abholzung und Brandrodung zerstören noch immer große Teile der Wälder. Die Halbinsel ist Cowboyland par Excellence. Männer auf *paso-fino*-Pferden mit Lassos am Sattel bilden einen reizvollen Anblick in der Savannenlandschaft mit Bäumen, die im Frühling und Sommer herrlich erblühen.

Azuero ist stolz auf sein Kulturerbe. Fast jeder männliche Bewohner trägt einen *sombrero montuno* (siehe Kasten S. 186), den traditionellen Strohhut, der zur Nationaltracht gehört. Das Hutflechten hat Tradition auf Azuero, und Produktionszentrum ist Ocú. In Orten wie La Arena werden noch in Lehmziegelöfen Tonwaren gebrannt. Dörfer wie Guararé und San José halten die Tradition des Spitzenklöppelns für die Nationaltrachtenkleider, die *polleras,* lebendig.

Die Region ist berühmt für ihre Feierlaune: Auf Azuero finden jährlich über 500 Festivals statt, bei denen in erlesene *polleras* gekleidete junge Frauen durch die Straßen ziehen. Die Karnevalsfeiern locken Besucher aus dem ganzen Land an. Und jede Gemeinde gedenkt ihres Schutzheiligen mit einem eigenen Feiertag. Fast alle Einwohner sind spanischer Abstammung, und es gibt kaum einen indianischen oder afrikanischen Einschlag. Dennoch liegen die ältesten archäologischen Stätten des Landes an der Ostküste dieser Halbinsel, wo in Mangrovenwäldern mit Wattgebieten zahlreiche Vögel leben. Eine Kette von Refugios de Vida (Wildschutzgebieten) sichert die Nistplätze und Futtergründe. Weiter östlich liegt das Refugio de Vida Isla Cañas, eine der wichtigsten Niststätten der westlichen Hemisphäre für Meeresschildkröten. Und Schnorchler und Taucher schwärmen von den Korallenriffs des Refugio de Vida Isla Iguana, in deren warmem Wasser sich Buckelwale versammeln, um ihre Jungen zur Welt zu bringen.

Zwei Straßen führen vom Interamerican Highway aus durch die Halbinsel. Die östliche Carretera Nacional (Nationalstraße) beginnt bei Divisa und verläuft durch eine Küstenebene von einem altmodischen Ort zum nächsten. Die westliche Straße durchquert Azuero und verbindet Ocú mit Tonosí. Entlang der Ostflanke eines zerklüfteten Gebirges windet sich diese Route durch kleine Orte mit rustikalen *bohíos* (Hütten) aus Lehmziegeln und Stroh. Durchs Gebirge führen keine Straßen, und die schmale Küstenebene auf der Westseite, in der Provinz Veraguas, liegt in einer völlig anderen Welt.

Außerhalb der größeren Orte gibt es nur wenige Touristeneinrichtungen und Hotels und noch weniger Restaurants. Während der Festivals sollte man weit im Voraus buchen. An den Stränden werden Hotelkomplexe gebaut, und es gibt Pläne, die Privatlandebahn der ehemaligen Präsidentin Mireya Moscoso bei Pedasí zu einem öffentlichen Flughafen auszubauen. ■

Gläubige empfangen die heilige Kommunion in der Kirche Santo Domingo während des Fronleichnamfestes von Los Santos.

Chitré & Umgebung

DIE ORTE IM NORDOSTEN VON AZUERO WIRKEN, ALS WARE man zurück in die Kolonialzeit gereist. Hier gibt es weißgetünchte Kirchen und eine Reihe bescheidener Attraktionen. Die bei den Einheimischen beliebten Strände sind nichts Außergewöhnliches, dafür wimmelt es in den Küstenfeuchtgebieten von Zug- und heimischen Vögeln.

Chitré

🗺 169 B3

Besucherinformation

✉ IPAT, Circunvalación La Arena, Chitré

☎ 974-4532

Herrera-Museum

✉ Calle Manuel María Correa & Ave. Julio Arjona, Chitré

☎ 996-0077

🕐 So. & Mo. geschl.

💲 $

CHITRÉ

Die 1848 gegründete, nach einem indianischen *cazique* benannte Stadt ist die größte der Halbinsel und ein Kommerzzentrum. Mit roten Schindeln bedeckte Häuser, eisenbeschlagene Türen und Fenstergitter aus Holz zieren den kolonialen Kern.

Im **Parque Unión** sind eine *glorieta* (Musikpavillon) und Büsten hiesiger Helden. Die **Catedral de San Juan Bautista** (zwischen 1896 und 1910 erbaut), die den Platz überragt, besitzt einen Altar aus Gold und Mahagoni und bunte Glasfenster bei ansonsten einfachem Interieur. Nur wenig weist darauf hin, dass es sich eigentlich um ein postkoloniales Bauwerk handelt.

In einer ehemaligen Händlervilla und späterem Postamt sitzt das **Museo de Herrera**, in dem man die Geschichte Azueros seit der Urzeit verfolgen kann. Es werden das Fossil eines Mammuts, präkolumbische Tonwaren und *huacas* (Goldornamente), das Skelett eines mit Goldbeigaben bestatteten *cazique* und im oberen Raum *polleras* und Teufelskostüme gezeigt. Der Herrera-Saal ist der Geschichte Chitrés gewidmet.

Die **Playa El Agallito**, 7 km nördlich von Chitré, gehört zu den besten Vogelbeobachtungsstellen Panamas. Bei Ebbe liegen Wattgebiete, die mehr als anderthalb Kilometer ins Meer reichen, frei. Dann finden sich Tausende von Löfflern, Seeschwalben, Reihern, Wassertretern, Stelzvögeln und andere Watvogelarten hier ein, um den Schlick mit ihren langen Schnäbeln nach Leckerbissen zu durchsuchen, während die menschlichen Muschelsucher ihrerseits im Schlamm stochern.

Viele der Vögel kommen aus so entfernten Orten wie Alaska und Argentinien. Bei Flut wandern sie zu den angrenzenden Salzwiesen hinüber. Der Biologe Francisco Delgado (*Tel. 996-1725*) führt Besucher gern herum und hat nichts gegen ein kleines Trinkgeld einzuwenden.

Der Río La Villa bildet die Grenze zwischen den Provinzen Chitré und Los Santos und ihren Zwillingsstädten gleichen Namens.

VILLA DE LOS SANTOS

Die 1557 gegründete „Stadt der Heiligen", Los Santos, hat große Bedeutung für die Panamaer. Hier ertönte am 10. November 1821 der *grito de la Villa* („Schrei von Los Santos") und brachte die Revolution ins Rollen, die 18 Tage später in der Unabhängigkeit von den spanischen Eroberern gipfelte. Zur Feier des Ereignisses findet jedes Jahr ein großes Fest statt, zu dem der panamaische Präsident extra eingeflogen wird.

Auf dem Hauptplatz der alten Stadt, der **Plaza Simón Bolívar,** stehen Büsten des namensgebenden südamerikanischen Helden, ebenso wie von José Vallarino (1792–1865), einem Jungen, der es zum General der königlichen Schatzkammer brachte. Den Platz dominiert die **Iglesia San Atanasio** aus dem Jahre 1782. In ihrem weißen, hölzernen Interieur beherbergt sie einen vergoldeten Barockaltar, eine Wandgedenktafel mit den Namen der Priester, die hier begraben liegen, sowie Rokokoaltarrückwände und ein Retabel, die noch älter als die Kirche selbst sind. Die lebensgroße Christusfigur aus Holz in ihrem gläsernen Grab ist am Karfreitag von zahllosen Kerzen umringt.

Ein Kronjuwel ist das **Museo de la Nacionalidad** (Nationalmuseum) in einem Gebäude aus dem 18. Jahrhundert, in dem im Jahre 1821 die Unabhängigkeitserklärung Panamas unterzeichnet wurde. Das in Gelb, Weiß und Türkis gehaltene Haus ist ein Original aus Schilfrohr und Lehmsteinen und mit Terrakotta-Böden. Hinter dem Giebelhaus liegt ein Hof, in dem sich ein Mörser mit Stößel, die Überreste eines alten Karrens sowie die Reproduktion einer Küche aus der Kolonialzeit mit Lehmofen (*horno*) befinden. Trotz seiner geringen Größe ist dieses Museum, das dem Streben nach Unabhängigkeit von den Spaniern und der Gründung einer eigenen Nation gewidmet ist, das interessanteste Museum der Region. Zu den Exponaten gehört eine Sammlung aus Pistolen, Säbeln und Musketen. Das **Centro de Estudios Superiores de Folklore Dora Pérez de Zárate** (Zentrum für höhere Studien des Brauchtums) des Instituto Nacional de Cultura (Landeskulturinstitus) (*in der Calle Vallarino, Plaza Simón Bolívar, Tel. 966-8334*) kann nach Anmeldung besichtigt werden.

Berühmt ist die Stadt für ihr Fronleichnamsfest (Mai/Juni, siehe Kasten S. 173), das zwei Wochen dauert und bei dem mehr als 100 Darsteller in verschiedenen Kostümen auftreten. Am *día del turismo* (Touristentag) kann man eine komprimierte Version sämtlicher Festivitäten erleben.

Nationalmuseum

✉ Calle José Vallarino, Villa de Los Santos

☎ 966-8192

🕐 So. & Mo. geschl.

💲 $

Präkolumbische Keramiken gehören zu den wertvollsten Exponaten, die im Nationalmuseum von Los Santos gezeigt werden.

Die **Sitio Arqueológico Cerru Juan Díaz** (*Tel. 966-7898, E-Mail: cooker@ naos.si.edu*), auf einem Hügel 5 km von Los Santos entfernt, ist Schauplatz wichtiger archäologischer Funde. Es ist die bedeutendste präkolumbische Begräbnisstätte Panamas und über 2000 Jahre alt.

PARITA

10 km nordwestlich von Chitré liegt dieser Ort, der den Besucher mit seiner schönen Kolonialarchitektur aus dem 18. Jahrhundert in die Vergangenheit zurückversetzt. Die Straßen sind mit einstöckigen Lehmsteinhäusern gesäumt, von denen jedes in zweifarbigen Pastelltönen gestrichen ist. In der Hitze des frühen Nachmittags hat die Stille des Dorfes etwas beinahe Unwirkliches.

Im zentralen Park findet Anfang August ein Festival für den Schutzheiligen des Ortes mit inszenierten Stierkämpfen statt. An der Ostseite steht die **Iglesia Santo Domingo de Guzmán** aus dem Jahre 1656 mit perlmuttbesetztem Kirchturm. In ihr finden sich eine kunstvoll geschnitzte Kanzel und drei Barockaltäre, einer von Schlangen getragen, und das **Museo de Arte Religioso Colonial** (Museum für religiöse Kunst aus der Kolonialzeit) (*Sa. & So. geschlossen*),

Teufelstänzer

D er *danza de los diablos* (Tanz der Teufel) wird während des Fronleichnamsfestes in Los Santos aufgeführt, und seinen Höhepunkt bildet der Kampf zwischen den *diablos sucios* (schmutzigen Teufeln), die das Böse verkörpern, und dem *diablo blanco* (dem weißen Teufel, alias Erzengel Michael), der für das Gute steht. Die *diablos sucios* tragen rot-schwarzgestreifte Overalls, rote Umhänge und Papiermaché-Masken, die mit Arafedern verziert sind und meist Dämonen oder Tiere darstellen. Der Tanz erinnert an heidnische Feste und hat seinen Ursprung in Spanien. ∎

Parita
⚠ 169 B3

Parque Nacional Sarigua
www.anam.gob.pa
⚠ 169 B3
✉ 10 km nordöstlich von Parita
☎ 996-7675
💲 $

Mehrzweckschutzgebiet Ciénaga de la Macana
www.anam.gob.pa
✉ 2 km von El Rincón entfernt, 20 km nördlich von Parita

das Kandelaber und andere religiöse Symbole zeigt.

PARQUE NACIONAL SARIGUA

Die Mondlandschaft dieses Parks erinnert an die Sahara und kontrastiert zu dem Hintergrund aus grünen Bergen in der Ferne. Reste eines seltenen Trockenwalds liegen in diesem zerbrechlichen Ökosystem verstreut – die Hinterlassenschaft der Brandrodungen der vergangenen 100 Jahre. Völlig von Vegetation befreit, um Platz für Viehfarmen zu schaffen, wurde die dünne Schicht aus tropischem Mutterboden von Wind und Wasser abgetragen und hinterließ ein Ödland aus Felsen, verwehtem Sand und tiefen Rinnen.

Hier leben wenige Landtiere, aber die Salzlagunen und Mangrovenwälder an der Küste ziehen über 160 Vogelarten (hauptsächlich Zugvögel) an. Über 11 000 Jahre alte präkolumbische Siedlungen (älter als alle anderen Siedlungen dieser Landenge) wurden hier entdeckt, es gibt aber keine Ausgrabungsstätte, die man besuchen könnte. Vom Aussichtspunkt an der **ANAM-Ranger-Station** aus hat man eine schöne Sicht. Am Morgen kommen, da es nachmittags brütend heiß werden kann.

50 Prozent des 8000 ha großen Nationalparks liegen im Meer und reichen 9,5 km weit hinein. Es gibt kommerzielle Shrimps-Farmen, die man besichtigen kann.

VOGELPARADIES

In der Bahía de Parita gibt es Vogelschutzgebiete. In Menge und Artenvielfalt an wasserliebenden Zugvögeln rangiert dieses Gebiet auf Platz zwei nach der Bucht von Panama. Mit einer Größe von 2000 ha ist das Schutz-

**Refugio de Vida
Cenegón del
Mangle**

www.anam.gob.pa

✉ 6 km östl. von Paris,
10 km nördlich von
Parita

gebiet **Refugio de Uso Múltiple Ciénaga de la Macana** das größte Süßwasserfeuchtgebiet von Azuero und die einzige bekannte Brutstätte der gelben Pfeifgans und des Keilschwanzregenpfeifers. Die Sumpfgebiete in den Auen des Río Santa María umringen einen kleinen See, der von Wasserhyazinthen bedeckt ist.

Becken – *los pozos* – mit Wasser, dem die Einheimischen Heilkräfte zuschreiben.

Der Muschelhügel **Cerro Mangote** ist mindestens 7000 Jahre alt. Ein enthusiastischer und kenntnisreicher Ranger bietet geführte Wanderungen an (ein Trinkgeld wird gern gesehen). Die Abzweigung ist an der

Im Parque Nacional Sarigua zeigen sich die verheerenden Auswirkungen der Brandrodung.

**Refugio de Vida
Peñón de la
Honda**

www.anam.gob.pa

▲ 169 C3

✉ 2,5 km östlich des
Strands von Rompio

Rallenkraniche stolzieren auf der Suche nach Schnecken umher, während in den Baumwipfeln Schneckenmilane Ausschau halten. Der Braunsichler ist eher in **Ciénaga del Rey** zu finden, einem Sumpf westlich von Las Macanas und der Brutstätte des Vogels in Panama.

Das Wildschutzgebiet **Refugio de Vida Silvestre Cenegón del Magle** *(rund um die Uhr geöffnet)* besteht aus 835 ha Mangrovenwäldern, Brackwasserfeuchtgebieten und trockenem Gestrüpp an der Mündung des Río Santa María. Von Holzstegen aus lässt sich die Vogelwelt beobachten, und der amerikanische Schlangenhalsvogel, der Nachtreiher und der Kahnschnabel sind die Attraktionen. Schlangen, Kaimane und Leguane sind häufig zu sehen und manchmal Krokodile. Im Watt gibt es sprudelnde

Kreuzung nach Paris, 16 km südlich des Interamerican Highway, ausgeschildert. Allradantrieb ist ratsam.

Weiter südlich liegt das 150 km² große Wildschutzgebiet **Reserva de Vida Silvestre Peñón de la Honda.** Seinen Mittelpunkt bildet die Felseninsel Peñón de la Honda (4 km vor der Küste), eine Brutstätte für Blaufußtölpel, Nachtreiher, prächtige Fregattvögel und Schneesichler.

Teil des Schutzgebiets ist ein Streifen aus Strand, Watt, Feuchtgebieten und Mangrovenwäldern an der Mündung der Flüsse Las Monjas und Bayano. Hier tummeln sich Schnepfenvögel, Schlammläufer, Willets und Regenbrachvögel. Über drei Viertel des Gebiets umfassen Küstengewässer, in denen sich Meeresschildkröten paaren und bei Vollmond an Land ihre Eier ablegen. ■

Zentral-Azuero

DAS LANDESINNERE VON AZUERO WIRD VON TOURISTEN verschmäht, obwohl es reizvoll ist. Es ist von einer Gebirgskette durchzogen, die mitten durch die Halbinsel verläuft. Die schmale Hauptstraße windet sich durch den Mittelteil von Azuero, und die Fahrt ist ziemlich zeitraubend, während es über Bergkämme und durch Täler geht, in deren urtümlichen Dörfern das Geklapper von Pferdehufen erschallt.

Obwohl sie zu großen Teilen abgeholzt sind, erwachen die Hügel um Ocú in der Regenzeit zu neuem Leben.

Ocú ist für *sombreros ocueños,* das Markenzeichen des Dorfes, bekannt: schwarzbesetzte Strohhüte, die von Frauen geflochten werden. Auch *polleras* werden hier genäht und mit Stickereien in einem einzigartigen Punto de Cruz (Kreuzstich) verziert. **San José,** 7 km westlich von Ocú, ist ein weiteres Zentrum des Ocueño-Brauchtums. Hier stellt eine Frauenkooperative, die **Artesanía Ocueña** *(Tel. 974-1047),* prachtvolle, bestickte Leinenstoffe her.

24 km östlich von Ocú liegt **Pesé** zwischen Zuckerrohrfeldern in einer fruchtbaren Ebene. Gegenüber der Dorfkirche befindet sich die **Destilería Seco Herrerano** *(Tel. 974-9621, www.varelahermanos .com, So. geschlossen).* Die 1936 gegründete Brennerei stellt das Nationalgetränk, Seco-Herrerano-Rum her. Sie hat sich aus der ersten Zuckermühle des Landes entwickelt, die 1908 gebaut wurde. Während der Erntezeit von Januar bis März steht die Anlage Besuchern offen,

und nach Voranmeldung von einer Woche werden auch geführte Touren abgehalten.

Südlich von Ocú führt die recht zerfallene Straße hinauf nach **Las Minas,** einem Bergdorf zwischen Kiefern, bevor es nach **Macaracas** hinabgeht, an dessen Hauptstraße eine *talabartería* (Sattlerei) liegt. In **Llano de Piedra,** 9 km südlich von Macaracas, vermitteln die Kolonialhäuser mit ihren Vorgärten den Eindruck einer anderen Zeit.

In südlicher Richtung führt die Straße über den Sattel zwischen dem 997 m hohen **Cerro Cacarañado** und dem 994 m hohen **Cerro Quema** – eine Fahrt mit herrlichen Ausblicken. Auf der Westseite liegt die **Reserva Forestal El Montuoso** in einem Tropen- und Tieflandregenwaldgebiet von 100 km². Von hier aus führt ein Pfad zum Gipfel des 987 m hohen **Cerro Alto Higo.** Von Las Minas fahren Busse nach **Chepo,** dem Eingangstor zum Schutzgebiet. ■

Zentral-Azuero
169 A2, B2, A3, & B3

Reserva Forestal El Montuoso
www.anam.gob.pa
169 A2
12 km westl. von Las Minas

Polleras

Nie sind die Panamaerinnen anmutiger, als wenn sie bei festlichen Anlässen in ihre *polleras* gekleidet sind. Ursprünglich ein eher bescheidenes Gewand, wird die wunderschöne Nationaltracht Panamas heutzutage von Bauern- wie von Adelstöchtern gleichermaßen mit großem Stolz getragen.

Die *pollera de gala* (Festtagskleid) besteht aus einer kurzärmeligen Rüschenbluse und einem zweilagigen bodenlangen Rock mit Unterrock und ist einem spanischen Zigeunerkleid aus der Zeit der Konquistadoren nachempfunden. Der einfache, mit Blumenmustern bestickte weiße Rock war perfekt für das tropische Klima. Die Damen der Gesellschaft in ihren schweren Brokat- und Satingewändern waren neidisch auf die leichten Kleider ihrer Bediensteten und übernahmen sie, wobei sie die Stickerei und Verzierung aufwändiger gestalteten. In Panama wurden die aufwändigen Haarnadeln aus dem

spanischen Valencia und Salamanca mit perlen-
verzierte *tembleques* („Zitterelementen") aus
Gold und Schildpatt verschönert und das Kleid
mit Ketten aus Goldmünzen und Edelsteinen
geschmückt. Bereits zur Zeit der Unabhängigkeit von Spanien galt die *pollera* mit den *tembleques* als Nationaltracht und entwickelte sich
– mit regionalen Unterschieden – immer weiter.

Herrera und Los Santos wachten über ihr
Brauchtum. Dennoch wurden die *polleras de
gala* überall übernommen. Sie können Zehntausende Dollar kosten. Ihre Herstellung kann
ein ganzes Jahr in Anspruch nehmen.

**Frauen tragen auf dem Pollera-Nationalfest in
Las Tablas (oben) im Juli ihre *polleras* zur
Schau. Die *polleras* junger Mädchen sind mit
Bändern, Ketten und *tembleques* verziert
(oben links). Traditionelle Musik ist ein we-
sentlicher Bestandteil der Festlichkeiten (unten links).**

Eine *pollera* wird entweder aus Batist oder
feinem Leinen genäht, der Ausgangsstoff ist
immer weiß, und man benötigt etwa 12 m davon. Die schulterfreie Bluse besteht aus zwei
Lagen spitzenbesetzter Rüschen, und auch der

Obwohl das Pollera-Nationalfest eine ernsthafte Feier zu Ehren des kulturellen Erbes des Landes ist, bildet die Vorliebe der Panamaer für bunte Farben und besonders für die Teufelsmasken einen wichtigen Bestandteil der Feierlichkeiten.

Halsausschnitt ist mit Spitze gesäumt. Der Rock hat einen mit Goldknöpfen verzierten Bund und setzt sich aus zwei bis drei Rüschenlagen zusammen, die an den Seiten angehoben werden wie ein Pfauenschwanz oder eine Mantille. Die Rüschen von Bluse und Rock sind mit Vogel-, Blumen- oder landestypischen Motiven verziert, die als *talco en sombra* (handgenähte Applikationen) aufgebracht sind. In den Halsausschnitt sind bunte Wollfäden eingewebt, er ist vorn und hinten mit einer großen *mota* (Pompom) besetzt, und von der Taille hängen vier *gallardetes* (graziöse Bänder) herab.

Um den Hals trägt die Frau fünf *cabestrillos* – Ketten aus Goldmünzen –, die bis zur Taille reichen, und ein goldenes Kreuz oder Medaillon an einem schwarzen Samtband als Halsband sowie ein mit Goldbroschen befestigtes *monedero* (Seidentäschchen) an der Taille. Satinpantoffel runden das Trachtenkleid ab.

Das Haar wird am Hinterkopf zu einem Dutt zusammengefasst und mit drei großen Goldkämmen festgesteckt. Die Kämme sind filigran verziert, mit Perlen besetzt und werden wie eine Krone getragen. Noch fantasiereicher sind die *tembleques*, kunstvolle „zitternde Haarnadeln", die Blumen oder Schmetterlingen nachempfunden sind. Sie sind mit Perlen oder Fischschuppen verziert, die bei Bewegung zittern. Dazu kommen *zarcillos* (Ohrringe) aus kunstvoll verziertem Gold oder Koralle, und manchmal *dolores* – kleine Goldscheiben, die an den Schläfen ins Haar gebunden werden.

Die einfachere *pollera montuna* gilt als Alltagskleid und besteht meist aus einer Bluse mit nur einer Rüschenlage, einem farbigen Rock ohne Stickereien sowie einer Goldkette und Ohrhängern. Dazu tragen manche Frauen hübsch arrangierte echte Blumen im Haar.

Zur *pollera montuna ocueña* aus Ocú wird ein traditioneller Strohhut getragen. Und zur *pollera basquiña*, früher die Alltagskleidung der Landfrauen, gehört statt der schulterfreien Bluse eine eng anliegende, wie eine Jacke geschnittene weiße Bluse mit geknöpftem Kragen, Schulterkrause und ausgestelltem Saum. ■

Refugio de Vida Silvestre
Isla Iguana

ZU DIESEM WILDTIERSCHUTZGEBIET GEHÖREN EIN STRAND, der so weiß ist wie brennendes Magnesium, Mangrovenwälder sowie tropische Trockenwälder, in deren Baumwipfeln sich eine bunte Vielzahl von Meeresvögeln tummelt, aber auch Korallenriffs, die für ihre hervorragenden Schnorchel- und Tauchmöglichkeiten berühmt sind.

Das 1981 gegründete Schutzgebiet der Iguana-Insel umfasst 53 ha Land und Wasser. Dazu gehören exotische Obstbäume – Relikte eines selbsternannten Robinson Crusoe, der die Insel in den 1960er-Jahren kurzzeitig zu seinem Eigentum erklärte.

Die Insel liegt 4,3 km vor der **Playa El Bajadero** (*3 km nordöstlich von Pedasí*). Hier lebt Panamas größte Brutkolonie der prächtigen Fregattvögel. Während der Paarungszeit, im Winter, hocken die Männchen mit ihren aufblasbaren roten Kehlsäcken mit ausgebreiteten Flügeln auf ihren Nestern, geben mit allem an, was sie zu bieten haben, und heulen lauthals, während die Weibchen, deren Kehlen weiß sind, über sie hinwegfliegen. In bestimmten Jahren nisten Braunpelikane hier, und Austernfischer flitzen über den Strand. Zwischen April und September legen fünf Arten von Meeresschildkröten hier ihre Eier ab.

Die Insel ist von einem 16 ha großen Korallenriff umgeben. Zwölf Arten von Korallen und über 200 Fischarten locken zum Schnorcheln, und weiter draußen ist das Tauchen ebenso lohnenswert. Es gibt Delphine, harmlose Ammenhaie und Meeresschildkröten zu sehen. Zwischen Juni und November kommen Buckelwale aus kälteren Gewässern hierher, um sich zu paaren und in den seichten, warmen Gewässern ihre Jungen zur Welt zu bringen.

Iguana ist von den **Playa El Arenal** und **El Bajadero** aus zu erreichen. Die Boote fahren jedoch unregelmäßig, und man muss durch die Brandung waten, um an Bord zu klettern. Buzos de Azuero (*Tel. 995-2405, www.dive-n-fishpanama.com*) bietet Überfahrten.

Nach der 20-minütigen Bootsfahrt wird man an der **Playa El Cirial** von Scharen winziger Einsiedlerkrebse begrüßt. Dort gibt es eine Ranger-Station und ein **Besucherzentrum.** Ein Naturpfad verbindet El Cirial (auf der Westseite) mit der **Playa El Faro** (auf der Ozeanseite), der von schwarzen Felsen und einem **Leuchtturm** gesäumt wird. Am El-Faro-Strand können die Wellen hoch sein. Vorsicht beim Schwimmen!

Unter dem Schutzdach an der Ranger-Station ist Campen erlaubt, und es gibt einen Schlafsaal, aber keinen Strom. Was man braucht, muss man mitbringen. Man sollte nie die Wanderpfade verlassen, denn vereinzelt liegen Geschosse aus dem Zweiten Weltkrieg herum, als Iguana ein militärischer Übungsplatz war. ■

Die klaren blauen Gewässer vor der Insel Iguana sind Heimat einer Vielzahl von Meerestieren, darunter fünf verschiedene Arten von Meeresschildkröten.

Refugio de Vida Isla Iguana

Ⓜ 169 C2

Besucherinformation

✉ 4,3 km vor der Küste des El-Bajadero-Strands; Boote fahren an den Stränden El Arenal & El Bajadero ab

☎ ANAM, Los Santos, 994-7313

$ $

Am Strand von Venado sucht ein Surfer die perfekte Stelle (oben). *Mejorana*-Gitarren (unten rechts), die in Guararé hergestellt werden.

Der Südosten von Azuero

DIESER KARGE TEIL DER HALBINSEL IST DAS HERZSTÜCK DER Folkloretradition und berühmt für seine Festivals. In Orten aus der Kolonialzeit, die von Bougainvillea überwuchert sind, werden hier die besten bestickten Spitzenröcke hergestellt, während die Strände, die bisher nur über Lehmstraßen zu erreichen und lediglich Surfern bekannt waren, langsam erschlossen und von Hotelbesitzern erobert werden.

Der Südosten von Azuero
🗺 169 C1, C2, & B1
Besucherinformation
✉ ANAM, 1 km südlich von Las Tablas
☎ 994-7313
🕐 Sa. & So. geschl.

Museum Belisario Porras
✉ Ave. Belisario Porras, Parque Central, Las Tablas
☎ 994-6326
🕐 So. geschlossen. Führungen Di.–Sa. möglich.
💲 $

LAS TABLAS & DIE POLLERA-GEMEINDEN

Die Provinzhauptstadt Las Tablas ist eine bedeutende Fertigungsstätte für *polleras* und Schauplatz des *pollera*-Festivals (und des ausgelassensten Karnevals des Landes). Die interessantesten Sehenswürdigkeiten liegen in der Nähe des **Parque Porras,** der von der **Iglesia Santa Librada** überragt wird. Die Kirche wurde 1789 fertiggestellt, doch ein Großteil des heutigen Gebäudes wurde nach einem Feuer im Jahre 1950 rekonstruiert. Die mit Engelsköpfen verzierten, rot-goldenen Retabel sind Originale, ebenso wie die kreuzförmige Jungfrau Maria. Das zu Ehren des dreimaligen Präsidenten von Panama (zwischen 1912 und 1924) eingerichtete **Museo Belisario Porras** befindet sich in dem Haus, in dem Porras (1856–1942) geboren wurde. Später kaufte dieser ein einfaches, 1889 erbautes Landhaus, das er für Kabinettstreffen nutzte und das heute als **Casa Museo El Pausilip** Exponate aus seinem Leben ausstellt.

Nordwestlich von Las Tablas liegt **Guararé,** auch ein Hauptproduktionsort für *polleras* und für die typischen fünfsaitigen Gitarren, die *mejoranas* (man beachte die riesige *mejorana* am nördlichen Ortseingang).

Das **Casa Museo Manuel F. Zárate** zeigt *polleras* aus verschiedenen Regionen sowie Musikinstrumente und Teufelsmasken. Trotz seiner geringen Größe und seiner Ruhe erwacht Guararé jeden September mit dem *mejorana*-Nationalfestival zum Leben, dem wichtigsten Folklorefestival des Landes, das seit 1949 hier veranstaltet wird. Dann ächzen uralte Ochsenwagen mit Mädchen in *polleras* durch die Straßen.

PEDASÍ & UMGEBUNG

Das Fischerdörfchen am südöstlichen Zipfel der Halbinsel Azuero ist ein guter Ausgangspunkt für die entlegeneren Strände. Buzos de Azuero *(Tel. 995-2405, www.dive-n-fishpanama. com)* veranstaltet Angel- und Tauchausflüge. An der **Playa Punta Mala** legen Thunfisch-Fischer ab, um Gelbflossenthun und Marlin zu fangen. In der Nähe liegt die **Playa Los Destiladeres,** ein langer Strand aus braunem Sand, von Palmen gesäumt und von einer Brandung umspielt.

Hinter Destiladores liegt die bei Surfern beliebte **Playa Venado** (auch Playa Venao) genannt. Dieser breite, gezackte graue Sandstrand windet sich über 3,5 km wie ein Halbmond nach Süden und ist Schauplatz internationaler Surfmeisterschaften. Es gibt Pläne für eine Ferienanlage in der Bucht, und das Smithsonian Tropical Research Institute führt ein Wiederaufforstungsprojekt durch. Die **Playita-Ferienanlage,** nördlich von Venado, gewährt Tagesausflüg-

Karneval!

Las Tablas erstrahlt in festlicher Farbenpracht, besonders während des Karnevals, wenn in der Kleinstadt Partyfieber ausbricht. In den vier Tagen vor Aschermittwoch teilt sich der Ort in die Calle Arriba und die Calle Abajo (obere und untere Straße) auf, die jeweils eine Königin wählen und um das beste Kostüm und die beste Musik wetteifern. Passanten werden mit gefärbtem Wasser besprizt, und nach Sonnenuntergang finden Paraden im brasilianischen Stil statt, angeführt von Festwagen mit hübschen Mädchen in reich verzierten Bikinis. Überall wird Feuerwerk abgeschossen, und auf dem Platz sammeln sich Feiernde (oftmals betrunken), um den Spaß mitzuerleben. Jeder Abend trägt ein Motto, und der Höhepunkt der Feierlichkeiten ist der Dienstag, wenn die Frauen ihre *polleras* zur Schau tragen. ■

lern Zutritt, kann aber am Wochenende recht laut werden, wenn diese in Scharen eintrudeln. Daneben liegen der weiße Sandstrand der **Playa Achotines** und die Bucht gleichen Namens. Auf der Landspitze steht das Laboratorio Achotines, eine Brutstation mit Labor (siehe S. 186). Am Horizont erkennt man die Zwillingsinseln **Islas Frailes del Sur,** die einzigen Brutplätze Panamas für Ruß- und Zügelseeschwalben. Auch Noddiseeschwalben und Brauntölpel nisten hier.

Olivscharben und Nachtreiher leben im Wildschutzgebiet **Refugio de Vida Silvestre Pablo Arturo Barrios,** das sich auf 20 km Länge zwischen den Flüssen Purio und Caldera erstreckt. Es schützt ein 96 km² großes Gebiet aus Küstenfeuchtgebieten und Gewässern, die bis zur Iguana-Insel reichen. ■

Museum
El Pausilip
✉ Las Tablas Abajo
☎ 994-6326
🕓 Mo. geschl.
💲 $

Museum
Manuel F. Zárate
✉ Calle 21 Enero, Guararé
☎ 994-5644
🕓 So. & Mo. geschl.
💲 $

Refugio de Vida Pablo Arturo Barrios
www.anam.gob.pa
✉ 2 km östl. von Pedasí

Mit dem Auto durch den Südosten Azueros

Die Carretera Nacional (Nationalstraße) verläuft von der Ostküste landeinwärts durch eine Reihe von Kolonialstädten und -dörfern und erleichtert damit das Sightseeing. Zwar ist sie durchgängig asphaltiert, vermittelt aber dennoch das Gefühl, als würde man mit jedem zurückgelegten Kilometer ein Jahr weiter in die Vergangenheit zurückreisen.

Die Villa Camilla in der Nähe von Pedasí ist eins der schönsten Hotels Panamas.

Die Strecke beginnt an der Ausfahrt **Divisa** ❶ in südlicher Richtung. Nun folgt man der Carretera Nacional für 23 km und zweigt nach Norden zum **Parque Nacional Sarigua** ❷ ab (siehe S. 173–174). In südlicher Richtung geht es nach **Parita** ❸ (siehe S. 173–174), wo man über Kolonialstraßen spazieren und eine bedeutende Kirche besichtigen kann. Gegenüber der Shell-Tankstelle am Ortseingang liegt das Maskenstudio von **Dario López** *(Carretera Nacional, Tel. 974-2015 oder 6534-1958),* einem weltbekannten Hersteller von Teufelsmasken aus Papiermaché. Er ist ein freundlicher Gastgeber und zeigt seine Werke sowie *diablitos* in rot-schwarz-gestreiften Kostümen gern. Warum keine Karnevalsmaske als Souvenir kaufen?

Noch mehr erstehen kann man in **La Arena**, einem adretten Kolonialdorf, das für Keramikwerkstätten berühmt ist. Die Straße ist von Kunsthandwerkerläden gesäumt, in denen Tonwaren, von Reproduktionen präkolumbischer Bilder bis hin zu Windspielen, Vasen und folk-loristischen Motiven verkauft werden. In der Keramikmanufaktur **Cerámica Calderón** zeigt Angel Calderón Besuchern stolz seine traditionelle Drehscheibe und die alten Brennöfen.

6,5 km weiter erreicht die Carretera **Chitré** ❹ (siehe S. 170–171), wo man das **Museo de Herrera** und die **Catedral de San Juan Bautista** am Unión-Park besuchen sollte. Anschließend fährt man von der südöstlichen Ecke des Parks aus über die Calle Aminta Burgos de Amado nach Osten, zweigt rechts ab auf die Calle Carmelo Spadafora Abate (Carretera Nacional), und fährt nach **Villa de los Santos** (siehe S. 170–171). Außer den Sehenswürdigkeiten lohnt ein Besuch des Teufelsmaskenherstellers **Carlos Ivan de León** *(Calle Tomás Herrera).*

9 km südlich von Los Santos kommt man an der **Casa de la Pipa** vorbei, wo man sich an frischem Kokoswasser aus einer geschälten *pipa* (unreife Kokosnuss) erfrischen kann. 22 km weiter erreicht man **Guararé** ❺ (siehe S. 181). Hier lohnt der Besuch in der **Casa Museo Ma-**

nuel F. Zárate, bevor es über eine Lehmstraße ins nördlich gelegene La Enea geht. Hier, an der Ostseite des Dorfplatzes, lebt **Ildaura Saavedra de Espino** *(Tel. 994-5527)*, eine berühmte *pollera*-Schneiderin, die ihr Handwerk schon seit 1946 ausübt. Obwohl inzwischen an den Rollstuhl gefesselt, strahlt Señora Saavedra noch viel Lebensfreude aus und lässt sich gerne mit der Medaille fotografieren, die sie von Präsident Martin Torrijos für ihren Dienst am panamaischen Brauchtum bekommen hat.

In **Las Tablas** ⑥ (siehe S. 180–181) kann man die Kirche und das Museum besuchen. Auf den letzten 42 km nach **Pedasí** ⑦ kommt man durch ärmere Gegenden, wo der Gegenverkehr meist aus Ochsenkarren besteht.

Als Abschluss der Tour bieten sich die **Villa Marina** (siehe S. 250) oder die **Villa Camilla**

(Tel. 6678-8555, www.azueros.com) für eine Übernachtung an, von wo aus man am zweiten Tag die Inseln Iguana und Cañas mit ihren Wildtierschutzgebieten besuchen kann.

Man kann auch eine Rundreise machen. Dazu fährt man von Pedasí aus Richtung Westen, folgt der Südküste bis nach **El Cacao** und biegt nach Norden ab, um wieder nach Las Tablas zu kommen. Dieser letzte Abschnitt über **Flores** und **El Muñoz** schlängelt sich durch Gebirgslandschaften mit herrlichem Blick in Richtung Osten über die Küstenebenen und den Pazifik. ∎

✛ Siehe Gebietskarte S. 169
➤ Panamericana
⟷ 112 km
⊘ 8 Stunden einschl. Sightseeing
➤ Pedasí

UNBEDINGT ANSEHEN
- Parque Nacional Sarigua
- Maskenatelier von Dario López, Parita
- Herrera-Museum, Chitré

Refugio de Vida Silvestre Isla Cañas

Parque Nacional Silvestre Cerro Hoya
🏕 169 AI, BI
💲 $
Besucher-information
www.anam.gob.pa
☎ Anam, Los Santos, 994-7313

AN DER INSEL CANAS BEKOMMT MAN FAST IMMER WASSER-schildkröten zu sehen, vor allem jedoch in der Nistsaison im Herbst, wenn Oliv-Bastardschildkröten in ganzen Bataillonen an Land kriechen wie behelmte Truppen bei einem Überraschungsangriff. Die hiesige Vogelwelt ist nicht weniger faszinierend.

Das Wildtierschutzgebiet der Cañas-Insel wurde 1947 ins Leben gerufen, um Panamas wichtigstes Eiablage-gebiet für echte und unechte Karett-schildkröten, Lederschildkröten, Oliv-Bastardschildkröten und Grüne Meeresschildkröten zu schützen. Hauptsächlich von August bis November legen sie im Sand dieser 14 km langen Insel ihre Eier.

Das 254 km² große Schutzgebiet, von dem vier Fünftel im Wasser liegen, umfasst auch ein 16 km langes Mangrovenwaldgebiet zwischen den Mündungen der Flüsse Cañas und Tonosí an der dem Festland zugewandten Seite der Insel. Hier finden Kuhreiher, Fregattvögel und Schnee-sichler perfekte Nistmöglichkeiten.

Ein Wassertaxi auf dem Weg durch die Mangrovenwälder zur Insel Cañas (oben). Ein Fregatt-vogelmännchen präsentiert sich mit geblähter Brust als potenter Paarungs-partner (oben rechts).

Bei Nacht beginnen die Lagunen zu leuchten. Milliarden mikroskopisch kleiner Dinoflagellaten erzeugen ein gespenstisches Licht, wenn sie aufgeschreckt werden. Wegen der Krokodile ist vom Schwimmen abzuraten. Manchmal kann man eines sehen, das sich still durch das grünliche Leuchten voranbewegt.

Das Schutzgebiet erreicht man über die Straße von Pedasí nach Tonosí und die Abzweigung am Weiler Agua Buena. Während der Regenzeit sollte man die 5 km lange Lehmstraße nur mit Allradfahrzeug befahren. Den Kanal überquert man per Boot; es gibt einen Metallklopfer, mit dem man den Bootsmann rufen kann.

Die Genossenschaft bietet obligatorische Fremdenführer, Unterkünfte und eine Snackbar. Wer Schildkröten bei der Eiablage beobachten möchte, muss eine Übernachtung einplanen. Man sollte ein Moskitonetz und Insektenspray mitbringen. Es gibt auch ein Meeresfrüchterestaurant. ■

Parque Nacional Cerro Hoya

VERSTECKT IM ÄUSSERSTEN SÜDWESTEN DER AZUERO-HALB-
insel liegt Cerro Hoya, ein Eiland aus dichter Primärvegetation inmitten eines riesigen abgeholzten Gebiets. Nur wenige Besucher kommen
hierher, obwohl der Park von Korallenriffs bis hin zu kühlen Bergen und
einer großen Vielfalt von Tieren alles zu bieten hat.

**Reserva Forestral
La Tronosa**
www.anam.gob.pa
✉ 2 km westl.
von Jobero

Auf einer Fläche von 207 ha reicht
der Park vom Meeresspiegel bis zu
einer Höhe von 1559 m auf dem
Gipfel des **Cerro Hoya** hinauf.
Klima und Vegetation sind äußerst
abwechslungsreich. Riesenzedern
sowie Mahagoni- und Ceiba-Bäu-
me erheben ihre Wipfel über den
Tropenwald (Regenwald, Tiefland-
regenwald und Hochlandregen-
wald), der sich in allen Grünschat-
tierungen präsentiert. In den tieferen Lagen werden nach jahrzehn-
telanger Abholzung für Viehwirt-
schaft Teile des Parks aufgeforstet.

In den Wäldern erschallen Rufe
der Hellroten Aras und der Rot-
schwanzsittiche; nur zwei der 95
Vogelarten. Ameisenbären, Faultiere, Agutis, Weißwedelhirsche und
Brüllaffen gehören zu den Sehenswürdigkeiten, die sich Abenteurern
bieten. Großkatzen wie Ozelots
und Jaguare zeigen sich nur selten.

Im Süden reicht der Park weit
in den Pazifischen Ozean hinein,
zum Schutz unberührter Korallenriffs und Mangrovensümpfe und
der kleinen Inselchen vor der Küste. Nachts legen Meeresschildkröten an den Stränden ihre Eier ab.

Es gibt zwei Ranger-Stationen
im Park sowie Verwaltungsbüros
in **Restingue** (in der Provinz Veraguas) und außerhalb des Parks
in **Tonosí** (in der Provinz Los
Santos). Am besten erreicht man
den Park von Westen her über die
Straße von Santiago nach El Varadero. Von dort aus gelangt man
mit Allradantrieb bis nach Restingue, nur einen Fußmarsch vom
Park entfernt. Von Osten her er-

reicht man den Park per Pferd oder
zu Fuß von **Jobero** aus, 22 km
westlich von Tonosí am Eingang
zum angrenzenden Waldschutz-
gebiet **Reserva Forestral La
Tronosa**. Man kann an der **Playa
Cambutal** (siehe S. 186) ein Boot
mieten und zum Rand des Parks im
Weiler **Tembladera** fahren. Bei
Ebbe kann man zu Fuß gehen –
eine Wanderung mit Übernachtung
und mehreren Flussüberquerungen
(eine Gezeitentabelle ist erforderlich), oder je nach Saison einen Teil
der Strecke mit einem Allradwagen
zurücklegen. Auf halber Strecke gibt
es Unterkünfte und einen *merende-
ro* (Snack-Kiosk). Ansonsten muss
man selbst Zelt und Vorräte mitbringen. ■

Arribadas

Die Oliv-Bastardschildkröte
sichert ihr Überleben in
einem Ereignis, das die Einheimischen *arribada,* d. h. Ankunft, nennen. Bei Vollmond sammeln sich
Tausende von Schildkröten vor
der Küste und schwimmen zum
Strand, um ihre Eier abzulegen.
Eine *arribada* kann eine Woche
dauern, in der Wellen von Schildkröten an Land kommen. Es werden so viele Eier abgelegt (und
zerstört, wenn Schildkröten ihr
Nest an einer belegten Stelle
buddeln), dass die Einheimischen
in einer Sammelzone eine begrenzte Anzahl von Eiern einsam-
meln dürfen. ■

Noch mehr Sehenswertes auf der Halbinsel Azuero

Thunfisch-Zuchtbecken im Labor von Achotines.

DAS LABORATORIUM VON ACHOTINES

Diese Brutstation mit Laboratorium, in dem Wissenschaftler die Ökologie des Thunfischs erforschen, grenzt an die Bahía de Achotines (Achotines-Bucht). Deren Kontinentalschelf und aufsteigende Meeresströmungen sind ganzjährig Laichgründe für die zehn Arten von Thun- und Billfischen, die sich vor der Küste tummeln. Die Station wird von der Interamerikanischen Kommission für tropischen Thunfisch (IATTC, *Tel. 858-546-7100, www.iattc.org*)

betrieben und ist Teil von deren Thunfisch-Billfisch-Programm, in dessen Rahmen das Ei-, Larven- und Jugendstadium des Thunfischs erforscht werden. Die Anlage verfügt über Brutbecken und Tanks, in denen Thunfische heranwachsen. Zum Gelände gehören 70 ha tropischer Trockenwald, in dem Brüllaffen, Leguane und Tukane leben. Montags bis donnerstags können geführte Touren vereinbart werden; Ansprechpartner ist Buzos de Azuero *(Tel. 995-2405, www.dive-n-fishpanama.com)* in Pedasí.

🗺 169 C2 ✉ Bahía de Achotines, 31 km südwestl. of Pedasí ☎ 995-8166, e-mail: achotine@cwp.net.pa, www.iattc.org

DIE STRÄNDE VON CAMBUTAL & GUÁNICO

Der Strand von Cambutal besteht aus drei Teilen und wird von Bergen begrenzt. Die Punta Morro de Puercos trennt ihn vom Guánico-Strand weiter östlich. Bislang waren hier nur Surfer anzutreffen, doch es gibt Erschließungspläne. Es ist mit dem Fischerboot zu erreichen und ein Ausgangspunkt für den nahen Nationalpark Cerro Hoya (siehe S. 184-185), zu dem man auch wandern kann. Im Dörfchen, etwa 1 km landeinwärts, gibt es ein Büro der ANAM.

🗺 169 B1 ✉ 25 km südwestl. von Tonosí ☎ 333-0700 (ANAM) ∎

Sombreros montunos

Die prächtigen Panamahüte, mit denen sich schon Franklin D. Roosevelt, Winston Churchill und Filmstars schmückten, kommen gar nicht aus Panama. Der größte Teil wird in Ecuador gefertigt. Dennoch tragen die Männer in Panama handgeflochtene *sombreros de paja toquilla*, hier gefertigte Hüte aus ebenfalls hier angebautem Stroh. Bekannt sind sie als *sombreros montunos* und stammen vor allem aus den Dörfern Ocú und La Pintada. Der *ocueño* besitzt eine nach oben gebogene Krempe mit einer schwarzen oder braunen Linie und wird mit einer nur in diesem Dorf verwendeten geflochtenen Schur befestigt. Der *pintado* besitzt eine gerade Krempe, die mit schwarzen Mustern, oft in Ringform, verziert ist.

Die Hüte, deren Herstellung zwei bis vier Wochen in Anspruch nimmt, werden aus den weißen Fasern der Bellota-Pflanze hergestellt. Die Fasern werden aus den Blättern gewonnen, gekocht und dann in der Sonne getrocknet und gebleicht, bis sie cremeweiß sind. Aus denselben Fasern sind auch die Ringmuster, deren Färbung (von Rostrot bis Schwarz) beim Kochen entsteht. Ecuadorianischen Hüten fehlt die schwarze Randverzierung, die typisch für die aus Panama ist, und sie werden in einem Stück durchgeflochten. Für die Hüte aus Panama flicht man 1,5 cm breite Streifen, die um eine Holzform gewickelt und zusammengenäht werden. Die besten *montunos* sind so eng geflochten, dass sie wasserdicht sind. ∎

Diese Region mit ihren abgelegenen Stränden und nebelumhangenen Vulkanen bietet imposante Landstriche: von feucht-heißen Küstenebenen voller Zuckerrohr bis hin zu Tälern im Hochland, die mit Kaffeefeldern bedeckt sind. Chiriquí ist geprägt von der Kultur der Ngöbe-Buglé-Indianer.

Chiriquí & die Kordilleren

Ingwerpflanze, Sitio Barriles, in der Nähe von Volcán

Chiriquí & die Kordilleren

FÜR DIE ABWECHSLUNGSREICHSTE VON PANAMAS PROVINZEN SOLLTEN SIE mindestens eine ganze Woche einplanen. Steil abfallende Schluchten und messerscharfe Berggrate, Feuchtgebiete am Meer und Inseln vor der Küste, wo es nur so von Fischen wimmelt, sowie kühle Täler in den Gebirgsregionen, in die sich Blumengärten und Kaffeefarmen schmiegen, ergeben für den Reisenden eine riesige Auswahl an lohnenswerten Reisezielen.

David, ein Handelsknotenpunkt und Panamas drittgrößte Stadt, ist das Tor zu der Region, die sich in eine lange, nach Osten hin schmaler werdende Ebene an der Küste und eine zerklüftete, parallel dazu liegende Gebirgskette unterteilt. Bananenplantagen und Zuckerrohrfelder nehmen fast die gesamte *Llanura* (Ebene) westlich der Stadt ein, wo in der Rumfabrik Carta Vieja Produkte verkostet werden können. Weiter an der Küste ziehen sich Flüsse mäanderför-

mig durch eines der größten Sumpfsysteme Zentralamerikas: wichtige Nistplätze für Wat- und Ufervögel. An der Küste liegen Sandstrände, die bei Meeresschildkröten und Surfern beliebt sind. Auch eine nach Wald duftende Inselkette ist durch den Meeresnationalpark Golfo de Chiriquí geschützt. Die Gewässer sind berühmt für den Angelsport, der von dem Weiler Boca Chica aus angeboten wird. Das Flachland um David kann stickig-heiß sein, am Wasser sogar erdrückend schwül. In den kühleren

Eine Immobilienreklame an einer Bushaltestelle von Boquete lässt Zukünftiges erahnen

Gebirgsregionen herrscht ein Dutzend milder Mikroklimata. Die Flüsse fallen kaskadenartig herab, perfekt für anspruchsvolle Wildwasserfahrten der Klasse III und IV.

Der höchste Gipfel des Landes bietet Wanderungen durch die Nebelwälder des Parque Nacional Volcán Barú und des Parque Internacional La Amistad, einem 400 000 ha großen Naturschutzgebiet, das gemeinsam mit Costa Rica eingerichtet wurde. Die Parks liegen nur wenige Schritte von den Ferienorten in den Bergen, nämlich Boquete – Panamas „Kleine Schweiz" – und Cerro Punta, entfernt. Wohlhabendere Familien Panamas und in den letzten Jahren auch Ausländer haben hier Häuser errichtet. Touristen strömen scharenweise zu den Hotels, Gourmet-Restaurants und Cafés, die frisch gerösteten Kaffee servieren. Die Region um Cerro Punta ist dank des Vulkanbodens, von dem die Stadt Volcán ihren Namen ableitet, der Brotkorb der Nation. Sitio Barriles zeugt von einer präkolumbischen Kultur, die durch einen Vulkanausbruch ausgelöscht wurde.

Chiriquí ist ein altes Guaymi-Wort, das „Tal des Mondes" bedeutet. Die Guaymi, heute als Ngöbe-Buglé bezeichnet, leben in Bergdörfern, viele in einer *comarca* (autonomes Reservat), das 1998 errichtet wurde. Die meisten halten sich mit den Früchten ihrer Felder, dem Verkauf von Kunsthandwerk oder als Arbeiter in den Kaffeeplantagen gerade so über Wasser.

Es gibt Direktflüge zwischen David und Panama-Stadt. Die Fahrt über den Interamerican Highway dauert rund fünf Stunden. Der östliche Abschnitt, der Chiriquí mit Veraguas verbindet, ist in einem sehr schlechten Zustand, es gibt in jede Fahrrichtung nur eine Spur. Bitte fahren Sie vorsichtig und nachts überhaupt nicht. Der Interamerican Highway führt zum Grenzübergang bei Paso Canoa, rund 470 km westlich von Panama-Stadt, und dann durch Costa Rica. Achtung! Den Grenzposten kann man leicht übersehen. ∎

David & Umgebung

Religiöse Ikonen im Museum für Geschichte und Kunst in David

PANAMAS DRITTGRÖSSTE STADT (120 000 EW.) LIEGT IN EINER Ebene an der Küste. Obwohl es wenige Sehenswürdigkeiten gibt, liegt sie in einer zentralen Lage für Ausflüge in die Provinz Chiriquí. David (DAV-IID) ist vor allem wegen seiner einwöchigen Fiesta Mitte März zu Ehren des Schutzheiligen der Stadt bekannt. Auch wenn es eine moderne Stadt ist, hat sie doch ein paar historische Stätten zu bieten.

David
🗺 188 C2
Touristeninformation
www.ipat.gob.pa
✉ IPAT, Gebäude Don José, Ave. Domingo Díaz
☎ 775-2839
🕐 Sa. & So. geschl.

Museo de História y Arte José de Obaldía
✉ Ave. 8A Este, zwischen Calle A Norte & Calle Central
☎ 775-1217
🕐 Sa. & So. geschl.
💲 $

Das Agrarzentrum David ist von Weideland umgeben (sonntags finden häufig Rodeos statt). Obwohl bereits 1602 gegründet, sind wenige Zeugen der Vergangenheit erhalten (1732 wurde die Stadt von indigenen Stämmen angegriffen und zerstört). Im Zentrum herrscht reges Treiben. Marktstände breiten ihre Waren auf den Straßen aus, die voller Fahrzeuge sind. Kommerz tobt um den **Parque Cervantes**, im Schatten der Kirche **Iglesia de la Sagrada Familia** aus dem 19. Jahrhundert.

Das **Barrio Bolívar**, der historische Stadtkern im Süden des Platzes enthält die wenigen Sehenswürdigkeiten von David. Das **Museo de História y Arte José de Obaldía** (Museum für Geschichte und Kunst) ist in dem im Jahre 1880 erbauten Haus des gleichnamigen Gründers (1806–1889) von Chiriquí untergebracht. Es ist voller Möbel aus der damaligen Zeit, beeindruckend ist das Ensemble eines Schlafzimmers

aus dem 19. Jahrhundert. In den unteren Zimmern werden Ausstellungsstücke zur präkolumbischen Kultur gezeigt, wie *metates* (Reibmühlen) und Keramik. Der Saal zur Kolonialzeit zeigt Schwerter, Steigbügel und sonstige Stücke der Ära. Soutanen und weitere Beispiele sakraler Gewänder sind das Highlight im Saal der Kolonialkunst. Die Exponate haben durch die Hitze und hohe Luftfeuchtigkeit gelitten.

Nebenan befindet sich in einem weiteren Kolonialhaus die **Fundación Gallegos y Culturama,** eine Forschungsbibliothek mit einer Mischung faszinierender Ausstellungsstücke, u. a. eine Druckerpresse aus dem 19. Jh. und präkolumbische Keramik. In der Nähe steht **La Hermita San José de David** (*Ave. 10 Este bei Calle A Norte*), mit einem renovierten (und dennoch verwitterten) Steinglockenturm, der durch den Bau einer neueren Kirche ergänzt wurde. Auf der anderen Seite des Platzes befindet sich in der Schule das **Museo Escolar del Colegio Félix Olivares** (*Tel. 775-2854, geschlossen Sa. & So., nach Voranmeldung, nur in den Monaten Dez.–März*), das präkolumbische Artefakte ausstellt.

Boote können im Hafen von **Pedregal,** 5 km südlich von David, gemietet werden. Lohnenswert sind Ausflüge in die **Manglares de David** (siehe S. 191) und in den **Parque Nacional Marino Golfo de Chiriquí** (siehe S. 193). Es gibt Flugverbindungen nach Panama-Stadt, Bocas del Toro und San José in Costa Rica. ■

Küste des Golfo de Chiriquí

Bananen werden in einer Packanlage in Puerto Armuelles sortiert.

MANGROVEN, VON BRANDUNG AUSGEWASCHENE STRANDE, Tauch- und Fischgründe, smaragdgrüne Inseln, die wie Edelsteine in der See verstreut liegen. Dies sind die Reize der Küste von Chiriquí. Bringen Sie Insektenschutzmittel mit, um sich vor den *chitras* (Bartmücken) zu schützen, die an der Küste bei Sonnenauf- und -untergang aktiv sind.

Südlich von David erstrecken sich die **Manglares de David** – das größte Mangrovensystem Panamas – über 45 km der Trichtermündung der Flüsse Chiriquí, Chico und David River, die in die Boca de San Pedro übergeht. Die Wasserstraßen bilden ein verschlungenes Netzwerk in den dichten Mangroven und im Watt voller Uferzugvögel. Ein Teil dieses Systems gehört zum **Refugio de Vida Silvestre Playa de la Barqueta Agrícola** (Schutzgebiet für die Tierwelt des Waldes in Playa de la Barqueta Agrícola), das sich von der Boca San Pedro nach Westen erstreckt. Silberreiher erheben sich wie seidene Drachen, und weiße Ibise und Nachtreiher mit schwarzen Hauben brüten in diesem 5935 ha großen Gebiet. Drei Viertel davon schützen die Gewässer vor der Küste, in denen sich die Meeresschildkröten paaren, bevor die Weibchen ihre Eier am **Playa Barqueta** ablegen. Treibholz unterstreicht die dra-

matische Schönheit dieses einsamen Strandes, der sich 16 km lang wie ein silbernes Lamé-Band dahinschlängelt. Die Wilderei durch Einheimische ist nach wie vor ein Problem, obwohl diese Gegend unter Naturschutz steht. Wilde Wellen werden Sie möglicherweise zum Bodysurfen verlocken, aber Vorsicht vor dem heftigen Brandungsrückstrom. Abgesehen von der günstigen All-inclusive-Anlage **Las Olas Beach Resort** (wo Eintrittskarten für Kurzaufenthalte bei Tag oder bei Nacht erhältlich sind, siehe S. 254), gibt es hier als einzige Lokale zwei einfache Restaurants.

Das Ostufer von Chiriquí ist ein Paradies für Surfer, die einen weniger frequentierten Surf-Spot suchen. Eine sehr gute Wahl ist **Playa Las Lajas,** ein 11 km langer Sandstrand mit Dünen, der gerade erst vom Tourismus entdeckt wurde. Die **Isla Silva de Afuera** ist eine kleine Insel mit Surf-Spots im Big-Kahuna-Stil.

Ufer des Golfo de Chiriquí

⚑ 188–189 B2, C2, D2, E2, & E1

Touristeninformation

www.ipat.gob.pa

✉ IPAT, Gebäude Don José, Ave. Domingo Diaz

☎ 775-2839

⏰ Sa. & So. geschl.

BOCA CHICA & ISLA BOCA BRAVA

Das Fischerdorf auf dem Festland liegt 25 km südlich des Interamerican Highway, auf dem Weg dorthin kommt man an dem Dorf Horconcitos vorbei (ein Straßendorf, das für seine Sattler bekannt ist). Die ausgefahrene Straße ist in der Regenzeit eine Herausforderung. Das könnte sich ändern, da im Jahre 2006 an den nahen Stränden **Playa Hermosa** und **Playa Gallinaza** ein Komplex mit sechs Hotels dem Tourismus den Weg bereitete. Und an der **Playa Grande** soll der Yachthafen Playa Grande samt Hotelanlage mit malerischem Blick auf das Meer und Liegeplätzen für 100 Boote gebaut werden.

ISLA BOCA BRAVA

Die Insel liegt in der Bahía de Muertos, rund 0,8 km von Boca Chica entfernt; Wassertaxis verbinden die beiden miteinander. Brüllaffen schreien, wenn man durch den Wald voller wilder Tiere wandert.

Zu bestimmten Jahreszeiten kann man Wale beobachten. Gone Fishing Panama *(Tel. 6573-0151, www.gone fishingpanama.com)* und der

Rohöl

Charco Azul (Blauer Graben), 10 km westlich von Puerto Armuelles, ist der Endpunkt einer Erdöl-Pipeline am Pazifik, die die kontinentale Wasserscheide überquert und Charco Azul mit Chiriquí Grande in der Provinz Bocas del Toro verbindet. Die 131 km lange Pipeline, die vom Petroterminal de Panamá betrieben wird, wurde im Jahre 1982 fertiggestellt. Supertanker, die Öl aus Alaska und Ecuador geladen haben, sind viel zu groß für den Kanal. Daher löschen die Tanker hier ihre Ladung zum Weitertransport zu den Raffinerien in Houston und den Golfstaaten. ∎

Panama Big Game Fishing Club *(Tel. 866-281-1225, www.panamabiggamefishingclub.com)* bieten Gelegenheit zum Sportfischen in der Hannibal Bank. Buzos Boca Brava *(Tel. 6600-6191)* und Chiriquí Diving *(Tel. 6571-7512, www.chiriqui diving.com)* bieten Tauchausflüge an.

PUNTA BURICA

Eine dünne Halbinsel sticht in den Pazifik und ist die westlichste Spitze Panamas. Das Tor zu diesem einsamen Vorsprung ist **Puerto Armuelles,** eine wohlhabende Stadt, die von Bananenhainen umgeben ist. Diese Frucht ist alleinige Daseinsberechtigung der Stadt, schon seit der Errichtung einer Niederlassung der United Fruit Co. (heute Chiquita Brands) im Jahre 1927. Chiquita schloss die Niederlassung 2001, wodurch viele Menschen ihre Arbeitsplätze verloren. Inzwischen bestellt eine Arbeiterkooperative die Felder. Der Nachlass der Firma steht südlich der Stadt in einem *barrio* (Bezirk) aus bunten, baufälligen, schindelverkleideten Häusern. Dahinter schlängelt sich ein Sandstrand mit starker Brandung und Palmen gen **Petroterminal de Panamá** (Ölhafen).

Die Straße endet am Ölhafen, hinter dem man – nur bei Ebbe! – den Strand als Straße benutzt (nachdem man sich beim Wachhäuschen des Ölhafens angemeldet hat). Bewaldete Berge erheben sich dahinter. Lange Strände, auf die Brandung schlägt, erstrecken sich bis in die Unendlichkeit. Panama Surf Tours *(Tel. 6671-7777, www.panamasurftours. com)* bietet achttägige Surftouren. Lastwagenbusse verkehren vom Strand auf einer holprigen Piste bis zum Weiler **Bella Vista,** von wo aus es noch ein einstündiger Fußmarsch bis zur Spitze der **Punta Burica** ist. Hier liegt das **Hotel Mono Feliz** (siehe S. 254) umgeben von Wäldern voller Affen: ein Naturerlebnis ganz am Ende der Welt. ∎

Parque Nacional Marino Golfo de Chiriquí

MITTEN IM GOLFO DE CHIRIQUI GELEGEN, IST DIESER HIMM-
lische Meerespark für seine prächtigen Strände und die unverdorbenen
Korallenriffe bekannt. Er vereint viele der physischen Attribute, die
Panama-Touristen zu sehen hoffen. Der nur schwer zugängliche Park
mit seinen Unmengen wilder Landtiere bietet umwerfende Möglichkeiten zur Vogelbeobachtung, dazu Palmen und weiße Sandstrände.

Der Meerespark Golf von Chiriquí
eintstand 1994, um 148 km² der
Meeres-Ökosysteme und die rund
zwei Dutzend Inseln des **Archipiélago de las Islas Paridas** zu schützen, die hier im Pazifik verstreut
liegen.

Der Goliath unter den Inseln ist
die **Isla Parida.** Ihre Hügel sind in
feuchten Tropenwald eingehüllt und
gesäumt von Mangroven – Freisitze
für Fregattvögel, die am Himmel
kreisen und wie Drachen an einer
unsichtbaren Schnur dahingleiten.
Die Wälder vibrieren unter dem
Kreischen der Sittiche und dem Geschrei der Brüllaffen. Das ANAM
unterhält hier eine Rangerstation.

Das jadefarbene und badewan-
nenwarme Wasser um die **Isla San
José** sind der Traum jedes Schnorch-
lers. Ebenso das Wasser um **Isla Bo-
laños,** wo nachts Karettschildkröten
und Lederschildkröten an Land
kommen, um ihre Eier abzulegen.
Tagsüber kann man beobachten, wie
die Meeresschildkröten zwischen den
Korallenriffen grasen, während bunte
Papageienfische an ihnen knabbern.
Angler schwärmen von den Schlägen
des Cubera-Schnappers, des Hahnfi-
sches und anderer Sportfische.

Bootsführer fühlen sich zur **Isla
Gámez** hingezogen, 1 km nördlich
von Parida. Leider sind ihre Strände
wegen einiger unachtsamer Besucher
voller Müll.

Der Zugang zum Park per Boot
erfolgt über Boca Chica (siehe
S. 191–192). Exploration Panama
*(Tel. 720-2470, www.explorationpa-
nama. net)* bietet Touren.

**Puderzuckersand
verschmilzt mit
azurblauem Was-
ser auf der Isla San
José.**

**Parque Nacional
Marino Golfo de
Chiriquí
Touristen-
information**
www.anam.gob.pa
🅰 188 C1
✉ ANAM, Vía
    Aeropuerto, David
☎ 775-3163
🕐 Sa. & So. geschl.

Papageien & Aras

In Panama leben 18 der weltweit über 330 Papageienarten, darunter 6 der 16 Ara-Arten. Typisch für diese Vögel der Neotropen, gesellige Artgenossen (Schwärme von mehreren Hundert sind normal), sind ihre Intelligenz und Sprachbegabung. Sie haben vier Zehen an jedem Fuß, von denen zwei nach vorne und zwei nach hinten gerichtet sind. So können sie Früchte und Nüsse geschickt greifen. Ihre hakenförmigen, kräftigen Schnäbel zerkleinern Nüsse und Samenkörner wie ein Metallwerkzeug, während der mit sogenannten Feilkerben versehene Gaumen selbst die härtesten Kerne zu Staub zermahlen kann.

Die meisten Papageien sind limettengrün mit diversen Zeichnungen, nach denen die Arten unterschieden werden. Die größte Gattung umfasst die über 50 Arten der Amazonenpapageien – mittelgroße, stämmige Vögel mit schweren Schnäbeln und abgerundeten, breiten Schwänzen. Sie besitzen die Intelligenz und das Temperament eines zweijährigen Kindes. Die Panama- oder Gelbstirnamazone *(Amazona ochrocepala panamenis)* ist der kleinste und unscheinbarste Vertreter der Amazonen, seine Merkmale sind die grauen Augenringe, orangen Schulterstücke und ein gelber Fleck auf der Stirn. Die nur an der Pazifikküste lebende Panama-Amazone bevorzugt Savannen und Waldland. Als ein wissbegieriger und gesprächiger Artgenosse kommt die Panama-Amazone mit Gefangenschaft zurecht und ist ein sprachbegabter Imitator. Die meisten Vögel pflegen und fetten ihr Federkleid mit den Absonderungen einer Bürzeldrüse (an der Oberseite der Schwanzwurzel), die antibakteriell und fungizid wirken. Mit dem Schnabel nehmen sie das Fett auf und lassen die Federn dann durch ihren Schnabel gleiten. Die Amazonen haben diese Drüse nicht, sondern Puderdunen. Der Staub aus ihren eigenen Daunenfedern macht das Gefieder wasserabweisend.

Die farbenfrohen Aras – die Riesen im Papageienreich – sind kunstvoll gefiedert und haben gebieterische Stimmen. Fünf der sechs Arten von Aras in Panama sind durch die Waldrodung und Wilderei (für den Heimtiermarkt und wegen ihrer Schwanzfedern, die bei folkloristischen Zeremonien verwendet werden) bedroht.

Obwohl er nicht als bedrohte Art gilt, ist der Grünflügel- oder dunkelrote Ara *(Ara chloroptera)* aus einem Teil seines früheren Lebensraums verschwunden. Der Hellrote Ara *(Ara macao),* auch *Guacamayo* genannt, ist nur noch in den Nationalparks Cerro Hoya und Isla Coiba anzutreffen. Der nach seinem blutroten Gefieder benannte Ara hat königsblaue und gelbe Flügel. Der in der Karibik lebende grüne Blechsteinara oder Große Soldatenara ist selten geworden und wie die meisten Ara-Arten nur noch in der Provinz Darién anzutreffen. Einzigartig ist, dass diese grünen Vögel erröten, wenn sie erregt sind, ihre federlosen weißen Wangen färben sich dann rosa. Der freundliche Gelbbrustara *(Ara ararauna)* ist an seinem türkisblauen Mantel und der goldgelben Brust zu erkennen. Er lebt im Flachland von Ostpanama, wenn auch immer seltener anzutreffen, er misst über 1 m bis zur Spitze seiner Schwanzfedern und ist somit der größte der sechs Aras.

Papageien und Aras bauen ihre Nester in Baumstämmen. Die Männchen füttern ihre Partnerinnen mit hochgewürgtem Futter, während die Weibchen die Eier ausbrüten und die Jungen füttern. Die lebenslang monogamen Vögel sind oft paarweise zu sehen. Sie kreischen sich Liebesbotschaften zu, während sie vorbeisegeln, wobei sich ihre Flügel fast berühren. ■

Der Gelbbrustara (oben links) und der Hellrote Ara (rechts) gehören zu den Papageienarten mit dem schönsten Gefieder.

Boquete

Boquete
188 B3 & B4
Touristen-
information
CEFATI, Alto Boquete
720-4060

DIE STADT DES EWIGEN FRÜHLINGS ERFREUT SICH EINER traumhaften Lage in den Bergen an der Ostseite des Volcán Barú. Straßen, gesäumt von Engelstrompeten verheißen eine Welt voller Schönheit. Kaffeeplantagen, Wildwasserfloßfahrten und Wege, die Wander- und Vogelbeobachtungsmöglichkeiten bieten, gehören zu den Attraktionen.

Die Straße von David steigt linear an – eine 40 km lange, gerade Strecke, die Sie zum **Centro de Informaci-ón Turística** (CEFATI) auf einem Felsvorsprung führt, der als **Mira-dor de la Virgen de la Gruta** in Alto Boquete (Oberes Boquete) bezeichnet wird. Vom CEFATI aus hat man einen tollen Ausblick über das Stadtzentrum, das als Bajo Boquete (Unteres Boquete) bezeichnet wird

und sich in einem schmalen Tal des Río Caldera auf einer Höhe von 1300 m ü. M. befindet. Boquete liegt eng an den bewaldeten Berghängen mit dem brütenden Massiv des Volcán Barú im Westen und Cerro Azul und Cerro La Estrella im Osten.

Das im Jahre 1911 gegründete Boquete wurde Anfang des letzten Jahrhunderts von Immigranten aus Mitteleuropa besiedelt. Die Schwei-

Ein Kletterer sucht einen Weg an einer Felswand aus hexagonalem Basalt in der Nähe von Boquete.

zer, Deutschen und Slawen hinterließen architektonische Spuren.

In den letzten Jahren nahm der
Tourismus sprunghaft zu, daneben
gab es einen Zustrom von Ausländern, die sich hier niederließen, und
den entsprechenden Immobilien-
boom. Das Gebiet ist die Heimat
einer der größten Konzentrationen
der Ngöbe-Buglé-Indianer, die mit
ihren leuchtenden Kleidern dem
Stadtbild Charme verleihen.

Das abschüssige Bajo Boquete ist
ideal für einen Spaziergang.

Im zentralen **Parque Domingo
Médica** treffen sich die Einheimischen, um unter Pinien Neuigkeiten
auszutauschen. An den Wochenenden stellen die Ngöbe-Buglé ihre
Verkaufsstände auf, um ihre farben-

Wildwasser-Floßfahrten

Beim Floßfahren auf den Flüssen
Chiriquí und Chiriquí Viejo, die
von den Hängen des Volcán Barú
kaskadenartig ins pazifische Tiefland
hinabfallen, verbinden sich Natur-
schönheit und Nervenkitzel. Die
Flüsse sind von Mai bis Dezember
am interessantesten, können aber
das ganze Jahr über befahren werden. Das auf Sicherheit bedachte
Unternehmen Chiriquí River Rafting
(Tel. 720-1505, www.panama-raf-
ting.com) bietet Fahrten mit kippsi-
cheren, selbstlenkenden Gummi-
schlauchbooten mit professionellen
Führern an. Die vorgeschriebenen
Schwimmwesten und Helme werden
gestellt. Die Fahrt führt durch
Stromschnellen mit Namen wie Die
Angst und Drei Buckel. ■

prächtigen Kunsthandwerksgegenstände anzupreisen.

Ein **antiker Eisenbahnwag-
gon,** der verlassen auf einem Stück
Gleis an der Ostseite des Platzes
steht, erinnert an die im Jahre 1912
erbaute Eisenbahn, die Boquete einst
mit der Küste verband. Schräg gegenüber befindet sich im **Parque
de las Madres** die Statue einer
Mutter mit ihrem Kind. Ein fünfmi-
nütiger Aufstieg zum netten **Pana-
monte Inn & Spa** (siehe S. 251)
aus dem Jahre 1914 lohnt sich wegen
dessen reizenden Gartens und dem
Flair des vergangenen Jahrhunderts.

Orientierungstouren in einem
offenen Jeep werden von Boquete
Mountain Cruisers (*Tel. 720-4697
oder 6627-8829, E-Mail: boquete-
cruisers@hotmail.com*) angeboten.

BLÜHENDES PARADIES

Pflanzen und Sträucher lieben das
Klima von Boquete. Der Blumenan-
bau ist ein Landwirtschaftszweig.
Gärtnereien (*viveros*) züchten Lilien,

El Explorador
✉ Calle Jarmillo Alto
☎ 720-1989
💲 $

Finca Lérida
www.fincalerida.com
✉ Alto Quiel, 10,5 km nordwestlich von Boquete
☎ 720-2285
💲 $

Beneficio Cafetalero Café Ruíz
www.caferuiz.com
✉ Hwy. 43, Alto Boquete
☎ 720-1000 or 800-2233
🕐 Ein- und dreistündige Touren nach Voranmeldung, 9 Uhr Mo.–Sa.
💲 $$$

Nelken und Rosen, während die Einheimischen ihre Pflanzen mit fast englischer Pedanterie verhätscheln.

Der Jardín de Villa Marta, als **Mi Jardín es Su Jardín** *(Ave. Central, 0,8 km NW von Boquete)* bekannt, ist eine Symphonie der Farben und Düfte. Auf einer Fläche von 5 ha lockt der private Garten der Familie González mit Farnen, Azaleen, Fleißigen Lieschen, Hibiskus und Rosen, die halb-formal angepflanzt wurden. Bunte Kuhskulpturen und Sträucher in Menschengestalt sind ebenfalls Teil der Sammlung.

Inhaberin Deyanira Miranda und ihre Gärtner haben die Heckenscheren wie Malerpinsel geschwungen.

KAFFEETOUREN

Der beste Kaffee wird in Boquete angebaut, dessen Hänge wie grüner Cordstoff aussehen. Einige Produzenten und Röster bieten Besichtigungen ihrer *beneficios* (Kaffeeverarbeitungsanlagen) an. Während der Erntezeit kommen Ngöbe-Buglé-Indianer, die hauptsächliche Arbeiterschaft, die die reifen Kaffeekirschen von den Büschen pflücken.

Boquete-Kaffee

Der Arabica-Kaffeestrauch wächst am besten auf Böden mit guter Drainage in einer Höhe von 760 bis 1070 m, bei nahezu konstanten Temperaturen von 15°–28°C und einer ausgeprägten Trocken- und Regenzeit. Das Klima, die Hanglage und reichhaltigen Vulkanböden des Hochlands von Chiriquí sind bestens für den Kaffeeanbau geeignet und ergeben in dieser Kombination einen Kaffee mit ganz eigenem Aroma – mild und aromatisch mit einer Spur von Säure –, den Kenner zu den besten Kaffeesorten der Welt zählen. Die grün glänzenden Sträucher tragen ab dem vierten Jahr Früchte, die sich zu Beginn der Regenzeit durch winzige weiße Blüten ankündigen, die die Luft mit einem jasminähnlichen Duft erfüllen. Die Bohnen sind umgeben von saftigen grünen Beeren, die sich im Oktober zur Erntezeit blutrot färben. Die von Hand gepflückten Kaffeekirschen werden zur Verarbeitung an die Beneficios geschickt, wo die Bohnen von Schale und Fruchtfleisch befreit und dann entweder mit Warmluft getrocknet oder zum Trocknen traditionell in der Sonne ausgebreitet werden. Danach wird noch die Pergamenthaut entfernt, die Bohnen werden geröstet und … mmmh! ∎

Jährlich im Januar werden auf der Fería Internacional de las Flores y el Café *(Ave. Buenos Aires, Tel. 720-1466),* der Messe für Blumen und Kaffee, die schönsten Beispiele für die Kunstfertigkeit einheimischer Gärtner ausgestellt. Das Gelände am Ostufer des Río Caldera ist mit 10 000 Blumensorten bestückt. Es ist ganzjährig geöffnet, die beste Zeit ist jedoch während der Feria de las Orquídeas (Orchideenmesse) im April.

El Explorador, ein Straßencafé in den Bergen hat einen Garten voller verrücktem Nippes mit einer Mischung aus Flora und Humor. Die

Die schönste *cafetal* (Kaffeeplantage), **Finca Lérida,** besitzt 44,5 ha Kaffeefelder sowie 259 ha Primärwald und 57 ha für den Anbau von z. B. Blattsalat und Karotten. Besucher können einen frisch gerösteten Kaffee mit Blick auf die alte *beneficio* genießen, die heute ein Museum mit Exponaten zur Kaffeeproduktion beherbergt. Acht Kilometer gepflegter Wanderwege führen in das Nebelwald-Schutzgebiet, in dem die zweitönigen Pfiffe der Quetzale ertönen. Es werden Führungen und Rundgänge angeboten. Finca Lérida betreibt eine Pension (siehe S. 252).

Beneficio Cafetalero Café Ruíz bietet Touren, die die Kaffeefelder in Palmira und die *beneficio* in Boquete umfassen und mit einer Probieraktion im Kaffeeladen enden. Im Café Ruiz beim CEFATI in Boquete kann man sich anmelden.

Estate Palo Alto, nordöstlich von Boquete, bietet täglich Führungen, u. a. die **Kotowa-Kaffeetour,** bei der eine Verarbeitungsanlage – die älteste in Panama, zugleich eine Probierstube, zu sehen ist. Der Weg zum Estate Palo Alto ist nicht ausgeschildert, unangemeldete Besucher sind unerwünscht. In Kotowa liegt der **Boquete Tree Trek** *(Tel. 720-1635 oder 6615-3300, www.aventurist. com)*, ein dreistündiger Abenteuerweg an Drahtseilbahnen von Baumwipfel zu Baumwipfel. **Wild Orchid Coffee** *(Volcancito, Tel. 6672-7754, www.wildorchidcoffee.com)* bietet ebenfalls Touren an. Auf dem Gut sind Gärten und ein Orchideenlehrpfad zu sehen.

BERGHÖHEN
Boquete ohne Wanderung ist wie Frankreich ohne Wein. Es gibt Wege aller Schwierigkeitsgrade. Die Hotels vor Ort können Führer empfehlen.

Drei kurze Rundwege führen von Bajo Boquete bergauf. Der südlichste Rundweg startet in der Stadtmitte und steigt durch Kaffeefelder nach **Volcancito** auf, von wo aus bergtüchtige Wanderer den Gipfel von **Volcán Barú** (siehe S. 200–201) erklimmen können. Ein zweiter Rundkurs führt nordöstlich nach Alto Lino, von wo aus ein leichterer Weg auf den 2232 m hohen **Cerro Horqueta** führt. Ein Wanderweg von **Alto Lino** überquert die kontinentale Wasserscheide und steigt durch den Park La Amistad zum karibischen Flachland hinab – ein mühsames, viertägiges Abenteuer!

Eindrucksvoll ist der 20 km lange Rundkurs um **Bajo Mono,** der sich in steilen Serpentinen durch eine Schlucht zieht, die von einer Wand aus in grauer Vorzeit bei einem Vulkanausbruch aus Magma entstandenen Basaltsäulen eingerahmt wird. Sie können zum Ende der Straße bei **Alto Chiquero** fahren, parken und auf dem Wanderweg **Sendero Los Quetzales** (siehe S. 201) wandern, der sich um die Nordhänge des Volcán Barú zieht. Wer einen Quetzal sehen will, hat hier die allerbesten Chancen. ■

Ngöbe-Buglé-Indianer werden in der Landwirtschaft in Boquete als Erntehelfer beschäftigt.

Kotowa Coffee Tour
www.myroaster.com
✉ Estate Palo Alto, 5 km nordöstlich von Boquete
☎ 720-1430
🕐 Touren täglich 9 Uhr; So. & Sonderführungen nach Voranmeldung bei Coffee Adventures, Tel. 720-3852, www.coffee adventures.net
💲 $$$$

Der Sendero Los Quetzales bietet einen schönen Ausblick auf Cerro Punta.

Parque Nacional Volcán Barú

DER PARK LIEGT SCHÜTZEND UM DIE KRÄFTIGEN, BEWALDE-ten Flanken von Panamas einzigem Vulkan und ist leicht zugänglich. Er bietet anstrengende, aber fantastische Wanderungen und Gelegenheiten, Quetzale zu beobachten. An klaren Tagen sieht man die Karibik und den Pazifik vom Gipfel des Berges – der höchsten Erhebung des Landes.

Parque Nacional Volcán Barú
🅰 188 B4
Touristen-information
✉ ANAM, Vía Aeropuerto
☎ 775-3163

Der 142 km² große Parque Internacional La Amistad (siehe S. 224) liegt auf dem gleichnamigen, 3474 m hohen Vulkan, der in den vergangenen 500 Jahren geruht hat. Sieben Krater umgeben den Gipfel (mit Funktürmen). Sie sind vom Osten aus über einen 13,5 km langen Wanderweg erreichbar, der bei der ANAM-Rangerstation oberhalb von **Volcancito,** 8 km westlich von Boquete, beginnt. Die Fahrt über die felsige Piste dorthin erfordert ein hoch liegendes Fahrzeug mit Allradantrieb und Geländereifen. Oder man wählt die 45-minütige Wande-

rung ab dem Ende der geteerten Straße in Volcancito. Die anspruchsvolle Wanderung von der Rangerstation auf dem **Pfad zum Gipfel** dauert fünf Stunden (die Piste ist zwar befahrbar, aber eine Tortur).

Von der Westseite her führt eine Piste, die ungefähr 4 km nördlich von **Volcán** neben der Straße beginnt, 7 km in östlicher Richtung zum Ende des Wanderweges am Gipfel. Dieser Weg ist steiler als der von Boquete aus. Rechnen Sie für den Weg zum Gipfel und zurück mindestens mit gut 10 Stunden. Mit Führer zu wandern erhöht die

Quetzal

Der Quetzal (Pharomachrus mocinno) aus der Familie der Trogone ist eine exotische und selten sichtbare Art, die Vogelkundler nach Panama lockt. Sein smaragdgrünes Gefieder ist so luxuriös, dass die Mayas ihn als heiligen Vogel verehrten. Der bedrohte Vogel in der Größe einer Taube ist am ehesten auf einer Höhe von rund 1000 m ü. M. anzutreffen, wo sich die Nebelwälder befinden. Das Männchen hat eine scharlachrote Brust und lange Schwanzfedern, die es bei seinen Balzflügen zur Schau stellt. Der Quetzal bevorzugt die Aguacatillo, die Frucht wild wachsender Avocadobäume, die er im Flug von den Bäumen unter sich pflückt. ∎

Wahrscheinlichkeit, dass man Quetzale sieht. Schwarzbauchkolibris und Braune Veilchenohrkolibris, der metallische Klang des bedrohten Dreilappen-Glockenvogels und endemische Arten wie Gelbschenkel-Buschammern und Brustbandprinien begeistern Wanderer. Man sollte vor Sonnenaufgang starten, um nicht in die Wolken zu geraten, die vormittags oft die höheren Lagen verhüllen, und warme Kleidung und Regenausrüstung mitbringen.

Der Wanderweg **Sendero Los Quetzales** führt durch den üppigen Bewuchs des nördlichen Hanges zur ANAM-Rangerstation bei **Alto Chiquero,** die einen Schlafsaal mit kalten Duschen bietet, und weiter zu **El Respingo** bei Bajo Grande, bei Cerro Punta (siehe S. 204). Sechs Stunden dürften für diese 19 km, zumeist bergauf, reichen. Der Name des Weges ist gut gewählt. Über 300 brütende Paare von Quetzalen leben hier, und sie können häufig beim Versorgen ihrer Nester oder ihrem kraftvollen Flug beobachtet werden, bei dem sie zur Nahrungssuche kurz hinabstoßen, um dann wieder aufzusteigen. Ein Anlauf seitens der Regierung, den Sendero Los Quetzales zu einem Fahrweg auszubauen, wurde vertagt (aber nicht ganz gestrichen) wegen der Empörung der Öffentlichkeit. Informationen gibt es bei der **Fundación para el Desarrollo Integral de Cerro Punta** (FUNDICCEP, Tel. 771-2171, E-Mail: fundiccep@cw panama.net).

Zu den Säugetieren dieses Parks gehören alle fünf Arten von Wildkatzen. Pumas sind zahlreich, wenn auch nur selten zu sehen. Wer Tiere beobachten möchte, nimmt am besten an einer geführten Wanderung teil, die von Boquete aus von Coffee Adventures (Tel. 720-3852, www. coffeeadventures.net) und Los Quetzales (Tel. 771-2291, www.los quetzales. com) angeboten wird. ∎

Rund um Volcán

Eines der zahlreichen präkolumbischen Tongefäße von Sitio Barriles

DIE STADT VOLCÁN LIEGT IN MALERISCHER LAGE AN DER Westseite von Volcán Barú. Auch wenn sie selbst kaum interessant ist, lockt sie doch abenteuerlustige Besucher mit Kajak-, Wander- oder Vogel-Touren. Auf dem Berggrat säumen Kaffeeplantagen eine spektakuläre Fahrtstrecke, die im Westen bis zur Grenze zu Costa Rica verläuft.

Volcán

🅰 188 B2

Sitio Barriles

✉ 6,4 km westlich von Volcán

☎ 6575-2121, E-Mail: luislandau@mixmail.com

💲 Einlass gegen Spende

Alle Dienstleister befinden sich in **Hato de Volcán** (besser bekannt als Volcán), das auf einer Hochebene an den südwestlichen Hängen des Volcán Barú liegt und vor einem Jahrhundert von Schweizer Immigranten besiedelt wurde. Das architektonische Erbe ist offenkundig. Die Stadt dient als Tor zu touristischen Punkten weiter außerhalb. Pläne zum Bau einer neuen Straße, die Cuesta de Piedra, 10 km südlich der Stadt, mit Boquete verbinden würde, lassen eine starke Zunahme des Fremdenverkehrs erwarten. Es lohnt sich ein Besuch bei **Janson's**

Coffee House *(Tel. 771-4087 oder 261-1488, www.jansoncoffee.net, So. geschlossen),* einem Kaffeeröster auf dem Berg mit einem Café oberhalb der firmeneigenen *beneficio* – der Verarbeitungsanlage – im Süden der Stadt. Auf Anfrage kann man an kostenlosen Touren rund um die **La Torcaza** Kaffeefarm und durch das *beneficio* teilnehmen. Nach dem Verkosten der Kaffeesorten sollten Vogelkundler sich zu den nahen **Lagunas de Volcán** begeben. Die drei Lagunen in Feuchtgebieten mit einer Fläche von 143 ha sind Rastplatz für Zwergsultanshühner, Maskenenten und andere Wasserzugvögel. Die Zufahrtsstraße beginnt im Norden der Landepiste und ist für Geländewagen geeignet. Wegen der Schlingpflanzen sollte man nicht schwimmen.

Der Río Macho de Monte stürzt von der Westseite von Volcán Barú durch den **Cañón Macho de Monte** herab in erfrischende Seen. Der Zugang erfolgt über eine Piste zum Wasserkraftwerk, die 12 km südlich von Volcán beginnt. Kajakfahrten auf Gewässern der panamaischen Klasse IV bietet das Natahala Outdoor Center *(U.S. Tel 888/905-7238, www.noc.com)* an, Lkw-Schläuche können bei El Manantial Spa & Resort (siehe S. 253) für ruhigere Fahrten flussaufwärts gemietet werden. Finca Guardia, *(0,75 km südlich von Volcán, Tel. 6616-2521)* bietet Ausritte an.

WESTLICH VON VOLCÁN

Die kurvige Straße nach Río Sereno, westlich von Volcán, ist ein Genuss, während man sich in die mit Nebelwald bestandenen Berge und durch die Kaffeefelder hochschraubt, die an den Hängen wie Falten schlagende grüne Seide liegen.

Die kleine Kaffeefarm von José Luis und Edna Landau ist zugleich eine archäologische Stätte – **Sitio Barriles** – wo Relikte einer Kultur aus der Zeit von 300 bis 600 v. Chr.

bischen Artefakten und bietet eine Unterkunft in einer Holz-Lodge. In **Palo Verde** (der Hauptkaffeefarm) führen 5 km Wanderwege mit Hinweistafeln in ein 5 ha großes Gebiet von Primärwald. Tukane, Tinamous (Steißhühner) und Motmots (auch Sägeracken) sind nur einige der fast

zu sehen sind: ein Grab, ein Fels, in den eine alte Karte eingeritzt ist und Überreste, die ein antiker Tempel gewesen sein könnten. Keramikfragmente und präkolumbische Statuetten ergeben eine bunte Sammlung. Im Jahre 1947 wurden 18 lebensgroße Menschengestalten aus Basalt gefunden (heute im Museo Reina Torres de Araúz in Panama-Stadt). Diese Zivilisation wurde vermutlich durch einen Vulkanausbruch vernichtet. Edna bietet Führungen auf Spanisch und Englisch.

Die Kaffeefarm **Finca Hartmann,** deren Betreiber Naturschützer ist, hat ihr eigenes Naturschutzgebiet. Die Farm besteht aus zwei Einheiten. **Ojo de Agua** hat ein Museum mit Exponaten zur Kaffeeproduktion, einer Insektenausstellung (von Schmetterlingen bis hin zu Nashornkäfern) und präkolum-

300 Vogelarten, die hier zu sehen sind, und außerdem gibt es Rotwild, Ozelots, Gürteltiere und Affen.

In der Nähe liegt im Wald **Los Pozos Termales Tisingal,** heiße Quellen, die im Geländewagen über eine kurvige, unbefestigte Piste erreichbar sind. Die Straße beginnt an einer Abzweigung 10 km westlich von Volcán; entlang der Strecke stehen Wegweiser zu den Quellen.

Río Sereno, 35 km westlich von Volcán, ist ein nettes Grenzstädtchen rund um einen grasbewachsenen Hauptplatz mit Marmorobelisken. Die Grenze zu Costa Rica verläuft an dem Funkturm auf dem Berg im Südwesten der Stadt. Eine unbefestigte Piste führt im Nordwesten der Stadt durch Kaffeefelder nach **La Unión,** wo die (leicht zu übersehende) Grenze von einem Obelisken markiert wird. ■

Antike Urnen zieren die moosbewachsenen Wände eines rekonstruierten präkolumbischen Grabes bei Sitio Barriles.

Finca Hartmann
www.fincahartmann.com
✉ Hwy. 42, 27 km westlich von Volcán
☎ 6477-1259
🕐 24 Stunden vorher anmelden
💲 $$$

Rund um Cerro Punta

Cerro Punta
🄰 188 B4

**Orchideen-
sammlung
Finca Dracula**
www.fincadracula.com
✉ 1,2 km nordöstlich
von Guadalupe
☎ 771-2070
💲 $$

**Die Vollblüter von
Haras Cerro Punta
sind weltberühmt.**

DAS ALPINE CERRO PUNTA IST DAS LETZTE, WAS MAN IN DEN
Tropen erwarten würde. Es beschwört Bilder aus Heimatfilmen herauf,
nur ohne den Schnee. Nachts werden Sie für Decken in diesem Hoch-
gebirgstal voller Blumen am Tor zum Parque Internacional La Amistad
dankbar sein. Orchideen- und Erdbeerplantagen, Pferdezüchter und ei-
ne große Ngöbe-Buglé-Bevölkerung bezaubern die Besucher, wenn die-
se nicht gerade in den Nebelwäldern wandern und Vögel beobachten.

Nördlich von Volcán, steigt die Stra-
ße durch **El Llano** – die Hochebene
– weiter auf. Diese Landschaft ent-
stand in Urzeiten aus einem Lava-
strom. Sie ist mit Felsbrocken über-
sät und von Flussbetten durchfurcht.
Inmitten von Pinien zwischen Vol-
cán und Cerro Punta gelegen, traut
man beim Anblick der Zwillingsge-
meinden **Bambito** und **Nueva Su-
iza** (Neu-Schweiz) kaum seinen Au-
gen: Häuser und Lodges im Tiroler
Stil (viele mit begrünten Dächern),
verziert mit Zuckerbäckerornamen-
ten, und Hängekörbe voller bunter
Fleißiger Lieschen (lokal auch *novia*
genannt). **Truchas de Bambito**

*(an der Hauptstraße in Bambito, Tel.
771-4373)* züchtet Forellen und ver-
mietet Angelruten.

Cerro Punta liegt auf einer Höhe
von 1970 m ü. M., rund 670 m hö-
her als Boquete, in dem Krater eines
erloschenen Vulkans, von Bergen
umgeben. Das milde, sonnige alpine
Klima und die fruchtbaren Böden
eignen sich perfekt für den Anbau
von Nutzpflanzen, Blumen und Erd-
beeren. Cerro Punta ist das Zentrum
der Vollblutzucht, einer Tradition
der Viehzucht, die noch aus der Zeit
ein Jahrhundert zurück stammt, als
Europäer die Region besiedelten.
Das **Haras Cerro Punta** *(Gestüt*

an der Hauptstraße, 0,5 km nördlich von Cerro Punta, Tel. 771-2057, www. harascerropunta.com) bietet die Besichtigung seiner Einrichtungen, wo hochkarätige Rennpferde und französische Percheron-Zugpferde zufrieden auf limettengrünen Weiden vor sich hinkauen. Die Fohlenzeit (Januar bis Mai) ist besonders nett.

Oberhalb von Cerro Punta liegt **Guadalupe,** das höchstgelegene Dorf Panamas. Hier befindet sich die mit Blumen geschmückte **Lodge Los Quetzales** mit Spa (siehe S. 253), ein Basislager für Wellness am Fluss, Wanderungen und Vogelbeobachtungen in dem 350 ha großen privaten Naturschutzgebiet des Hotels. In der Nähe befindet sich der **Jardín Botánico Finca Dracula** über 2200 Orchideenarten – angeblich die größte Sammlung auf beiden amerikanischen Kontinenten – darunter einige der Gattung *Dracula vampira,* nach das *Orquideario* benannt wurde. Orchideenliebhabern wird bei Führungen durch die Gewächshäuser und Labore (die 250 000 Pflanzen pro Jahr produzieren) ausreichend Stoff geboten.

In Guadalupe macht die Straße eine Kehrtwende und führt nach Cerro Punta zurück: eine schöne, 6,5 km lange Rundfahrt vorbei an Blumen- und Erdbeerplantagen: **Finca Fresas Manolo** *(Tel. 6671-4871)* und **Panaflores** *(Tel. 771-2080)* sind auf Besucher eingestellt.

WANDERUNGEN DURCH DEN NEBELWALD

Wenngleich nur 62 ha des 2069 km² großen **Parque Internacional La Amistad** (siehe S. 224) in der Provinz Chiriquí liegen, sind hier der Haupteingang und die am besten zugänglichen Wanderwege. Allein eine Wanderung durch die Nebelwälder von La Amistad ist Grund genug für einen Besuch. Der Haupteingang und die ANAM-Rangersta-

tion liegen 7 km nordwestlich von Cerro Punta bei Las Nubes. Drei Wanderwege starten bei der Ranger-Station. Der 1,6 km lange **Sendero La Cascada** bietet Aussichtspunkte auf dem Weg zu einem spektakulären Wasserfall; der längere **Sendero El Retoño** steigt in den Nebelwald auf, ebenso der **Sendero La Montaña.** Die **Asociación Agroecoturística La Amistad** *(ASAELA; Tel. 771-2620),* eine lokale Kooperative, führt ein Restaurant am Eingang. Die Ranger-Station, fünf Minuten zu Fuß, hat ein Ausstellungszentrum, einen Schlafsaal und eine Küche (Lebensmittel selbst mitbringen).

Der **Sendero Los Quetzales** (siehe S. 201) beginnt bei Bajo Grande *(5 km östlich der Straße von Cerro Punta nach Guadalupe)* und überquert die nördliche Schulter des **Parque Internacional Volcán Barú,** bevor er nach Boquete führt (siehe S. 196–199). Der einfachere **Sendero Las Tres Rocas** führt zu einer Felsformation und einem Aussichtspunkt. Das private Naturschutzgebiet der Los Quetzales Lodge & Spa (siehe oben) liegt im Park und hat Wanderwege, die bis in den Parque Internacional La Amistad hineinreichen. ■

Eine Orchidee der Gattung Dracula vampira zeigt ihre spektakulären Blütenblätter in der Orchideenzucht Finca Dracula.

Sturmwolken über dem Fortuna-See an der Karibikseite der kontinentalen Wasserscheide.

Überquerung der kontinentalen Wasserscheide

Diese Tour führt quer durch die Berge. Sie beginnt fast auf Meeresniveau und erreicht schwindelnde Höhen, bevor sie sich in Serpentinen hinab zum Flachland windet. Diese Route bietet viele interessante Zwischenstopps. Die Strecke ist für die meisten Limousinen passierbar, auch wenn Erdrutsche, Nebel und Kurven große Vorsicht erfordern.

Highway 4 beginnt bei **Chiriquí** ❶, einer Stadt an der Kreuzung mit der Panamericana. Von hier aus führt die gut ausgebaute Straße nach Norden durch Weideland. Es locken die abgerundeten Spitzen der Cordillera de Tabasará, die sich in flaschengrünen Schattierungen am Horizont abzeichnet. Halten Sie sich an der Gabelung an der Einfahrt nach **Gualaca** ❷ links, dann links bei der Tankstelle, die Sie nach 0,8 km erreichen. Bald beginnt die Straße durch das Vorgebirge anzusteigen, in dem überall vulkanische Felsbrocken herumliegen.

Nach 29 km verlaufen die Wände einer Schlucht parallel zur scheinbar abschüssigen Straße. Sie werden überrascht sein, dass das Wasser in die entgegengesetzte Richtung fließt, obwohl das Flussbett die gleiche Neigung wie die Straße hat – der Abhang ist eine **optische Täuschung**. Ein kurzes Stück danach überqueren Sie den **Presa Chiriquí**, einen Staudamm am Río Chiriquí zur Stromerzeugung.

Nach weiteren 6,4 km an der T-Kreuzung rechts abbiegen. Hinter **Caldera** ❸ führt Sie eine Wanderung zum **Piedra Pintada**, einem Felsbrocken am Fluss, in den präkolumbische Petroglyphen eingemeißelt sind. Ein 2,5 km langer Wanderweg führt zu den Thermalquellen von **Pozos de Aguas Termales** (39° – 42 °C), von den Einheimischen Las Calderas genannt, in denen man ein Bad zwischen Natursteinmauern und Obstbäumen nehmen kann. Nach kurzer Fahrt bieten sich Ausblicke auf eine dramatische Bergwelt, während die Straße einen steilen Aufstieg in die Berge beginnt. Rund 58 km nach dem Start biegen Sie an der Kreuzung mit dem Schild „Casa de Control" rechts in eine unbefestigte Piste ein (die Straße linker Hand endet am Kontrollzentrum des Wasserkraftwerkes Fortuna; siehe S. 208).

Nach 10,5 km kommen Sie zum Highway 4; hier links abbiegen zum **Reserva Forestal Fortuna** ❹, wo Wanderwege durch 194 km² Schutzwald führen. Hinter dem **Centro Para la Investigación y Conservación de la Biodiversidad Tropical**, in dem das Smithsonian Tropical Research Institute eine Forschungs-

➕ Siehe Karte der Region auf
Seite 188–189

▶ Chiriquí

↔ 132 km

⏱ 5 Stunden

▶ Punta Peña

NICHT VERPASSEN
- Optische Täuschung
- Reserva Forestal Fortuna
- Centro de Visitantes,
  Fortuna-See
- Malí

Laguna de Chiriquí

Punta Róbalo

BOCAS DEL TORO

Chiriquí Grande

Punta Peña ⑦

Cordillera Tabasará

Jaramillo Arriba

Volcancito

Bajo Boquete

Continental Divide

⑥ **Malí**

NGÖBE-BUGLÉ

Presa Edwin Fabrega

Centro Para la Investigación y Conservación de la Biodiversidad Tropical

⑤ Lago Fortuna

Centro de Visitantes

Polrerillos Arriba

Caldera ③

Piedra Pintada
Pozos de Aguas Termales

④ RESERVA FORESTAL FORTUNA

Optische Täuschung

Presa Chiriquí

Dolega

Dos Ríos

② **Gualaca**

Los Ángeles

Boca de Soloy

CHIRIQUÍ

David

① **Chiriquí** PANAMERICANA

START

---

einrichtung unterhält *(Tel. 212-8016, www.stri. org)*, windet sich die Straße in das Valle de Las Sierpes (Schlangental) und zum **Presa Edwin Fabrega,** dem 30 m hohen Damm, der das Wasser von **Lago Fortuna** ⑤ zurückhält. Das **Centro de Visitantes** (Besucherzentrum) *(www.fortuna.com.pa)* zeigt naturkundliche Ausstellungen (nur auf Spanisch).

Ab hier gibt es Bergpanoramen zu bewundern. Auf dem weiteren Weg überqueren Sie die kontinentale Wasserscheide. Fahren Sie vorsichtig, wenn Sie an den bewaldeten östlichen Hügeln auf der kurvigen Strecke ins Tal zum Dorf **Malí** ⑥ der Ngöbe-Buglé-Indianer fahren – ein Abstieg von rund 1524 m. Die Straße folgt danach dem Río Guarumo durch ein üppiges Tal, das im Westen von Gebirgslandschaften eingerahmt ist. Die Fahrt endet in **Punta Peña** ⑦, dessen Einwohner auf den Ananasplantagen im Norden der Stadt beschäftigt sind. ∎

Noch mehr Sehenswertes in Chiriquí & den Kordilleren

RUMFABRIK CARTA VIEJA

Die Ebenen westlich von David sind bedeckt mit Zuckerrohrfeldern. Der hefeähnliche Geruch von Melasse hängt über ihnen und lockt Sie in eine der ältesten *centrales* (Zuckerrohr-Verarbeitungsanlage) in Panama. Die Rumfabrik Central Industrial Chiricana im Dorf El Tejar, rund 20 km westlich von David, wurde 1915 gegründet. Sie ist berühmt wegen ihres Carta Vieja – einem dunklen, vollaromatischen Rum, der vier Jahre in Fässern aus weißer Birke reift, die ihm Farbton und Geschmack verleihen. Die Brennerei bietet an Wochentagen Besichtigungen an. Zwei der Destillieranlagen sind draußen zu sehen. In der Karwoche kommen jährlich 10 000 Gläubige in das Dorf Alanje, um den „wundersamen" Cristo de Alanje zu sehen, eine in der Kirche ausgestellte Statue.

🅰 206 B2 ✉ El Tejar, 3,2 km nordwestlich von Alanje (16 km westlich von David) ☎ 772-7073, www.cartaviejapanama.com 🕒 Sa. & So. geschlossen

CENTRAL HIDROELÉCTRICA FORTUNA

Das Wasserkraftwerk Fortuna, eingeweiht im Jahre 1984, erzeugt 39 Prozent des Strombedarfs von Panama. Seine drei 100-MW-Turbinen werden vom Wasser des 32 km entfernten Lago Fortuna gespeist (siehe S. 207). Das Wasser strömt 6 km bergab durch einen Druckschacht und fällt 765 m auf die Turbinenstation. Die Casa de Máquinas – die Turbinenstation – liegt in einer riesigen Höhle in einer Tiefe von 430 m und ist über einen fast 2 km langen Tunnel erreichbar. Führungen muss man eine Woche im Voraus anmelden. Es sind lange Hosen und geschlossene Schuhe zu tragen.

🅰 188 C3 ✉ 5 km nordwestlich von Gualacá (31 km nordöstlich von David) ☎ 206-1800 (in Panama-Stadt), www.fortuna.com.pa 🕒 Sa. & So geschlossen

FINCA LA SUIZA

In einem 200 ha großen Vorgebirgswald an den Südosthängen von Volcán Barú bietet die Lodge unter Schweizer Leitung Wanderungen auf vier gepflegten Waldwegen – teilweise steile Ganz-

tagesabenteuer –, die in den vogelreichen Nebelwald aufsteigen. Über Wasserfällen entstehen Regenbögen im Dunst, und das Rauschen des Wassers klingt wie Musik. Wer nicht Gast der Lodge ist, darf gegen eine Gebühr Tagestouren unternehmen. Allein der Erdbeer-Eisbecher ist die Übernachtung mit Halbpension wert.

🅰 188 B4 ✉ 4 km nördlich von Los Planes & 18 km nördlich von Gualacá ☎ 6615-3774, www.panama.net.tc 🕒 June, Sept. & Okt. geschl. 💲 $$

ISLAS SECAS

Der Archipel Islas Secas, südöstlich des Meeresnationalparks Golfo de Chiriquí, ist in Privatbesitz. Er besteht aus 16 Inseln mit einem Hotel und wird vom Charterflugzeug versorgt. Diese von Stränden umgebenen Inseln sind ideal für alle, die sich nach der Luxusversion eines Robinson-Crusoe-Abenteuers sehnen.

Jede Insel ist einzigartig, obwohl die meisten schroff, dicht bewaldet und von Korallenriffen umgeben sind. Auf einigen gibt es Wege für Vogelwanderungen. Oft sind Weißspitzenhaie entlang der Riffe zu sehen, die ein fantastisches Schnorchel- und Taucherlebnis garantieren. Karettschildkröten, Lederschildkröten und olivfarbene Ridley-Schildkröten paddeln vorbei und legen nicht weit vom Strand ihre Eier ab.

🅰 189 D1 ✉ 35 km südöstlich von Boca Chica mit dem Charterboot oder privaten Charterflug

TOLÉ

Tolé ist das am besten zu erreichende Dorf der Ngöbe-Buglé-Indianer und erstreckt sich über die Gebirgsausläufer, die die Provinzen Veraguas und Chiriquí trennen. Während der Kaffeeernte pendeln ganze Familien zur Arbeit im Hochland rund um Boquete. Man kann zusehen, wie *chácaras* (gewebte Handtaschen), geflochtene Körbe und Kleider gefertigt werden. Auf einem Wanderweg, der bei El Nancito, 8 km westlich von Tolé beginnt, erreicht man Felsen, in die präkolumbische Petroglyphen eingemeißelt sind.

🅰 189 E2 ✉ 82 km östlich von David auf dem Interamerican Highway, dann 2 km nach Norden ∎

Mit seinen extremen Kontrasten – mit Bergregionen und Inseln – lädt dieses Gebiet ein, den Charme der karibischen Inselkultur zu erleben. Es bietet außerdem hervorragende Schnorchel- und Surfreviere und gewährt Einblick in das Leben der Ureinwohner.

Bocas del Toro

Küstenflair, Bocas-Stadt

Bocas del Toro

DAS ZWEITBELIEBTESTE REISEZIEL NACH PANAMA-STADT, DIE PROVINZ BOCAS del Toro, ist berühmt für ihren freakigen Insel-Lifestyle. Eigentlich gibt es zweimal Bocas del Toro, und zwar auf der Insel und dem Festland. Bananenplantagen erstrecken sich über den Großteil der feucht-heißen Niederungen an der Küste rund um Changuinola (die Früchte werden über die Hafenstadt Almirante verschifft), während die Ananasplanzen rund um Chiriquí Grande hoch aufragen. Ein Großteil der Provinz auf dem Festland liegt in dem Parque Internacional La Amistad und der Pufferzone Bosque Protector Palo Seco. Diese wilde Region – das Reich der Nabelschweine, Jaguare und Pumas – ist praktisch unerforscht. Träge Flüsse ergießen sich von den Bergen hin zu den Sandstränden, an denen Meeresschildkröten ihre Eier ablegen. Seekühe suchen in den Binnengewässern nach Futter, wo in den Sümpfen, wie in San San Pond Sak, auch Kaimane, Flußotter und Wasservögel zu Hause sind.

Die vorgelagerten Inseln, die auch als Bocas del Toro – die Einheimische als die „Bocas" – bezeichnen, sind eine andere Welt. Dieser Archipel aus sechs Inseln, Atollen und Sandbänken ist eine Wasserwelt, in der Wassertaxis (alles von PS-starken Motorbooten bis hin zu den langsameren *cayucos*) das einzige Transportmittel sind. In einer Hängematte liegen, in eine Welle hechten oder ein kaltes Bier in einer der unkonventionellen Bars – so genießt man auf den relaxten Bocas (charakteristisch ist die Antwort „*tranquilo*" der Einheimischen auf die Frage nach dem Befinden). In der letzten Zeit haben auch ausländische Investoren die Bocas für sich entdeckt. Große Ferienhotels und Wohnanlagen schießen wie Pilze aus dem Boden und verändern das gelassene Ambiente.

Die meisten Besucher beschränken sich auf diese Inseln, die sich aus dem warmen Wasser erheben, in dessen Korallenriffen 74 der

Die sonnige Küste in Bocas del Toro Stadt, einem immer beliebteren Reiseziel.

karibischen 79 Korallenarten beheimatet sind. Schnorcheln und Tauchen sind hier ein Traum, obwohl die Sicht oft schlecht ist (besonders nach starken Regenfällen, wenn von den Bananenplantagen Schlamm ins Meer gespült wird). Einige Flecken Regenwald ragen noch über dem Wasser auf. Mehrere Arten der giftigen Baumsteigerfrösche (auch Pfeilgiftfrösche genannt) sind endemische Arten der Inseln, so wie auch ein kleines Faultier, das zwischen den Mangrovenblättern lebt. Unbedingt Insektenspray gegen die Moskitos und *chitras,* winzige, lästige Sandfliegen, mitbringen.

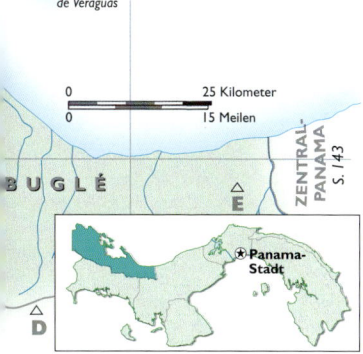

Eine Attraktion sind die Ngöbe-Buglé-Dorfgemeinschaften (und die der Naso-Teribe ganz im Norden), von denen viele trotz ihres Elends an ihrer Ngabere-Sprache und Kultur festhalten. Sie sind über den ganzen Archipel und auf dem Festland verstreut (entlang der Küstenstraße zwischen Punta Peña und Almirante) und gut erreichbar. Viele Nachfahren der Ureinwohner wenden sich dem sanften Tourismus zu. Die Einrichtungen – z. B. Öko-Lodges wie die in Wekso – sind einfach, bieten aber Gelegenheit, die Diversität Panamas zu erleben und zum Wohlergehen und zum Umweltbewusstsein der indigenen Völker beizutragen (aus purer Not werden immer noch illegal Wild und Schildkröten gejagt; Besucher sollten kein Schildkrötenfleisch und Hummer essen).

Während auf dem Festland hauptsächlich Mestizen und Ngöbe-Indianer leben, sind die Inselbewohner vorwiegend schwarz – Nachfahren von Sklaven und jamaikanischen Arbeitern, die im 19. Jh. kamen. Die meisten sprechen Spanisch und Englisch, obwohl die Verkehrssprache der Region ein englischer Dialekt ist, der mit indigenen und spanischen Begriffen gespickt ist und sich Guari-Guari nennt.

Besucher sollten auf Regen eingestellt sein. In den Monaten September bis Oktober und März bis April ist die durchschnittliche Sonnenschein-Wahrscheinlichkeit am höchsten. ■

Isla Colón

Isla Colón

🗺 210 B3

**Touristen-
information**

www.ipat.gob.pa

✉ IPAT, Calle 1, Bocas
   Stadt

☎ 757-9642

🕐 Sa. & So. geschl.

**ANREISE NACH
BOCAS-STADT**

Mit dem Flugzeug
Flüge nach Bocas-Stadt
von Panama-Stadt, David
& Costa Rica aus.

**Mit dem Wasser-
taxi**

🚤 Boteros Bocatorenos
   Unidos, 757-9760,
   E-Mail:
   boterosbocas@
   yahoo.com

🚤 Expreso Taxi 25 (von
   & nach Almirante
   & Nachbarinseln),
   Tel. 757-9028

Mit der Autofähre

⛴ Eine Autofähre
   verkehrt zwischen
   Chiriquí Grande,
   Almirante und Bocas
   Stadt.

DIESE 61 KM² GROSSE INSEL IST DIE GRÖSSTE UND AM stärksten besiedelte Insel der Bocas; hier sind die meisten Hotels, Restaurants und Dienstleister. Zunächst fällt der Charme des Lifestyles von Bocas-Stadt ins Auge, aber es gibt auf der Insel noch Urwaldabschnitte zu erforschen, dazu spektakuläre Strände, die für Surfen und nächtliches Beobachten von Schildkröten perfekt sind. Die Insel lässt sich mit dem Fahrrad erkunden, wenn auch die Straßen ziemlich holprig sind.

Bocas-Stadt, das 1826 gegründete wirtschaftliche Zentrum des Archipels, war eine Basis der britischen Holzfäller und für die „Ernte" von Meeresschildkröten. Im Jahre 1889 richtete die United Fruit Co. hier ihren panamaischen Hauptsitz ein. In dem 1905 erbauten Gebäude befindet sich heute das **Hotel Bahía** *(Tel. 757-9626, Fax 757-9692).* Jamaikanische Arbeiter folgten. Der Boom zu Anfang des 20. Jh. fand zusammen mit den Bananenstauden ein jähes Ende, als die „Panama-Krankheit" zuschlug und die Firma auf das Festland umzog. Mehrere Brände zerstörten einen Großteil der Stadt – Häuser im karibischen Stil mit Zuckerbäcker-Verzierungen und mit Schindeln verkleideten Fassaden in tropischen Farben. Nachdem „Big Fruit" fort war, geriet die Insel in Vergessenheit, bis vor rund einem Jahrzehnt Durchreisende die Bocas wieder ins Gespräch brachten.

Obwohl in den letzten Jahren Tourismus und ausländische Investitionen zugenommen haben, spricht diese Gemeinschaft am ehesten Individualreisende an, die in ihrem Urlaub in einer Hängematte dösen, dann bei Reggae-Riffs chillen und ein kühles Bier in einer funkigen Bar wollen. Die meisten Hotels sind in das Wasser gebaut, viele davon haben ihre eigenen Kais und Restaurants auf Stelzen mit Blick auf die zinnoberroten Sonnenuntergänge.

Die Stadt ist gitterförmig angelegt, wobei alles Wichtige entlang einer der beiden Hauptstraßen am Wasser liegen: Calle 1 und Calle 3. Dazwischen liegt als Zentrum der **Parque Simón Bolívar** mit der Feigenbäumen voller Vogelgesang. Eine **Bronzebüste von Simón Bolívar** ist das einzige Denkmal. Bei den *bomberos (Calle 1 bei Ave. G),* in der Feuerwache, ist ein altes Lösch-

fahrzeug von 1920 zu sehen; die **Biblioteca Pública de Bocas** *(Calle 3, geschlossen Sa. & So.)* hat eine Ausstellung zur Ökologie der Meeresschildkröten; und das **IPAT-Büro** zeigt Exponate zur Geschichte und Ökologie des Archipels.

Cayo Carenero ragt nur drei Minuten mit dem Boot in Richtung Norden entfernt aus dem Wasser. Ein Pfad windet sich durch sein Dorf – eine kleinere Version von Bocas-Stadt – und führt zu einer Bucht mit einem Killer Reef Break, einem Riff mit perfekten Surfbedingungen, aber nicht zu unterschätzendem Verletzungsrisiko, den Surfer Carenero nennen.

Der Strand von Bocas Stadt, **Playa el Istmito,** zehn Gehminuten nördlich vom Park entlang der Avenida G, ist Veranstaltungsort der alljährlichen, viertägigen Feria del Mar im September, wenn die Einwohner zum Reggae tanzen. Am Strand gibt es einen Volleyball-Platz und Party-Stimmung, auch wenn es unweit noch schönere Strände gibt.

LUVUFER
Zwei Straßen führen von Bocas Stadt aus in den Norden. Eine verläuft am östlichen Ufer entlang von **Big Creek** nach **Playa Paunch,** wo Surfer durch ein Reef Break herausgefordert werden, und **Playa Bluff,** wo Nicht-Surfer Surf-Cracks beim Üben auf „Killer Tubes" hawaiiani-

In den ausgefallenen, pulsierenden Restaurants und Pubs überall auf der Isla Colón – wie hier im Restaurant El Pecador del Sabor in Bocas-Stadt – sitzen Einheimische und Touristen in entspannter Atmosphäre beisammen.

scher Ausmaße zuschauen können. Der Brandungsrückstrom und die Wellen machen Schwimmen unmöglich. Der 3,5 km lange Strand ist von Juni bis September eine Brutstätte für Meeresschildkröten. Das **Observatorio de Tortugas** *(0,75 km nördlich von Playa Paunch)* bietet nächtliche Führungen. Ein Pfad hinter Playa Bluff führt nach **La Piscina**, einer Lagune, in der Schwimmen sicher ist. Landeinwärts sind die Wälder voll von Sittichen, Affen und Faultieren.

Vogelkundler finden auf **Cayo del Cisne** (Swan Cay), auch genannt Isla de los Pájaros (Vogelinsel), seltene Vögel. Mit einer Höhe von 40 m ist das Inselchen 1,6 km vor der Nordküste der Isla Colón der einzige bekannte Nistplatz der südwestlichen Karibik des Rotschnabel-Tropikvogels und einer der drei Nistplätze für Brauntölpel entlang der Karibikküste von Panama. Die Insel ist ein beliebtes Ziel der Ausflugsboote, aber Betreten ist untersagt. Bietet der Führer Ihnen eine Inseltour an, sollten Sie ablehnen.

LEEWÄRTS GELEGENES UFER

Eine zweite Straße führt in nördlicher Richtung nach **La Colonia Santeña**. (In der Regenzeit ist Allradantrieb angeraten.) Rund 1 km östlich steht in der **Santuario Natural Nuestra Señora de la Gruta,** gewöhnlich La Gruta (die Grotte) genannt, eine Statue der Jungfrau Maria. Hinter Farn und Ranken liegt der Eingang zu der Tropfsteinhöhle. Flederhunde hängen an der Decke, und Ammoniakgestank steigt von ihren Exkrementen auf, auf denen man weich läuft (ein Tuch vor Nase und Mund verhindert das Einatmen der giftigen Sporen). Der Ort lockt Pilger an, vor allem jährlich am 16. Juli zum Festival de la Virgen del Carmen.

Die Piste, außerhalb der Regenzeit eine nette Radstrecke, endet bei **Bocas del Drago**, einer geschützten Bucht mit Sandstrand im Südwesten der Insel, ein toller Ort für eine Siesta. Das Restaurant am Wasser vermietet Tretboote und Schnorchelausrüstungen. Man gelangt auch mit dem Wassertaxi hierher, aber man sollte die Rückfahrt schon im Voraus vereinbaren. Das **Smithsonian Tropical Research Institute** betreibt ganz in der Nähe eine wissenschaftliche Forschungsstation *(Tel. 757-9794 oder 212-8082 für Besucher, www.stri.org)*. Der Bus nach Bocas del Drago am frühen Morgen transportiert Arbeiter und fährt erst abends zurück. ∎

Meeresschildkröten

Fünf der sieben Arten von Meeresschildkröten – von der winzigen Ridley-Schildkröte bis zu den riesigen Lederschildkröten – legen ihre Eier auf den Stränden Panamas ab. Die Bestände sind durch menschliche Raubzüge gefährdet, obwohl viele Brutstätten geschützt sind. Die Männchen verbringen ihr Leben im Meer; nur die Weibchen kommen in einer Vollmondnacht bei Flut an ihren Geburtsstrand zurück, um ihre Eier abzulegen. Wenn das Weibchen einen Platz über der Hochwassermarke gefunden hat, gräbt es eine Grube, in die es rund 100 Eier legt. Nachdem es sie wieder mit Sand bedeckt hat, kehrt es zurück. Die Jungen schlüpfen nach ca. sieben Wochen, so lange werden sie vom Sand bebrütet. Die Jungen eines Geleges haben in der Regel alle das gleiche Geschlecht, das sich nach der Sandtemperatur richtet (bei kühleren Temperaturen schlüpfen Männchen).

Gegenüber: Die Küstenhotels von Bocas del Toro laden zum Verweilen auf Terrassen mit schöner Aussicht ein.

Die Inseln Bastimentos & Solarte

Die Inseln Bastimentos & Solarte

🏔 210 C3 & 219

Touristeninformation

www.anam.gob.pa

✉ ANAM, Calle 1, Bocas-Stadt

☎ 758-6802

🕐 Sa. & So. geschl.

DIESE ZWILLINGSINSELN LIEGEN PARALLEL ZUEINANDER östlich der Isla Colón und bieten Regenwald mit Wandermöglichkeiten, Schnorchelrevieren und Ngöbe-Buglé-Dörfern. Die Wellen vor der Isla Bastimentos können mit denen in Hawaii mithalten. Die Isla Bastimentos ist auch für ihre giftigen Erdbeerfröschchen bekannt. Ein Drittel der Insel steht als Naturpark unter Schutz, auch die Meereswelt.

ISLA BASTIMENTOS

Diese für Naturliebhaber interessante, 52 km² große, grüne Insel pulsiert im Takt der afro-antillianischen Kultur, die sich in der Siedlung von **Old Bank** (auch Bastimentos-Stadt genannt) konzentriert. Eine zehnminütige Bootsfahrt von Bocas-Stadt gelegen, schmiegt sich dieses farbenprächtiges Dorf in eine geschützte Bucht im Südwesten der Insel. Dösende Hunde und Senioren, die im Schatten Domino spielen, charakterisieren das Tempo in diesem Ort. Die Einwohner, vorwiegend afroantillianischer Abstammung (die meisten sprechen den Guari-Guari-Dialekt), leben vom Fischfang, als Fremdenführer oder vom Verkauf von afro-antillianischer Küche, wie z. B. Johnnycakes (Maiskuchen) und *rondon* (Rundown), ein karibischer Fischeintopf. Reggae-Riffs vermischen sich mit der Brandung, und Einheimische wippen im Takt der Calypso-Sessions der weltbekannten Bastimentos Beach Boys mit.

Eine Piste beginnt beim Fußballfeld und führt quer über die Insel. Diese Tour bietet Eindrücke vom Regenwald und streift spektakuläre Strände. Zuerst kommt **Playa Primera** (auch genannt Wizard's Beach). Weil die Brandung auf den Strand klatscht, ist er zum Schwimmen nicht geeignet. Weiter östlich am **Playa Rana Roja** (Red Frog Beach) sind große Bauprojekte geplant. Die Brandung kracht am **Playa Larga** ans Ufer, dessen Sandstrand Meeresschildkröten zu Eiablage anzieht. Der Strand liegt im Meeresnationalpark

Isla Bastimentos (vgl. S. 220), in dessen Wälder von hier aus Wanderwege führen. Unweit liegt **The Silverback** – wie die Gorillas – der so heißt, weil die Wellen sich das Surfbrett wie ein Hölzchen schnappen können; dies ist der „Big Kahuna" des Surfens an den Bocas, mit Wellen einer Höhe von bis zu 7,5 m.

Als Verbindung zwischen Playa Rana Roja mit dem südlichen, landeinwärts liegenden Ufer liegt der vom Dschungel beschattete **Sendero de la Rana Roja** – benannt nach den Erdbeerfröschchen, die im

Laub herumhüpfen. Er führt an Teichen voller Kaimane vorbei zu dem Ngöbe-Buglé-Dorf **Bahía Honda,** das sich an den Scheitelpunkt der gleichnamigen Bucht schmiegt. Hier bieten Führer Touren in *cayucos* zu Krokodilen und Kaimanen und den endemischen Arten der mangrovenfressenden Faultiere an.

Einheimischen Cayo Nancy genannt wird. Dort sind große Bauprojekte geplant. Bislang stehen dort nur ein paar Häuser, und es gibt keine Straßen. Fahrräder und Golfwagen befahren schmale Pfade. Ein Pfad schlängelt sich durch den Wald von **Solarte** bergauf, wo die vorwiegend aus Nachfahren der Ngöbe-Buglé

Ein Wassertaxi fährt von Bastimentos zur Isla Colón. Diese einfachen Boote sind die einzige Verbindung zwischen den Inseln.

Die **Cueva Nivida,** eine Höhle an einem Bach, der in die Bahía Honda fließt, ist per Meereskajak erreichbar. Eine Erkundung schließt das Durchwaten der Gewässer in der Grotte ein; Oscar Powell vom Roots Restaurant im Zentrum von Old Bank führt Touren und stellt Helme mit Stirnleuchten zur Verfügung.

ISLA SOLARTE
Entlang der schmalen Stelle von Isla Bastimentos und 2 km östlich von Bocas-Stadt liegt die (5 km lange und 1 km breite) Insel, die von den

bestehende Einwohnerschaft vom Fisch- und Hummerfang lebt.

Die Bucht vor der Westspitze von **Punta Hospital** ist toll zum Tauchen und Schnorcheln, obwohl es voll werden kann, wenn Ausflugsboote Schnorchler hierher bringen. Die Landzunge ist nach einem Krankenhaus benannt, das heute in Ruinen liegt und von der United Fruit Co. erbaut wurde, um Arbeiter von der Malaria zu kurieren. Starfleet Scuba (*Calle 1A 2374, Bocas-Stadt, Tel. 757-9630, www.starfleetscuba. com*) bietet Tauchgänge an. ∎

Eine Bootstour um den Archipel

Der sich über fast 100 km aquamarinfarbenes Wasser erstreckende Archipel Bocas del Toro bietet Inseln innerhalb von Inseln. Alle Inseln haben Gemeinsamkeiten, aber jede davon hat ihren eigenen Charakter und sogar eine eigene Kultur und Naturschönheiten. Diese ganztägige Bootstour verbindet kulturelle Höhepunkte, Naturerlebnisse und die Möglichkeit zum Schnorcheln im badewannenwarmen Wasser in der Farbe geschmolzener Peridot-Edelsteine.

Ngöbe-Buglé-Indianer paddeln in einem handgefertigten Einbaumkanu an Cayo Agua vorbei.

Bootseigner in **Bocas-Stadt** ❶ bieten Touren oder Mietboote und Führer für eine Privattour. Sie sind bei den Docks am Hafen bei Calle 1 zu finden; Gallardo Livingstone *(Tel. 757-9388)* ist zu empfehlen. Der Preis kann bei über 100 $ für eine ganztägige Bootstour liegen, am besten teilt man ihn sich mit anderen. Achten Sie darauf, dass das Boot seetüchtig ist, dass Schwimmwesten vorhanden sind – die auch getragen werden sollten – und dass das Boot einen 75-PS-Motor hat. Wenn man den ganzen Tag auf dem Wasser verbringt, sind Sonnenhut und -lotion unverzichtbar, selbst wenn das Boot ein Verdeck hat. Eine Schnorchelausrüstung kann in Bocas-Stadt geliehen werden.

Zuerst sollte man in Richtung Süden, entlang der von Mangroven gesäumten Küste, zur **Isla San Cristóbal** ❷ fahren – beachten Sie den Leuchtturm an der Nordwestspitze, der den Kanal markiert, den die Frachtschiffe auf dem Weg zum Verladen von Bananen in Almirante passieren. Das nächste Ziel ist **Laguna Boca-**

torito, eine Lagune voller Fisch. Meistens sind neugierige, große Tümmler zu sehen. In dem Ngöbe-Buglé-Dorf **Bocatorito,** oberhalb der Lagune, kann man etwas über das Comité Local de Conservación y Pesca erfahren, einer lokalen Gruppe zur Erhaltung der Fischbestände, die Bassins für Tilapia angelegt hat, um dem verarmten Dorf den Lebensunterhalt zu sichern.

Weiter geht es zur **Isla Popa** ❸, vorbei an **Popa II,** einem Ngöbe-Buglé-Dorf, das vom Fisch- und Hummerfang lebt. Ein vom ANAM bezahltes Ökotourismus-Projekt hat Wanderwege angelegt; auf dem **Sendero de Sandubidi** kann man den Regenwald erkunden. Halten Sie an und wandern Sie (auf die Umgebung achten, da es hier viele der gefährlichen Lanzenottern gibt). Wer hungrig ist, kann in dem Restaurant vor Ort essen oder weiter nach Osten entlang der Küste von Isla Popa nach **Punta Cayo Tigre** und zu der Insel fahren, die sich hier über dem Kanal an dessen Ostseite erhebt; hier serviert das **Restaurante El Morro** ein

Mittagessen mit Aussicht, und man kann bis dicht an das Ufer schnorcheln.

Bis zur nächsten Insel sind es fünf Bootsminuten: **Cayo Agua** ❹ lockt wenige Besucher an, ist aber faszinierend wegen seiner wackeligen Häuser in leuchtenden Farben, die über dem Wasser stehen. Beim Passieren der **Playa Punta Limón** ganz im Nordwesten der Insel auf die in Klippen eingebetteten Korallen achten. Sie sind über drei Millionen Jahre alt. Weiter geht es in nördlicher Richtung zum bezaubernden **Cayo Zapatilla Oeste** ❺, der zum Schnorcheln in dem glasklaren Wasser einlädt. Die Korallen liegen 3 m tief. Dicht am Ufer bleiben, draußen ist die Strömung stark.

Dann geht es in Richtung Isla Bastimentos und nach **Quebrada Sal** ❻ (Salt Creek), wo Ngöbe-Buglé und *afrocaribeños* in den Mangroven leben; bei der Fahrt entlang des Kanals nach Faultieren suchen. Im Dorf werden noch traditionelle Heilmethoden praktiziert. Der Führer wird Sie einen 1,5 km langen Pfad zu

✚	Siehe Übersichtskarte S. 210–211
►	Bocas-Stadt
⬌	100 km
⏱	8 Stunden
►	Bocas-Stadt

NICHT VERPASSEN
- Laguna Bocatorito
- Cayo Zapatilla Oeste
- Cayo Crawl

einem Mirador mit toller Aussicht auf Cayo Zapatilla führen. Dann geht es um die Spitze von Isla Bastimentos, vorbei an **Cayo Crawl** ❼, einem Riff vor der Südostspitze von Bastimentos. Ein Stopp zum Schnorcheln in den Riffen im kristallklaren Wasser lohnt sich.

Bocas-Stadt erreicht man dann über die Fahrrinne, die zwischen Isla Bastimentos und Isla Solarte verläuft. ■

Cayo Zapatilla Uno – der perfekte Ort für einen geruhsamen Strandspaziergang

Parque Nacional Marino Isla Bastimentos

DIESER MEERESNATIONALPARK MIT EINER FLÄCHE VON 132 km² wurde 1988 zum Schutze der größten Korallenriffe und Mangrovensümpfe des Landes eingerichtet und umfasst einen Teil der Isla Bastimentos und der tropischen Gewässer und Riffe. Ein Besuch lohnt sich wegen der Schnorchelreviere und Begegnungen mit wilden Tieren.

Parque Nacional Marino Isla Bastimentos

🅰 210 C2 & C3

Touristeninformation

www.anam.gob.pa

✉ ANAM, Calle 1ra, Bocas-Stadt

☎ 758-6802

🕐 Sa. & So. geschl.

💲 $$. Genehmigungen können in Bocas-Stadt eingeholt werden

Der Park erstreckt sich auf rund ein Drittel der Insel, und seine Grenze verläuft an der breitesten Stelle von Isla Bastimentos. Entlang der Küste ziehen sich Kanäle durch die Mangroven-Sümpfe. In den Tropenwäldern im Inneren leben Kapuziner- und Nachtaffen, Faultiere, Agutis (Nagetiere) und 28 andere Säugetierarten, wie auch Hasenmaulfledermäuse, die sich am Abend auf die **Lagunas de Bastimentos** stürzen, um springende Fische zu erbeuten. In der Süßwasserlagune sind Schildkröten, Kaimane und Krokodile: Schwimmen ist nicht ratsam! Mit Glück sieht man das giftige Erdbeerfröschchen, eine der 28 Reptilien- und Amphibienarten des Parks. Die Wanderwege sind nicht gut ausgebaut. Besser einen Führer anheuern.

Ein Weg führt von Old Bank zu einem Eingang des Parks bei **Playa Larga**. Vier Arten von Meeresschildkröten legen Eier an diesem 13 km langen Strand ab. Fregattvögel fliegen über den Köpfen der Besucher, und Papageien stimmen mit ihrem Gekreische in das Vogelkonzert ein.

Zwei Drittel des Parks erstrecken sich auf die Gewässer westlich und östlich der Insel. Sehenswert sind die **Cayos Zapatilla,** benannt nach der zapatilla-Frucht, die hier wächst. Über einem Korallenplateau gelegen, sind diese Zwillingsinseln von Stränden mit schattigen Palmen und feinem Sand umgeben. Ammenhaie ziehen an den Korallenfelsen entlang und stecken ihre Nasen in Höhlen, deren Eingänge ungefähr 9 m unter Wasser liegen. An Land beginnt der Waldlehrpfad **Bosque Detrás del Arrecife** bei der ANAM-Rangerstation auf Cayo Zapatilla Este, wo Zelten gegen eine Gebühr gestattet ist. ∎

Bosque Protector Palo Seco

ALS PUFFERZONE ZWISCHEN PARQUE INTERNACIONAL LA Amistad und der Küste dient dieses 244 000 ha große Naturschutzgebiet als ein biologischer Korridor für Flora und Fauna, der den Park mit der Reserva Forestal Fortuna verbindet.

Bosque Protector Palo Seco

🅰 210 B2

Touristen-information

✉ www.anam.gob.pa

✉ ANAM, Changuinola

☎ 758-6822

Die fragile Öko-Region umfasst sechs Waldtypen, die zwischen 182 m und fast 2000 m ü.M. liegen. Das Terrain ist gebirgig und von Dschungel bedeckt, mit dramatischen Ausblicken vom Flachland aus in die Berge, aber an die Zone grenzende Flachland ist gefährdet. Brandrodung und illegale Abholzung waren Folgen der neuen Autobahn zwischen Punta Peña und Almirante, der Regenwald schwindet mit rasanter Geschwindigkeit dahin. Einsame Ceiba- und Balsabäume überragen riesige Ländereien, die für die Viehzucht gerodet wurden.

Zwei Projekte – Corredor Biológico Mesoamericano del Atlántico Panameño und das Modelo de Comunidad Ecológica los Valles – arbeiten mit Dutzenden kleiner Ngöbe-Buglé-Dörfern im Flachland zusammen, um nachhaltige ökologische Modelle einzuführen. Mehrere davon konzentrieren sich auf den sanften Tourismus, darunter das Dorf **Bajo Cedro,** in dem es eine handwerkliche Kooperative der Frauen gibt, die nur Naturfasern und Naturfarben verwendet. Das Dorf liegt 5 km westlich der Autobahn und rund 35 km südlich von Almirante. **Nance de Riscó,** rund 5 km landeinwärts von Almirante, liegt innerhalb des Schutzwaldes und ist ein Zentrum für die Produktion gewebter Handtaschen und anderer indigener Kunsthandwerksgegenstände, die in Bocas verkauft werden. Und in dem nahen **Miraflores,** auf der Autobahn 6,5 km nördlich von Almirante, gibt es einen *zoocriadero* (eine Aufzuchtanstalt) für Leguane. All diese Dörfer beteiligen sich an der Wiederaufforstung und bieten Führungen in den nahe gelegenen Wald an.

ANAM unterhält eine Rangerstation bei km 68,5 am Fortuna-Highway, nahe Altos de Valle, 29 km südlich von Chiriquí Grande. Hier führt der **Sendero Los Tucanes** durch dichten Bergwald. Die nahe gelegene **Willie Mazu Rancho Ecológico** (*Tel. 442-1340, www. natturpanama.com*) bei km 68,7 hat ebenfalls Wanderwege und Zeltunterkünfte und ist ein guter Ausgangspunkt für spektakuläre Vogelbeobachtungstouren. ∎

Leguane

Der Leguan ist im bewaldeten Tiefland von Mexiko bis Brasilien anzutreffen. Er lebt von Pflanzen und verbringt die Zeit in den Baumwipfeln oder auf Lichtungen beim Sonnenbaden. Er kann bis zu 1,8 m lang werden, wobei allein der stachelige Schwanz, mit dem er schnelle Schläge führen kann, die Hälfte ausmacht. Dieser Einzelgänger kann einen Sturz von einem 15 m hohen Baum überstehen, er ist ein guter Schwimmer, und seine schuppige Haut ist wasserabweisend. Dennoch ist der Leguan bedroht aufgrund der Jagd, des Verlustes von Lebensraum und durch das Halten als Haustier. Bei Campesinos gelten sein Fleisch und seine Eier als Delikatessen, und indigene Dörfer töten ihn zu medizinischen Zwecken. Das Smithsonian Tropical Research Institute (siehe S. 104) leitet ein Zuchtprogramm in Panama. ∎

Wildkatzen

Von den zehn Arten der neotropischen Wildkatzen leben sechs in Panama, von der Küste bis zu den Bergen. Mit ihrer Tarnung und ihren scharfen Augen streifen diese unsichtbaren Jäger durch ihre Habitats.

Vier Arten – der Jaguar, Margay (auch Langschwanzkatze, Peludo, Bergozelot oder Baumozelot genannt), Ozelot und Oncilla (Tiger- bzw. Ozelotkatze) – haben geflecktes Fell; sie sind wegen Wilderei und Abholzung bedroht. Puma und Jaguarundi (Wieselkatze) mit ihrem einfarbigen Fell geht es nur wenig besser.

Der von den präkolumbischen Indianern verehrte Jaguar *(Panthera onca)* kann bis zu 150 kg wiegen und fast 2,7 m lang werden, von der Nase bis zum Schwanzende gemessen. Er hat stämmige Beine und einen großen Kopf mit kräftigen Kiefern, die den Schädel seiner Beute mit nur einem Biss zerschmettern können (*yaguara* bedeutet „ein wildes Tier, das seine Beute auf einen Schlag tötet"). Als guter Schwimmer lebt der Waldbewohner am Wasser und ist geübt im Fischfang. Trotz seiner Größe kann er sogar Bäume erklimmen. Melanistische oder schwarz gefärbte Jaguare werden häufig in einem Wurf mit normalfarbigen Geschwistern geboren; ihre Rosettenzeichnung ist kaum zu sehen: Schiefer auf tiefschwarzem Grund. Der Jaguar ist einer der Ersten, der aus einem Lebensraum schwindet, der durch Abholzung dezimiert wird.

Der in den verschiedensten Lebensräumen anzutreffende, geschmeidige Ozelot *(Leopardus pardalis)*, der hier als *manigordo* bezeichnet wird, ist das Phantom der Nacht. Ungefähr zweimal so lang wie eine Hauskatze, schleicht dieser Kletterer elegant über die Äste. Ozelots jagen ihre Beute oftmals zu zweit. Sein Pelz kann eine gelb-cremefarbene Färbung in trockenen Gebieten bis hin zu Rostbraun in dunklen Wäldern annehmen. Seine Ohren mit sind rundlich und mit einem weißen Fleck an der Rückseite versehen; weiße Linien umgeben Augen und Mund und zwei schwarze verlaufen vom Kopf über seine Schultern. Reihen beigefarbener Flecken in einem schwarzen Kranz bedecken seinen Körper. Sein kurzer Schwanz ist wie der eines Waschbären schwarz geringelt.

Der kleine Vetter des Ozelots, der Margay

(Leopardus wiedii), von den Panamaern als *tigrillo* bezeichnet, lebt in den Bäumen und hat geschickte Klauen und ein Knöchelgelenk, das er um 180 Grad drehen kann, um eine Kehrtwende zu vollziehen. Er kann kopfüber an Bäumen herunterlaufen! Der Margay hat einen längeren Schwanz und längere Beine als der Ozelot, und seine Rosetten sind weniger auffällig, manchmal erscheinen sie nur als dicke Kleckse. Der Bestand ist extrem geschrumpft, und er ist nur noch in isolierten Gebieten zu finden. Der ähnlich gefärbte Oncilla *(Leopardus tigrinus),* so groß wie eine Hauskatze, lebt in den höher gelegenen Wäldern der Kordilleren. Weniger für das Leben in den Wäldern geeignet, jagt er auf dem Boden Nagetiere, Reptilien und Insekten.

Er hat einen kürzeren Schwanz als der Margay und einen schmaleren Körper.

Der bei Nordamerikanern als Berglöwe bekannte Puma *(Puma concolor)* ist auf dem Isthmus sowie in ganz Südamerika anzutreffen. Die Färbung reicht von gelbbraun bis zu braungrau oder schokolade. Die 1,8 m lange Raubkatze hat einen breiten Kopf, runde Ohren, einen schlanken Körper und einen langen Schwanz mit schwarzer Spitze. Männchen können mit ihren kräftigen Sprüngen Rindvieh angreifen.

Der Jaguarundi *(Herpailurus yagouarundi)* mit seinem langen Schwanz hat einen gestreckten, schlanken Körper, kurze Vorderläufe, etwas längere Hinterläufe und einen kleinen Kopf mit winzigen Ohren und schmalen, gelblichen Au-

Wie die meisten Großkatzen ist der Ozelot wegen seines exquisiten Fells fast bis zum Aussterben gejagt worden.

gen. Dieser Bewohner des Flachlandes ist ein Meister im Heraufschöpfen von Fischen, die er zuvor mit seinen Vorderpfoten aufgestöbert hat. Ein ausgewachsenes Männchen misst knapp 80 cm. Bei ihrer Geburt sind die Tiere zwar gefleckt, später jedoh einfarbig. Die Farbpalette reicht von Kaffee bis zu Schokolade und sogar Holzkohle. Von den Panamaern als *león breñero* (Buschlöwe) bezeichnet, kann diese Art der neotropischen Raubkatze sich am ehesten auf die negativen Veränderungen ihrer natürlichen Umwelt einstellen. ∎

Parque Internacional La Amistad

Parque Internacional La Amistad

🅰 210 A1 & B2

Touristen-information

www.anam.gob.pa

✉ ANAM, Changuinola; Vía Aeropuerto, David

☎ 758-6822 (Changuinola), 775-3163 (David)

DAS TALAMANCA-MASSIV IST VOM TOURISMUS WEITESTGEhend unberührt. Panamas wildeste Gebirgsregion wird für die Nachwelt in einem gigantischen Park erhalten, der sich auch über die Grenze hinaus in das Territorium des nördlichen Nachbarlandes Costa Rica erstreckt. Panamas Anteil liegt nahezu vollständig in der Provinz Boca del Toro. Der winzige Teil jedoch, der sich im Westen nach Chiriquí hinein erstreckt, bietet den einfachsten Zugang.

Mit einer Fläche von 4000 km² in Panama und Costa Rica umspannt der International Friendship Park die Berge der Cordillera Talamanca, ein tektonisches Massiv, das vom Ozean über mehrere Millionen Jahre aufgetürmt und zu Gebirgszügen ausgeformt wurde. Mit einer Höhe von 46 m ü. M. im Flachland bis hin zu 3336 m auf den Anhöhen von **Cerro Fábrega** erstrecken sich diese Berge auf einer Breite von 80 km. Die messerscharfen Gipfel sind ganzjährig vom Regen durchweicht.

Panamas Anteil mit 2069 km² beinhaltet 7 der 12 Lebensräume des Landes: vom tropischen Regenwald im Flachland bis hin zu einem riesigen Nebelwald – Heimat der größten Population der Quetzal-Vögel in Mittelamerika. Das 1990 von der UNESCO zum Weltkulturerbe erklärte Gebiet mit seiner Wildnis ist die Zuflucht für viele bedrohte Arten. Das Beobachten von Tieren ist unvergleichlich, zu sehen ist alles vom Tapir bis hin zum Tayra. Die Tayra oder Hyrare *(Eira barbara)* ist eine in Mittel- und Südamerika lebende Raubtierart aus der Familie der Marder *(Mustelidae)*. Sie ist mit den Echten Mardern verwandt. Es wimmelt von giftigen Baumsteigerfröschen auf dem Boden, und die getarnten Lanzenottern liegen zusammengerollt in tödlicher Erwartung der Beute. Vogelkundler werden ebenso belohnt: Mehr als 225 Arten wurden in dem Park verzeich-

net. Harpyien, an vielen Orten Mittelamerikas ausgestorben, gleiten über die südlichen Talamancas dahin. Insgesamt beherbergt der Park mindestens 60 Prozent der panamaischen Flora und Fauna.

Drei indigene Stämme – die Bribrí, die Ngöbe-Buglé und die Naso-Teribe – halten an den Resten ihrer Traditionen in den Tälern des Flachlandes fest. Der größte Teil dieses Geländes ist noch auf keiner Landkarte verzeichnet, unbewohnt und ungeheuer schwierig zu erforschen.

Wanderungen sind ein Abenteuer und sollten gut vorbereitet und niemals alleine unternommen werden. Für den Zugang von der karibischen Seite aus fährt man 40 Minuten mit dem Boot von **El Silencio** aus 10 km südlich von Changuinola, den Río Teribe hinauf. Eisvögel, Papageien und Flussotter sind häufig zu sehen. Die ANAM-Rangerstation steht in dem Weiler **Wekso** (siehe S. 227), wo ein Pfad in den Park führt. Andere Pfade dringen in das Herzstück von La Amistad entlang abgelegener Wege ein. Führer, Wanderschuhe, Nahrung und eine Campingausrüstung für die Nacht sind nötig. Am besten wandert man in der Trockenzeit (Mai bis Dezember).

Noch ansprechender sind die subalpinen Gebirgsregionen. Ausgangspunkt zum Erkunden dieser Gebiete ist **Cerro Punta** (siehe S. 204) in den Chiriquí-Highlands, wo die Wege recht begehbar sind. ∎

Gegenüber: Behangen mit Epiphyten und Moosen, sind die Regenwälder des Parque La Amistad ein Mekka für Vogelkundler.

Rund um Changuinola

Die tintenschwarzen Gewässer von San San Pond Sak ergießen sich in das Meer.

DIESE ZONE GANZ IM NORDOSTEN DES LANDES IST UM-geben von Bananenstauden. Das unattraktive Zentrum, Changuinola, bietet wenige Sehenswürdigkeiten und ist bloß ein Ort, den man auf dem Weg zu den wertvollen Feuchtgebieten und zu Indianerdörfern passiert, die allmählich einen Sinn für den sanften Tourismus entwickeln.

Changuinola
🅰 210 B3

San San Pond Sak Feuchtgebiete
www.eco-index.org/ong
/aamvecona-pa-eng.html
✉ AAMVECONA
(Vereinigung der Freunde und Nachbarn der Küste und Natur), 5 km nördlich von Changuinola
☎ 758-6794
💲 $

Bananen werden im Tiefland von Bocas del Toro seit 1890 angebaut. Die Produktion wurde ausgeweitet, als die United Fruit Co. im Jahre 1899 dort ansiedelte. Heute ziehen sich die Plantagen (jetzt Chiquita Brands) im Norden bis zur Grenze zu Costa Rica und entlang des Tals des Río Sixaola. Die Firma gründete Changuinola und erbaute den Großteil der Infrastruktur, einschließlich eines Kanals (siehe S. 228), der sich über 15 km bis zur Bahía de Almirante erstreckt. Bocas Marine & Tours (*Tel. 758-9858, www.bocamarinetours.com*) bietet fahrplanmäßig Wassertaxis von Changuinola nach Bocas-Stadt.

SAN SAN POND SAK FEUCHTGEBIETE

Diese Feuchtgebiete in Küstennähe umfassen 16 125 ha und erstrecken sich vom Río Sixaola – an der Grenze zu Costa Rica – bis zur Bahía de Almirante. Sie umfassen die zeitweise überfluteten Wälder, in denen Oreys (ein sumpfliebender Baum), Mangroven, Palmen und Torfmarschen überwiegen. San San Pond Sak wurde von der UNESCO mit der Ramsar-Konvention von 1994 in die Liste der Feuchtgebiete von internationaler Bedeutung als Lebensraum für Wasser- und Watvögel aufgenommen und bietet Lebensraum für

Arten wie Seekühe, Flussotter und der Tucuxi-Delphin. Das Ökosystem, ein Laichgrund für Tarpune, ist durch Chemikalien, die von den Bananenplantagen ins Meer gespült werden, und durch die Jagd der Bewohner von **San San Pond Sak** bedroht.

Ein zeitweise überschwemmter Holzsteg führt von der ANAM-Station am Eingang zum Naturpark zu einem Strand, an dem die Grüne Meeresschildkröte, die Karibische Karettschildkröte und Lederschildkröten ihre Eier ablegen. Der Regenwald bildet dunkle Schneisen, die vom Geschrei der Brüllaffen widerhallen. Leguane, Faultiere und viele Arten von Wasservögeln sind anzutreffen. Die **Asociación de Amigos y Vecinos de la Costa y la Naturaleza,** Vereinigung der Freunde und Nachbarn der Küste und Natur (E-Mail: keruiz@cw panama.net), sponsort Ökotourismus, einschließlich Möglichkeiten zum Beobachten der Meeresschildkröten bei der Eierablage.

WEKSO CENTRO ECOTURÍSTICO NASO

Das Proyecto ODESEN – Organisation für die nachhaltige Entwicklung des Naso-Ökotourismus (Tel. 758-9137 oder 6522-5591, E-Mail: turismonaso_ odesen@hotmail.com oder efraincc@ cwpanama.net) –, wurde 1995 gegründet, um das indigene Naso-Teribe-Volk für eine nachhaltige Lebensweise, wie Ökotourismus, Aufforstung und Herstellung einheimischer Kunsthandwerksprodukte, zu sensibilisieren. Die Naso pflegen ihre Sprache und versuchen, das Schamanentum und die Verwendung von Heilpflanzen neu zu beleben. Sie leben in 27 Gemeinschaften im Tal des Río Teribe, an der Grenze zum Parque Internacional La Amistad (siehe S. 224–225). Die größten Dörfer sind **Sieykin** und **Sieyik.**

Die **Wekso Ecolodge** (siehe S. 255), am Ufer des Teribe, steht auf dem Gelände einer ehemaligen Militärschule, in der das Überleben im Dschungel trainiert wurde. Sie hieß Pana-Jungla und wurde 1983 unter General Manuel Noriega errichtet. Die Ruinen sind immer noch zu sehen. Ein Besuch bietet ein kulturelles Erlebnis. Unter den Wanderwegen gibt es den 3,5 km langen Rundgang **Sendero Los Heliconias;** rotäugige Laubfrösche, Affen und Faultiere sind zu entdecken. Geführte Wanderungen gibt es auch nach Sieyik, von wo aus man mit einem Floß zurückkehrt. Ecocircuitos (Tel. 314-1586, www.ecocircuitos. com) bietet geführte 3-Tages-Touren nach Wekso. Tagesausflüge kann man in Bocas-Stadt buchen. Die beste Zeit ist von Dezember bis Mai.

Ein für das Teribe-Tal geplantes Wasserkraftwerk hat die Naso-Gemeinschaft entzweit, die nun auf die staatliche Legalisierung des autonomen Bezirks Naso-Teribe wartet.

VALLE DE TALAMANCA

Das Tal erstreckt sich im Westen von **Guabito** und folgt dem Verlauf des Río Sixaola. Eine Bahnstrecke von den Bananenfarmen führt nach **Las Tablas,** 18 km westlich. Jeep-Taxis in Las Tablas befahren die Piste zur Gemeinschaft der Bribrí-Indianer von **Las Delicias.** Die einst von der Jagd lebenden Einwohner konzentrieren sich inzwischen auf den Ökotourismus und die Einrichtung eines Naturschutzgebietes. Zwei Öko-Wanderwege, die bei der Ecolodge beginnen, führen zu einem Aussichtspunkt und durch Wälder voller Tiere und Pflanzen, darunter viele Schmetterlinge. Man erreicht den **Catarata-Colorado-**Wasserfall zu Fuß oder auf dem Pferderücken und kann auf dem Río Yorkín zu der Bribrí-Gemeinschaft von Yorkín fahren. Las Delicias hat einfache Unterkünfte mit Blick auf den Sixaola. ∎

Wekso Centro Ecotúristico Naso

www.odesen.org

✉ rund 16 km südwestlich von Changuinola über Holperpiste nach El Silencio, dann eine Stunde bzw. 8 km per Boot weiter

☎ 758-9137 or 6522-5591

Las Delicias

✉ 32 km westlich von Guabito

☎ 600-4042

Noch mehr Sehenswertes in Bocas del Toro

ALMIRANTE

Faszinierend wegen seiner typischen Holzhäuser (viele heruntergekommen), die über Meeresbuchten gebaut sind. Dieser sich weiter ausbreitende, ärmliche Bananenumschlagshafen, der ein Fischerdorf war, ist das Tor zu Bocas del Toro. Von hier aus geht es weiter mit Wassertaxis, die von nicht markierten Kais *(muelle)* abfahren. Wer mit dem Auto ankommt, wird von Einheimischen auf Fahrrädern verfolgt, die darauf versessen sind, Touristen zu den Kais zu führen, die tatsächlich kaum zu finden sind; am besten nimmt man sich also einen Führer. Der Abwassergeruch an den Kais erweckt kaum Vertrauen: Bloß nicht hineinfallen! Die wenigen Hotels sind nicht sehr einladend.

🗺 210 B3 ✉ 29 km südösatlich von Changuinola

CANAL SOROPTA

Früher als Snyder-Kanal, häufiger als Changuinola-Kanal bezeichnet, verläuft diese künstliche Wasserstraße parallel zur Karibikküste vom Río Changuinola bis zum westlichen Ende der Bahía de Almirante. Der im Jahr 1897 von der Snyder Banana Co. begonnene Kanalbau wurde 1903 fertig gestellt und erlaubte das Verschiffen von Bananen in Lastkähnen. Der Kanal wurde nach dem Bau einer Bahnstrecke aufgegeben. Er ist immer noch eine Wasserhandelsstraße, die von Wassertaxis benutzt wird, in der Regel Barkassen und langsamere Einbaum-*cayucos,* die Bananen und sonstige Erzeugnisse transportieren. Der 30 m breite Kanal verläuft durch Regenwald und Feuchtgebiete, aber sein Ufer wurde in den letzten Jahren stark abgeholzt. Rinder grasen in Lichtungen, die in das Grasland und Riedgras geschlagen wurden. Dennoch ist es eine aufregende Fahrt, wenn man auf dem Kanal dahinbraust. Wer mag, bittet um langsamere Fahrt, um viel von Tieren und Pflanzen zu sehen. Süßwasserschildkröten und Kaimane sonnen sich auf Baumstämmen und lassen sich ins Wasser gleiten. Silberreiher und andere Stelzvögel durchwaten das Ufer auf der Suche nach Leckerbissen. Eisvögel gleiten dahin. Jacanas (Blatthühnchen) stolzieren über Wasserhyazinthen, an denen sich die Seekühe gütlich tun. Der frühe Morgen und späte Nachmittag sind die besten Zeiten zum Beobachten der Tierwelt.

🗺 210 B3 ✉ 11 km östlich von Changuinola ⛴ Wassertaxis von Finca 63 oder Bocas Stadt

LAGUNA DE CHIRIQUÍ & VALIENTE-HALBINSEL

Der Archipel Bocas del Toro schützt die Chiriquí-Lagune, die von der Valiente-Halbinsel umklammert wird, die sich im Norden und Osten an das Ufer legt. Der Großteil des Ufers ist von Mangroven- und Süßwassersümpfen gesäumt. Der größte Teil liegt in der Region No Kribo der *comarca* Ngöbe-Buglé. Das indigene Dorf **Boca Guariviara** an der Mündung des Río Guariviara ist mit dem Geländewagen von Chiriquí Grande aus zu erreichen. Es gibt dort eine Handwerkskooperative der Frauen. Die Dorfgemeinschaft **Punta Siraín,** an der Spitze der Valiente-Halbinsel, ist nur per Boot erreichbar. Sportfischer kommen in den Gewässern vor der **Punta Valiente** auf ihre Kosten. Im Meer ist das **Cayo Tigre** (Tiger-Riff) einer der beiden bekanntesten Nistplätze von Audubonsturmtauchern in der südwestlichen Karibik. Brauntölpel nisten auf **Isla Escudo de Veraguas,** 18 km vor der Küste.

🗺 210 C2 & D2 ■

Seekühe

Die westindische Seekuh lebt in den tropischen und subtropischen Küstengewässern von Florida über Panama bis hin nach Nordbrasilien. Das Meeressäugetier ähnelt einem Walross ohne Hauer und bewegt sich mit Hilfe seines spatelförmigen Schwanzes voran. Männchen können bis zu 3 m lang werden und bis zu 540 kg wiegen. Seekühe leben in seichten Flussmündungen und Salzwasserbuchten und fressen täglich Wasserpflanzen in einer Menge von bis zu 20 Prozent ihres Körpergewichtes. Sie können 60 Jahre alt werden. Weibchen erreichen die Geschlechtsreife im Alter von fünf Jahren, von da an können sie durchschnittlich alle zwei Jahre kalben. Wenngleich sie geschützt sind, sind sie noch immer durch Pestizide und Zusammenstöße mit Booten gefährdet. ■

Reise-
informationen

Nachtleben in Bocas del Toro

REISEINFORMATIONEN

REISEPLANUNG

REISEZEIT

Der Reisezeitpunkt sollte Ihrem Reiseziel entsprechend gewählt werden, da das Klima regional unterschiedlich ist. Die Monate von Dezember bis April gelten als „Trockenzeit". Die „Regenzeit" geht von Mai bis November. Im *arco seco*, einem Trockengürtel, der über die Azuero-Halbinsel verläuft, brennt die Luft während der Trockenheit. Anderenorts herrscht im Flachland so hohe Luftfeuchtigkeit, dass man kaum Luft bekommt. Die Karibikküste kann im Sommer kühler sein. In der Provinz Darién kann es ganzjährig zu sintflutartigen Regenfällen kommen. Panama liegt außerhalb des Tornadogürtels, zum Sommerende treten dennoch tropische Wirbelstürme auf.

Die Temperaturen unterscheiden sich nach Höhe und kaum nach dem Breitengrad. In den Gebirgsregionen von Zentralpanama und Chiriquí herrscht frühlingshaftes Klima. Zur Karibik abfallende Hänge sind niederschlagreicher als an der Pazifikküste.

Viele Touristen kommen in der Trockenzeit, wenn die Panamaer auch in die Urlaubszentren strömen – meist sind diese Badeorte dann ausgebucht. Im November ist dort ebenfalls viel los. Dann richten die Städte, vor allem in Azuero, die Feste zu Ehren ihrer Schutzheiligen aus. In der Karwoche finden die wichtigsten Festivitäten statt, und ein Großteil des Landes ist geschlossen. Die Hotels in den Städten, in denen Karneval gefeiert wird, sind meist ausgebucht. Das Ende der Regenzeit, wenn alles noch saftiggrün ist, ist die beste Reisezeit.

WAS KOMMT IN DEN KOFFER

Die Kleidung sollte dem tropischen Klima entsprechen. Geeignet ist leichte Kleidung aus Synthetik und Baumwolle. Für abends ruhig etwas Eleganteres einpacken. Ein Pulli und/oder eine leichte Jacke sind in klimatisierten Räumen hilfreich und für Abstecher in die Bergregionen nötig. Ein Regenponcho sollte auch mit.

Wanderschuhe sind nützlich in den Bergen oder unberührter Natur, wo es oft matschig ist. Leuchtende Farben (die Tiere erschrecken können) vermeiden, falls Sie Vögel beobachten oder in Naturschutzgebieten wandern möchten.

Ein Insektenschutzmittel ist nötig, vor allem für die Küstengebiete und während der Regenzeit auch in den Städten. Eine Sonnenbrille gegen das intensive Licht in den Tropen und ein Hut sind unbedingt nötig.

Medikamente sind gut erhältlich, doch sollte man einen Erste-Hilfe-Kasten mitführen, in dem sich Aspirin, Lomotil/Kohletabletten, ein Antiseptikum, Pflaster und alle benötigten Medikamente befinden. Notieren Sie den generischen Namen der verschreibungspflichtigen Medikamente, die Sie einnehmen. Möglicherweise werden sie in Panama unter einem anderen Handelsnamen verkauft.

Filmmaterial, Foto- und Filmausrüstung mitbringen, da schwer zu besorgen und teuer.

VERSICHERUNG

Eine Reiseversicherung – vor allem die Auslandskrankenversicherung – ist sinnvoll. Einen umfassenden Überblick über die meisten Anbieter gibt es auf der Website www.reiseversicherung.com.

Auch einige Kreditkarten beinhalten eine Reise-(Kranken-)Versicherung, u. a. **American Express,** Tel. 069/97971000, www.american express.com.

EINREISEFORMALITÄTEN

Bürger Deutschlands, Österreichs, der Schweiz und der meisten europäischen Länder brauchen einen noch sechs Monate gültigen Reisepass und ein Rückflugticket, kein Visum. Touristen dürfen sich 90 Tage im Land aufhalten. Bei der Dirección Nacional de Migración, Ave. Cuba & Calle 28, Panama-Stadt, Tel. 507-1800, kann man eine Verlängerung des Aufenthalts beantragen. Es gibt Ämter der Einwanderungsbehörde in David, Chitré, Changuinola und Santiago.

LITERATURTIPPS

Mein Freund, der General (1984) von Graham Greene. Der Romanautor beschreibt seine Freundschaft mit dem Präsident Omar Torrijos.
A Guide to the Birds of Panama (1992) von Robert S. Ridgely & John A. Gwynne, Jr. Naturführer über einheimische Vögel und die wichtigsten Plätze für Vogelkundler.
Our Man in Panama: How General Noriega Used the United States – and Made Millions in Drugs and Arms (1990) von John Dinges. Schilderung der US-Einmischung in panamaische Angelegenheiten.
Die USA und Panama – der Kanal, die Invasion und das Völkerrecht (2000) von Thomas Zimmerling kann als E-book bestellt werden.
Der Schneider von Panama (1996) von John Le Carré. Ein Roman um Spionage, Erpressung und Betrug.

ANREISE NACH PANAMA

MIT DEM FLUGZEUG

Die meisten Flüge landen auf dem Tocumen International Airport, Tel. 238-2700, 25 km östlich von Panama-Stadt. Wenige Auslandsverbindungen git es zum Aeropuerto Enrique Malek in David, Tel. 721-1072 oder 721-1071. Bocas-Stadt in Bocas del Toro wird täglich auf Inlandsflügen von Aero-perlas und Mapiex angeflogen.

Copa Airlines, Tel. 217-2672 in Panama, www.copaair.com, bedient mehr als 30 Destinationen in Amerika.

Direktflüge aus Europa bietet nur die spanische Fluggesellschaft **Iberia** ab Madrid (www.iberia.com). Lufthansa, Air France und zahlreiche andere Gesellschaften haben Verbindungen nach Panama mit Zwischenstopps in den USA.

Folgende US-Fluggesellschaften bieten Linienflüge nach Panama an:
American Airlines, www.aa.com
Continental Airlines, www.continental.com
Delta Airlines, www.delta.com

MIT DEM SCHIFF

Über ein Dutzend Kreuzfahrtveranstalter steuern Panama an. Viele bieten einen Transit durch den Panamakanal. Weitere Informationen sind erhältlich über die Website www.kreuzfahrten-pool.de. Einige Veranstalter bieten mehrtägige/-wöchige Rundfahrten, die auch andere Ziele in Südamerika und den USA ansteuern.

Außergewöhnlich ist die Anreise mit einem Frachtschiff, die von Deutschland aus etwa drei Wochen dauert; unter www. zylmann.de gibt es hierzu Informationen.

GRUPPENREISEN

Die meisten Pauschalreisen richten sich an Angler, Taucher und Surfer. Andere haben sich auf Natur (vor allem Vögel) und kulturelle Begegnungen spezialisiert, wie z. B. die Lateinamerika-Spezialisten **Tourismus Schiegg**, Tel. 08362/93010, www.lateinamerika.de und **Miller-Reisen**, Tel. 07529/97130, www.miller-reisen.de. Eine Liste empfehlenswerter Reiseveranstalter vor Ort gibt es beim panamaischen Tourismus-Institut (IPAT; siehe S. 234).

UNTERWEGS VOR ORT

IN PANAMA STADT
Mit dem Bus

Diablos rojos – rote Teufel – verkehren in ganz Panama-Stadt und in der Kanalzone. Die Busverbindungen können im Stadtgebiet verwirrend sein und sollten nur auf den Hauptstrecken genutzt werden. Der Fahrpreis ist auf 0,25 $ festgesetzt, zahlbar beim Verlassen des Busses. Es gibt keine öffentlichen Busse zum Flughafen.

Mit dem Taxi

Taxis sind in der Stadt das gängigste Verkehrsmittel. Sie sind sicher und billig. Die Fahrpreise richten sich in Panama-Stadt nach einem Zonensystem. Für Rundfahrten und Fahrten mit Zwischenstopps ist der Preis Verhandlungssache. Touristen zahlen meist mehr als Einheimische. Man wählt am besten die städtischen Taxis, denn die mit dem Vermerk „SET" auf dem

Nummernschild laufen als *Servicio Especial Turista* und sind teurer. Der offizielle Preis für ein Touristentaxi vom Tocumen International Airport in die Innenstadt beträgt 25 $ pro Person, 14 $ bei zwei und 10 $ pro Nase bis zu vier Fahrgästen. Die städtischen Taxis dürfen diese Strecke nicht bedienen, aber Sparfüchse können außerhalb des Flughafengeländes ein städtisches Taxi ergattern.

UNTERWEGS IN PANAMA
Mit dem Flugzeug

Flüge vom Aeropuerto Marcos A. Gelabert, Tel. 501-9272, in Albrook, verbinden Panama-Stadt mit Reisezielen im ganzen Land. Es gibt kleinere Charterflüge zu den rund 150 Landepisten des Landes. Solche Flüge können aber schon mal etwas abenteuerlich ausfallen.

Zwei inländische Gesellschaften bieten Linienflüge in Maschinen für 20 bis 46 Fluggäste an:

Air Panama, Tel. 316-9000, www.flyairpanama.com. Fliegt 22 Destinationen in ganz Panama an.

Aeroperlas, Tel. 315-7555, www.aeroperlas.com. Bedient 24 Destinationen.

Mit dem Boot

Zwischen den Inseln des San-Blas-Archipels oder in Bocas del Toro sowie entlang der Küste und Flüsse von Darién reist man vorwiegend mit motorisierten Wassertaxis (*lanchas*) und Einbäumen (*piraguas*) oder Einbäumen mit Paddeln (*cayucos*). Außer in Bocas del Toro, wo Boote fahrplanmäßig verkehren, sind die Preise oftmals Verhandlungssache. Am besten fragt man nach, ob der Treibstoff im Preis enthalten ist. In der Regel werden nur in den *lanchas* Schwimmwesten bereit gehalten.

Calypso Queen Ferries, Tel. 314-1730, fährt täglich außer donnerstags vom Amador-Damm zur Isla Taboga. Hin- und Rückfahrt kosten 10 $ für Erwachsene und 7 $ für Kinder unter 12 Jahren.

Mit dem Bus

Busse zu Reisezielen in ganz Panama fahren am Gran Terminal de Transporte, Tel. 303-3030, im Al-

brook-Bezirk von Panama-Stadt ab. Es gibt kein nationales Busnetz. Einige private Gesellschaften konkurrieren miteinander und bieten schnelle (*directo*) und langsamere (*regular*) Verbindungen an. Lange Strecken bedienen meist große, moderne, klimatisierte Busse. Unter einem regionalen Bus ist alles von einem alten Schulbus bis hin zu Minivans (*chivas*) zu verstehen.

Die Busse sind meistens überfüllt. Reisen am Wochenende sollte man vermeiden und sich vor Taschendieben und Gepäckdiebstahl schützen. Die meisten Gesellschaften verkaufen die Fahrkarten im Voraus, bei anderen bezahlt man beim Einsteigen. Die Fahrpreise sind moderat, die teuerste Route – Panama-Stadt nach Changuinola – kostet rund 25 $ für die einfache Fahrt.

Mit dem Auto

Um einen Wagen zu mieten, sollte man über 25 Jahre alt sein (einige Agenturen vermieten auch an jüngere Fahrer, sofern sie Inhaber einer Kreditkarte sind), einen Reisepass und einen gültigen (internationalen) Führerschein besitzen. Man braucht eine Kreditkarte und muss eine Kaution (rund 500 $) hinterlegen. Achtung bei Zusatzgebühren, die bei der Fahrzeugrückgabe auf der Rechnung oder im Kreditkarten-Kontoauszug stehen können. Der obligatorische Vollkaskoschutz (Loss Damage Waiver / *renuncia a daños o pérdida*) ist in einigen Ländern eine Option (obwohl in bestimmten Mietpreisen automatisch enthalten), den die Kunden von einer Haftung, die über die vereinbarte (Rest-)Selbstbeteiligung hinausgeht, für Verlust oder Schäden am Mietfahrzeug befreit, wenn das Fahrzeug entsprechend den Bedingungen des Mietvertrags genutzt wird. Bestimmte Schadensarten (z. B. am Unterboden und Überbau) sind je nach Land von dieser Option in der Regel ebenso ausgeschlossen wie Schäden an Reifen und Windschutzscheibe. Die Mitarbeiter am Schalter und im Reservierungscenter geben Ihnen Auskunft zum Vollkaskoschutz, der durch diese Option in dem betreffenden Land gewährt wird. Eine

Haftpflichtversicherung ist ebenso Pflicht. Einige Autovermietungsfirmen weigern sich, eine ausländische Versicherungspolice zu akzeptieren. Wer abseits der Hauptstraßen fahren möchte, sollte sich ein robustes Fahrzeug mit Allradantrieb (carro con doble) mieten. Mietwagen dürfen nicht nach Costa Rica ausgeführt werden.

Das örtliche **Hertz**-Franchise-Unternehmen, Tel. 263-6511, www.hertz.com.pa, gilt als zuverlässig. Die meisten internationalen Autovermieter sind vertreten:

Alamo, Tel. 236-5777, www.alamopanama.com

Avis, Tel. 278-9444, www.avis-world.com

Budget, Tel. 263-8777, www.budgetpanama.com

Dollar, Tel. 214-4725, www.dollarpanama.com

National, Tel. 265-2222, www.nationalpanama.com

Die Hauptstraßen sind in einem sehr guten Zustand. Teilabschnitte des Interamerican Highway (vor allem in der Provinz Chiriquí) sind jedoch schlecht erhalten und sollten nachts gemieden werden. Allradantrieb ist für die abgelegeneren Gebiete empfehlenswert, u. a. für Darién östlich von Meteti und für die Zufahrt zu vielen Nationalparks. Viele Panamaer fahren rücksichtslos – es gibt relativ viele Unfälle mit Todesfolgen, insbesondere zur Karnevalszeit, wenn betrunkene Fahrer eine Gefahr darstellen. Fahren Sie langsam und aufmerksam. Herumirrende Rinder und Fußgänger auf der Straße sind potenzielle Gefahren außerhalb der Städte. Telefonieren ist beim Fahren verboten, und es herrscht Gurtpflicht. Siehe S. 235 für Hinweise zur Vorgehensweise bei einem Autounfall.

Mit dem Zug

Die einzige Bahnstrecke des Landes verbindet Panama-Stadt mit Colón und verläuft entlang des Panamakanals. Die Züge fahren im Corozal-Bahnhof von Panama-Stadt täglich um 7.15 Uhr ab und kommen um 17.15 Uhr zurück. Infos bei der **Panama Canal Railway Company**, Tel. 317-6070, www.kcsi.com/corporate/pcrc.html, e-mail: info@panarail.com.

Gruppenreisen

In Panama gibt es mehrere Dutzend Reiseveranstalter, darunter:

Ancón Expeditions, Tel. 269-9415, www.ancon expeditions.com. Bekannt für seine Öko-Touren und hoch gelobten zweisprachigen Naturführer. Betreibt Nature Lodges in Darién.

Panama Travel Experts, Tel. 304-0251, www.panamatravel experts.com. Spezialisiert auf Halbtages- und Tagesexkursionen.

PRAKTISCHE TIPPS

KOMMUNIKATION

Postämter

Porto für einen Brief oder eine Postkarte nach Nordamerika kostet 0,35 $ und 0,45 $ nach Europa. Nie Wertsachen per Post verschicken, Diebstahl ist an der Tagesordnung. Die meisten Städte haben ein Postamt, das in der Regel von 7–17.45 Uhr geöffnet ist. Post in die USA oder nach Kanada braucht rund eine Woche und mindestens 10 Tage nach Europa.

Post wird in Panama nicht zugestellt, sondern in die Postfächer (apartados postales, abgekürzt Apdo.) verteilt. Der Service ist unzuverlässig, und viele Leute setzen lieber auf nicht-staatliche Briefzusteller und Kurierdienste.

Telefon

Die öffentlichen Telefone sind gelb oder blau und akzeptieren Münzen und Telefonkarten (manche nur Telefonkarten), die Supermärkte und Verkaufsstellen der Fa. Cable & Wireless landesweit anbieten. Die Karte wird eingeschoben, und die Kosten des Telefonats werden abgebucht. „Telechip Total"-Karten können in jeder Telefonzelle benutzt werden, „Telechip International"-Karten nur in bestimmten. In abgelegenen Gebieten kann der öffentliche Fernsprecher das einzige Telefon der Dorfgemeinschaft sein.

Telefonieren

Die ersten drei Minuten kosten 0,10 $, dann 0,05 $ pro Minute (Ortsgespräche). Hotels verlangen häufig eine hohe Gebühr für Telefonate vom Zimmer aus. Einige Internet-Cafés sind auch Call Center und haben günstigere Tarife. Für internationale Direktgespräche von Panama wählt man die 00, dann die Ländervorwahl (D: 49, Schweiz: 41, Österreich: 43, USA: 1), die Ortsvorwahl und die Nummer. Für Gespräche innerhalb Panamas über die Vermittlung 101 wählen. Für Auslandsgespräche über die Vermittlung 106 wählen. Für die Auskunft 102 wählen. Um von Deutschland, Österreich und der Schweiz aus in Panama anzurufen, 00 wählen, die Ländervorwahl 507 und die Nummer. Mobiltelefone haben in Panama gewöhnlich eine achtstellige Nummer, die mit 6 beginnt.

E-Mail & Internet

Die meisten Orte haben Internet-Cafés (die in der Regel 1 $ –2 $ pro Stunde verlangen), und die bessere Touristenhotels haben einen Internet-Zugang oder Businesszentren, bei denen jedoch hohe Gebühren anfallen können.

UMRECHNUNGEN

Panama rechnet in metrischen Maßen. Benzin wird in U.S.-Gallonen verkauft. Nützliche Umrechnungsformeln:

1 Meile = 1,61 Kilometer
1 Kilometer = 0,62 Meilen
1 Meter = 39,37 Inches
1 Liter = 0,26 US-Gallonen
1 Kilogramm = 2,2 Pounds
1 Pound = 0,45 Kilogramm

Temperaturen werden in Grad Celsius angegeben:

0°C = 32°F
10°C = 50°F
20°C = 68°F
30°C = 86°F

STROMVERSORGUNG

Die Stromversorgung erfolgt landesweit mit 110 Volt Gleichstrom (60 Hertz), obwohl einige abgelegene Ort mit 220 Volt arbeiten. Die meisten Steckdosen sind für die US-amerikanischen Flachstift-parallelstecker (USA, Kanada, Japan, Taiwan, Südamerika, Karibik) mit zwei oder drei Flachstiften vorgesehen. Besorgen Sie sich ggf. einen Reise-Spannungsumwandler mit Reisestecker. In entlegeneren Landesteilen gibt es oft gar keinen Strom; dort setzen Restaurants und Hotels Generatoren ein oder nutzen Solarenergie, häufig gibt es nicht zu jeder Tageszeit Strom.

ETIKETTE & EINHEIMISCHE SITTEN UND GEBRÄUCHE

Die panamaische Gesellschaft ist vielfältig. Panama-Stadt ist kosmopolitisch und relativ liberal, während die Menschen in kleineren Städten und ländlichen Dörfern konservativer denken. Die Gesellschaft ist extrem klassenbewusst. Panamaer respektieren akademische Titel und verwenden sie in der Anrede, z. B. Ingenieur (Ingeniero Arosemena) und Architekt (Arquitecto García).

Anreden sind Señor (Herr), Señora (Frau) und Señorita (Fräulein). Don (für Männer) und Doña (für Frauen) gelten angesehenen Persönlichkeiten und Senioren.

Die Panamaer verwenden das formale Anrede „usted" für „Sie", während das informelle „tu" für Vertraute reserviert ist. Umarmungen und Küsse sind unter engen Freunden und in der Familie gebräuchlich. Grußformeln sind buenos días (Guten Morgen, gilt bis mittags), buenas tardes (ab mittags) oder buenas noches (Guten Abend, Gute Nacht). Ein informellerer Gruß ist hola (Hallo!).

Panamaer besitzen Nationalstolz und mögen keine Kritik von Ausländern. Die Kuna-Indianer von San Blas reagieren empfindlich auf Eindringen in ihr Gebiet oder Beleidigung ihrer Kultur: Außerhalb des Strandes sittsam kleiden und keine Personenfotos, außer man ist bereit, 1 $ zu zahlen.

Außerhalb der Zentren kommt man eventuell mit Englisch nicht weiter. Man sollte ein paar Wörter Spanisch lernen. Viele Restaurants in den Städten haben englische Speisekarten, manchmal muss man aber danach fragen.

FEIERTAGE

Neben Weihnachten, Silvester und Ostern feiert Panama die folgenden nationalen Feiertage:

9. Januar: Tag der Märtyrer. Erinnert an die Ausschreitungen vom 9. Januar 1964 (Flaggenstreit)
1. Mai: Tag der Arbeit
15. August: Gründung von Alt-Panama
3. November: Tag der Unabhängigkeit von Kolumbien
4. November: Tag der Flagge
10. November: Proklamation der Unabhängigkeit (Primer Grito de Independencia)
28. November: Tag der Unabhängigkeit von Spanien
8. Dezember: Muttertag

Das größte Fest ist der Karneval an den Tagen vor Aschermittwoch. Viele Touristen- und Serviceeinrichtungen haben während der Festtage geöffnet, aber Banken und Behörden sind geschlossen.

GESETZ ZUM ALKOHOLKONSUM

Der Konsum alkoholischer Getränke ist in Panama erst ab dem Alter von 18 Jahren gestattet, auch wenn das Gesetz nur selten greift. Das Fahren unter Alkoholeinfluss ist verboten. Eine Strafe wegen Alkohols am Steuer hebt jeden Versicherungsschutz für Mietwagen auf.

MEDIEN

Zeitungen & Zeitschriften

In Panama gibt es drei große Zeitungen. Die Tageszeitung La Prensa ist die konservativste und umfasst alles von Politik bis hin zu Mode; El Panama América und La Estrella de Panama sind auch gut.

Diese Zeitungen werden an Kiosken oder in Supermärkten verkauft. Die großen US-amerikanischen Printmedien sind in den Minimärkten der Hotels erhältlich.

Es gibt keine englischsprachigen Tageszeitungen. The Bulletin, www.bulletinpa.com, und die Panama News, www.thepanama news.com, veröffentlichen Online-Nachrichten in englischer Sprache.

Fernsehen & Rundfunk

Das Fernsehprogramm kann überall empfangen werden, es gibt fünf Fernsehsender. Panama hat Dutzende von Radiosendern. Fast alle senden Lokalnachrichten und Latin

Music. Der BBC World Service und Voice of America bieten Nachrichten in englischer Sprache.

GELDANGELEGENHEITEN

Währung

Die Währung von Panama ist der Balboa, der an den US-Dollar gekoppelt ist (1 Balboa = 1 Dollar). Ein Balboa hat 100 Centesimos. Es wird meist mit Dollarnoten gehandelt, US-Münzen werden genauso wie panamaische angenommen.

Manche internationale Banken haben einen Devisenschalter, um Reisende mit US-Dollar zu versorgen. Darauf sollte man aber nicht bauen, die meisten Banken haben keinen Wechselschalter. Die staatliche Banco Nacional ist in der Regel weniger effizient als die nicht-staatlichen Geschäftsbanken. Es gibt kaum private Wechselstuben.

Wer die San-Blas-Inseln besuchen will, sollte Bargeld mitnehmen. Es gibt nur zwei Banken in der comarca, in Darién auch nur wenige. An entlegenen Orten sollte man kleinere Geldscheine dabei haben, da 50-Dollar- und 100-Dollar-Noten oft nicht gewechselt werden.

Es kann wegen des häufigen Betrugs und den von Banken errichteten Hürden schwierig sein, Reisechecks außerhalb von Banken einzulösen. In vielen Geschäften werden sie nicht angenommen.

Geldautomaten

Die meisten Banken haben Geldautomaten, die rund um die Uhr in Betrieb sind. Meistens wird eine Gebühr abgebucht. Man sollte Geldautomaten nur während der Banköffnungszeiten benutzen, falls Probleme auftreten sollten (z. B. Automat behält die Karten ein, etc.). Geldautomaten in ärmlichen Gegenden und an dunklen Plätzen lieber meiden, dort könnte es Probleme mit Kriminalität geben.

Kreditkarten

Kreditkarten (tarjetas de crédito) werden allgemein akzeptiert. Visa ist die häufigste Karte, gefolgt von MasterCard und American Express. Auf den San-Blas-Inseln und in Darién wird aber fast ausschließlich mit Bargeld bezahlt.

ÖFFNUNGSZEITEN

Geschäfte sind Montag bis Samstag von 9–18 Uhr geöffnet, Einkaufszentren, Supermärkte und Souvenirgeschäfte haben auch länger und sogar am Sonntag geöffnet.

Banken sind in der Regel Montag bis Freitag von 8–15 Uhr geöffnet (manche bis 18 Uhr), Samstag von 9-12 Uhr. Unternehmen sind meist Montag bis Freitag von 9.30–19 Uhr erreichbar. Reisebüros und Tourismus-Unternehmen sind auch Samstag von 8–12 Uhr geöffnet. Behörden haben Sprechzeiten an Wochentagen von 7.30–15.30 Uhr.

GOTTESDIENSTE/ RELIGION

In den meisten Gemeinden gibt es mindestens eine römisch-katholische Kirche und oft auch eine protestantische. In Panama-Stadt gibt es Moscheen. Die Fremdenverkehrsämter vor Ort und führende Hotels können meist eine Liste der Gotteshäuser bereitstellen.

TOILETTEN

Es gibt sehr wenige öffentliche Toiletten (*baños*). Die meisten Restaurants und Busbahnhöfe haben Toiletten, aber der Hygienestandard ist dort sehr unterschiedlich.

Auf den San-Blas-Inseln haben die meisten Unterkünfte nur Gemeinschaftsbäder (viele hängen über dem Wasser und leiten ihr Abwasser ins Meer), ebenso ein paar Budget-Hotels in Bocas del Toro und Darién. Toilettenpapier gibt es in nur selten, man bringe sicherheitshalber sein eigenes mit.

RAUCHEN

Rauchen ist in öffentlichen Gebäuden und Einrichtungen offiziell verboten. Jedoch rauchen sehr viele Panamaer. Gehobenere Restaurants haben Nichtraucher-Ecken. Ansonsten wird das Schild „No smoking" regelmäßig missachtet.

ZEITUNTERSCHIEDE

In Panama gilt die Zeit der US Eastern Standard Time (EST), fünf Stunden hinter der Greenwich Mean Time (GMT) bzw. 6 Stunden hinter der mitteleuropäischen Zeit (MEZ). Es gibt keinen Unterschied zwischen Sommer- und Winterzeit.

TRINKGELD

Außer in Touristenzentren sollte man Trinkgeld nur bei wirklich gutem Service geben.

Eine Servicegebühr in Höhe von 10 Prozent ist oft in die Rechnung integriert, dort sollte man Trinkgeld dann nur für guten Service geben. Viele Cafés und Budget-Lokale erwarten gar keines. Hotelpagen sollte man 50 Cent pro Gepäckstück geben (Gepäckträger am Flughafen erwarten 1 $) und Zimmermädchen 1 $ pro Tag. Taxifahrer erwarten kein Trinkgeld.

Auf dem Land erbringen Park-Ranger, Bootsführer, etc. oft genug Leistungen, die Trinkgeld wert sind, das jedoch nicht erwartet wird.

REISENDE MIT HANDICAP

Außer Lippenbekenntnissen zeigt Panama wenig Aufgeschlossenheit gegenüber Reisenden mit Handicap. Wenige Gebäude haben einen Zugang für Rollstühle oder behindertengerechte Toiletten. Busse sind nicht für Rollstuhlfahrer geeignet, und wenige Bordsteine sind abgesenkt. Einige moderne Hotels und ein paar Restaurants haben einen Zugang für Rollstühle. Manche Hotels bieten spezielle Suiten.

Folgende Agenturen informieren für Reisende mit Handicap:

Gimp on the Go, www.gimponthego.com, Online-Newsletter und Forum für Reisende mit Behinderung.

Instituto Panameño de Habilitación Especial (Panamaisches Institut für spezielle Rehabilitation), Tel. 501-0508, www.iphe.gob.pa. Eine staatliche Organisation zur Unterstützung Behinderter.

Society for Accessible Travel & Hospitality, 347 5th Ave. Ste. 610, New York, NY 10016, Tel. 212/447-7284, www.sath.org.

TOURISTEN-INFORMATION

Panamas Umweltbehörde, **Autoridad Nacional del Ambiente** (ANAM), verwaltet die Nationalparks und Naturschutzgebiete.

Die regionalen Büros sind in der Regel nützlicher als die Hauptstelle in Panama-Stadt. Diese Büros erteilen auch die Genehmigung für einen Parkbesuch und Übernachtung in einer Hütte. Die Website ist: www.anam.gob.pa.

Panama betreibt das staatliche **Instituto Panameño de Turismo** (IPAT, Tel. 800/231-0568 in den USA), das eine Website unterhält: www.visitpanama.com. Die Zentrale des IPAT befindet sich im ATLAPA Convention Center, Panama-Stadt, Tel. 526-7000. Es gibt regionale Zweigstellen.

Focus Panama ist eine touristenorientierte Publikation, die zweimal jährlich auf Englisch und Spanisch erscheint und in vielen Hotels ausliegt. Die Zeitung Panama Visitor erscheint zweimal pro Monat auf Spanisch und Englisch.

IM NOTFALL

KRIMINALITÄT & POLIZEI

Panama ist ein relativ sicheres Reiseziel, und die Kriminalität ist nicht augenfälliger als in nordamerikanischen Städten. Gewaltverbrechen gegen Touristen sind selten. Dennoch sollten Sie vorsichtig sein, vor allem in den verarmten Bezirken von Panama-Stadt (wie im El Chorrillo-Bezirk, der an den Casco Viejo und Curundú, nordöstlich von Ancón, angrenzt) und in Colón, wo Raubüberfälle sich häufen. In den Städten sind Taschendiebe und Räuber unterwegs. Daher vor allem bei Menschenansammlungen, wie in Bussen und auf Märkten, aufpassen. Trickbetrug ist häufig, besonders bei Käufen auf der Straße. Lassen Sie Dinge, die Sie gerade kaufen, nicht unbeobachtet, und verwahren Sie Wertsachen in einem abgeschlossenen Koffer, da oft auch das Hotelpersonal stiehlt.

Niemals alleine wandern, vor allem nicht in den Nationalparks in der Nähe von Panama-Stadt und in der Kanalzone, wo Raubüberfälle vorgekommen sind. Niemals Dinge unbewacht am Strand zurücklassen. Möglichst kein Gepäck oder Wertsachen im Auto lassen; keine größeren Bargeldbestände mitführen oder teueren Schmuck tragen und

Reisepässe und Kreditkarten verbergen. Diebstahl sofort bei der Polizei und/oder im Hotel melden.

Die östliche Hälfte der Provinz Darién nahe der kolumbianischen Grenze gilt wegen Guerrillas, bewaffneten Aufständischen, Drogendealern und Banditen als unsicher. Eine bewaffnete Polizeieinheit unterhält befestigte Stellungen in der Region, kann aber nicht für Sicherheit der Reisenden garantieren.

Die Touristenpolizei läuft Streife in Casco Viejo und in anderen stark touristischen Stadtteilen, darunter auch Colón. Die Verkehrspolizei (*tránsitos*) fährt auf den Autobahnen und Landstraßen Streife. Die Polizeikräfte von Panama sind kaum mehr korruptionsanfällig. Die Policía Técnica Judicial (PTJ), Tel. 512-2222, www.ptj.gob.pa, führt strafrechtliche Ermittlungen durch, u. a. bei Anzeigen wegen Korruption im Amt.

BOTSCHAFTEN & KONSULATE

Deutsche Botschaft, Calle 53 E Urbanizacion Marbella, Edificio World Trade Center No. 20, Panama Stadt, Tel. 2637733, www.embajada-alemanapanama.org germpanama@cwp.net.pa

Österreichische Botschaft Kolumbien (Amtsbereich Panama) Carrera 9, No. 73-44, Piso 4, Edificio Fiducafé, Bogota, Colombia www.austria.cjb.net

Schweizer Botschaft Costa Rica (Amtsbereich Panama) Embajada de Suiza, Edificio Centro Colón, 10° Piso, Paseo Colón, San José, Costa Rica. http://eda.admin.ch/sanjose vertretung@sjc.rp.admin.ch

TELEFONNUMMERN FÜR NOTFÄLLE

In den meisten Gemeinden gelten die folgenden Notrufnummern:
   Feuerwehr (*bomberos*),
   Tel. 103
   Polizei (*policia*), Tel. 104
   Touristenpolizei, Tel. 512-2269

Krankenwagen werden vom Roten Kreuz betrieben, Tel. 228-2187, sowie von privaten Unternehmen wie SEMM, Tel. 264-4122, und Alerta, Tel. 269-1111.

Notfallversorgung ist in öffentlichen Krankenhäusern kostenlos, d. h. in Panama-Stadt im **Hospital Santo Tomás,** in den zentralen Provinzen im Hospital **Cecilio Castillero** (Los Santos) und **Aquilino Tejeira** (Penonomé), alle anderen Dienstleistungen müssen bezahlt werden.

WAS TUN BEI EINEM AUTOUNFALL

Im Falle eines Unfalls das eigene Fahrzeug nicht mehr bewegen und nicht zulassen, dass das andere Fahrzeug weggefahren wird. Die Angaben vom Nummernschild und die Daten der *cédula* (Personalausweis) aller Zeugen notieren. Die Transitpolizei anrufen und auf deren Eintreffen warten; die Beamten werden einen Bericht für Ihre Versicherung ausfüllen. Falls jemand schwer verletzt oder getötet wurde, rufen Sie umgehend Ihre Botschaft an.

GESUNDHEIT

In den meisten Städten gibt es Ärzte und Kliniken. In Panama-Stadt und David entspricht die medizinische Versorgung dem nordamerikanischen Standard. In Panama-Stadt sind die drei besten Einrichtungen das **Hospital Nacional,** Ave. Cuba & Calles 38 und 39, Tel. 207-8100, **Centro Médico Paitilla,** Ave. Balboa & Calle 53, Tel. 265-8800, und **Clinica Hospital San Fernando,** Vía España, Las Sabanas, Tel. 278-6300. Die staatlichen Gesundheitszentren (*centros de salud*) versorgen alle Städte und behandeln gegen eine geringe Gebühr. Die medizinische Versorgung dort ist jedoch von geringem Standard, und Reisende sollten sich um eine Behandlung in einer privaten Einrichtung bemühen.

Eine umfassende Reisekrankenversicherung kommt in der Regel für alle Behandlungskosten auf. Darauf achen, dass Patientenrücktransport eingeschlossen ist.

Hotels bieten meist eine Liste der Ärzte und Gesundheitszentren. Verwahren Sie alle Quittungen und Unterlagen für Ihren Antrag auf Erstattung der Kosten.

Das Tropenklima, in dem sich Bakterien und Keime rasch vermehren, stellt eines der größten Gesundheitsrisiken dar. Wunden immer mit warmem Wasser auswaschen und mit Alkohol abreiben. Das Leitungswasser ist fast überall sauber. Dennoch sollte man in Bocas del Toro und in anderen Orten entlang der Karibikküste sowie in allen übrigen verarmten Gebieten kein Leitungswasser trinken und selbst die Zähne nur mit abgefülltem Mineralwasser putzen. Beim Campen das Wasser abkochen, um Giardien, Dünndarmparasiten, die in warmem Wasser gedeihen, abzutöten. Keine rohen Meeresfrüchte (außer Ceviche, das normalerweise sicher ist) und Gemüse essen. Gleiches gilt für ungewaschenen Salat und ungeschälte Früchte.

Viel Sonnencreme auftragen und langsam bräunen, da die Sonne intensiv ist. Zum Schutz vor Austrocknung viel Wasser trinken

Stechende Insekten gibt es überall, vor allem in den feuchten Niederungen. Malaria kommt in den Flachgebieten vor und ist hauptsächlich an der Karibikküste und in Darién ein Problem. Fragen Sie Ihren Arzt nach einer Malariaprophylaxe. Denguefieber wird von Moskitos übertragen, und gelegentlich werden Ausbrüche in den Niederungen an der Karibikküste und am Pazifik gemeldet. Es gibt keine vorbeugende Behandlung, sodass man darauf achten muss, nicht gestochen zu werden. Insektenschutzmittel großzügig anwenden und beim Wandern erdfarbene, bedeckende Kleidung tragen.

Giftschlangen sind in der Wildnis weit verbreitet. Geschlossene Schuhe tragen, die auch den Knöchel bedecken, um das Risiko eines Schlangenbisses zu mindern, und die Hände nie in Spalten oder Löcher stecken. Schlangen meiden. Bei einem Biss sofort ärztliche Hilfe holen. Nicht im seichten Wasser entlang des mittleren Pazifikufers waten, wo Stachelrochen leben.

Der Brandungsrückstrom stellt da eine große Gefahr dar, wo an der Küste die Wellen bis an den Strand noch hoch sind.

HOTELS & RESTAURANTS

Bei den Unterkünften in Panama gibt es ein breites Spektrum, meist zu vernünftigen Preisen, jedoch mit unterschiedlichem Standard. Die Annehmlichkeiten sind sehr verschieden. Daher ist es sinnvoll, sich vor dem Buchen zu erkundigen. Bedenken Sie, dass große Gebiete des Landes sehr abgelegen sind und dass das Angebot dort eher spärlich ist. Während der Hauptreisezeit können die besseren Unterkünfte rasch ausgebucht sein, vor allem während Veranstaltungen wie dem Karneval. In Darién und auf den San-Blas-Inseln können die Unterkünfte sehr einfach sein. Essen gehen kann in Panama-Stadt ein großes Vergnügen sein; dort stehen viele Möglichkeiten zur Auswahl, darunter auch Lokale von Weltklasseformat. Andernorts beschränken sich die Speisekarten auf traditionelle Kost und Seafood; die etwas internationalere Küche findet man am ehesten in Touristenorten und gehobeneren Hotels. Auf den San-Blas-Inseln sind die Mahlzeiten oft fade und die Wahlmöglichkeiten stark eingeschränkt.

UNTERKÜNFTE

Panama-Stadt ist mit Spitzenklassehotels von internationalem Standard gesegnet. Diese reichen von familiengeführten Boutique-Hotels, die Intimität mit Charme verbinden, bis hin zu internationalen Hotelketten in Wolkenkratzern, in der Regel mit Business- und/oder Konferenzeinrichtungen. Teilweise sind auch Casinos im Haus. Einige dieser Hotelketten haben gebührenfreie Rufnummern:

Country Inn & Suites, Tel. 800/201-1746, www.countryinns.com
Intercontinental Hotels Group, Tel. 800/424-3685, www.intercontinental.com
Marriott Hotels & Resorts, Tel. 888/236-2427, www.marriott.com
Radisson, Tel. 888/201-1718, www.radisson.com

Die Regionen El Valle und Boquete bieten einige der besten Unterkünfte des Landes, darunter Frühstückspensionen auf dem Lande. Bocas del Toro bietet auch eine große Auswahl (bitte beachten Sie, dass die Bars und Discos dort sehr laut sein können). Die wenigen großen Ferienanlagen am Strand sind meist All-inclusive-Häuser und beherbergen hauptsächlich Einheimische. Mittelklassehotels gibt es viele, jedoch mit wenig Service und unterschiedlichem Standard. In einigen Regionen, darunter Azuero, gibt es wenige Hotels. Die Zimmer sind während des Karnevals schnell ausgebucht, dann kann es sein, dass man dort keine mehr findet.

Außer in Darién und den Chiriquí-Gebirgsregionen gibt es wenige Wildnis-Lodges. Dort gibt es Zeltlager, Holzhütten mit wenig Komfort und ein paar Anlagen mit Spa und Sauna. Manche Lodges sind auf Angler und Surfer eingestellt, wenngleich oft sehr einfach. An Stränden und in vielen Nationalparks ist Zelten erlaubt.

Im San-Blas-Archipel gibt es wenige und sehr einfache Hotels, oft mit selbstgebauten *cabañas* aus Palmenstämmen und Bambusschilf, mit Stroh- oder Blechdach. Wenige haben Strom (als Beleuchtung dienen meist Kerosinlaternen), und noch weniger haben ein WC mit Spülung – über dem Wasser hängende Häuschen sind die Norm.

Ferienhäuser und längerfristige Anmietung, vom Bungalow am Strand bis hin zu Haciendas im Kolonialstil, vermittelt **Haciendas Panama,** Tel. 265-2801, www.haciendaspanama.com.

In Budget-Hotels sind Duschen oft kalt und Matratzen dünn und abgenutzt. Warmes (lauwarmes) Wasser wird teilweise von einem Boiler über der Dusche bereitet. Achten Sie auf sichere Fenster und Türen.

„Motels" werden meist als Stundenhotels vermietet.

Sofern nicht anders angegeben, haben alle aufgeführten Hotels Speisesäle und Zimmer mit Bad und sind ganzjährig geöffnet.

Die Preise steigen in der Hochsaison, von Dezember bis April, meist um rund 15 Prozent. In Mittelklasse- und Budget-Hotels sollte man sich mehrere Zimmer ansehen, da der gleiche Preis oft für verschiedene Größe und Ausstattung gilt.

Auf die meisten Hotelrechnungen wird eine Umsatzsteuer von 10 Prozent aufgeschlagen.

RESTAURANTS

Seafood ist an der Küste das Hauptnahrungsmittel, während Huhn und Schwein die eigentlichen Grundelemente der panamaischen Kost sind. Restaurants sind in der Regel von 11–14 Uhr und 18–23 Uhr geöffnet. Viele sind montags geschlossen. In den teureren Restaurants vorher reservieren, vor allem am Wochenende. In Panama-Stadt ist der Service meist flink, andernorts oft langsam.

Lokale Gerichte sind schon für unter 5 $ erhältlich. Achten Sie auf *comida corriente,* dies ist ein Mittagstisch (in der Regel eine Auswahl aus Fleisch, Reis und Bohnen und Gemüse oder Salat) zu Sonderpreisen.

Auf den San-Blas-Inseln sind Restaurants rar. Hotels bieten oft fade Mahlzeiten; meiden Sie Hummer wegen Überfischung und Tintenfisch, den man oft fängt, indem man Bleichmittel in das Wasser schüttet.

Nachfolgend finden Sie eine Auswahl der besten Restaurants für jede Region.

KREDITKARTEN

In vielen gehobeneren Hotels kann man kein Zimmer ohne Angabe einer Kreditkartennummer reservieren. Manche Hotels erheben eine Gebühr von 3 Prozent bei Kreditkartenzahlungen. Die meisten guten Restaurants akzeptieren Kreditkarten.

RESERVIERUNGEN

Trotz der aufgelisteten Informationen sollten Sie sich im Einzelnen informieren, bevor Sie reservieren. Das gilt vor allem für Einrichtungen für behinderte Gäste oder Nichtraucherzimmer, die akzeptierten Kreditkarten und die Preise. Versenden Sie Ihre Hotelreservierung per Fax oder E-Mail (besser nicht per Post) und packen Sie die schriftliche Bestätigung ein.

Wenn Ihnen ein Reiseveranstalter mitteilt, dass das Hotel Ihrer Wahl voll ist, fragen Sie selbst beim Hotel nach; die angesehensten Veranstalter wurden schon dabei ertappt, dass sie Kunden an Hotels verwiesen, die lukrative Provisionen zahlen.

Reisende mit Handicap sollten sich behindertengerechte Einrichtungen zeigen lassen.

GLIEDERUNG

Hotels und Restaurants wurden nach Regionen (den Kapiteln entsprechend) sortiert, dann alphabetisch nach Preiskategorie.
M = Mittagessen,
A = Abendessen.

KREDITKARTEN

Folgende Abkürzungen werden benutzt: AE (American Express), DC (Diners Club), MC (Mastercard), V (Visa).

■ PANAMA-STADT

HOTELS

ETWAS BESONDERES

🏨 HOTEL BRISTOL
🍴

Das beste Hotel der Stadt. Dieses Boutique-Hotel – Mitglied der Leading Hotels of the World – glänzt vor Mahagoni und Marmor, während es Klasse und Charme der Alten Welt nach Londoner Art verströmt. Deluxe-Einrichtung mit lokalen Highlights, wie bunte *mola*-Kissen. Das Restaurant zählt zu den besten der Stadt.
$$$$$
CALLE AQUILINO DE LA GUARDIA, CALLES 51 & 52
TEL. 265-7844
FAX 265-7820
www.thebristol.com
🛏56 P 🔼 🆂 🆁 🌀 🏊
AE, MC, V

HOTELS
Als Anhaltspunkt für den ungefähren Preis für ein Doppelzimmer ohne Frühstück dienen die $-Zeichen:
$$$$$ Über 200 $
$$$$ 100 – 200 $
$$$ 50 – 100 $
$$ 25 – 50 $
$ Unter 25 $

RESTAURANTS
Als Anhaltspunkt für den ungefähren Preis für ein Dreigänge-Menü ohne Getränke dienen die $-Zeichen:
$$$$$ Über 35 $
$$$$ 20 – 35 $
$$$ 10 – 20 $
$$ 5 – 10 $
$ Unter 5 $

🏨 MARRIOTT HOTEL
$$$$$
CALLE 52 & CALLE RICARDO ARIAS
TEL. 210-9100; FAX. 210-9110
www.marriott.com
Dieses 20-stöckige Hotel liegt zentral in der Nähe der Restaurants, Läden und Nightclubs. Das auf Geschäftskunden eingestellte Hotel hat elegante und funktionale Zimmer, ein Casino, Konferenzräume und einen Pool.
🛏296 P 🆂 🆁 🆂 🏊
🌀 AE, MC, V

🏨 CROWNE PLAZA
$$$$
AVE. MANUEL ESPINOSA. BAUTISTA
TEL. 206-5555, FAX 206-5557
www.cppanama.com
Das gehobene Hotel mit viel Service im Geschäftszentrum hat geschmackvolle, moderne Zimmer, einen Pool auf der Dachterrasse und eine Sportbar. Frühstück inbegriffen.
🛏150 P 🆂 🆁 🆂 🏊
🌀 Alle internationalen Kreditkarten

ETWAS BESONDERES

🏨 HOTEL DEVILLE

Möbliert mit einer bunten Sammlung aus aller Welt. Dieses Luxus-Boutique-Hotel,

---

das nur Suiten anbietet, verbindet das Beste aus beiden Welten: geschmackvolles Dekor (nicht immer stilsicher) und moderne Ausstattung. Individuell eingerichtete Zimmer und höhlenartige Badezimmer glänzen mit Marmorböden, auf denen orientalische Brücken liegen. Für guten Schlaf sorgen orthopädische Matratzen, Bettwäsche aus ägyptischer Baumwolle und weiche Kopfkissen. Die Lage im Herzen des Ausgehbezirks ist ein Bonus. Das Ten Bistro Restaurant von Küchenchef Fabien Migny liegt nebenan (siehe S. 240).
$$$$
AVE. BEATRIZ CABAL N OF CALLE 50
TEL. 206-3100; FAX 206-3111
www.devillehotel.com.pa
🛏33 P 🆂 🆁 🆂
🌀 AE, MC, V

🏨 INTERCONTINENTAL MIRAMAR PANAMA
$$$$
MIRAMAR PLAZA, AVE. BALBOA
TEL. 206-8888; FAX 223-4891
www.miramarpanama.com
Erhebt sich 25 Stockwerke hoch über die Bucht von Panama Stadt. Dieser zeitgenössische Wolkenkratzer verbindet Luxus und Komfort, darunter ein Full-Service Business-Center und Banketträume, plus türkischen Bädern. Die großen Zimmer sind schön eingerichtet und haben einen Internetanschluss. Der Ausblick ist ein Pluspunkt. Das Restaurant Bay View im Erdgeschoss bietet ein tolles Büffet und sonntags Brunch; das Restaurant Miramar im fünften Stock ist für sein Gourmet-Seafood bekannt.
🛏183 P 🆂 🆁 🆂 🏊
🌀 AE, MC, V

🏨 RADISSON DECAPOLIS
🍴 **$$$$**
AVE. BALBOA, BEHIND MULTI-CENTRO PLAZA
TEL 215-5000; FAX 215-5715
www.radisson...
Dieses glatte Avantgarde-Hochhaus erhebt sich mit 29 Stockwerken über Marbella und bie-

---

🆂 Nichtraucher   🔼 Aufzug   🆁 Klimaanlage   🆂 Hallenbad   🏊 Swimmingpool   🌀 Fitnessclub   🌀 Kreditkarten

tet minimalistische Einrichtung, traumhafte Aussicht, chice Restaurants und eine Martini-Bar. Geschäftsreisende werden bestens betreut – es gibt Etagen für Geschäftsfrauen –, alle Zimmer haben Breitband-Internet. Casino und Einkaufszentrum sind nebenan. Frühstück im Preis inbegriffen.

[i] 300 [P] [S] [↕] [⊕] [≋] [⊕] [≋] AE, MC, V

VENETO HOTEL & CASINO
$$$$
ZWISCHEN VIA VENETO & EUSEBIO A. MORALES, EL CANGREJO
TEL. 340-8888; FAX 340-8899
www.venetocasino.com
Im Herzen des Finanz- und Einkaufsbezirks gelegen, hat das Hotel luxuriöse Zimmer mit TV-Flachbildschirm, marmorverkleideten Badezimmern mit Bademänteln. Gute Restaurants, ein Spa mit allen Serviceleistungen und ein enormes Casino im Haus. Frühstück im Preis inbegriffen.

[i] 301 [P] [S] [↕] [⊕] [≋] [⊕] [≋] AE, MC, V

ALBROOK INN
$$$
CALLE LAS MAGNOLIAS #14, ANCÓN
TEL. 315-1789; FAX 315-1975
www.albrookinn.com
Im Westen der Stadt und in der Nähe des Flughafens, perfekt zum Erkunden von Ancón und Balboa. Schön eingerichtet mit roten Stoffen, dunklem Hartholz und cremefarbenen Wänden. Die Suiten bieten Küchenzeilen. Pool im Garten. Europäisches Frühstück im Preis inbegriffen.

[i] 30 [P] [S] [↕] [⊕] [≋] AE, MC, V

B&B LA ESTANCIA
$$$
CASA 35, QUARRY HEIGHTS
TEL 314 1417
www.bedandbreakfast panama.com
Gemütliche Frühstückspension, umgeben von Wald, an den Nordwesthängen des Cerro Ancón. Die Zimmer sind sparsam mit Rattan und Hartholzmöbeln möbliert und haben heißes Wasser in großen Duschen, die meisten Zimmer bieten einen schönen Ausblick. Affen und jede Menge Vögel zum Greifen nahe. Reichhaltiges Frühstück und kostenloser Internet-Zugang.

[i] 9 [P] [S] [⊕] [≋] MC, V

BEST WESTERN LAS HUACAS HOTEL & SUITES
$$$
CALLE 49, EL CANGREJO
TEL. 213-2222; FAX 213-3057
www.bestwestern.com
Angenehmes, gut gelegenes Mittelklassehaus. Das Interieur ist ein Stilmix. Das Restaurant wird von vielen Restaurants der Umgebung beliefert. Frühstück im Preis inbegriffen.

[i] 33 [P] [S] [↕] [⊕] [≋] AE, MC, V

COUNTRY INN & SUITES PANAMA CANAL
$$$
AVE. AMADOR & AVE. PELICANO, 2 MILES (3.2 KM) W OF CASCO VIEJO
TEL 211-4500; FAX 211-4501
www.countryinns.com /panamacanalpan
Tolle Aussicht auf die Bridge of the Americas und die Kanaleinfahrt. Die Zimmer des Hotels am Amador-Damm bieten Balkon und Hochgeschwindigkeits-Internet. Einrichtung ist Geschmackssache. Restaurant der amerikanischen Kette T.G.I. Friday's. Konferenzeinrichtungen. Frühstück im Preis inbegriffen.

[i] 150 [P] [S] [↕] [⊕] [≋] [⊕] Alle internationalen Kreditkarten

EXECUTIVE HOTEL
$$$
TEL 265-8011
www.executivehotel-panama.com
Makelloses Hochhaushotel im Bankendistrikt, auf Geschäftskunden zugeschnitten. Hoch-

wertige, moderne Einrichtung. Die Jazz-Bar ist beliebt. Nur Bistroküche zum Abendessen, aber es gibt mehrere Restaurants in der Umgebung. Frühstück im Preis inbegriffen.

[i] 96 [P] [S] [↕] [⊕] [≋] Alle internationalen Kreditkarten

EL LITORAL
$$$
CALLE 49, EDIFICIO ISABELITA 16, BELLA VISTA
TEL 265-8662
www.litoralpanama.com
Frühstückspension unter französischer Leitung in einem Holzhaus aus der Kolonialzeit mit hübscher Einrichtung. Einfache, aber saubere Zimmer, die sich jeweils zu zweit ein Bad teilen. In der Nähe der Restaurants und Geschäfte.

[i] 5 [P] [S] [⊕] (4 Zimmer) MC, V

PLAZA PAITILLA INN
$$$
VÍA ITALIA, PUNTA PAITILLA
TEL. 208-0600; FAX 208-0619
www.plazapaitillainn.com
Modernes, rundes Hochhaus mit Glaswänden und tollem Blick auf die Stadt. Elegantes Interieur. Sonderrabatte können Schnäppchen bescheren.

[i] 255 [P] [S] [↕] [⊕] [≋] AE, MC, V

RESTAURANTS

ETWAS BESONDERES

EURASIA
Befindet sich in einem älteren Herrenhaus im klassischen Bella-Vista-Stil und ist dennoch modern. Weltmusik läuft, während die Gäste französisch-asiatische Fusion-Gerichte wie gegrilltes Thunfischfilet mit karamellisierten Zwiebeln in Dijonsenf-Sauce genießen. Beginnen Sie mit Shrimps-Röllchen und enden Sie mit Fondant – dem dekadenten Schokoladen-Soufflé. Die bunte Sammlung an Kunstwerken ist sehenswert. Makelloser Service, einschließlich

---

seitens der charmanten Wirtin, Kim Young.

$$$$

CALLE 48, ZWISCHEN PARQUE URRUCÁ & AVE. FEDERICO BOYD, BELLA VISTA

TEL 264-7859

🛏 100 🛗 So. geschl. 🅿
🚭 🗙 🗙 MC, V

🍴 BARANDA'S

$$$$

CALLE AQUILINO DE LA GUARDIA, CALLES 51 & 52

TEL. 265 7844

www.thebristol.com

Mahagonivertäfelung und klassische Eleganz in dem gehobenen Restaurant im Hotel Bristol (siehe S. 237). Vorbildlicher Service. Die von der Nouvelle Cuisine inspirierte Speisekarte bietet eine cremige und köstliche Crema de Maíz und Corvina (Seebarsch) in Tamarindensauce und Hühnchen in Kokosnuss- und Currysauce, mit Gnocchi, Gemüsebananen, Reis und schwarzen Bohnen.

🛏 80 🅿 🚭 🗙 🗙 AE, MC, V

🍴 LIMONCILLO

$$$$

CALLE 47, ZWISCHEN AQUILINO DE LA GUARDIA & URUGUAY, MARBELLA

TEL. 263-5350

www.limoncillo.com

Schickes, angesagtes Restaurant voller geschmackvoller, zeitgenössischer Raffinesse. Die von der Nouvelle Cuisine inspirierte Speisekarte wird von der Küchenchefin Clara Icaza, eine der Spitzenköchinnen Lateinamerikas, umgesetzt. Zu empfehlen sind die gebratenen Jumbo-Kokosnuss-Shrimps mit Mango-Salsa und der Lachs in Kräuterkruste, glasiert mit Balsamico, und Spinat. An den Wänden hängt zeitgenössische Kunst. Probieren Sie den hauseigenen Hemingway-Daiquiri an der schicken Bar. Vorbildlicher Service. Reservierung empfohlen.

🛏 24 🛗 Sa. & So. geschl. 🅿
🚭 🗙 🗙 MC, V

ETWAS BESONDERES

🍴 PALMS

Schickes, minimalistisches Dekor (anthrazitfarbene Bodenfliesen, Handläufe aus gebürstetem Stahl, Glaswände, Halogenbeleuchtung), kreative und hervorragende Küche zum Abendessen. Die eklektische, weltoffene Fusion-Speisekarte bietet Garnelen-Tempura und Kartoffel-Samosa-Häppchen; gegrillte Krake mit Kapern und Paprika; Schollen-Roulade mit schwarzer Butter, Kapern und Zitrone; und Kürbisravioli in Salbeibuttersauce. Der Service ist tip-top.

$$$$

CALLE 48, BELLA VISTA

TEL. 265-7256

E-MAIL palmsrestaurant @cableonda.net

🛏 50 🅿 🛗 Mo. geschl.
🚭 🗙 🗙 AE, MC, V

🍴 AL TAMBOR DE LA ALEGRÍA

$$$

CALZADA DE AMADOR, AMADOR

TEL. 314-3380

Typische panamaische Kost mit einstündiger Folkloreshow (10 $ Eintritt) Di., Do., Fr. und Sa. um 21 Uhr. Die Kellnerinnen tragen *polleras*. Reservierungen für die Dinnershows erforderlich.

🛏 100 🅿 🛗 So. geschl.
🚭 🗙 🗙 AE, MC, V

🍴 CAFÉ BARKO

$$$

ISLA FLAMENCO, AMADOR-DAMM

TEL. 314-0000

Seafood-Restaurant mit Tischen im Freien unter Strohdach. Livemusik am Abend in romantischem Ambiente.

🛏 120 🅿 🚭 🗙 AE, MC, V

🍴 HABIBI'S

$$$

CALLE RICARDO ARIAS

TEL 264-3647

Beliebtes Restaurant im levantinischen Stil in einem umge-

bauten kolonialen Herrenhaus mit modernem Leitmotiv und dezenter Atmosphäre. Auf der Speisekarte stehen Hummus, Shish Kebab, Schaschlik und westliche Leibgerichte. Am Wochenende treten Bauchtänzerinnen auf. Wasserpfeifen machen in der Lounge die Runde!

🛏 60 🅿 🚭 🗙 MC, V

🍴 MACARENA

$$$

CALLE 1, 46 M NÖRDLICH VON PLAZA DE FRANCIA, CASCO VIEJO

TEL. 228-0572

Kolonial anmutende Tapas-Bar im spanischen Stil mit elegantem Flair und gemischtem Dekor. Auf der wechselnden Speisekarte stehen Seafood und Nouvelle Cuisine. Große Weinkarte mit spanischen Weinen, die Bar nebenan serviert Cocktails.

🛏 40 🚭 🗙 🗙 AE, MC, V

🍴 MADAME CHANG

$$$

CALLE 48, BELLA VISTA

TEL. 269-1313

Weltbekanntes Restaurant mit einladender und raffinierter Einrichtung, serviert einige der besten chinesischen Gerichte diesseits von Shanghai, von Auberginen und Tofu bis hin zu Madame Changs gebratenem Hühnchen Spezial. Es werden auch Thai-Gerichte serviert. Madame Siu Mee Chang und ihre Tochter Yolanda führen das Regiment.

🛏 90 🅿 🚭 🗙 🗙 MC, V

ETWAS BESONDERES

🍴 MANOLO CARACOL

Dieser Umbau eines Bauwerks aus der Kolonialzeit hat eklektisches Dekor und eine offene Küche. Es bietet hervorragende Fusion-Gerichte und Tapas. Die spanisch inspirierte Speisekarte umfasst solche Köstlichkeiten wie Gazpacho Andaluz mit Gurke und Sorbet, reicht aber bis hin zu Sashimi-Thunfisch. Tageskarte zum Festpreis.

HOTELS & RESTAURANTS

Ist zugleich eine Kunstgalerie mit wechselnden Ausstellungen.
$$$
CALLE 3RA & AVE. CENTRAL, CASCO VIEJO
TEL. 228-4640
www.manolocaracol.net
🎫 100 🕐 Sa. & So. geschl.
🅂 🅂 🖾MC, V

🍴 S'CENA
$$$
CALLE 1RA, CASCO VIEJO
TEL. 228-4011
Steinwände, an denen Blechinstrumente hängen, Schwarzweißdrucke von Jazzmusikern und Live-Jazz (in der Kellerbar), während man die mediterranen Gerichte des spanischen Küchenchefs José Luis Rodríguez genießt. Fischfilet in Roquefort-Sauce und Lammbraten sind einige der Leckerbissen. Ein Weinkeller bietet internationale Spitzenweine.
🎫 34 🕐 Mo. & So. geschl.
🅂 🅂 🖾MC, V

🍴 SUSHI ITTO
$$$
HINTER EDIFICIO PLAZA OBARRIO, ZWISCHEN CALLE SAMUEL LEWIS & CALLE 55
TEL. 265-1222
Mailand trifft Tokio in diesem modernen japanischen Restaurant. Gehoben, ohne prätentiös zu sein, Glaswände und hell. Auf der Speisekarte steht Pasta neben Sushi, Tempura und anderen japanischen Standards. Da kann man auch im Patio essen.
🎫 80 🅿 🅂 🅂
🖾MC, V

🍴 TEN BISTRO
$$$
CALLE 50 & BEATRIZ CABAL, IM HOTEL DEVILLE, EL CANGREJO
TEL. 213-8250
www.devillehotel.com.pa
Das angesagte Restaurant des französischen Küchenchefs Fabien Migny im Hotel Deville (siehe S. 237) ist ein Hingucker. Trendiges Interieur zu progressiver Musik in der Bar.

Alle Entrées (zehn Fleischgerichte, zehn Seafood-Gerichte) kosten 10 $.
🎫 36 🅿 🅂 🅂 🖾AE, MC, V

🍴 LAS TINAJAS
$$$
CALLE 51, BELLA VISTA
TEL. 263-7890; FAX 264-4858
Touristenlokal, das für seine Folkloreshows bekannt ist (Di. & Do.–Sa. um 21 Uhr; 5 $ Eintritt) mit Tänzerinnen in polleras. Die Speisekarte hat Lokalkolorit; es gibt Sopa Borracha, Tamales und frittierte Speisen. Rustikales Dekor im Kolonialstil. Tische für die Dinnershows reservieren.
🎫 80 🅿 🅂 🅂 🖾MC, V

🍴 CAFÉ CAPPUCCINO
$$
AVE. BALBOA & ANASTACIO RUIZ, MARBELLA
TEL. 264-0106
Sauberes und angenehmes, helles Café mit Klimaanlage, dazu Tische im schattigen Patio unter Ventilatoren. Ausgezeichnet zubereitete und sättigende Gerichte mit einer Prise Mexiko (Ceviche, Hühnchen-Flautas) sowie Sandwiches und batidos (Shakes) aus frischen Früchten. Gebackene Desserts und Cappuccinos.
🎫 50 🅿 🅂 🅂
🖾AE, MC, V

🍴 EL PAVO REAL
$$
CALLE 51, CAMPO ALEGRE, HINTER MARRIOTT HOTEL
TEL. 269-0504
Sieht aus wie ein traditioneller englischer Pub. Ran an Fish and Chips im Bierteigmantel, serviert in Zeitungspapier mit Salz und Essig. Auf der Speisekarte stehen außerdem Burger, Sandwiches, französische Zwiebelsuppe und Lachs-Mousse. Das Essen spült man hier mit einem kräftigen Bier runter, und danach kommt noch eine Partie Darts.
🎫 80 🅿 🅂 🖾MC, V

🍴 EL TRAPICHE
$$
VÍA ARGENTINA, EL CANGREJO
TEL. 269-4353
Herzhafte panamaische Küche aus den zentralen Provinzen. Vorweg Frittiertes gefüllt mit Hühnchen oder Ceviche, gefolgt von der „Fiesta Combo". Im Lokal steht eine trapiche: eine traditionelle Zuckerrohrpresse. Langsame Bedienung.
🎫 44 🅿 🕐 Mo. geschl.
🅂 🅂 🖾MC, V

🍴 SOL AZTECA
$$
CALLE 51 #28, BELLA VISTA
TEL. 214-3910
Eine gute Wahl für Veracruz'sche und mexikanische Küche. Angenehme Farbgestaltung in Ocker und Lila. Die Kost ist lecker und sättigend, aber nicht abgehoben. Empfehlenswert ist Pulpo a la José Alfredo – Krake in einer perfekten Chilisauce.
🎫 48 🅿 🕐 Mo. geschl., La. Sa. 🅂 🅂 🖾AE, MC, V

🍴 GRANCLEMENT
$
AVE. CENTRAL & CALLE 3RA, CASCO VIEJO
TEL. 228-0737
Köstliches Gourmet-Speiseeis und Sorbets aus rein natürli-

chen Zutaten. Die Sorten reichen von Ananas und Mango bis hin zu Honig, Zimt und Earl-Grey-Tee. Und das alles in cooler kolonialer Umgebung.

www.granclement.com

🛏6 🚭 🧊 🆑 keine Kreditkarten

🍴 NIKO'S CAFÉ
$

ANTIGUA BOLERA, BALBOA

TEL. 228-8888

In diesem beliebten Bistro mit Büfett stimmt das Preis-Leistungs-Verhältnis. Auswahl an leckerer heimischer Kost, einschließlich Desserts. Historisches Schwarzweiß-Panoramaaufnahmen von der Kanalzone.

🛏120 🅿 🚭 🧊 🆑Keine Kreditkarten

⬛ ZENTRAL-KARIBIK & KANAL

LAS-ERLAS-ARCHIPEL

ETWAS BESONDERES

🏨 HACIENDA DEL MAR 🍴

Dieses großartige, als „Ferienhotel am Meer für sanften Tourismus" beworbene Hotel ist wortwörtlich eine Zufluchtsstätte. Keine Fernseher. Keine Telefone. Zwanzig Minuten Flug vom Festland. Steht auf einem Felsvorsprung mit Balkonen über azurblauem Wasser. Die Bungalows sind hier gemütlich. Es gibt sogar Junior Suiten und „VIP-cabañas" mit zwei Zimmern. Mit Schiefer ausgekleideter Swimmingpool. Köstliches (wenn auch teures) Seafood in dem aufregenden Bambusrestaurant im Freien. Sportfischen, Jeep-Safari, etc., gegen Aufpreis.

$$$$$

ISLA SAN JOSÉ

TEL. 269-6634; FAX 264-1787

www.haciendadelmar.net

ℹ14 🚭 🧊 🆑 🚤 🛁
🆑 AE, MC, V

🏨 HOTEL CONTADORA
$$$$

PLAYA LARGA,
ISLA CONTADORA

TEL. 214-3719; FAX 264-1178

www.hotelcontadora.com

Hotel am Strand im Hawaii-Stil. Komfortable, romantische Zimmer mit bunten Stoffen und weißen Keramikfliesen. Jeep-Safaris und Wassersport. Mahlzeiten und Getränke sind im Preis inbegriffen.

ℹ300 🚭 🧊 🧊 🛁 🚤
AE, MC, V

ETWAS BESONDERES

🏨 PERLA REAL INN

Im spanischen Kolonialstil mit Brunnen im Innenhof, unweit toller Strände. Die Zimmer bieten Schmiedeeisernes, Wände mit Schablonenmalerei, blau-weiße Fliesen und Waschbecken in den Badezimmern. Bietet Touren und Aktivitäten. Frühstück im Preis inbegriffen.

$$$$

ISLA CONTADORA

TEL. 250-4095

www.perlareal.com

ℹ6 🚭 🧊 🧊 🆑MC, V

🏨 HOTEL PUNTA 🍴 GALEON RESORT
$$$

ISLA CONTADORA

TEL. 250-4134; FAX 250-4135

E-MAIL reservas@puntagaleon.com

In Parkanlage mit Palmen und Holzsteg zum Strand. Einfache Zimmer. Toller Pool und Restaurant am Strand, das Sandwiches und Seafood anbietet.

ℹ48 🅿 🚭 🧊 🚤
🆑MC, V

CERRO AZÚL

ETWAS BESONDERES

🏨 HOSTAL CASA DE CAMPO COUNTRY INN & SPA

Gasthaus im Stil der Alten Welt. Die Zimmer in den Hütten sind schön dekoriert.

Hausmannskost und Spa mit vielen Behandlungen. Nur Minuten vom Parque Nacional Chagres. Bietet Vogeltouren. Preise inklusive Steuer.

$$$

45 KM ÖSTLICH VON PANAMA STADT

TEL. 226-0274

www.panamacasadecampo.com

ℹ🍴11 🅿 🚭 🚤

🏨 SIERRA LLORONA
$$$

SABANITAS, SANTA RITA ARRIBA, 19 KM SÜDÖSTLICH VON COLÓN

TEL. 442-8104 ODER 6614-8191

www.sierrallorona.com

Lodge im Regenwald, beliebt bei Vogelkundlern. Luftige Räume mit Fliesenböden, Korb- und spanischen Kolonialmöbeln sowie Deckenventilatoren. Veranda mit Hängematten. Das Essen ist familiär, und es gibt eine Lounge mit Bar. Bietet Vogelbeobachtungs-, Wander- und Mountainbike-Touren an.

ℹ8 🅿 🚭 🧊 🆑DC, MC, V

🏨 LA POSADA DE FERHISSE
$$

CALLE DOMINGO DÍAZ,
14.5 KM ÖSTLICH VON TOCUMEN INTERNATIONAL AIRPORT

TEL. 297-0197

Blick auf See und Berge. Gasthaus am Parque Nacional Chagres. Schäbige Einrichtung. Hängematten auf Veranden. Restaurant serviert panamaische und kubanische Küche.

ℹ6 🅿 🚭 🚤 🆑V

COLÓN

🏨 HOTEL NEW 🍴 WASHINGTON
$$$

CALLE 1, AVE. BOLÍVAR, COLÓN

TEL. 441-7133; FAX 441-7397

E-MAIL nwh@sinfo.net

Das ehrbare Hotel wurde renoviert, was auch dringend

HOTELS & RESTAURANTS

🚭 Nichtraucher 🚭 Aufzug 🧊 Klimaanlage 🧊 Hallenbad 🚤 Swimmingpool 🛁 Fitnessclub 🆑 Kreditkarten

HOTELS & RESTAURANTS

nötig war. Die Kronleuchter und Marmortreppen glänzen, aber die Zimmer sind öde. Ein Casino ist nebenan, und das Restaurant bietet eine große Seafood-Speisekarte.

[i] 124 [P] [S] [≈]
[⚓] AE, MC, V

🏨 HOTEL ANDROS
🍴 $$

AVE. HERRERA, ZWISCHEN CALLES 9 & 10
TEL. 441-0477; FAX 441-7921
www.hotelandros.com
Modernes Hochhaus, schön eingerichtet, technisch auf dem neuesten Stand, einschließlich WLAN. In den Suiten stehen Whirlpools. Restaurant und Bar auf der Dachterrasse mit toller Aussicht. Sehr gutes Preis-Leistungs-Verhältnis.

[i] 60 [P] [S] [⚓] AE, MC, V

🏨 MERYLAND HOTEL
$$

CALLE 7 & SANTA ISABEL
TEL./FAX 441-7055
Modernes Hotel im spanischen neo-kolonialen Stil in der Nähe von Colón 2000 in einem der besseren Stadtteile.

[i] 79 [P] [S] [⚓] MC, V

GAMBOA

🏨 GAMBOA RAINFOREST
🍴 RESORT
$$$$

AVE. GAILLARD, 25 KM NORD-WESTLICH VON PANAMA-STADT
TEL. 314-9000; FAX 314-9020
www.gamboaresort.com
Auf einem Berggrat gelegen mit spektakulärem Ausblick. Dieses Spa-Hotel im Hacienda-Stil zählt zu den besten Landhotels von Panama. Geräumige Hütten mit vier Einheiten mit Terrakotta-Böden, Möbeln im spanischen Kolonialstil, bequemen Betten und großen Fenstern. Jede Einheit hat eine Veranda mit Hängematte und Deckenventilatoren. Rohlederstühle und flammenfarbene Wandleuchten im Speisesaal, der Rundum-

blick und kultivierte Kost mit lokalen Zutaten bietet. Ein Full-Service-Spa bietet Behandlungen. Bietet geführte Waldwanderungen und weitere Aktivitäten.

[i] 107 [P] [S] [⇄] [S] [≈]
[📺] [⚓] DC, MC, V

ISLA GRANDE

🏨 BANANAS VILLAGE
🍴 RESORT
$$$

21 KM ÖSTLICH VON PORTOBELO
TEL. 263-9510 OR 448-2252
www.bananasresort.com
Typische Ferienanlage in den Tropen zwischen Kokospalmen mit Blick auf den Strand, mit Hängematten unter Strohschirmen. Beach-Volleyball plus Kajaks und sonstiger Wassersport. Zweistöckige Hütten in karibischen Pastelltönen über dem Wasser mit Riesenbetten. Das Restaurant serviert traditionelles amerikanisches Frühstück, plus Seafood, Schweinefleisch- und Hühnchenstandardgerichte.

[i] 28 [P] [S] [S] [≈] [📺]
[⚓] DC, MC, V

🏨 SISTER MOON HOTEL
$$$

22.5 KM ÖSTLICH VON PORTOBELO
TEL. 226-9861
www.hotelsistermoon.com
Unter Palmen an den Hängen einer Felsenbucht. Hütten auf Stelzen, auch mit Stockbetten für Budget-Reisende. Elegante Gästezimmer und Villen. Billardtisch und Darts in der Bar auf der Sonnenterrasse. Wassersport und Fischen. Frühstück im Preis inbegriffen.

[i] 14 [P] [S] [≈] [⚓] MC, V

ISLA TABOGA

🏨 VEREDA TROPICAL
HOTEL
$$$

ISLA TABOGA
TEL. 250-2154
www.veredatropicalhotel. com
Dieses farbenfrohe Hotel liegt auf der Klippe mit Blick auf

den Strand. Hübsche Zimmer um einen Innenhof. Alle Zimmer sind individuell gestaltet und gleichen einer Weltreise. Seeblick-Restaurant.

[i] 14 [S] [S] (einige Zimmer) [⚓] MC, V

LAGO GATÚN

🏨 MELIÁ PANAMA
🍴 CANAL
$$$$

LAGO GATÚN, 6.4 KM WEST-LICH VON COLÓN
TEL. 470-1100; FAX 470-1200
www.solmelia.com
Stilvoller Umbau eines ehemaligen Hauptquartiers des US-Militärs am Gatún-See. Zimmer im Stil der Jahrhundertwende, „Royal Service"-Suiten mit Butler. Konferenzzentrum, Restaurants, Sportangebote und eine Drahtseilbahn in den Baumwipfeln.

[i] 286 [P] [S] [⇄] [S] [≈]
[📺] [⚓] alle internationalen Kreditkarten

LAS CUMBRES

🏨 AVALON GRAND
PANAMA RESORT
$$$$

8 KM NÖRDLICH VON PANAMA STADT
TEL. 800/261-5014 ODER 268-4499; FAX: 268-8654
www.avalonvacations.com
Auf einem Berg im Regenwald beim Parque Nacional Camino de Cruces, in dem man wandern kann. Elegante Gästezimmer und Villen. Wasserpark für Kinder.

[i] 171 [P] [S] [S] [≈]
[⚓] AE, MC, V

MIRAFLORES

🍴 TOP DECK
$$$

BESUCHERZENTRUM DER MIRAFLORES-SCHLEUSEN, 8 KM WESTLICH VON BALBOA
TEL. 276-8325
Restaurant mit All-you-can-eat-Büffet (wenn auch teuer) mit Terrasse. Blick über die

---

🏨 Hotel 🍴 Restaurant [i] Anzahl der Zimmer [≈] Anzahl der Plätze [P] Parkplatz [S] Öffnungszeiten

Miraflores-Schleusen. Im Erdgeschoss eine Snackbar mit Sandwiches, Salaten, Kaffee, etc. Wer in das Restaurant im oberen Stockwerk gelangen möchte, muss im Besucherzentrum Eintritt bezahlen.

🛏 60 🅿 🚭 🏧 MC, V

PARQUE NACIONAL SOBERANÍA

ETWAS BESONDERES

🏨 CANOPY TOWER ECOLODGE & NATUROBSERVATORIUM

Eine asketische Umwandlung einer ehemaligen Radarstation, die Vogelkundler anspricht. Es wirkt wie ein Getreidesilo, wegen der Metallwände und der „industriellen" Stahlträger. Die teuren Zimmer im Erdgeschoss sind klein, einfach und mit Gemeinschaftsbad. Die im oberen Stockwerk sind geräumiger und romantisch eingerichtet. Zimmer mit Blick auf den Parkplatz meiden. Eine gemütliche Bibliothek ist zugleich auch die Speiseraum. Das Observatorium auf dem Dach bietet Blick auf den Wald. Mahlzeiten und Vogeltouren inbegriffen.

$$$$
PARQUE NACIONAL
SOBERANÍA
TEL. 264-5720; FAX 263-2784
www.canopytower.com
ℹ 12 🅿 🚭 🏧 DC, MC, V

PORTOBELO

🏨 COCO PLUM
🍴 $$$

5 KM WESTLICH VON
PORTOBELO
TEL. 448-2102
www.cocoplum-panama.com
Hotel am Strand mit Wassersport und Strandspielen. Bunte Einrichtung in großen Zimmern mit Bodenfliesen. Das Restaurante Las Anclas ist spezialisiert auf Seafood und *patacones* (Bananen-Chips) nach kolumbianischer Art.
ℹ 12 🅿 🚭 🏧 AE, MC, V

🍴 RESTAURANTE LOS CAÑONES
$$

0,8 KM WESTLICH VON
PORTOBELO
TEL. 448-2980
Restaurant über einer kleinen Bucht, auf Seafood spezialisiert. Spezialität des Hauses ist *pulpo en leche de coco*: Krake in Tomatensauce auf Kokosnussreis. Chitras greifen bei Sonnenuntergang an – Insektenschutzmittel einpacken.
🛏 34 🅿

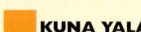

KUNA YALA

ACHUTUPU

🏨 DOLPHIN ISLAND
🍴 LODGE
$$$

ISLA UAGUITUPO,
366 M ÖSTLICH ACHUTUPU
TEL. 263-7780; FAX 263-2559
www.uaguinega.com
Strohgedeckte Hütten mit Satelliten-Internet auf Privatinsel. Die Junior Suiten mit Bambuswänden und Hartholzböden sind den einfacheren Hütten aus Beton und Holz vorzuziehen. Alle Badezimmer haben Toiletten mit Wasserspülung und kalte Duschen. Hängematten, Volleyballplatz, eine Bar und das Seafood-Restaurant Bohío mit Meeresblick (Mahlzeiten im Preis inbegriffen). Photovoltaisch erzeugter Strom. Nächtliche Lagerfeuer am Strand sind ein Highlight.
ℹ 14 🏧 MC, V

AILIGANDI

🏨 DAD IBE ISLAND
🍴 LODGE
$$$$

10-MINÜTIGE BOOTSFAHRT
VOM INLANDSFLUGHAFEN
AUS
TEL. 6487-6239
www.dadibelodge.com
Stroh-und-Bambus-Hütten auf einer winzigen Insel.

Schwimmen ist unbedenklich, da es WCs und Faulbehälter gibt. Einfaches Seafood-Restaurant. Mahlzeiten im Preis inbegriffen. Zweisprachige Führer.
ℹ 3 🏧 Keine Kreditkarten

ÁREA SILVESTRE PROTEGIDA NARGANÁ

ETWAS BESONDERES

🏨 BURBAYAR LODGE
🍴

Auf dem Gipfel der Serranía San Blas liegt diese rustikale, familiengeführte Ecolodge in unberührter Natur. Nach streng ökologischen Grundsätzen geführt. Die Lodge aus Holz und Stroh hat Bambus- und Hartholz-*cabañas* mit einfacher Möblierung, Gemeinschaftsbädern und Lampen mit Solarzellen. Einige Zimmer mit Stockbetten. Köstliche Mahlzeiten bei Kerzenlicht mit toller Aussicht über Garten und Wald (Mahlzeiten im Preis inbegriffen). Geführte Wanderungen. Die Tore werden nachts abgeschlossen; im Voraus reservieren.

$$$
NUSUGANDI, 14,5 KM
NÖRDLICH VON EL LLANO
(AN DER PANAMERICANA)
TEL. 390-6674 OR 6654-0952
www.burbayar.com
ℹ 6 🅿

BAHÍA EL ESCRIBANO

ETWAS BESONDERES

🏨 CORAL LODGE
🍴 RESORT

Ferienanlage im polynesischen Stil mit US-amerikanischen Eigentümern und Betreibern an der westlichen Grenze der *comarca* Kuna Yala mit strohgedeckten, „Wasservillen" auf Stelzen an einem Steg über dem

Wasser. Im Wohnbereich Glasböden zur Beobachtung des Lebens im Riff, während Riesenbetten mit Moskitonetz, Hängematten auf dem Sonnendeck, Rattanmöbel und Whirlpools mit Meeresblick zur Romantik beitragen. Lässige Eleganz. Bietet Tauchen und Kajakfahren. Zwei Restaurants.

$$$$$
COSTA ARRIBA, COLÓN,
SAN BLAS
TEL./FAX 317-6754
www.corallodge.com
🛈 6 🅢 🅒

ISKARDUP

🏨 SAPIBENEGA KUNA LODGE
$$$$$
4,8 KM WESTLICH VON
PLAYÓN CHICO
TEL. 215-1406; FAX 215-3724
www.sapibenega.com
Auf einem Inselchen gelegen, wird diese Lodge nach dem Motto „Natur ist unser Leben" geführt. Duplex-Hütten mit Bambuswänden auf Stelzen über dem Wasser haben in jedem Zimmer WCs und geflieste Duschen. Seafood wird in einem Open-Air-Restaurant am Wasser serviert, das nachts von geschnitzten Ahnenbildern, die als Leuchten dienen, illuminiert wird. Geführte naturkundliche Wanderungen und kulturelle Touren. Mahlzeiten im Preis enthalten. Photovoltaikanlagen und ein Generator sorgen rund um die Uhr für Strom.
🛈 13 🅢 MC, V

ISLA YANDUP

🏨 CABAÑAS YANDUP
$$$
1,2 KM NORDÖSTLICH VON
PLAYÓN CHICO
TEL. 261-7229 ODER 261-6347
www.yandupisland.com
Angenehme, einfache Bambushütten mit Patios am Meer und Gemeinschaftstoiletten. Waldwanderungen, Schnorcheln und Mahlzeiten (im

Open-Air-Speisebereich) im Preis inbegriffen. Insektenschutzmittel nicht vergessen.
🛈 14 🅢 Keine Kreditkarten

KUANIDUP

🏨 CABAÑAS KUANIDUP
🍴 $$$
KUANIDUP, 7,2 KM NÖRDLICH
VON RÍO SIDRA
TEL. 6635-6737; FAX 227-1396
www.kuanidup.8k.com
Einfache, strohgedeckte Hütten aus Bambusgeflecht an einem traumhaften Strand. Grob behauene Betten mit Schaumstoffmatratzen, sandigen Böden und Gemeinschaftstoiletten draußen. Im Preis sind alle Mahlzeiten sowie Schnorcheln und der Transfer von der Landepiste in Río Sidra enthalten.
🛈 7 🅢 Keine Kreditkarten

NARGANÁ

🏨 HOTEL NORIS
$
NARGANÁ
TEL. 299-9009 (ÖFFENTLICHES
TELEFON)
Einzige Option auf Narganá. Dieses Betongebäude bietet eine Klimaanlage – eine Rarität. Die Zimmer sind einfach. Einige Zimmer mit Gemeinschaftsbad und ohne Klimaanlage. Zimmer Nr. 1 ist am besten. Es werden Bootstransfers angeboten.
🛈 7 🅒 (einige Zimmer)
🅢 Keine Kreditkarten

🍴 RESTAURANTE NALI'S CAFÉ
$
NARGANÁ
TEL. 299-9009 (ÖFFENTLICHES
TELEFON)
Eines der wenigen Restaurants in dem Archipel. Das Seafood ist lecker und ungewöhnlich zuverlässig. Hummer, frische Krebse, Reis und Bohnen sind hier die Standards. Es wird auch traditionelles amerikanisches Frühstück serviert.
🍴 20 🅢 Keine Kreditkarten

HOTELS
Als Anhaltspunkt für den ungefähren Preis für ein Doppelzimmer ohne Frühstück dienen die $-Zeichen:
$$$$$ Über 200 $
$$$$ 100–200 $
$$$ 50–100 $
$$ 25–50 $
$ Unter 25 $

RESTAURANTS
Als Anhaltspunkt für den ungefähren Preis für ein Dreigänge-Menü ohne Getränke dienen die $-Zeichen:
$$$$$ Über 35 $
$$$$ 20–35 $
$$$ 10–20 $
$$ 5–10 $
$ Unter 5 $

EL PORVENIR

🏨 UKUPTUPU HOTEL
$$$
UKUPTUPU, 0,3 KM WESTLICH
VON EL PORVENIR
TEL./FAX 293-8709
E-MAIL ukuptupu@ukuptupu.com
Ehemalige Forschungseinrichtung des Smithsonian Institute auf einer winzigen Insel. Bietet herrliche Ausblicke. Geräumige, einfache Unterkünfte mit Blechdach, Bambuswänden, Schaumstoffmatratzen und Linoleumböden. Toiletten mit Wasserspülung in Gemeinschaftsbädern. Hängematten auf Balkonen. Mahlzeiten sind im Preis inbegriffen.
🛈 15 🅢 keine Kreditkarten

🏨 KUNA NISKUA LODGE
$$
ISLA WAILIDUP, 0,8 KM SÜDWESTLICH VON EL PORVENIR
TEL. 259-3471
www.kunaniskua.com
Einfache, saubere Stroh-und-Bambus-Lodge ohne Extras, in der Eckzimmer zu bevorzugen sind. Drei Zimmer haben ein Gemeinschaftsbad und Strom durch Sonnenenergie. Seafood wird in einem einfachen, strohgedeckten Restaurant serviert. Mahlzeiten und Schnorchelausflüge sind im Preis inbegriffen.
🛈 12

🏨 Hotel 🍴 Restaurant 🛈 Anzahl der Zimmer 🍴 Anzahl der Plätze 🅟 Parkplatz 🕐 Öffnungszeiten

■ DARIÉN

BAHÍA PIÑA

ETWAS BESONDERES

▥ TROPIC STAR LODGE

Im Jahre 1961 als Ferienhaus eines texanischen Ölmilliardärs errichtet. Sehr anspruchsvolle Klientel. Diese gehobene Lodge für Sportfischer im Eigentum von US-Amerikanern liegt sehr ruhig an dem von Bergen gesäumten Ostufer der Ananasbucht. Die Unterkünfte sind eine Mischung aus Hütte und Zimmer, einige davon mit riesengroßen Betten, allesamt eingerichtet im Kolonialstil der alten Welt. El Palacio, das auf einem Grat gelegene Haus mit drei Zimmern des ursprünglichen Eigentümers, kann ebenfalls gemietet werden und ist über eine Seilbahn oder eine Treppe mit 122 Stufen erreichbar. Beim Essen geht es familiär zu. Spitzenklassegerichte, vorwiegend Seafood, während gleichzeitig Angelvideos gezeigt werden. Gefischt wird an Bord einer Flotte von 9,5 m langen Bertrams. Während der Hauptsaison Mindestaufenthalt eine Woche.

$$$$$
BAHIA PIÑA
TEL. U.S. 800/682-3424 ODER
407/423-9931; FAX 407/839-3637
www.tropicstar.com
🛏 18 🅢 ⛵ 🅚 AE, MC, V

LA PALMA

▥ HOTEL BIAQUIRÚ
🍴 BAGARÁ
$$
LA PALMA
TEL. 299-6224
Das netteste aus der bunten Mischung von Hotels in La Palma. Dieses hier ist gut in Schuss, auch wenn nicht alle Zimmer gleich gut sind. Sechs Zimmer haben ein eigenes Bad; die übrigen nur ein Gemeinschaftsbad. Es gibt einen Fernsehraum und eine Tele-

fonzelle. Mahlzeiten werden auf Wunsch zubereitet.
🛏 13 🅿 🅢 (nur in 2 Zimmern) 🅚 keine Kreditkarten

PARQUE NACIONAL DARIÉN

▥ CANA FIELD STATION
$$$$
CANA, PARQUE NACIONAL DARIÉN
TEL. 269-9415; FAX 264-3715
www.anconexpeditions.com
Liegt auf 488 m Höhe im Herzen des Parque Nacional Darién. Einfache Lodge, von Ancon Expeditions bewirtschaftet, die das Alleinnutzungsrecht hat. Von Regenwald umgeben; tolle Lage für Vogelkundler. Gemeinschaftsbad. Speisesaal mit Blick auf den Wald. Wird in der Regel nur im Rahmen einer mehrtägigen Pauschalreise vermietet. Ein Zeltlager im Nebelwald auf 1280 m Höhe, 9,6 km Fußmarsch entfernt.
🛏 8 🅚 MC, V

PLAYA DE MUERTO

▥ MAMA GRAJALES'
$
29 KM SÜDWESTLICH VON GARACHINÉ
TEL. 299-6428 (NACH GISELA DE OLMEDO FRAGEN)
Kulturelles Erlebnis in einem Emberá-Dorf. Einfache Hütten aus Bambusschilf auf Stelzen, von Matriarchin Mama Grajales versorgt. Plattformen für Zelte. Wasser und Badezimmer draußen. Leckere Mahlzeiten im Preis inbegriffen.
🛏 2 🅚 keine Kreditkarten

PUNTA PATIÑO

▥ PUNTA PATIÑO LODGE
$$$$
RESERVA NATURAL PUNTA PATIÑO
TEL. 269-9415; FAX 264-3713
www.anconexpeditions.com
Lodge am oberen Ende eines Steilhangs im Naturschutzgebiet Punta Patiño, traumhafte

Aussicht. Einzelhütten in tropischen Pastelltönen mit Schlafzimmern auf der Empore und Badezimmer mit kalten Duschen; sechs mit Klimaanlage. Balkon um den Speisesaal mit Hängematten. Naturkundliche Wanderungen. Insektenschutzmittel nicht vergessen.
🛏 10 🅿 🅢 🅚 MC, V

RÍO SAMBÚ

▥ SAMBÚ HAUSE BED & BREAKFAST
$$$
SAMBÚ
TEL. 217-8224; FAX 260-4030
http://sambuhausedarienpanama.com
Holz-Lodge mit Grillterrasse und Moskitonetzen bietet ein Dschungelerlebnis mit Komfort in der indigenen Emberá-Dorfgemeinschaft. Zwei Zimmer teilen sich ein Bad; ein drittes ist klimatisiert mit eigenem Bad. Ein Baumhaus im Dschungel ist geplant. Die amerikanischen/afro-antillianischen Besitzer bieten vogelkundliche und kulturelle Touren. Mahlzeiten inbegriffen.
🛏 3 🅢 🅚 Keine Keditkarten

■ ZENTRALPANAMA

CAPIRA

🍴 PAPPASSITOS
$
INTERAMERICAN HWY.
KEIN TELEFON
FAX 348-6227
Restaurant am Interamerican Highway. Spezialisiert auf Tex-Mex, bietet aber auch Seafood-Gerichte.
🅿 🅢 🅚 MC, V

EL VALLE DE ANTÓN

▥ CANOPY LODGE
$$$$
CALLE CERRO MACHO
TEL. 264-5720; FAX 263-2784
www.canopylodge.com
Hübsches, zeitgenössisches Hotel am Fluss in einem pri-

HOTELS & RESTAURANTS

vaten Naturschutzgebiet neben dem geschützten Gebiet des Naturdenkmals Cerro Gaital. Tolle Vogelbeobachtungen. Geräumige Gästezimmer, japanisch inspiriert, Zugang zu Terrassen mit Blick auf den Wald. Dazu luftige Freiflächen mit Blick auf den Wald.
(i) 12 P S AE, MC, V

ETWAS BESONDERES

🏨 LA CASA DE LOURDES 🍴

An eine toskanische Villa erinnerndes Juwel, verborgen in einem stillen Winkel von El Valle, das beste Boutique-Hotel Panamas. Exquisite Gärten. Bodenfliesen und elegante Einrichtung, Himmelbetten in großen Zimmern und Villen. Dient zugleich als Wochenend-Residenz von Küchenchefin Lourdes Fábega de Ward, Eigentümerin des Restaurants Golosina in Panama-Stadt. Hier gibt es das beste Essen außerhalb der Hauptstadt, panamaische Nouvelle Cuisine auf einer Terrasse mit Pool. Auf der wechselnden Speisekarte stehen Geschwärzter Fisch in Tamarinden-Sauce und Guavina (ein fettarmer weißer Fisch) in Champagner-Sauce mit Kapern. Ein Spa bietet Behandlungen an.
$$$$
185 M WESTLICH DER ESCUELA DE PRIMER CICLO, IN EINER SEITENSTRASSE DER CALLE EL CICLO
TEL. 983-6450 (EL VALLE) ODER 264-3210 (PANAMA-STADT)
FAX 212-0114
www.losmandarinos.com
(i) 14 P S AE, MC, V

🏨 CRATER VALLEY RESORT & ADVENTURE SPA
$$$$
CALLE CATIRITA & RANITA DE ORO
TEL. 215-2328; FAX 215-2329
www.crater-valley.com
Gartenanlage um ein großes Gutshotel mit Spa. Geräumige, bescheidene Zimmer mit

Holzbalkendecken und Keramikböden in Erdtönen und jede Menge Licht. Der Spa bietet alle Behandlungen. Frühstück im europäischen Stil im Preis inbegriffen.
(i) 8 P S MC, V

ETWAS BESONDERES

🏨 PARK EDEN BED & BREAKFAST

Der Garten dieses Hotels aus Holz und Natursteinen im europäischen Stil ist sehenswert. Individuell gestaltete Zimmer unterschiedlicher Größe; alle haben Deckenventilatoren. Die panamaischen und ecuadorianischen Eigentümer sind stolz auf ihr vornehmes Home-Hotel, das auch ein Haus mit zwei Zimmern vermietet. Das Frühstück ist ein Genuss, und nachmittags wird englischer Tee serviert.
$$$$
CALLE ESPAVE #7
TEL. 983-6167; FAX 226-8858
www.parkeden.com
(i) 6 P S (einige Zimmer) AE, MC, V

🏨 HOTEL CAMPESTRE
$$$
CALLE EL HATO
TEL. 983-6146; FAX 983-6469
www.hotelcampestre.com
Diese geräumige rustikale Berghütte am Fuße der Berge hat jede Menge Flair, wenn auch die Möbel in die Jahre gekommen sind. Die Atmosphäre lohnt den Weg dennoch, die sich auch in dem Restaurant in Balkenbauweise fortsetzt.
(i) 14 P S MC, V

🏨 RINCÓN VALLERO 🍴 HOTEL
$$$
90 M SÜDLICH VON CALLE DE LOS MILIONARIOS
TEL. 983-6175; FAX 983-6791
www.rinconvallero.com
Hotel im Hacienda-Stil mit Sandsteinböden in einer netten Anlage mit künstlichem See und Wasserfall. Bietet geschmackvolle Zimmer und

Bungalows, die nach unterschiedlichen Mottos eingerichtet sind, einschließlich einer Flitterwochen-Suite mit einem in den Boden eingelassenem Naturstein-Whirlpool. Das reizende Restaurant El Pez de Oro mit Bar ist romantisch und einladend. Probieren Sie das gebratene Ceviche.
(i) 14 P S S MC, V

🏨 LOS CAPITANES ECO 🍴 RESORT
$$
CALLE EL CICLO
TEL. 983-6080; FAX 983-6505
www.los-capitanes.com
Ein bescheidenes Hotel mit Blechdach inmitten saftig-grüner Gärten. Bezaubernd altmodische Einrichtung; in einigen Zimmern liegt die Schlafstätte auf einer Empore. Gemütlicher Fernsehraum. Der Eigentümer, ein deutscher Kapitän im Ruhestand, ist ein reizender Gastgeber. Gutes Preis-Leistungs-Verhältnis. Das achteckige Restaurant legt den Schwerpunkt auf teutonische Kost.
(i) 10 P S S MC, V

ISLA TABORCILLO

🏨 TABORCILLO – THE 🍴 JOHN WAYNE ISLAND
$$$$
ISLA TABORCILLO
TEL. 214-7407 ODER 214-7408
FAX 214-7407
www.isla-taborcillo.com
Nicht authentische, aber liebenswerte Ferienanlage, die wie eine Cowboystadt im Hollywood-Stil aussieht. Vor allem für Familien geeignet. Bei den Naturerlebnissen sind Vogelbeobachtungen und Meeresschildkröten zu nennen. Die Unterkünfte reichen von John Waynes persönlichem Schlafzimmer bis hin zu bescheidenen Hütten, alle mit Terrakotta-Böden und leicht angerauter Einrichtung. Bietet alle zugehörigen Aktivitä-

ten, einschließlich – selbstver-ständlich – Wettschießen. Mahlzeiten und Touren im Preis inbegriffen.

ℹ 24 **🕙** **🌊** **🏋**
🔒 MC, V

MARIATO

🏨 RÍO NEGRO SPORT-FISHING LODGE

$$$$$

MARIATO, 64 KM SÜDLICH VON SANTIAGO

TEL 646-0529 ODER 912/786-5926

www.panamasportsman.com

Von US-Anglern geführte Lodge ohne Schnickschnack mit Terrasse zum Schlürfen von Cocktails und Erzählen fischiger Geschichten. Einfache Hütten. Die Zimmer sind Teil eines leicht kostspieligen All-inclusive-Pakets für Sportfischer.

ℹ 4 **P** **🔒** keine Kreditkarten

PARQUE NACIONAL ALTOS DE CAMPANA

🏨 HOSTAL HACIENDA DOÑA VICTORIA

$$

CAMPANA, 3.2 KM WESTLICH VON CAPIRA

TEL. 236-4152 OR 248-5075

Vor dieser in einem wunderschönen Garten gelegenen, anheimelnden alten spanischen Hacienda liegt ein gepflasterter Hof mit Brunnen, schmiedeeisernen Fenstergittern und Hängematten auf Terrakotta-Patios. Es gibt einen schönen Swimmingpool mit Wasserfall. Ausritte und Kutschfahrten können gebucht werden. Mahlzeiten sind im Preis inbegriffen.

ℹ 7 **P** **🌊** **🔒** MC, V

🏨 RICHARD'S PLACE

$$

PARQUE NACIONAL ALTOS DE CAMPANA, ENTRADA DE CHICA

TEL. 601-2882

Im Nationalpark gelegen. Dieses Privathaus eines vor Langem ausgewanderten US-Amerikaners nimmt Gäste auf. Extrem exzentrisch. Das alte Haus ist voller staubiger Dinge aus vergangenen Zeiten. Jedes Zimmer ist einzigartig und hat ein Bad mit warmem Wasser. Camping ist gestattet (Zelte sind erhältlich).

ℹ 5 **P** **🔒** keine Kreditkarten

PARQUE NACIONAL COIBA

🏨 PESCA PANAMA

$$$$$

ISLA COIBA

TEL. 6614-5850, 6524-3851 ODER 800/946-3474

FAX 623/362-2732 (U.S.)

www.pescapanama.com

Eine schwimmende Lodge, die vor allem für Sportfischer gedacht ist. Gemütliche holzvertäfelte Bar/Lounge mit Bambusmöbeln, Tische im Freien. 12 Betten, u. a. Stockbetten. Tauchgänge und Kajakfahren werden angeboten. Fischen auf 8 m langen Booten mit Mittelkonsole. Nur wochenweise Pauschalangebote.

ℹ 3 **🕙** **🕙** **🔒** MC, V

PENONOMÉ

ETWAS BESONDERES

🏨 TRINIDAD SPA & 🍴 LODGE

V erfügt über eine unschlagbare Lage auf einem Berggrat mit spektakulärem Ausblick. Dieses Spa-Hotel im Hacienda-Stil zählt zu den besten Landhotels von Panama. Geräumige Hütten mit vier Einheiten empfangen die Gäste mit Terrakotta-Böden, Möbeln im spanischen Kolonialstil, bequemen, großen Betten und großflächigen Fenstern zum Genießen der Aussicht. Jede Einheit hat eine kleine Veranda mit Hängematte. Deckenventilatoren sind ein aufmerksames Detail. Rohlederstühle und flammenfarbene Wandleuchten sind reizende Details im Speisesaal, der einen Rundumblick und kultivierte Kost mit lokalen Zutaten bietet. Ein Full-Service-Spa bietet Behandlungen mit Aussicht. Bei geführten Waldwanderungen und weiteren Aktivitäten kommen Naturliebhaber auf ihre Kosten.

$$$

CHIGUIRÍ ARRIBA, 27 KM NORDÖSTLICH VON PENONOMÉ

TEL./FAX 983-8900

www.posadaecologica.com

ℹ 19 **P** **🕙**
🔒 MC, V

🏨 ALBERGUE 🍴 ECOLÓGICO LA IGUANA

$$

CHURUQUITA GRANDE, 14 KM NORDÖSTLICH VON PENONOMÉ

TEL 983-8056 ODER 6623-7480

FAX 983 8056

www.laiguanaresort.com

Diese am Ende einer langen Schneise gelegene strohgedeckte Nature Lodge im Vorgebirge ist perfekt für Vogelkundler, allerdings etwas heruntergekommen. Einfach ausgestattete Zimmer mit präkolumbischen Leitmotiven; zum Teil liegen die Schlafstätten auf einer Empore. Nur kalte Duschen. Das Essen wird im Haus und auf einem schönen Patio serviert. Wanderwege führen zu einem Wasserfall und in einen Wald voller Flora und Fauna.

ℹ 8 **P** **🕙** **🌊** **🔒** keine Kreditkarten

🏨 HOTEL & SUITES 🍴 GUACAMAYA

$$

90 M ÖSTLICH VON AVE. JUAN DEMOSTENES AROSEMENA

TEL. 991-0117; FAX 991-1010

E-MAIL hotelguacamayahow@hotmail.com

Ein komfortables Hotel. Die Standardzimmer bieten ein besseres Preis-Leistungs-Verhältnis als die „Suiten", die einfach nur mehr Platz bieten. Wählen Sie ein Zimmer mit Bergblick an der Rückseite des Hauses. Das chinesische Restaurant ist zu empfehlen.

ℹ 40 **P** **🔒** MC, V

🚭 Nichtraucher **🛗** Aufzug **❄** Klimaanlage **🏊** Hallenbad **🏊** Swimmingpool **🏋** Fitnessclub **🔒** Kreditkarten

PLAYA BLANCA

🏨 PLAYA BLANCA HOTEL & RESORT
$$$$
9,6 KM SÜDWESTLICH VON
RÍO HATO
TEL. 264-6444; FAX 300-7797
www.playablancaresort.com
Ein All-inclusive-Strandhotel,
das auf die panamaische Mit-
telklasse und Pauschalreisende
aus dem Ausland eingestellt
ist. Die Gästezimmer liegen in
einer Reihe dreistöckiger Einheiten, die willkürlich um zwei
große, geschwungene Pools
angeordnet sind. Lebhafte
zeitgenössische Einrichtung.
Abendessen, Unterhaltung
und Aktivitäten wie Wassersport sind komplett im Preis
inbegriffen. Am Wochenende
und in den Ferienzeiten ist es
laut.
🛏219 🅿 🍽 🔌 🎰 🏊
📺 🐾MC, V

🍴 PIPA'S BEACH BAR
$$
FARALLÓN, 1,6 KM WESTLICH
VON DECAMERON
KEIN TELEFON
Baufällige und bunte Strand-
bar mit Restaurant, das köstli-
ches Seafood serviert. Hier
hören Sie Reggae-Stücke,
spielen Beach-Volleyball und
essen mit dem Sand zwischen
den Zehen. Meistens geöffnet,
bis der letzte Gast den Heim-
weg antritt.
🪑20 🅿 🐾keine Kredit-
karten

PLAYA CORONADO

🏨 CORONADO GOLF &
🍴 BEACH RESORT
$$$$
PLAYA CORONADO
TEL. 264-3164 (PANAMA-STADT),
240-4444 (CORONADO)
FAX 223-8513 (PANAMA-STADT),
240-4899 (CORONADO)
www.coronadoresort.com
In dieser an einem 18-Loch-
Championship-Golfplatz gele-
genen, gehobenen Hotelanla-
ge in Niedrigbauweise kann
es am Wochenende laut wer-

den, wenn die Ausflügler aus
Panama-Stadt einfallen. Zu ih-
ren zahlreichen Einrichtungen
gehören acht Restaurants, ein
Spa sowie Tennisplätze, Reit-
stall, Wassersport und Konfe-
renzräume.
🛏78 🅿 🍽 🔌 🎰 🏊
📺 🐾Alle internationalen
Kreditkarten

PLAYA GORGONA

🏨 CABAÑAS DE PLAYA
GORGONA
$$$
PLAYA GORGONA
TEL. 269-243 ODER 240-6160
http://propanama.com/gorgona
Ein beliebtes Strandhotel mit
wenig Flair, aber mit Strohschirmen und hektarweise Beton um den Pool (plus Kin-
derschwimmbecken). Die
funktional eingerichteten Hütten haben kleine Küchenzeilen, dazu Hängematten auf
den Balkonen. Beach-Volleyball und weitere Aktivitäten
heben den Lärmpegel am
Wochenende.
🛏40 🅿 🎰 🏊 🐾MC, V

PLAYA KOBBE

🏨 INTERCONTINENTAL
PLAYA BONITA
RESORT & SPA
$$$$
6,4 KM WESTLICH VON
PANAMA-STADT
TEL. 211-8500 ODER 206-8880
FAX 316-1463
www.playabonitapanama.com
Ein weitläufiges Hotel mit me-
diterranem Flair inmitten von
8 ha saftig-grünem Regenwald
entlang einem 1,6 km langem
braunen Sandstrand. Die Gästezimmer stilvoll und luxuriös
mit ihren teuren Hartholzmöbeln, himmlisch bequemen
Betten und drahtlosem Internet-Zugang. Vier Swimming-
pools, drei Restaurants und
ein riesiger Spa. Gespeist wird
direkt am Meer, im Freien unter einem Strohdach.
🛏300 🅿 🍽 🔌 🎰 🏊
📺 🐾Alle internationalen
Kreditkarten

HOTELS
Als Anhaltspunkt für den ungefähren Preis für ein Doppelzimmer ohne Frühstück
dienen die $-Zeichen:
$$$$$ Über 200 $
$$$$ 100–200 $
$$$ 50–100 $
$$ 25–50 $
$ Unter 25 $

RESTAURANTS
Als Anhaltspunkt für den ungefähren Preis für ein Dreigänge-Menü ohne Getränke
dienen die $-Zeichen:
$$$$$ Über 35 $
$$$$ 20–35 $
$$$ 10–20 $
$$ 5–10 $
$ Unter 5 $

PLAYA EL PALMAR

🏨 BAY VIEW RESORT
$$$
93 KM WESTLICH VON
PANAMA-STADT, PLAYA EL
PALMAR, SAN CARLOS
TEL. 240-9621; FAX 240-9875
www.bayviewelpalmar.com
Strandhotel für Familien. Be-
scheidene Zimmer in zwei-
stöckigen Einheiten. Seafood-
Restaurant, in dem ein Lüft-
chen geht, und Bar mit toller
Aussicht. Verleih von Surfbret-
tern und Boogie-Boards.
🛏14 🅿 🎰 🏊
🐾MC, V

🏨 PALMAR POINT SURF
HOTEL
$$
14 KM WESTLICH VON
CHAME, PLAYA EL PALMAR,
SAN CARLOS
TEL. 240-8004 ODER 236-1940
Einfache, zweistöckige Lodge
direkt am Strand, die vor allem bei Surfern beliebt ist. Minimalistische Möblierung in
den Standardzimmern; die
Suite mit kleiner Küche ist zu
empfehlen. Breite Veranda mit
Plastikstühlen. Eine rustikale
Bar, die aber kein Essen serviert. Camping gestattet.
🛏10 🅿 🎰 🏊
🐾MC, V

PLAYA SANTA CATALINA

🏨 PUNTA BRAVA LODGE
$$$

PUNTA BRAVA, 3,2 KM ÖSTLICH VON PLAYA SANTA CATALINA

TEL. 6614-3868 ODER 202-5505

www.puntabrava.com

Surf-Lodge mit tollem Blick vom Hügel. Große Zimmer mit Fernsehern. Restaurant mit TV-Großbildschirm. Surf-Angebote plus Angelausflüge, Tauchen und Touren.

🚭 ‖ 🅿 🌀 🅂 V

PIZZERÍA JAMMIN'
$

ZWISCHEN PLAYA SANTA CATALINA & PUNTA BRAVA

KEIN TELEFON

Ein Lieblingslokal der Surfer, die wegen der Pizza mit dünnem Teigrand unter das Strohdach strömen. Es gibt Hängematten und Biertische.

🍴 24 🅿 🕐 Mo. geschl.
🅂 keine Kreditkarten

PLAYA SANTA CLARA

🏨 HOTEL LAS VERANERAS
$$$

PLAYA SANTA CLARA, 2.4 KM SÜDÖSTLICH DES INTERAMERICAN HIGHWAY.

TEL. 993-3313; FAX 993-2528

E-MAIL lasveraneras@cwpanama.net

Zimmer mit Stockbetten bis hin zu Bungalows und zweistöckigen Häuschen, alle mit TV und Balkon. Ein Haus für zehn Personen. Das Restaurant mit Bar am Strand ist am Wochenende eine Disco.

🚭 16 🅿 🅂 🏊
🅂 MC, V

🏨 LAS SIRENAS
$$$

PLAYA SANTA CLARA, 2.4 KM SÜDÖSTLICH DES INTERAMERICAN HIGHWAY.

TEL. 993-3235 ODER 264-1964

www.panamainfo.com/lassirenas

Die Grillen zirpen Sie in den Schlaf in diesem bezaubern-

den Hotel direkt am Strand. Der Gast hat die Wahl zwischen einfach ausgestatteten Villen oben auf den Klippen oder kleineren Wohneinheiten direkt am Strand, alle mit Veranda mit Hängematten. In den größeren Einheiten gibt es WLAN, Küchen und einen Essplatz im Freien.

🚭 ‖ 🅿 🅂 🅂 MC, V

PUNTA CHAME

RINCÓN CATRACHO
$$

CALLE 2DA SUR, GORGONA, PUNTA CHAME

TEL 240-5807

Straßencafé mit einer bunt gemischten Speisekarte, die von Mittelamerika bis nach Deutschland reicht, darunter auch Seafood.

🍴 20 🅿 🅂 keine Kreditkarten

SANTA FÉ

🏨 HOTEL SANTA FÉ
$

CARRETERA SANTIAGO–SANTA FÉ, 550 M SÜDLICH VON SANTA FÉ

TEL. 954-0941

E-MAIL santafeexplorer@hotmail.com

Besonders beliebt bei Vogelkundlern. Dieses Hotel am Ende des Dorfes bietet einen schönen Blick ins Tal. Einfache, aber gemütliche Zimmer, einige davon mit Klimaanlage, mit kalten Duschen. Geführte Wander- und Vogelbeobachtungstouren, außerdem Pferdeverleih.

🚭 21 🅿 🅂 🅂 keine Kreditkarten

SANTIAGO

🏨 HOTEL LA HACIENDA
$$

INTERAMERICAN HIGHWAY., 2.4 KM WESTLICH VOM STADTZENTRUM

TEL. 958-8580; FAX 958-8579

www.hotel-lahacienda.com

Farbenfrohes Hotel in sonniger Lage im mexikanischen

Stil am Interamerican Highway. Ein beliebter Zwischenstopp für Geschäftsreisende und das schönste Hotel der Stadt. Sonnen- und Mondgesichter aus Keramik lächeln an jeder Ecke. Die Zimmer sind im Hacienda-Stil möbliert mit festen Matratzen. Mexikanische Kost im bunten Lokal mit unbequemen Stühlen.

🚭 42 🅿 🅂 🅂 🏊
🅂 MC, V

RESTAURANTE MAR DEL SUR
$$$

INTERAMERICAN HIGHWAY, GEGENÜBER VOM CENTRO PYRAMIDAL

TEL. 998-6455

Peruanisches Seafood: köstliche Shrimp-Chowder und Ceviche mit Habanero-Chili (Achtung: die allerschärfste Chilisorte!), roten Zwiebeln und Koriander. Die Hummerschwänze sind ebenfalls gut.

🍴 40 🅿 🅂 🅂
🅂 MC, V

RESTAURANTE LOS TUCANES
$$$

CENTRO COMERCIAL VERAGUENSE, INTERAMERICAN HIGHWAY, TEL. 958-6490

Beliebter Boxenstopp für Reisebusse. Das Restaurant am Straßenrand ist eine Adresse für Sandwiches, Salate und panamaische Standards, von gebratenem Hühnchen bis hin zu scharfer Shrimp-Criolla (in Tomatensauce).

🍴 60 🅿 🅂 🅂 MC, V

SORÁ

🏨 TANGLEWOOD WELLNESS CENTER
$$$$

14.5 KM NORDWESTLICH VON BEJUCO

TEL. 6671-9965 ODER 301/637-4657 (U.S.)

www.tanglewoodwellnesscenter.com

Das Kurzentrum für Wellness und Fastenkuren erfreut sich einer herrlichen Lage in den

Bergen auf einer Höhe von 460 m. Gästelounge mit Korbmöbeln und Bibliothek. Gemütliche Häuschen sind erst jüngst entstanden. Es wird Biokost serviert. Bestens geeignet für Reisende, die ein Wellness-Paket suchen. Der Mindestaufenthalt ist eine Woche.

⚐ 10 P Ⓢ ▥ Ⓢ Alle internationalen Kreditkarten

AZUERO PENINSULA

CHITRÉ

▥ HOTEL LOS GUAYACANES
$$$
VÍA CIRCUNVALACIÓN
TEL. 996-9758; FAX 996-9759
www.losguayacanes.com
Ein gutes, aber seelenloses Hotel im germanisierenden Stil um einen künstlichen See mit Wasserfall. Geschnitzte Hartholzmöbel in den Gästezimmern. Zu den Einrichtungen gehören Tennisplätze, Disco und Konferenzräume. Das Open-Air-Restaurant Las Brisas – geziert von glänzendem Hartholz – führt eine bunt gemischte Speisekarte. Wir schwören auf die gegrillte Hühnerbrust in Zitronen-Champignon-Sauce.

⚐ 88 P Ⓢ Ⓢ ▤ Ⓢ AE, MC, V

▥ HOTEL VERSALLES
$$
PASEO ENRIQUE GEENZIER, CHITRÉ
TEL. 996-4422; FAX 996-2090
www.hotelversalles.com
Dieses kleine, moderne Hotels ohne Schnickschnack an der Hauptstraße am Stadtrand bietet einfachen Komfort. Die geräumigen Familienzimmer lohnen sich mehr als die kleinen Standardzimmer. Hochgeschwindigkeits-Internet ist ein weiterer Pluspunkt, aber der Swimmingpool ist winzig.

⚐ 60 P Ⓢ Ⓢ ▤ Ⓢ MC, V

RESTAURANTE EL MESÓN
$$
HOTEL REX, CALLE MELITÓN MARTÍN
TEL. 996-4310
In diesem Restaurant mit Patio mit Blick auf den Hauptplatz stimmt das Preis-Leistungs-Verhältnis. Von Sandwiches bis hin zu Lasagne, Seafood und mexikanischer Küche. Sonntags gibt es Paella. Der Schweinebraten (lomo al horno) ist jederzeit erhältlich und empfehlenswert.

▤ 66 Ⓢ Ⓢ AE, MC, V

LA VILLA DE LOS SANTOS

▥ HOTEL LA VILLA
$$
BARRIADA DON MARCEL
TEL./FAX 966-8201
Dieses verborgene, weitläufige Hotel ist mit tinajas (Tonkrüge) und anderen volkstümlichen Gegenständen dekoriert. Die Zimmer sind unterschiedlich groß und einladend; die neueren Zimmer sind zu bevorzugen. Das Restaurant ist düster, aber ansprechend.

▤ 38 P Ⓢ Ⓢ ▤ Ⓢ MC, V

KIOSCO EL CIRUELO
$
4,8 KM) SÜDÖSTLICH VON LA VILLA DE LOS SANTOS
KEIN TELEFON
Bezaubernde Hütte im Stil der alten Welt, wo man unter einem korrodierten Blechdach isst. Die Hühner laufen dem Gast zwischen den Beinen herum. Die köstlichen tamales werden in einem traditionellen Holzofen zubereitet.

▤ 20 Ⓢ keine Kreditkarten

PEDASÍ

▥ DIM'S HOSTAL
$
AVE. CENTRAL, PEDASÍ
TEL./FAX 995-2303
E-MAIL mirely@iname.com
Eine einfache Frühstückspension in einem älteren, zweistöckigen Holzhaus. Sparsam eingerichtete Zimmer; nur kalte

Duschen. Das Frühstück wird im Schatten eines Mangobaumes serviert. Freundliche Wirtin, die auch Englisch spricht.

⚐ 5 P Ⓢ Ⓢ keine Kreditkarten

PLAYA DESTILADEROS

▥ POSADA LOS DESTILADEROS
$$$$
11.3 KM SÜDWESTLICH VON PEDASÍ
TEL. 675-9715 or 995-2771
www.panamabambu.net
Öko-Lodge unter französischer Leitung, ganz aus Hartholz und Stroh gebaut. Zimmer mit Kreuzbelüftung im Amazonas-Stil lassen den Gast mit der Natur eins werden. Exquisite Details umfassen u.a. handgeschnitzte Holzwaschbecken. Meeresblick von Holzterrassen mit Adirondack Chairs (bequeme Holzsessel). Gourmetküche vom französischen Küchenchef.

⚐ 9 P ▤ Ⓢ MC, V

PLAYA VENADO

ETWAS BESONDERES

▥ VILLA MARINA
Gelegen auf 90 ha Grund, ist dieses großartige historische Strandhotel im Stil einer spanischen Hacienda um einen Terrakotta-Hof mit Brunnen angeordnet. Rote Ziegeldächer und traditionell blau-weiß gestrichene Wände und Pfeiler tragen zum anmutigen Flair vergangener Zeiten bei, ebenso die Antiquitäten in den Gästezimmern mit ihren geschmackvollen Textilien und Glastüren zum Balkon mit Meeresblick und Hängematten unter dem schattigen Dachgesims. Manche Zimmer mit Gemeinschaftsbad. Das Haupthaus hat ansprechende Aufenthaltsbereiche. Saftig-grüner Rasen erstreckt sich die 2 km bis zum Strand hinab. Hochwertige Mahlzeiten werden in dem stimmungsvollen Speisesaal serviert. Eine Besonderheit sind die Ausritte; ein 7 m langer Boston

Whaler steht den Sportfischern zur Verfügung.

$$$$

PLAYA VENADO
TEL. 211-2277 ODER 6673-9445
www.playavenado.com
[i] 10 [P] [S] [K] AE, MC, V

LA PLAYITA RESORT

$$$

PLAYA ACHOTINES, 1.6 KM WESTLICH VON PLAYA VENADO
TEL 6639-2968 ODER 996-6727
Dieses an seiner eigenen kleinen Bucht gelegene, asketische Ferienhotel in einer schönen Anlage ist noch nicht ganz fertig, dafür gibt es aber jede Menge bunte Fliesen. Die geräumigen, aber einfachen Hütten aus Stein und Holz mit wenig Ausstattung sind gerade so ausreichend. Dennoch hat dieses Hotel jede Menge eigenartigen Charme. Camping ist möglich. Jede Menge Tiere, u. a. Strauße, ein Nandu und weitere Exoten.
[i] 4 [P] [S] MC, V

LAS TABLAS

HOTEL LA MEJORANA

$

VÍA NACIONAL
TEL. 994-5794; FAX 994-5796
Wallende Bougainvillea macht einen entzückenden ersten Eindruck. Dekoriert mit Teufelsmasken und folkloristischen Fotos. Es gibt verschiedene kleinere und größere Zimmer; beide Typen sind rein funktionell. Der Höhepunkt ist das Restaurant mit leckeren, sättigenden und günstigen Seafood-Gerichten.
[i] 2 [P] [S] MC, V

RESTAURANTE LOS PORTALES

$

AVE. BELISARIO PORTRAS & CALLE LOS SANTOS
KEIN TELEFON
In einem farbenfrohen Kolonialhaus mit Tischen im Hof. Fleischgerichte, Spaghetti und Seafood von Kalamares bis

hin zu Knoblauch-Barsch *(corvina con ajo)*. Auch zu empfehlen für sein panamaisches Frühstück mit Steak und Maispasteten.
[i] 40 [K] So. abends geschl.
[S] MC, V

CHIRIQUÍ & THE CORDILLERA

BOCA CHICA

GONE FISHING PANAMA RESORT

$$$

3.2 KM SÜDLICH VON BOCA CHICA
TEL. 6573-0151
www.gonefishingpanama.com
Diese moderne *posada* (Herberge) im neo-klassizistischen Stil im Besitz von Seeleuten aus Florida liegt am Hang und bietet einen herrlichen Blick über das Meer von der Bar oder vom Pool auf der Hotelterrasse aus. Hartholzmöbel und tropische Stoffe und Wandmalereien, dazu Deckenventilatoren. Weitere Zimmer werden angebaut. Bootsführer können an den Bootsanleger des Hotels festmachen. Walbeobachtungstouren und Sportfischen werden hier angeboten.
[i] 3 [P] [S] [K] 🐟
[S] MC, V

BOQUETE

CIELO PARAÍSO

$$$$$

CIELO PARAÍSO, 9.6 KM SÜD-ÖSTLICH VON BOQUETE
TEL. 720-2431 ODER 720-2661
FAX 720-2432
www.cieloparaiso.com
Eröffnung des Hotels Ende 2010
Ein Boutique-Hotel in einem Naturschutzgebiet mit einem 18-Loch-Championship-Golfplatz, dessen Eröffnung für Ende 2010 geplant ist. Deluxe-Zimmer, Suiten und Villen bieten alle extra große Badezimmer und Terrassen mit Blick auf die Golfanlage. Highlights sind ein Pool mit

mehreren Becken und tolle Ausblicke auf die Berge.
[i] 72 [P] [S] [K] 🐟 [Y]
[S] Alle internationalen Kreditkarten

ETWAS BESONDERES

COFFEE ESTATE INN

In dem herausragendsten, familiengeführten Gasthaus von Chiriquí fühlt man sich wie zuhause. Umgeben von Wäldern auf einer Höhe von 1280 m gelegen, beweist dieses Kaffee- und Zitrusgut, dass ein Juwel erst durch sein Umfeld glänzen kann. Das Inn bietet Ausblicke auf einen Vulkan von den gemütlichen Bungalows aus, jeweils mit separatem Schlafzimmer, Bad, Küche, Fernsehbereich und Terrasse. Die bequemen Betten sind mit Daunendecken und -kissen versehen. Liebevoll von einem gelehrten kanadischen Ehepaar geführt, das sich um das Wohl und den Komfort der Gäste kümmert. Gourmet-Abendessen bei Kerzenschein werden auf dem eigenen Balkon serviert, und die Inhaber machen Lunchpakete. Kostenloser Internetzugang ist ein Bonus, und die charmanten und gewissenhaften Inhaber sind eine Quelle nützlicher Reiseinformationen. Die Wanderwege sind zur Vogelbeobachtung geeignet.

$$$$

JARAMILLO ARRIBA, 1,6 KM NORDÖSTLICH VON BOQUETE
TEL./FAX 720-2211
www.coffeeestateinn.com
[i] 3 [P] [S] MC, V

LOS ESTABLOS

$$$$

JARAMILLO ARRIBA, 2,4 KM NORDÖSTLICH VON BOQUETE
TEL. 720-2685
www.losestablos.net
Ein individuelles Gasthaus mit fantastischer Aussicht. Dieses Luxushotel in einem umgebauten Pferdestall ist von Rasen und Kaffeefeldern umgeben. Hübsche Einrichtung, u. a. Antiquitäten; die Gästeunter-

künfte haben Patios und Marmorbäder. Internetzugang. Frühstück im Preis inbegriffen.

(i) 7 **P** **S** **MC, V**

ETWAS BESONDERES

🏨 PANAMONTE INN & SPA

Familiengeführtes Hotel aus dem Jahre 1914. Eingerichtet mit Stücken aus der damaligen Zeit, verströmt es Wärme und Individualität, die noch verstärkt wird durch die Gegenwart der freundlichen Wirtin Inga Collins. Holzfeuer brennt in der Cocktail-Lounge, die zu der Gartenanlage hin offen ist. Die individuell gestalteten Nichtraucher-Zimmer sind einladend und erinnern an einen klassischen englischen Landgasthof. Alle Zimmer mit Deckenventilatoren, Internetzugang und Telefon. Das Restaurant bietet traditionelle Standards, aber in Spitzenqualität, darunter frische Forelle und saftige Gerichte vom Black-Angus-Rind, serviert mit regionalen Gemüse und von Küchenchef Charlie Collins zu einem Genuss verzaubert. Wer kann seinem gegrillten Schweinekotelett mit Zwiebelragout und Kartoffeln an einer Weinsauce mit reduzierter Kalbsbrühe schon widerstehen? Bei den Desserts ist der Lemon Pie das Markenzeichen des Hauses. Ein Spa bietet alle Arten von Behandlungen.

$$$$

BOQUETE

TEL. 720-1324 ODER 720-1327

FAX 720-2055

www.panamonteinnandspa.com

(i) 19 **P** **S** **S** **AE, MC, V**

🏨 BOQUETE GARDEN INN

$$$

PALO ALTO, 2,8 KM NÖRDLICH VON BOQUETE

TEL 720-2376

www.boquetegardeninn.com

Am Ufer des Río Palo Alto, inmitten einer Gartenanlage gelegen, ist dieses charmante Hotel durch und durch der Natur verbunden. Die Gäste-

zimmer sind bescheiden, aber exquisit eingerichtet, mit Erdtönen, gestärkter Bettwäsche und warmen Bettdecken. Die kanadisch-amerikanischen Inhaber führen ihr Gasthaus mit großer Liebe zum Detail.

(i) 10 **P** **S** **MC, V**

🏨 FINCA LÉRIDA BED & BREAKFAST

$$$

ALTO QUIEL, 9,6 KM) NORDWESTLICH VON BOQUETE

TEL/FAX 720-2285

www.fincalerida.com

Im Herzen einer Kaffeeplantage. Das romantische Gasthaus gefällt Naturliebhabern und bietet Atmosphäre und guten Geschmack. Wählen Sie eines der Zimmer im ehemaligen Wohnhaus der Familie (oder in den angrenzenden Häuschen) aus dem Jahre 1922, die mit Zedernholz vertäfelt sind. Die Lounge-Bibliothek hat einen steinernen Kamin. Die Möbel sind die Originalmöbel aus der damaligen Zeit. Die Bäder entsprechen dem Schweizer Hygienestandard. Einige Zimmer haben eine eigene Veranda mit Adirondack Chairs (bequemen Holzsesseln). Die neueren Zimmer in einem modernen Wohnblock haben Blick auf den Rasen und die Kaffeefelder. Ein Zimmer ist behindertengerecht. Es führen Wanderwege in den Wald, und es werden Touren zur Besichtigung des Guts angeboten.

(i) 16 **P** **S** **MC, V**

🏨 HOSTAL PETIT MOZART

$$

BAJO VOLCANCITO, 2,4 KM WESTLICH VON BOQUETE

TEL/FAX 720-3764

www.centrodereservas.net

Entzückende, wenn auch einfach eingerichtete alpine Frühstückspension in sanften Erdtönen (ein Kontrast zu den grellen Primärfarben draußen). Zwei Zimmer mit Ausblick. Die perfekte Wahl für Budget-Reisende. Die im Haus le-

HOTELS		
Als Anhaltspunkt für den ungefähren Preis für ein Doppelzimmer ohne Frühstück dienen die $-Zeichen:		
$$$$$	Über 200 $	
$$$$	100–200 $	
$$$	50–100 $	
$$	25–50 $	
$	Unter 25 $	
RESTAURANTS		
Als Anhaltspunkt für den ungefähren Preis für ein Dreigänge-Menü ohne Getränke dienen die $-Zeichen:		
$$$$$	Über 35 $	
$$$$	20–35 $	
$$$	10–20 $	
$$	5–10 $	
$	Unter 5 $	

benden deutsch-peruanischen Inhaber sind Künstler. Es werden Wanderungen in den Nebelwald angeboten.

(i) 4 **P** **MC, V**

DELICIAS DEL PERÚ

$$$

AVE. LOS FUNDADORES & CALLE 2DA

TEL. 720-1966

Fantastisches Seafood-Restaurant mit gemütlicher Atmosphäre und Ceviche der Superlative sowie anderen regionalen Gerichten. Tische im Patio mit Ausblick.

🍽 80 **S** **AE, MC, V**

MACHU PICCHU

$$$

AVE. BELISARIO PORRAS

TEL. 720-1502

Der aufmerksame peruanische Küchenchef Jaime Breña Aristoteles zaubert hervorragende peruanische Seafood- und Fleischgerichte. Üppig dekoriert in Königsblau und Weiß mit hellen Holzmöbeln.

🍽 65 **S** **AE, MC, V**

BISTRO BOQUETE

$$

AVE. CENTRAL & CALLE 1RA SUR

TEL. 720-1017

Ein entzückendes Bistro in der Hauptstraße mit kunterbunter Speisekarte: Salate, Sandwiches, Quesadillas, Forelle, Filet Mignon, sogar Chicken Curry. Unübertrefflicher Käsekuchen!

🔲 40 Ⓢ 🅖 MC, V

PALO ALTO RESTAURANTE
$$

AVE. 11 DE ABRIL, PALO ALTO
TEL. 720-1076

Die Spezialität dieses charmanten Restaurants am Fluss ist die frisch gefangene Forelle. Offener Patio in einem entzückenden Garten voller Bäume. Auch Koteletts und Steaks, dazu asiatische Gerichte. Reservierung ratsam.

🔲 65 🅿 🅚 Mo. geschl.
Ⓢ 🅖 MC, V

CAFÉ KOTOWA
$

CEFATI, ALTO BOQUETE
TEL 720-1430

Gleich neben dem Informationsbüro des IPAT. Dieses Café bietet einen sagenhaften Blick über Boquete – perfekt zum Genießen von Cappuccino und einem Schokoladen-*Brownie* oder einem anderen Desserttraum.

ⓘ 20 Ⓢ 🅖 MC, V

CERRO PUNTA

🏨 EL MANANTIAL SPA & RESORT
$$$$

BAMBITO, 4,8 KM SÜDLICH VON CERRO PUNTA
TEL. 771-5126 ; FAX 771-5127
www.manantialspa.com

Reizende Holzhütten zwischen einer manikürten Gartenanlage auf der einen Seite und dem üppigen Wald auf der anderen. Massage und andere Behandlungen in einem Spa mit Wannen mit Steinfliesen und heißen Bädern. Das Restaurant La Carreta hat Glaswände und freien Blick in den Wald sowie einen Patio zum Dinieren im Freien an sonnigen Tagen. Floßfahrten auf dem Fluss und andere Aktivitäten.

ⓘ 20 🅿 Ⓢ 🅥
🅖 AE, MC, V

🏨 HOTEL Y CABAÑAS LOS QUETZALES
$$$$

GUADALUPE, 3,2 KM NORDÖSTLICH VON CERRO PUNTA
TEL. 771-2182 ODER 774-5555 (DAVID); FAX 771-2226
www.losquetzales.com

Eine Berghütte im Schweizer Stil mit dürftig eingerichteten Budget-Schlafsälen, Chalets und Suiten. Die Bibliothek-Lounge und das Restaurant, das ausgezeichnete Kost serviert, entschädigen dafür. Fünf geräumige, rustikale Hütten im Parque Nacional La Amistad (häufig sind Quetzals vom Balkon aus zu sehen) haben Butangas-Lampen und -Öfen. Die Mahlzeiten kann man sich von der Lodge kommen lassen. Geführte Vogelbeobachtungs- und Wandertouren.

ⓘ 24 🅿 🅖 AE, MC, V

🏨 CIELITO SUR BED & BREAKFAST
$$$

NUEVA SUIZA, 3,2 KM SÜDLICH VON CERRO PUNTA
TEL./FAX 771-2038
www.cielitosur.com

Diese Frühstückspension erfreut sich einer Lage mit Blick über den Río Caldera voller Forellen. Geräumige, idyllisch eingerichtete Berghütten, dazu ein Essensbereich im Freien auf einer schattigen Veranda mit Kamin, von der aus sich prima Vögel beobachten lassen. Ein strohgedecktes *bohio* (Schilfhütte) hat Hängematten, und im Badehaus gibt es eine Badewanne mit heißem Wasser.

ⓘ 4 🅿 🅚 geschl. im Okt.
Ⓢ 🅖 MC, V

🏨 HOTEL BAMBITO RESORT
$$$

BAMBITO, 4,8 KM SÜDLICH VON CERRO PUNTA
TEL. 771-4373, 771-4374, ODER 215-9000, DURCHWAHL 9443 (PANAMA-STADT)
FAX 771-4207
www.hotelbambito.com

Dieses zeitgenössische Hotel mit stark alpinem Einschlag liegt in einem schönen Garten mit Ententeich und Wasserkaskade, dazu bescheiden eingerichtete Unterkünfte. Beheizter Swimmingpool hinter Glas, dazu solche Aktivitäten wie geführte Ausritte und Wanderungen. Die All-inclusive-Wochenendspakete sind sehr günstig. Das Restaurant Las Truchas ist auf Forellen spezialisiert; ein Sonntagsbrunch zum Festpreis bietet Genuss auf All-you-can-eat-Basis.

ⓘ 47 🅿 Ⓢ 🔄 🎣 🅥
🅖 AE, MC, V

DAVID

🏨 GRAN HOTEL NACIONAL
$$$

CALLE CENTRAL & AVE. 1 ESTE
TEL. 775-2222; FAX 775-7729
www.hotelnacional.com.pa

Dieses von einheimischen Geschäftsleuten bevorzugte, moderne Hotel ist das Beste aus einem Sortiment an wenig ansprechenden Häusern. Zimmer von mäßiger Größe mit bequemen Matratzen, aber vollgestopften Bädern. Ein nachts sendender Fernsehsender mit nicht jugendfreiem Programm kann nicht gesperrt werden. Casino nebenan.

ⓘ 75 🅿 Ⓢ 🔄 🅚
🅖 Alle internationalen Kreditkarten

PANAMA BILL'S AMERICAN BAR & GRILL
$$$

AVE. DOMINGO DÍAZ & CALLE C NORTE
TEL. 774-4686
www.panamabills.com

US-amerikanisch geführtes Restaurant in einem umgebauten Kolonialbau, das Yankee-Leibgerichte serviert, darunter Burger, Prime Rib und Texas-Chili; Paella dienstags. Tische drinnen und draußen. Die Musikrichtung ist Oldies but Goldies, dazu Livebands – nur gewöhnlich viel zu laut.

🔲 40 Ⓢ 🅚 🅖 AE, MC, V

Ⓢ Nichtraucher 🔄 Aufzug 🅚 Klimaanlage 🎣 Hallenbad 🏊 Swimmingpool 🅥 Fitnessclub 🅖 Kreditkarten

HOTELS & RESTAURANTS

RESTAURANTE EL FOGÓN
$$$

AVE. I RA & C SUR
TEL. 775-7091
Angenehmes Open-Air-Ambiente in modernem Restaurant mit großer Auswahl an Fleisch- und Seafood-Gerichten. Meist läuft Latin Music.

🍽 90 🅿 🕐 So. mittags geschl.

📶 🍴 💳 MC, V

HELADERÍA JACKELITA
$

CALLE E NORTE ZWISCHEN AVE. I OESTE & AVE. CENTRAL
TEL. 774-6574
Open-Air-Imbiss, der köstliches, hausgemachtes Speiseeis, Joghurt und *batidos* (Shakes) aus Früchten serviert – von Kokosnuss bis hin zu Erdbeeren und *guanabana*. Serviert auch Burger und gebratenes Hühnchen, etc. zu niedrigen Preisen.

🍽 12 🅿 💳 keine Kreditkarten

ISLAS SECAS

ETWAS BESONDERES

🏨 **ISLAS SECAS RESORT**

Schlichter Luxus in umweltbewusster Anlage an über 4 ha Küste. Große Hütten – Canvas-Jurten auf Holzgestell – über einer Bucht, mit großen Betten, offenen Fenstern mit Insektengittern und sinnlichem Dekor. Kein TV, Telefon oder Radio. Gourmet-Kost auf der Terrasse unter Mangobäumen. Köstlich sind Krabbenküchlein mit Plantain-Kruste, Manchego und Aioli mit geröstetem Knoblauch als Entrée. Mahlzeiten, alkoholische Getränke und Wassersport sind im Preis inbegriffen. Anreise mit dem Charterflugzeug. Mindestaufenthalt zwei Nächte.

$$$$$
ISLA CAVADA
TEL 805/729-2737 (U.S.)
www.islassecas.com
🛏 6 📶 🍴 💳 AE, MC, V

LOS PLANES

🏨 **FINCA LA SUIZA JUNGLE LODGE**
$$

HWY. 4, 42 KM NÖRDLICH VON CHIRIQUÍ
TEL 6615-3774
www.panama.net.tc
Blick auf Berge und Nebelwald in einer Berghütte unter Schweizer Leitung mit eigenem Naturschutzgebiet, in dem Wandertouren angeboten werden. Die Gourmet-Dinner sind gut. Mindestaufenthalt zwei Nächte.

🛏 3 🅿 🕐 Geschl. Juni, Sept., & Okt. 📶 keine Kreditkarten

PLAYA BARQUETA

🏨 **LAS OLAS BEACH RESORT**
$$$$

PLAYA BARQUETA, 26 KM SÜDWESTLICH VON DAVID
TEL 772-3000 ODER 800/535-2513
FAX 772-3619
www.lasolasresort.com
All-inclusive-Hotel in der Nähe eines Naturschutzgebietes. Pinkfarbene Zimmer mit Terrassen zum Meer. Die Standardzimmer sind klein, die Junior Suiten bieten ein besseres Preis-Leistungs-Verhältnis. Aktivitäten von Beach-Volleyball bis hin zu Ausritten, plus Spa.

🛏 39 🅿 📶 🍴 🏊 🏐 💳 AE, MC, V

PLAYA LAS LAJAS

🏨 **LAJAS CLUB**
$

LANDEINWÄRTS VON PLAYA LAS LAJAS
TEL 6647-9566 ODER 6661-9556
http://lajasclub.tripod.com
Anlage unter italienischer Leitung mit einfach ausgestatteten Zimmern mit zweistöckigen Einheiten, Zimmer in der Form eines Tortenstückes und Hütten. Ein strohgedecktes Open-Air-Restaurant wird ergänzt durch eine Disco-Bar, die nicht unbedingt an frühes

Schlafengehen am Wochenende denken lässt.

🛏 10 🅿 📶 (einige Zimmer) 🏊 💳 keine Kreditkarten

PUNTA BURICA

🏨 **MONO FELIZ**
$$

BELLA VISTA, 45 KM SÜDLICH VON BOQUETE
TEL 6595-0388
E-MAIL mono_feliz@hotmail.com
Nature Lodge unter nordamerikanischer Leitung, ganz an der Spitze von Punta Burica. Möglichkeiten zur Tierbeobachtung. Hütten mit Moskitonetzen und kalten Duschen. Camping ist gestattet. Es steht eine Küche bereit, gegen Aufpreis werden Mahlzeiten auch serviert. Keine öffentlichen Verkehrsmittel zur Anreise.

🛏 3 🏊 💳 keine Kreditkarten

VOLCÁN

🏨 **HOTEL DOS RÍOS**
$$$

2,4 KM WESTLICH VON VOLCÁN
TEL. 771-5555
FAX 771-5794
E-MAIL hoteldosrios@cwpanama.net
Bunte Zimmer in freundlichem, serviceorientiertem Hotel am Fluss, komplett aus Holz. Restaurant mit Tischen drinnen und draußen mit Landhausidylle (und gutem Essen), dazu Bar-Disco Barriles. Leider verstärken die Holzstege den Trittschall. Frühstück im Preis inbegriffen.

🛏 19 🅿 📶 💳 MC, V

🍴 **RESTAURANTE ACROPOLIS**
$$

AVE. CENTRAL NUEVA CALIFORNIA, NEBEN DER ACCELL-TANKSTELLE
TEL. 6624-9687 OR 6651-4777
Geführt vom griechischen Seekapitän i.R. George Babos und seiner panamaischen Frau, Elizabeth. Griechisches von Moussaka bis hin zum köstlichen Baklava mit Kräu-

---

tern aus dem Garten. Auch Burger, Pasta, etc.

🛏20 🅿 🚭 🌀 MC, V

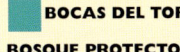

BOCAS DEL TORO

BOSQUE PROTECTOR PALO SECO

🏨 RANCHO ECOLÓGICO WILLIE MAZU
$$
KM 68, HWY. 4, 29 KM SÜDLICH VON CHURUQUÍ GRANDE
TEL. 442-1340
FAX 442-8485
http://natturpanama.com
Campingplatz für Naturliebhaber an der kontinentalen Wasserscheide. Zelte unter Stroh, heiße Duschen in Gemeinschaftsbädern. Wanderwege in den Bergwald; bietet geführte Touren zur Vogelbeobachtung. Mahlzeiten sind im Preis inbegriffen. Unbedingt reservieren.

ℹ️8 🅿 🌀 keine Kreditkarten

CHANGUINOLA

🏨 WEKSO ECOLODGE
$$
CA. 19 KM WESTLICH VON CHANGUINOLA
TEL. 758-9137 OR 6522-5591
www.odesen.org
Isolierte, rustikale Ecolodge der Gemeinschaft der Naso-Indianer am Fluss am Rande des Parque Internacional La Amistad. Einfache Hütten auf Stelzen, mitten im Dschungel; kalte Duschen. Es werden Mahlzeiten serviert, abgefülltes Trinkwasser mitbringen. Transport per Boot von El Silencio.

ℹ️6 🌀 keine Kreditkarten

ISLA BASTIMENTOS

ETWAS BESONDERES

🏨 LA LOMA JUNGLE LODGE
Nur mit dem Boot erreichbar. Diese Ecolodge grenzt an den Nationalpark. Schnorchelrevier und Möglichkeiten zur Tierbeobachtung. Bambus-und

Stroh-Ranchos (Hütten) mit offenen Wänden mit Hartholzböden und heimischen Möbeln. Die Bettgestelle bestehen aus Hartholzplanken, die auf Baumstämmen gelagert sind. Badezimmer mit heißem Wasser. Zwei Baumhäuser. Mahlzeiten im Preis inbegriffen. Hölzerne *cayucos* stehen zur Verfügung.
$$$$
BAHÍA HONDA, 10,5 KM ÖSTLICH VON OLD BANK
TEL. 6592-5162
www.thejunglelodge.com
ℹ️3 🚭 keine Kreditkarten

🏨 AL NATURAL
$$$
PUNTA VIEJA
TEL. 757-9004
www.bocas.com/alnatura.htm
Einsame Lodge mit Blick auf einen Sandstrand in der Nähe der nordöstlichen Spitze der Isla Bastimentos, nur per Boot erreichbar. Rustikale Bungalows mit offenen Wänden aus Baumstämmen und Stroh, mit Moskitonetzen und Hängematten. Badezimmer mit heißen Duschen. Einfache Mahlzeiten, Kajaks und Schnorcheln.

ℹ️5 🚭 🌀 keine Kreditkarten

🏨 HOTEL TRANQUILO BAY
$$$
CAYO CRAWL
TEL. 713/589-6952 ODER 507/380-0721
FAX 713/344-1125
www.tranquilobay.com
Bescheidene Hütten auf Stelzen mit Blechdach inmitten von Mangroven. Einfache, handgearbeitete Möbel, Granitablagen und erhöhte Veranden zum Meer mit Hängematten und Adirondack Chairs (bequemen Holzsesseln). Die Haupt-Lodge hat eine Bar und einen Fernsehraum. Die Mahlzeiten sind in den All-inclusive-Pauschalangeboten inbegriffen.

ℹ️6 🚭 ❄️ 🌀 AE, MC, V

🏨 TREEHOUSE HOTEL
$$
PLAYA PRIMERA
TEL. 6494-3163
E-MAIL shantydan@earthlink.net
Hütten am Strand aus Baumstämmen und Stroh mit Hängematten und Schaukelstühlen. Nächtliche Livemusik.

ℹ️7 🌀 keine Kreditkarten

ISLA CARENERO

🏨 BUCCANEER RESORT
$$$
SE SHORE
TEL./FAX 757-9042
www.buccaneer-resort.com
Lodge im Dschungel-Look mit Bungalows (auch zweistöckige Suiten) und Hütten. Ein fröhliches Bar-Restaurant hängt über dem Wasser. Man hört die Bässe naher Disco-Bars.

ℹ️12 🚭 ❄️ 🌀 MC, V

🏨 HOTEL UND RESTAURANTE DOÑA MARA
$$$
1,6 KM NÖRDLICH VON BOCAS STADT
TEL. 757-9551
E-MAIL donamara@cwpanama.net
Versteckt hinter einem Palisadenzaun. Winziges Hotel mit einfachen (überteuerten) Zimmern – fragen Sie nach denen mit Meeresblick. Hängematten, Lounge-Sessel im Sand, dazu Seafood nach karibischer Art.

ℹ️6 🚭 🌀 MC, V

ISLA COLÓN

ETWAS BESONDERES

🏨 PUNTA CARACOL ACQUA-LODGE
Umweltbewusste Lodge im polynesischen Stil. Ein Holzsteg führt zu Holzhütten auf Stelzen über dem Wasser. Die handgefertigte Einrichtung aus Hartholz umfasst u. a. Himmelbetten mit Netzvorhängen. Pastellfarben in den ein- oder zweistöckigen Suiten. Solarstrom, Bio-Gasanlagen und eine aerobe Kläranlage verdienen das

HOTELS & RESTAURANTS

Gütesiegel. Das Restaurant bietet Seafood, z. B. Snapper in Olivenöl und Steinsalz mit Reis oder Guandu in Kokosnussmilch.

$$$$$

PUNTA CARACOL

TEL 6612-1088

www.puntacaracol.com

🛈 9 📵 🔄 🐼 AE, MC, V

🏨 TROPICAL SUITES
$$$$

CALLE IRA NEBEN POLICÍA NACIONAL UND IPAT, BOCAS-STADT

TEL. 757-9880; FAX 757-9081

www.tropical-suites.com

Für Selbstversorger. Funktionelle Suiten mit Zimmermädchen, orthopädischen Matratzen und Fliesenböden. Es stehen Wasserfahrzeuge am eigenen Bootsanleger bereit.

🛈 16 📵 📵 🔄 📵
🐼 MC, V

🏨 BOCAS INN
$$$

CALLE 3 & AVE. G, BOCAS STADT

TEL. 757-9600 OR 269-9415

FAX 757-9600 OR 264-3713

www.anconexpeditions.com

Haus von Ancon Expeditions über dem Wasser an der Nordostseite der Stadt. Geräumige, bescheidene Zimmer mit Veranden und Hängematten. Üppiges Frühstück und eine winzige Bar.

🛈 6 📵 🐼 AE, MC, V

🏨 HOTEL EL LIMBO BY THE SEA
$$$

CALLE 2DA, BOCAS STADT

TEL. 757-9062

www.ellimbo.com

Kleines Hotel mit Bar direkt am Wasser, außerdem Vermietung von Meereskajaks und Schnorchelausrüstung.

🛈 18 📵 📵 🐼 AE, MC, V

🏨 HOTEL SWANS' CAY
$$$

CALLE 3, ZWISCHEN AVES. E & F, BOCAS-STADT

TEL 757-9090

www.swanscayhotel.com

Stilvoll renovierte auffällige Fassade, farbenfrohe, um ein Atrium liegende Zimmer. Restaurant im italienischen Stil, Pool am Meer in einem Anbau.

🛈 46 📵 📵 🐼 🐼 MC, V

🏨 HOTEL DEL PARQUE
$$

CALLE 2DA & PARQUE BOLÍVAR, BOCAS-STADT

TEL. 757-9008

E-MAIL delparque35@hotmail.com

Hotel in eigenem Garten mit Blick auf den Park. Korbmöbel und Hängematten.

🛈 18 📵 📵 📵 🐼 V

MR. ROBERTS STEAK HOUSE
$$$

CALLE IRA & AVE. E, BOCAS-STADT

KEIN TELEFON

Modernes Restaurant mit Bar am Wasser, beliebt bei nordamerikanischen Auswanderern. Die gemischte Speisekarte reicht von Burgern bis zu Fisch and Chips und Steak nach New Yorker Art und Brownies mit Vanilleeis.

📵 40 📵 🐼 keine Kreditkarten

EL PARGO ROJO
$$

CALLE 3 & AVE. H, BOCAS-STADT

TEL. 6597-0296

Deckenventilatoren in trendigem Restaurant mit Weltmusik und internationaler Speisekarte. Pastellfarbenes Dekor und moderne Wandleuchten sorgen für das richtige Romantik-Flair. Empfehlenswert: Thai-Suppe und Shrimps in Kokosnuss- und Curry-Sauce.

📵 60 📵 Mo. geschl. 📵 🐼 MC, V

OM CAFÉ
$$

AVE. H, ZWISCHEN CALLE 3 & CALLE 4, BOCAS-STADT

KEIN TELEFON

Ikonoklastisches Restaurant, in dem ostindische Kost auf dem Balkon im ersten Stock zu hipper Weltmusik serviert wird. Sehr günstig, auch bei

---

HOTELS

Als Anhaltspunkt für den ungefähren Preis für ein Doppelzimmer ohne Frühstück dienen die $-Zeichen:

$$$$$	Über 200 $
$$$$	100–200 $
$$$	50–100 $
$$	25–50 $
$	Unter 25 $

RESTAURANTS

Als Anhaltspunkt für den ungefähren Preis für ein Dreigänge-Menü ohne Getränke dienen die $-Zeichen:

$$$$$	Über 35 $
$$$$	20–35 $
$$$	10–20 $
$$	5–10 $
$	Unter 5 $

den vegetarischen Gerichten und tropischen Frucht-*lassis*. Üppiges Frühstück (z. B. gut gewürztes Eier-Vindaloo).

🛈 20 📵 Mi. geschl. 🐼 keine Kreditkarten

YARISNORI
$$

BOCAS DEL DRAGO, 14,5 KM NORDWESTLICH VON BOCAS-STADT

TEL. 6615-5580

E-MAIL yarisnori@hotmail.com

Bar mit Restaurant am Strand mit schattigen Tischen und mittelalterlichen Zelten. Hummer, Shrimps und weiteres Seafood. Hängematten, Spielplatz und Schnorcheln.

🛈 60 📵 Di. geschl. 🐼 keine Kreditkarten

ISLA SOLARTE

🏨 SOLARTE DEL CARIBE INN
$$$

4,8 KM ÖSTLICH VON BOCAS-STADT

TEL. 757-9032 OR 6488-4775

www.solarteinn.com

Gasthaus im karibischen Stil aus Zedernholz mit Zuckerbäckerverzierungen. Die Lounge mit einfachen Rohrmöbeln hat Satelliten-TV. Fünf Minuten mit dem Wassertaxi von Bocas entfernt.

🛈 7 📵 📵 🐼 MC, V

🏨 Hotel 🍴 Restaurant 🛈 Anzahl der Zimmer 📵 Anzahl der Plätze 📵 Parkplatz 📵 Öffnungszeiten

EINKAUFEN

Als einer der Hauptknotenpunkte aller Handelsrouten weltweit ist Panama ein Einkaufs-Mekka, nicht zuletzt für solche hochwertigen Güter wie Schmuck und Designer-Kleidung. Die Colón-Freihandelszone (eine der größten Freihandelszonen der Welt) beliefert viele Einzelhändler in Panama-Stadt, die den Vorteil der niedrigen Frachtkosten an ihre Kunden weitergeben. Große Einkaufszentren in Marbella und im Bezirk Tumba Muerto in Panama-Stadt bieten die ganze Palette weltbekannter Namen von Bulgari bis hin zu Yves Saint-Laurent.

Panamas zweiter Handelsschwerpunkt liegt auf indigenem Kunsthandwerk. In gehobenen Hotels gibt es Souvenirläden, die Kunsthandwerk verkaufen. Auf den Märkten gibt es jedoch die größte Auswahl, und es macht mehr Spaß, mit den Künstlern selbst zu feilschen. In fast jeder Stadt gibt es einen solchen Markt, der geflochtene Körbe, bunte Perlenketten *(chaquiras)*, gehäkelte Taschen der Ngöbe-Buglé-Indianer namens *chácaras*, Tierfiguren, die aus der Nuß der Tagua-Palme geschnitzt sind, und Textilkunstwerke, *molas*, anbietet. Oft verwenden die Künstler Hartholz, wie Pockholz, Amaranth und Rosenholz, aus dem junge Tiere und Vögel oder *cayucos* geschnitzt werden. Weitere Andenken sind z. B. Teufelsmasken aus der Azuero-Region, *sombrero montuno*-Strohhüte (Panamahüte) und Trachtenpuppen, die eine *pollera* tragen.

Feilschen wird erwartet. Sogar, anders als in den meisten Staaten Zentralamerikas, bei Elektroartikeln und Schmuck.

Der berühmte Kaffee ist landesweit erhältlich, und die panamaischen Zigarren sind ein beliebtes Souvenir. (Es werden auch kubanische Zigarren verkauft, für US-Amerikaner ist der Kauf allerdings strafbar.)

ÖFFNUNGSZEITEN

Siehe S. 233–234.

PANAMA-STADT

Die Einkaufsstraße von Panama-Stadt ist die Vía España. Der in Marbella und El Cangrejo liegende Bezirk ist voller Designerläden und Einkaufszentren, darunter die Multiplaza Pacific Mall und das Multicentro mit 177 Stockwerken. Die neue Albrook Mall (unweit des Flughafens Marcos A. Gelabert) erstreckt sich über fast 460 000 Quadratmeter. Kuna-Indianerinnen verkaufen ihre Handwerkskunst in Casco Viejo und auf Kunsthandwerksmärkten, auf denen Produke jeder indigenen Gruppe vertreten sind. Die Fußgängerzone in der Avenida Central ist gesäumt von Straßenhändlern und Läden – Achtung Taschendiebe!

KUNST & ANTIQUITÄTEN

Art America Calle Aquilino de la Guardia, Tel. 214-9612. Über 3600 Kunstwerke im Angebot.
Arts & Antiques Balboa Bay Plaza, Ave. Balboa & Calle Anastasio Ruíz, Tel. 264-8121. Kristall, Möbel, Porzellan, Teppiche, etc. Von Louis XV. bis Art déco.
Habitante Calle Uruguay #16, Bella Vista, Tel. 264-6470, E-Mail: jvillala@ns.sinfo.net. Kunstgalerie mit vor allem zeitgenössischen Werken panamaischer und lateinamerikanischer Künstler.
Imagen Galería de Arte Calle Uruguay & Calle 47, Tel. 226-2649. Galerie in kolonialem Herrenhaus mit nationalen Werken.

BÜCHER & KARTEN

Exedra Books Vía España & Vía Brasil, Tel. 264-4252, www.exedrabooks.com. Bescheidenes Sortiment an Literatur in Spanisch und Englisch, außerdem Zeitschriften.
Instituto Geográfico Nacional Tommy Guardía Calle 57 Oeste & Ave. 6A Norte (Seitenstraße der Vía Simón Bolívar), Tel. 507-9684. Detaillierte Karten aller Art, nützlich für Wanderer. Keine Straßenkarten.

Librería Argosy Vía Argentina & Vía España, Tel. 223-5344. Vollgestopfter Buchladen. Schatztruhe antiquarischer und neuer Bücher mit Schwerpunkt Panama.

KLEIDUNG & ACCESSOIRES

La Fortuna Vía España, 45 m östlich der Vía Argentina, Tel. 302-7890, E-Mail: venta@lafortunapanama.com. Anzüge und Hemden vom Schneider von Panama. Wer etwas auf sich hält, der kleidet sich hier ein.
Outdoors Multiplaza, Vía Israel, Tel. 302-4828, Multicentro, Ave. Balboa, Paitilla, Tel. 208-2647, Albrook Mall, Corredor Norte, Tel. 303-6120. Outdoor-Kleidung und Ausrüstung.
Polleras Artesanias Ave. A & Calle 8, Casco Viejo, Tel. 228-8671. Der Laden stellt handbestickte *polleras* (Trachtenkleider für Damen) und *montuno*-Hemden für Herren her.

KUNSTHANDWERK & SCHMUCK

Emerald Plaza Multicentro #362, Ave. Balboa, Tel. 208-2784. Schmuck aus kolumbianischen Smaragden und Gold (18-Karat).
Galería Bernheim Edificio Madison 50, Calle 50, El Cangrejo, Tel. 6672-3052. Große Auswahl an indigenem Kunsthandwerk. Weitere Souvenirs umfassen u. a. bildende Kunst.
La Ronda Calle Primera, Casco Viejo, Tel. 211-1001. *Die* Adresse für hochwertiges indigenes Kunsthandwerk, wie Emberá-Wounaan-Körbe, Ngöbe-Schmuck und *sombreros montunos* (Strohhüte/Panamahüte).
Reprosa Ave. Samuel Lewis & Santuario Nacional St., Obarrio, Tel. 269-0457. Präkolumbische Goldrepliken *(huacas)* und zeitgenössischer Schmuck. Wer hier einkauft, kann auch die Fabrik besichtigen.

SOUVENIRS & VERSCHIEDENES

Panafoto Calle 50 & Calle 49A Este, Tel. 263-0102. Bescheidene Auswahl an Kameras, Fotoausrüstung und Ferngläsern.

EINKAUFSZENTREN

Albrook Mall Corredor Norte, Tel. 303-6333, www.albrook mall.com. Eine riesige Mall mit über einhundert Läden.

Multicentro Mall Ave. Balboa, Marbella, Tel. 208-2500. Großer Komplex mit Casino und Hotel.

Multiplaza Pacific Vía Israel, Punta Pacífica, Tel. 302-5380, www.mallmultiplazapacific.com. Mehrstöckiger Komplex mit sieben Kaufhäusern und 52 Läden.

MÄRKTE

Centro de Artesanías Internacional Altes YMCA-Gebäude, Ave. Arnulfo Arias Madrid, Tel. 6529-0678. Markt unter indigener Leitung, der Hängematten, Masken, Schnitzereien, Körbe, *molas*, sonstige Stammeskunst und Kunsthandwerk verkauft.

Mercado de Buhonerías y Artesanias Ave. 4 Sur & Calle 23 Este, Calidonia. Künstlermarkt mit *molas* und sonstigem indigenem Kunsthandwerk sowie *sombreros montunos*, Hängematten aus dem ganzen Land.

Mercado Nacional de Artesanias Vía Cincuentenario, Panama Viejo. Viele Verkaufsstände, die von Kuna-Indianern und anderen Ureinwohnern betrieben werden. Es gibt alles von Panamahüten bis zu Hängematten.

Mi Pueblito Ave. de los Mártires, Ancón. Nachbau spanischkolonialer, karibischer und Emberá-Dörfer und Standort von Läden mit für die jeweilige Region typischem Kunsthandwerk.

ZENTRALKARIBIK & DER KANAL

Colón ist der Hauptumschlagsplatz für Waren, die über die Zona Libre de Colón (Colón-Freihandelszone) nach Panama ein- bzw. von dort ausgeführt werden. Die Anlage versorgt den Groß- und Einzelhandel. Es gelten strenge Zollvorschriften für den Verkauf an Touristen, die nichts aus der Zone mitnehmen dürfen. Die Waren müssen zum Flughafen oder Kreuzschiffhafen geschickt werden, wo sie den abreisenden Passagieren ausgehän-

digt werden. In den Kreuzschiffhäfen von Colón gibt es Kunst- und Kunsthandwerksmärkte, und Ausflüge zu den Dörfern der Emberá-Indianer, wo man erlesene Körbe, Ketten und anderes direkt vom Hersteller bekommt.

KUNSTHANDWERK & SCHMUCK

Emberá Parará Púru, Emberá Drua, und **Emberá Púru** im Parque Nacional Chagres. Die indigenen Dörfer verkaufen Perlenschmuck der Ureinwohner, Schnitzereien aus Holz und der Tagua-Nuss, geschnitzte Flaschenkürbisse, geflochtene Körbe und Schalen und traditionelle Masken. Kleine Geldnoten in ausreichender Zahl mitnehmen.

SOUVENIRS & VERSCHIEDENES

Colón 2000 Colón 2000 Paseo Gorgas, www.colon2000.com. Kleiner, moderner Kreuzfahrtschiffshafen mit Duty-Free- und Souvenir-Läden und Folkore-Aufführungen.

Miraflores-Besucherzentrum Miraflores-Schleusen, Tel. 276-8325. Toller Souvenirladen mit allem, was man sich wünschen kann, von Schnickschnack wie Henkelbechern und Schlüsselanhängern bis hin zu Büchern und Kunstdrucken.

MUCEC Calle 2 & Ave. Amador Guerrero, Colón, Tel. 447-0828, http://musec.org. Wohltätigkeitsorganisation für Frauen in Not in Colón mit Lehrwerkstatt, in der Kissenbezüge, Kinderkleidung, Töpferwaren, etc. hergestellt werden, die man dort auch erstehen kann.

EINKAUFSZENTREN

Zona Libre de Colón Ave. Roosevelt & Calle 13, Tel. 475-9500, www.colonfreezone.com. Stadtgroßer Komplex auf über 400 ha mit Lagerhäusern und Ausstellungsräumen, in denen alles Mögliche zollfrei verkauft wird. Zutritt nur mit Genehmigung, die am Haupttor ausgestellt wird. Die meisten interessanten Waren können ebenso

günstig in den Duty-Free-Shops am Flughafen erstanden werden.

MÄRKTE

Mercado de Artesanía 45 m südwestlich der Iglesia de San Felipe de Portobelo, Portobelo. Der Markt an der Westseite des Platzes wird von Kuna-Indianern beschickt, die *molas*, Hängematten und Schmuck verkaufen.

KUNA YALA

Zentrum der *mola*-Herstellung. Die San-Blas-Inseln sind eine Magical Mystery Tour des indigenen Kuna-Kunsthandwerks: Perlenarmbänder, Korallen- und Muschelschmuck, Panflöten und bestickte Blusen und Hemden mit Applikationen. Es gibt keine Ladengeschäfte: Manche legen ihre Waren auf den Wegen aus, andere paddeln mit ihren Booten hinaus, um ihre Waren vor Kreuzfahrtschiffen und Yachten anzubieten. Die Verkäufer können aufdringlich sein. Kuna sind zähe Verhandlungspartner, und die meisten Preise sind von Anfang an fair. Für eine *mola* müssen mindestens 15 $ bezahlt werden, die edelsten Stücke können aber mehrere Hundert Dollar kosten. Bei *molas* sollte man auf Folgendes achten: Muster mit harmonischen Farbkontrasten; Linien mit glatten Kanten; winzige Stiche. Achten Sie auch auf *nuchunaga*-Holzfiguren, die Schutzgeister verkörpern.

Die Inseln Wichub-Huala und Carti Suituipo, die von den Kreuzfahrtschiffen angelaufen werden, meiden. Kreditkarten werden nicht akzeptiert. Kleine Geldscheine mitnehmen. In Narganá gibt es eine Bank.

DARIÉN

Das Volk der Emberá-Wounaan hat eine Begabung für das Kunsthandwerk. Obwohl es ihre Produkte auch in Panama-Stadt gibt, macht das Feilschen mit dem Künstler in einem Emberá- oder Wounaan-Dorf mehr Spaß. Die Dorfgemeinschaften versuchen, der Zerstörung der Umwelt, z. B. durch Abholzung des Waldes, entgegenzuwirken, indem sie auf sanften Tourismus setzen und ihren Lebensraum produktiver als nur für Brandrodung nutzen. Der Verkauf an Touristen ist inzwischen eine bedeutende Einnahmequelle. Achten Sie auf die chaquiras aus bunten Muscheln und/oder Perlen; Schalen, Tierfiguren und Miniaturkanus aus cocobolo-Hartholz; und kleine Figuren – Ameisenbären, Meeresschildkröten, Aras und Faultiere – aus der elfenbeinartigen Nuss der tagua-Palme von der Größe eines Hühnereis. Eindrucksvoll sind die dekorativen Körbe aus den Fasern naguala- und chunga-Palmen. Die cremefarbenen Körbe und Schalen werden von den Emberá-Frauen in einer Wulstwickeltechnik (Coiled Basket) gefertigt, dann werden schwarze und rote geometrische Formen oder Tier- und Vogeldarstellungen eingearbeitet. Die Herstellung kann zwei Monate und länger dauern. Veranschlagen Sie mindestens 10 \$ für eine Schale und 50 \$ für einen Korb.

Die meisten Dorfgemeinschaften preisen ihre Waren an Ständen beim Eintreffen von Besuchern an. Hier wohnen auch Afro-Antillianer, einige davon verkaufen Trommeln und andere Musikinstrumente.

KUNSTHANDWERK & SCHMUCK

Diese Dörfer sind zu empfehlen:
Boca Lara 6,4 km südlich von Santa Fé und 8 km südwestlich des Interamerican Highway. Wounaan-Dorf, mit hochwertigem Kunsthandwerk.
Emberá Arimae Panamericana, 29 km westlich von Meterí. Bekannt für Kunsthandwerk.
Ilpetí Emberá 1, 6 km südlich des Interamerican Highway, 87 km östlich von Chepo, Tel. 333-0803. Emberá-Gemeinschaft, die Kunsthandwerk verkauft.
Ipetí Kuna 0,6 km nördlich der Panamericana, 85 km östlich von Chepo. molas und anderes Kunsthandwerk der Kuna.

Vista Alegre Río Tuira, 4 km östlich von El Real de Santa María. Handgeflochtene Schalen und Körbe.
Wererá Perú 3,2 km westlich von Sambú. Dorf, in dem Emberá-Indianer und Afro-Antillianer wohnen. Mit Kunsthandwerkerwerkstatt mit Direktvertrieb.

SOUVENIRS & VERSCHIEDENES

ECODIC Santa Fé, 3,2 km westlich des Interamerican Highway und 148 km östlich von Chepo. Indigene Werkstätte, die Heilpflanzen, Gemälde (auch Wandgemälde einheimischer Jugendlicher) und Duftseifen anbietet.
Pajaro Jai Furniture Factory Mogue, 4,8 km den Río Mogue hinauf, 24 km südwestlich von La Palma, www.pajarojai.org/furniture.htm. Möbelfabrik, der Emberá-Gemeinschaft. Hartholzbänke und andere Möbel von Weltklasse für den Export.
Talabartería Echao Palante, Torti, Interamerican Highway. Pedro Guerra ist der Eigentümer dieser Sattlerei, in der ein Sattel als Sonderanfertigung in Handarbeit in einem Tag hergestellt wird.

ZENTRALPANAMA

Die Straße, die nach El Valle de Antón führt, ist gesäumt von Ständen, an denen Korbwaren und Keramik verkauft werden, während viveros (Gärtnereien) Orchideen verkaufen. Einer der besten Orte, um einen sombrero montuno (cremefarben mit schmalen schwarzen oder braunen Streifen) (Panamahut) zu kaufen, der in der Gegend von La Pintada gefertigt und ungefähr zum halben Preis von Panama-Stadt verkauft wird. Hüte von niedrigerer Qualität sind schon ab 15 \$ zu haben, die besten Hüte werden für 100 \$ und mehr verkauft. Darauf achten, dass das Geflecht so fein ist, dass es kaum erkennbar ist. Man kann hier auch das bestickte montuno-Herrenhemd (ähnlich der kubanischen guayabera) und

Trachtenpuppen mit den typischen polleras günstig erstehen.

KUNSTHANDWERK & SCHMUCK

David's Shop David's Shop Ave. Central, El Valle de Antón, Tel. 983-6536. Kunsthandwerksgeschäft mit Werkstatt und einer großen Palette an Kunsthandwerk, vieles aus der Werkstatt im Hinterraum. Bietet Volkskunst aus ganz Amerika.

SOUVENIRS & VERSCHIEDENES

Artesanías Típicas Panameñas Panamericana, km 50 in der Nähe von Capira, Tel. 248-5313. Laden am Straßenrand mit Teufelsmasken, Keramik aus Azuero, Hängematten und rustikale Schaukelstühle aus Leder und gedrechseltem Holz.
Café El Tute Santa Fé, Tel. 954-0914. Arbeiterkooperative der Ngöbe-Buglé-Indianer. Verkauft Bio-Kaffee aus der Rösterei.
Cigarros Joyas de Panama La Pintada, Tel. 991-0013. Kleine Zigarrenmanufaktur, in der man 12 Arten handgerollter Zigarren von hoher Qualität für wenig Geld erstehen kann. Eine Kiste Churchills kostet 45 \$ und einzelne Zigarren kosten 1 \$ – 2 \$.

MÄRKTE

Cooperativa Santa Fé Santa Fé. chacara-Häkeltaschen der Ngöbe-Buglé und Schmuck.
Mercado Artesanal Veragua La Peña Interamerican Highway, 4,8 km westlich von Santiago. Kunsthandwerksmarkt mit Reproduktionen präkolumbischer Figuren und zeitgenössischem indigenen Kunsthandwerk.
Mercado de Artesanías Ave. Central, El Valle de Antón. Kleiner, pulsierende Markt bietet sonntags, eine Menge Ngöbe-Buglé-Schmuck, Speckstein-Figuren und sonstiges Kunsthandwerk. Es gibt auch sombreros pintados (Strohhüte aus der Gegend von La Pintada), Hängematten, und Kuna-molas, außerdem Orchideen, Hartholzserviertabletts (bateas) und bemalte Figuren.

EINKAUFEN

Mercado de Artesanías Cocle Interamerican Highway, Penonomé. Kunsthandwerkserzeugnisse, von Hängematten bis hin zu bestickten *montuno*-Herrenhemden.

AZUERO-HALBINSEL

Azuero ist bekannt für die Herstellung von *polleras* und *diablitos* (bunte Teufelsmasken), während La Arena, am Rand von Chitré, das Keramikzentrum des Landes ist. Schauen Sie in den *talleres* (Werkstätten) zu, wie Keramik in den Holzöfen gebrannt wird. Guararé und Ocú sind Zentren für *polleras*, deren Anfertigung sechs Monate und länger dauern kann und die über 1000 $ kosten können.

KLEIDUNG & ACCESSOIRES
Casa de Ildaura Saavedra de Espino La Enea, Tel. 994-5527. Señora de Espino ist berühmt für ihre handgenähten *polleras*.
Talabartería González Calle Pablo Arosemena, Las Tablas. Sattlerei und Lederwarengeschäft mit guten Gürteln.

KUNSTHANDWERK & SCHMUCK
Artesanía Ocueña San José, 4,8 km westlich von Ocútel, Tel. 974-1047. Fertigt *sombreros montunos* sowie *montuno*-Herrenhemden und *polleras* für die Damen. Auch Spitzentischdecken.
Casa de Carlos Ivan de León Calle Tomás Herrera, Los Santos. Maskenmacher, seine Masken sind Sammlerstücke.
Casa de Dario López Carretera Nacional, gegenüber der Shell-Tankstelle, La Parita, Tel. 974-2015, 6534-1958. Papiermâché-Teufelsmasken von einem berühmten Maskenmacher.
Cerámica Calderón Carretera Nacional, La Arena, Tel. 974-4946. Schöne Keramikwaren und Essgeschirr, präkolumbische Reproduktionen auf Bestellung.

MÄRKTE
Mercado de Artesanías de Herrera Carretera Nacional, La Arena. Zweigeschossiges Gebäude mit Arbeiten verschiedener Keramikwerkstätten.
Mercado de Artesanías de Las Tablas Carretera Nacional, Las Tablas. Kleiner Markt, gut für Teufels- und andere Masken.

CHIRIQUÍ

Das Ngöbe-Buglé-Volk fertigt Perlenschmuck und gehäkelte Taschen. Der Interamerican Highway ist gesäumt von Ständen mit indigenem Kunsthandwerk. In Boquete gibt es Souvenirläden mit hochwertigen Waren und Kaffee, der frisch geröstet ab Gut verkauft wird. In David gibt es Einkaufszentren, und die Hauptstraße ist eine Hauptader für den Handel. Paso Canoas ist gesäumt von Dutyfree-Shops, die CDs, Kleidung und Ähnliches verkaufen.

BÜCHER & KARTEN
Bookmark Dolega, 16 km nördlich des Interamerican Highway, Tel. 776-1688. Vollgestopfter Secondhand-Buchladen unter US-amerikanischer Leitung. Viele seltene Reisebücher.

KUNSTHANDWERK & SCHMUCK
Casa de Artesanal Ngöbe-Buglé Cruce San Felix, Interamerican Highway, 3,2 km nördlich von Las Lajas, Tel. 727-0783. Ngöbe-Buglé-Kooperative mit dem größten Sortiment an indigenem Kunsthandwerk der Region.
Tolé Interamerican Highway. Ngöbe-Buglé-Zentrum für Kunsthandwerk, Verkauf am Straßenrand.

SOUVENIRS & VERSCHIEDENES
Café de Eleta Coffee & Gift Shop Cerro Punta. Kaffee plus Ngöbe-Buglé-Kunsthandwerk.
Conservas de Antaño 366 m südöstlich vom Parque Domingo Médica, Boquete, Tel. 720-1539. Tropischer Fruchtaufstrich.
Finca Dracula Orchid Sanctuary Guadalupe, Tel. 771-2070. Rare Orchideen in Glasbehältern, fertig zum Export.
Hacienda Carta Vieja El Tejar, 3,2 km nordwestlich von Alanje, Tel. 772-7073. Nach der Fabrikbesichtigung kann guter Rum erstanden werden.
Souvenir El Cacique südwestliche Ecke vom Parque Domingo Médica, Boquete, Tel. 720-2217. Ngöbe-Buglé-Kunsthandwerk, Bücher, Karten und mehr.

MÄRKTE
Avenida 3 de Noviembre David. Geschäfte und Stände, die CDs, Hängematten, Kleidung, etc. anbieten.
Mercado Municipal Nordöstliche Ecke vom Parque Domingo Médica, Boquete. Markt für landwirtschaftliche Erzeugnisse.

BOCAS DEL TORO

In Bocas-Stadt gibt es viele Läden, die Hängematten, *molas* und anderes indigenes Kunsthandwerk anbieten, das aber auch direkt beim Hersteller in Ngöbe-Buglé- und Bribrí-Dörfern im Bosque Protector Palo Seco und auf den Inseln des Bocas-del-Toro-Archipels erstanden werden kann. Viele Läden verkaufen Schokolade, die aus heimischem Bio-Kakao hergestellt wird.

KLEIDUNG & ACCESSOIRES
Tropix Surf Shop Calle 3, Isla Colón, Bocas-Stadt, Tel. 757-9297. Surfboard-Sonderanfertigungen und Surfzubehör.

KUNSTHANDWERK & SCHMUCK
Artesanías Bribrí Emanuel Calle 3, Bocas-Stadt, Tel. 757-9652. Große Auswahl an Kunsthandwerk der Ureinwohner und Souvenirs.
Pachamama Calle 3, Bocas-Stadt. Hängematten und indigenes Kunsthandwerk.

MÄRKTE
Gourmet Groceries Calle 3 & Ave. Zentral gelegen, neben dem Hotel Bahía, Bocas-Stadt, Tel. 757-9357. Feinkostladen.
Super Gourmet Avenida F & Calle 2, Bocas-Stadt. Große Auswahl an importierten Lebensmitteln.

UNTERHALTUNG

Panama-Stadt bietet für jeden etwas, von Theatern und Kinos bis hin zu Casinos, Sportbars und Discos, von denen sich viele in den Bezirken Bella Vista und El Cangrejo befinden. Nachtclubs und Bars in Panama-Stadt werden am Mittwoch langsam lebendig, sind am Freitag richtig in Fahrt und lassen es am Samstag schon wieder ruhiger angehen. In der Provinz Azuero finden besonders viele Folklore-Festivals statt, dort wird auch der wildeste Karneval des Landes gefeiert. Festivals und Veranstaltungen werden in La Prensa angekündigt.

PANAMA-STADT

KUNST
Asociación Nacional de Conciertos Tel. 214-7236, www.con ciertospanama.org. Fördert die darstellende Kunst.
Atlapa Convention Center Tel. 236-7845 oder 526-7112. Der Hauptveranstaltungsort der Stadt für klassische Aufführungen und Shows.
Ballet Nacional de Panama Tel. 501-4112, www.inac.gob.pa/ballet nacional. Gefeierte Ballettkompagnie, die im Teatro Nacional auftritt.
Orquestra Sinfónica Nacional Tel 501-4111.
Teatro Balboa TTel. 228-0327, E-Mail: teatrobalboa@inac.gob.pa. Art-déco-Theater, in dem klassische Stücke aufgeführt werden.
Teatro Nacional Tel. 262-3525. Das führende Theater der Stadt.

CASINOS
Fiesta Hotel Panama, 111 Vía de España, Tel. 213-1274.
Veneto Hotel & Casino Vía Veneto zwischen Vía España & El Cangrejo, Tel. 340-8888.

FESTIVALS
Panama City Jazz Festival (Jan.), www.panamajazzfestival.com. Vier Tage Musik mit Darbietenden aus dem In- und Ausland.
Festival Nacional de Ballet (Okt.), Tel. 232-7627. Internationales Ballettfestival.

NACHTLEBEN
In den meisten Tanzclubs kommt erst deutlich nach Mitternacht richtig Stimmung auf.
Oz Bar & Lounge Calle 53 Este, Marbella, Tel. 265-2805, www.oz panama.com. Trendiger gehobener Club. Gelegentlich Live-Bands.
Platea Calle 1ra, Casco Viejo, Tel. 228-4011. Live-Jazz und Salsa in

stimmungsvoller Umgebung. Pianobar an Samstagen.
Sahara Calle 48, Bella Vista, Tel. 214-8284. Heiße Party-Location mit Live-Rockmusik.

ZENTRALKARIBIK & DER KANAL

CASINOS
Casino David Calle D Norte & Ave. 2, David, Tel. 775-6536
Fiesta Casino Hotel Washington, Ave. del Frente, Colón, Tel. 433-2174

FESTIVALS
Festival de Diablos y Congos (Silvester & 3. März), Portobelo. Satirisches Festival, das an die Zeit der Sklaverei erinnert.
Los Congos (Jan.–Feb.), Escobal, 24 km südwestlich von Colón. Feier des afro-antillianischen Erbes. Zuschauermagnet.
Karneval (die vier Tage vor Aschermittwoch), Isla Grande. Lautstarke Maskerade im Calypso-Stil.
Patronales de la Virgen del Carmen Carmen (16. Juli), Isla Grande. Religiöse Prozession zu Wasser und zu Land.
Día de la Raza (12. Okt.), Viento Frío, Colón. Zum Gedenken an die Landung von Kolumbus.
Fest des Schwarzen Christus (21. Okt.), Portobelo. Pilgerfahrt mit Prozession und Musik, Tanz und Festschmaus.

NACHTLEBEN
Lum's Bar & Grill Corozal, Tel. 317-6303. Bei den Einwohnern der Kanalzone beliebte Sportbar mit Livemusik.

KUNA YALA

FESTIVALS
Carnaval (die vier Tage vor Aschermittwoch), Río Azucar. Vier

Tage Musik, Tanz und chicha (Maisschnaps).
Nogagope (10.–17, Okt.), Isla Tigre. Feier des nogagope-Tanzes, außerdem Kanurennen und Spiele.

DARIÉN

FESTIVALS
Kulturfestival der Emberá-Wounaan (Okt.), Emberá Purú. Traditionelle Musik und Tanz.

ZENTRALPANAMA

CASINOS
Decameron Casino Royal Decameron Beach Resort, Playa Farallón, Tel. 993-2255
Money Casino David David, Tel. 774-8887

FESTIVALS
Carnaval Acuático (die vier Tage vor Aschermittwoch), Penonomé. Karneval im rheinischen Stil, beginnt mit der Karnevalskönigin, und die Teilnehmer treiben auf Flößen den Fluss hinab.
Feria de las Orquídeas de Santa Fé (Aug.), Santa Fé de Veraguas. Orchideenfest.
Festival del Toro Guapo (Okt.), Antón. Dreitägiges Fest mit Umzugswagen, Schönheitswettbewerben und Stierkampf.
Festival del Topon (8. & 9. Dez.), Penonomé. Weihnachtsprozession, bei der die Teilnehmer die Figur des Schutzheiligen tragen.

NACHTLEBEN
Magic Place Calle Lastenia Campos, Aguadulce. Disco, gelegentlich spielen Livebands.

AZUERO-HALBINSELN

CASINOS
Casino Chitré Chitré, Tel. 996-9758, Fax 996-9759
Casino Colón Ave. Central, Colón, Tel. 433-2675
Fiesta de Los Reyes Magos (6. Jan.), Macaracas. Dreikönigsfest mit den drei Weisen zu Pferde.

FESTIVALS
Carnaval Karneval (die vier Tage vor Aschermittwoch), Las Tablas. Panamas beliebtester und buntes-

ter Karneval im rheinischen Stil mit dem größten Zulauf.

Fronleichnam (Mai/Juni), Villa de los Santos. Zwei Wochen kunstvoller Teufelstänze, Paraden, Feuerwerk und Festivitäten.

Festival de la Pollera (Juli), Las Tablas. Junge Damen führen die Nationaltracht vor und eifern um den Titel der „Nationalkönigin".

Fiestas Patronales de Santa Librada (20. Juli), Las Tablas. Teils religiöse Prozession, teils nicht-religiös inspirierte Festlichkeit.

Festival Nacional de la Mejorana (Sept.), Guararé. Das wichtigste Folkore-Festival des Landes mit einer Ochsenkarren-Parade und Dorfköniginnen in *polleras*, dazu Folkloremusik und Tanz.

El Grito de la Villa de los Santos (10. Nov.), La Villa de los Santos. Eine Parade zur Feier der Proklamation der Unabhängigkeit.

NACHTLEBEN

Centro Turístico Los Guayacanes, Chitré, Tel. 996-9759. Zwei Bars plus Nachtclub neben dem Hotel.

CHIRIQUÍ

KUNST

Chiriquí Eventos Cultural http://chiriquieventos.blogspot.com. Exzellente Informationsquelle zu Veranstaltungen.

CASINOS

Fiesta Casino Calle Central & Ave 1 Este, David, Tel. 775-9667

FESTIVALS

Feria de las Flores y el Café (Mitte Jan.), Boquete. Sehr gut besuchtes Blumenfest.

Feria Internacional de San José de David (Mitte März), David, Tel. 775-2128, www.feriadedavid.com. Landwirtschaftsmesse mit Vieh, Rodeo und Folkore-Aufführungen.

Fiesta Patronal de San José (in der Woche des 19. März), David. Fest zu Ehren des Schutzheiligen der Stadt mit Musik und Tanz.

Independencia de Panamá de España (28. Nov.), Boquete. Feiern zum Tag der Unabhängigkeit von Spanien.

Festival del Tambor (28. Nov.),

David. Folklore-Darbietungen zur Feier der Unabhängigkeit Panamas.

NACHTLEBEN

Panama Bill's Ave. Domingo Díaz, David, Tel. 774-4686. Bei männlichen Auswanderern beliebte Sportbar.

Zanzibar Boquete, Tel. 6515-2174. Angesagte Bar im afrikanischen Stil mit Live-Jazz und tollen Cocktails.

BOCAS DEL TORO

FESTIVALS

Karneval (die letzte Woche im Feb.), Bocas-Stadt. Party im brasilianischen Stil mit Wagen, Schönheitswettbewerben und Nonstop-Musik und Tanz.

Fiestas Patronales de la Virgen del Carmen (dritter So. im Juli), La Colonia Santeña, Isla Colón. Religiöse Pilgerfahrt.

Feria del Mar (Sept.), Bocas-Stadt. Vier Tage Tanz, Festschmaus und Party am Strand.

Fundación de la Provincia de Bocas del Toro (16. Nov.), Bocas-Stadt. Paraden und Straßenparty zur Feier der Gründung der Provinz Bocas del Toro.

NACHTLEBEN

Cantina La Feria Old Bank, Isla Bastimentos. Beliebte Reggae-Bar mit „Blue Monday"-Partys.

Like Tiki Playa Istmito, Isla Colón. Diese lässige Bar direkt am Strand ist besonders beliebt zur Happy Hour.

Roots Old Bank, Isla Bastimentos. Farbenfrohe Reggae-Bar.

FREIZEIT

Neben dem großen Angebot an Unterhaltung stehen in diesem Land auch Aktivitäten zur Verfügung, durch die und bei denen man die große Vielfalt der Natur voll auskosten kann. Nachfolgend finden Sie eine allgemeine Übersicht über Aktivitäten und verschiedene Veranstalter in ganz Panama, gefolgt von einer Liste regionaler Angebote. Bitte beachten Sie, dass die erwähnten Veranstalter möglicherweise noch weitere Aktivitäten und Gebiete als die hier beschriebenen anbieten.

ALLGEMEIN

ABENTEUERREISEN

Adventures in Panama Tel. 236-8146, www.panamapeteadventures. com. Bietet Vogelbeobachtungen, Canyoning, Kanaltransits, Fischen, Helikopterabenteuer, Dschungel-Survival-Training, Kajakfahren, Mountainbike-Touren, Tauchen und mehr.
Ancón Expeditions Tel. 269-9415, www.anconexpeditions.com. Bietet eine Vielzahl von Abenteuerreisen in ganz Panama an, darunter das Erkunden von Darién im Einbaum, ein Treck entlang des Camino Real und eine Familienreise zu den schönsten Orten Panamas.
Expediciones Tropicales Tel. & Fax 317-1279, www.xtrop.com. Umweltbewusste Abenteuerreisen in ganz Panama. Der Reisende kann sich seine eigene Route zusammenstellen.
Panama Explorer Club Tel. 215-2330, Fax 215-2329, www.pexclub. com. Abenteuerreisen in den Provinzen Chiriquí, Cocle und Panamá.
Panama Travel Experts Tel. 304-0251, www.panamatravelexperts. com. Ökotourismus-Reisen in ganz Panama, einschließlich Boots-Safaris, Vogelbeobachtungen und Touren durch den Panamakanal.

VOGELBEOBACHTUNGEN

Zum Beobachten von Vögeln und wilden Tieren bucht man am besten einen Führer.
Ancon Expeditions Tel. 269-9415, www.anconexpeditions.com. Dieser Veranstalter hat einige der besten Führer des Landes.
Birdingpal www.birdingpal.org/ panama.htm Eine Liste freiberuflicher Führer für vogelkundliche Touren.
Exotic Birding Tel. 877/247-3371, www.exoticbirding.com. Vogelkundliche Reisen durch ganz Panama, einschließlich Fototouren.

FISCHEN

Das Sportfischen konzentriert sich auf die Hannibal Bank im pazifischen Nordwesten. Fischereiausflüge werden auch von Panama-Stadt aus angeboten. Der Gatún-See gilt als Spitzenklasse-Revier für Pfauenbarsche (Cichla temensis).
Panama Fishing & Catching Tel. 6622-0212 oder 6505-9553, www. panamafishingandcatching.com. Fischereiausflüge in ganz Panama, einschließlich am Gatún-See, am Bayano-Fluss und an der Thunfischküste.

GOLF

In Panama gibt es rund ein Dutzend 9- und 18-Loch-Plätze. Die besten Golfplätze liegen rund um Panama-Stadt sowie bei den Urlaubsanlagen am Pazifikstrand von Zentralpanama.

AUSRITTE

Im ganzen Land ist Reiten möglich, vor allem aber in Boquete und auf der Azuero-Halbinsel.

MOTORRADFAHREN

Adventures in Motorcycling Tel. 236-7232. Ein- bis zehntägige Gruppenmotorradtouren durch ganz Panama.

MOUNTAINBIKE-TOUREN

Mountainbikes können in gut besuchten Touristenorten wie Bocas del Toro, Boquete und El Valle de Antón gemietet werden.

NATURE CRUISING

Die Kreuzfahrtschiffe fahren vorwiegend nachts, tagsüber wird bei Naturschutzgebieten, indigenen Dörfern und unterwegs im Panamakanal festgemacht. Naturführer führen die Passagiere auf Wanderungen und Bootsausflügen. Schnorcheln an den besten Korallenriffen.
Cruise West 2401 4th Ave., Suite 700, Seattle, WA 98121, USA, Tel. 888/851-8133, www.cruisewest. com. Kreuzfahrten mit Schwerpunkt Naturerlebnis auf kleinen Schiffen, einschließlich entlang des Kanals.

NATURTOUREN

In Panama gibt es jede Menge Möglichkeiten, die Natur zu genießen, am besten aber mit einem lizenzierten Naturführer. Die folgenden Gesellschaften haben sich auf Naturreisen spezialisiert.
Adventures in Panama Tel. 236-8146, www.adventures inpanama.com
Ancon Expeditions Tel. 269-9415, Fax 264-3713, www.ancon expeditions.com
Aventuras Panama Tel. 260-0044, Fax 260-7535, www.aven turaspanama.com
Panama Travel Experts, Tel. 304-0251 oder 866/637-8871, www.panamatravelexperts.com

SEGELN & CRUISING

Es gibt sowohl am Karibik- als auch am Pazifikufer traumhafte Ankerplätze. Zahlreiche Yachthäfen versorgen private Yachtbesatzungen. Mehrere Gesellschaften bieten Eintages- bis Zehntages-Bootsabenteuer, und in manchen Orten werden Sonnenuntergang-Bootsausflüge angeboten.
Panamaniac Tel. 6718-2824, www.panamaniac.net
Panama Sailing & Diving Adventures Tel. 6668-6849, www. panamasailing.com
Panama Yacht Tours Tel. 263-5044, www.panamayachttours.com

TAUCHEN

Mantarochen, Haie und andere Großfische sind im Pazifik zu sehen, wobei die Gewässer rund um die Isla Coiba und den Archipiélago de Perlas die besten Chancen bieten. Auf der Karibikseite wartet Bocas del Toro mit fabelhaftem Rifftauchen auf, und spanische Galeonen liegen zuhauf auf dem Meeresgrund rund um Portobelo.
Scuba Panama Tel. 261-3841, www.scubapanama.com. Tauchen an einigen der besten Stellen von Panama, einschließlich im Kanal. Bietet Tauchreisen, ein Taucherhotel in der Nähe von Portobelo und Kurse.

SURFEN

An der Pazifikküste gibt es ausgezeichnete Surfbuchten, die gut genug sind, um dort internationale Wettkämpfe abzuhalten. Playa Venado und Santa Catalina sind besonders klasse. An der Karibikseite bieten Bocas del Toro und Isla Grande echte Herausforderungen. Surfbretter kann man sich bei Surfcamps leihen.
Panama Surf Tours, Tel. 6671-7777, www.panamasurftours.com. Surfreisen zu allen bedeutenden Surfbuchten in Panama, einschließlich Catalina, Isla Grande, Punta Burica und Bocas.

PANAMA-STADT

WASSERSPORT

Balboa Yacht Club Fort Amador, Tel. 228-5794. Im Balboa-Hafen mit Schienenrampe für Yachten.
Flamenco Yacht Club und Marina Tel. 314-0665, www.fuerteamador.com. Moderne Marina, aber mit nur 12 Slips, in der Regel voll.
Panama Yacht Club Tel. 6614-1114, www. panamayachttours.com. Fischen und motorisierte Segeltouren.

ZENTRALKARIBIK & DER KANAL

VOGELBEOBACHTUNGEN

Canopy Tower Parque Nacional Soberanía, Tel. 264-5720, www.canopytower.com. Anerkanntes Hotel für Vogelkundler mit Unterständen und Teleskopen auf der Dachterrasse.
Selvaventuras, Portobelo, www.geocities.com/selvaventuras. Personalisierte Individualreisen, geführt von den Einwohnern von Portobelo.

BOOTSTOUREN

Canal & Bay Tours Tel. 227-2000, www.canalandbaytours.com. Geführter Transit durch den Panamakanal.
Gatun Explorer Tel. 260-8205, www.gatunexplorer.com. Bootstouren auf dem Gatún-See.
Pacific Queen Tel. 226-8917, www.pmatours.net. Teilabschnitte und vollständige Passagen des Panamakanals.

FISCHEN

Kingfisher Bay Marina & Golf Resort Tel. 200-1122, www.king fisherbay.net.
Liegt auf der Isla del Rey im Archipelago de las Perlas. Diese Anlage bietet bestes Sportfischen sowie Schnorcheln, Tauchen und traumhafte Strände.

GOLF

Summit Golf & Resort Tel. 232-4653, www.summitgolfpanama.com. 18-Loch-Championship-Platz.

RAFTING

Aventuras Panama Tel. 260-0044, Fax 260-7535, www.aventur aspanama.com. Wildwassertouren auf den Flüssen Chagres und Mamomi.

TAUCHEN

Centro de Buceo Isla Grande Isla Grande, Tel. 6501-5374, www.buceoenpanama.com. Tauchausflüge bei Isla Grande sowie Isla Coiba und San Blas.
Coco Plum Eco-Lodge 4,8 km W von Portobelo, Tel. 448-2102, www.cocoplum-panama.com. Taucherladen mit Ausflügen zu den nahegelegenen Riffen.
Coral Dreams Isla Contadora, Tel. 6536-1776, www.scubaconta dora.com. Tauchen bei den Islas de las Perlas.
Scuba Panama Tel. 261-3841, www.scubapanama.com. Tauchausflüge bei Portobelo.

KUNA YALA

VOGELBEOBACHTUNGEN & WANDERN

Burbayar Lodge, Nusugandi, Tel. 390-6674, www.burbayar.com. Geführte Wanderungen und Vogelbeobachtungstouren.
Ecocircuitos Tel. 314-1586, www.ecocircuitos.com. Mehrtägige Exkursionen nach San Blas, u. a. zum Wandern.
Exotics Adventures Tel. 223-9283, www.panamaexoticsadven tures.com. Wandern und Kajakabenteuer.

SEGELN

San Blas Sailing Tel. 314-1288 oder 314-0195, www.sanblassai ling.com. Vier- bis 21-tägige Routen durch die San-Blas-Inseln.

TAUCHEN

Coral Lodge Costa Arriba, Tel. 317-6754, www.corallodge.com. Arrangiert auch Kajaktouren und Ausritte.

MEERESKAJAKS

Expediciones Tropicales Tel./Fax 317-1279, www.xtrop.com. Kajaktouren auf dem Meer bei San Blas.

DARIÉN

ABENTEUERREISEN

Ancon Expeditions Tel. 269-9415, www.anconexpeditions.com. Spezialisiert auf vogelkundliche Touren, Wandern und andere Naturprogramme in Darién.
Ecocircuitos Tel. 314-1586, www.ecocircuitos.com. Dreitägige „Darien Ethnic Expedition".
Exotics Adventures Tel. 223-9283, www.panamaexoticsadven tures.com. Dreitägiges Wander-, Kajak- und Pferderittabenteuer.

SPORTFISCHEN

Tropic Star Lodge Tel. 232-8375 oder 800/682-3424, www.tropic star.com. Sportfischen von Weltklasse.

ZENTRALPANAMA

ABENTEUERREISEN

Crater Valley Adventure Center El Valle de Antón, Tel. 983-6942, www.pexclub.com. Felsklettern, Canyoning, etc.
Panama Explorers Club Tel. 215-2330, www.pexclub.com. Rundum-Angebot mit Wandern, Kajakfahren und Mountainbike-Touren bis hin zu Abenteuercamps für Firmen und Kinder.

BOOTSTOUREN

Santa Catalina boat tours www.santacatalinaboattours.com. Boots- und Surftouren zu abgelegenen Stränden und vorgelagerten Inseln.

TOUREN DURCH DAS DACH DES REGENWALDES

Canopy Adventure El Valle de Antón, Tel. 983-6547, http://panamabirding.com/adventure. Drahtseilbahn-Touren durch die Baumwipfel in einem privaten tropischen Naturschutzgebiet.

GOLF

Coronado Golf Course Coronado Beach & Golf Resort, Tel. 264-3164, www.coronadoresort.com. Ein von Tom Fazio gestalteter Golfplatz, nur für Hotelgäste.
Costa Blanca Playa Farallon, Tel. 214-2016, www.costablanca.com.pa. 18-Loch-Golfplatz beim Royal Decameron Beach Resort.
Vista Mar Resort Playa San Carlos, Tel. 215-1111, www.vistamar resort.com. Die ersten 9 Löcher dieses neuen 18-Loch-Championship-Course wurden Ende 2006 eröffnet.

AUSRITTE

Alquiler de Caballos El Valle de Antón, Tel. 6646-5813. Ausritte von einer Stunde bis zu einem halben Tag.

KITEBOARDING

Machete Kiteboarding, Punta Chame, Tel. 674-7772 oder 6674-7772, www.machetekites.com. Kitesurfing-Schule in den Monaten Nov.–April.

TAUCHEN

Scuba Coiba Playa Santa Catalina, E-Mail: info@scubacoiba.com, http://scubacoiba.com. Zweimal täglich Tauchgänge, außerdem mehrtägige Ausflüge mit Übernachtungen im Naturpark.

SPORTFISCHEN

Coiba Adventure Tel. 999-8108, www.coibadventures.com. Angelreisen in die Gewässer rund um Isla Coiba.
M/V Coral Star Tel. 985/845-0113 oder 866/924-2837, www.coral star.com. Sechstägige Fischereipakete mit Übernachtung auf diesem Hotelschiff.
Pesca Panama Tel. 800/946-3474 (U.S.), www.pescapanama.com. Sagenhafte Fischereiabenteuer rund um Isla Coiba.

AZUERO-HALBINSEL

TAUCHEN & SPORT-FISCHEN

Buzos de Azuero Pedasí, Tel. 995-2405, www.dive-n-fish panama.com. Tauchen bei Isla Iguana und Islas Frailes, plus Sportfischen entlang der Thunfischküste.

CHIRIQUÍ

TOUREN DURCH DAS DACH DES REGENWALDES

Boquete Tree Trek Boquete, Tel. 720-1635 oder 6615-3300, www.aventurist.com. Sie gleiten an diesem Stahlseilsystem durch die Baumwipfel.

FISCHEN

Gone Fishing Panama Resort Tel. 6573-0151, www.gonefishing panama.com. Eine auf Familien spezialisierte, abgelegene Öko-Ferienanlage im Golf des Chiriquí-Meeresnationalparks.

GOLF

Cielo Paraíso Tel. 720-2431, www.cieloparaiso.com. 18-Loch-Championship-Golfplatz mit spektakulärer Aussicht auf den Ozean und die Berge.

KAJAKFAHREN

Nantahala Outdoor Center Tel. 888/905-7238, www.noc.com. Achttägige Touren für Kajakfahrer der Mittelstufe und Fortgeschrittene.

RAFTING

Chiriquí River Rafting Tel./Fax 720-1505, www.panama-rafting.com. Halbtägige Rafting-Ausflüge auf sieben Flüssen.

TAUCHEN

Centro de Buceo Isla Grande Tel. 6501-5374, www.buceoen panama.com. Tauchausflüge zur Isla Coiba.

SPORTFISCHEN

Panama Big Game Fishing Club Tel. 866/281-1225, www.panama-sportfishing.com. All-inclusive drei-, vier-, fünf- und sechstägige Fischereipakete.
Pesca Panama Tel. 6614-5850, www.pescapanama.com. Unterbrin-

gung in einer Lodge auf einem Wohnschiff.

BOCAS DEL TORO

BOOTSTOUREN

Panama Jet Boat Explorer Tel. 6604-7736, www.panamajetboat explorer.com. Bootstouren, die Reisen per Düsenboot und *cayuco* vereinen.

KULTURELLE TOUREN

ODESEN 758-9137 oder 6522-5591, www.odesen.org. Tauchen Sie ein in die Kultur der Teribe-Indianer.

FISCHEN

Caribbean Blue Fishing Charters Tel. 6628-8033, www.bocas charters.com. Halb- und ganztägige Fischereiausflüge.

TAUCHEN

Starfleet Scuba Bocas-Stadt, Tel. 757-9630, www.starfleetscuba.com. Namhaftes Taucher-Resort und Veranstalter mit einem großen Angebot an PADI-Programmen und Ausflügen.

SURFEN

Del Toro Surfing Bocas-Stadt, Tel. 6570-8277, E-Mail: deltorosurf@yahoo.com.ar. Bietet Surfkurse und Ausflüge an.
Panama Surf Tours Tel. 6671-7777, www.panamasurftours.com. Surfausflüge zu allen wichtigen Surf-Spots in Panama, einschließlich Bocas.

ABBILDUNGSNACHWEIS

ABBILDUNGSNACHWEIS

Umschlag: Alle Abbildungen von Gilles Mingasson/Getty Images

Alle Abbildungen in diesem Buch stammen von Gilles Mingasson/Getty images, außer:

Copyright © der deutschen Ausgabe: National Geographic Society,
Washington, D.C. 2008. Alle Rechte vorbehalten.
Deutsche Ausgabe veröffentlicht von G+J/RBA GmbH & Co KG,
Hamburg 2008
Übersetzung: Sabine Goehrmann, Norma Keßler, Melanie Koster und Birgit Bruder
Gesamtproducing: SAW Communications, Redaktionsbüro Dr. Sabine A. Werner,
Mainz
Satz: INKA satz & grafik, Rudersberg
Druck und Verarbeitung: Offizin Andersen Nexö Leipzig GmbH
Printed in Germany
ISBN 978-3-86690-082-0

Titel der amerikanischen Originalausgabe:
NATIONAL GEOGRAPHIC TRAVELER PANAMA

Veröffentlicht von der National Geographic Society,
Washington, D.C. 2007. Alle Rechte vorbehalten.

John M. Fahey jr., *Präsident*
Gilbert M. Grosvenor, *Aufsichtsratsvorsitzender*
Nina D. Hoffman, *Vizepräsidentin, Präsidentin der Buchabteilung*
Kevin Mulroy, *Vizepräsident und Herausgeber*
Leah Bendavid-Val, *Direktorin für Fotografie und Illustrationen*
Marianne R. Koszorus, *Chefdesignerin*
Elizabeth L. Newhouse, *Leiterin Reiseführer*
Carl Mehler, *Kartografieleitung*
Cinda Rose, *Art Director*

Mitarbeiter dieser Ausgabe:
Christopher P. Baker, *Autor*
Barbara A. Noe, *Reihen- und Projektleitung*
Kay Kobor Hankins, *Layout*
Dana Chivvis, *Illustrationen*
Patricia Daniels, *Textredaktion*
Margarita Chiurliza, *Recherche*
Michael McNey, Nicholas P. Rosenbach und Kartenspezialisten,
   Kartenredaktion, Recherche und Herstellung
Mike Horenstein, *Projektmanagement Herstellung*
Robert Waymouth, *Bildredakteur*
Margie Towery, *Register*
Jack Brostrom, Michele T. Callaghan, Sonia Harmon,
   Lynsey Jacob, Mitarbeiter
Jennifer Thornton, *Redaktionsleitung*
R. Gary Colbert, *Herstellungsleitung*

Aufrisszeichnungen (Seite 64–65 und 96–97): Maltings Partnership,
Derby, England

Die National Geographic Society wurde 1888 gegründet,
um »die geographischen Kenntnisse zu mehren und zu verbreiten«.
Seither unterstützt sie die wissenschaftliche Forschung
und informiert ihre mehr als neun Millionen Mitglieder in aller Welt.

Die National Geographic Society informiert durch Magazine, Bücher,
Fernsehprogramme, Videos, Landkarten, Atlanten und moderne Lehrmittel.
Außerdem vergibt sie Forschungsstipendien und organisiert den
Wettbewerb *National Geographic Bee* sowie Workshops für Lehrer.
Die Gesellschaft finanziert sich durch Mitgliedsbeiträge und
den Verkauf der Lehrmittel.

Die Mitglieder erhalten regelmäßig das offizielle Journal der Gesellschaft:
das NATIONAL GEOGRAPHIC-Magazin.
Falls Sie mehr über die National Geographic Society, ihre Lehrprogramme und
Publikationen wissen wollen: Nutzen Sie die Website unter
www.nationalgeographic.com.

Die Website von NATIONAL GEOGRAPHIC DEUTSCHLAND
können Sie unter
www.nationalgeographic.de
besuchen.